КНИГА ЗОАР

Глава Берешит, часть 1

Под редакцией проф. М. Лайтмана

Под редакцией проф.М. Лайтмана
Книга Зоар, глава Берешит, часть 1
Laitman Kabbalah Publishers, 2021. – 496 с.

Edited by Prof. M. Laitman
The Book of Zohar, Genesis chapter, part 1
Laitman Kabbalah Publishers, 2021. – 496 pages.

ISBN 978-1-77228-066-1

DANACODE 760-79

До середины двадцатого века понять или просто прочесть книгу Зоар могли лишь единицы. И это не случайно – ведь эта древняя книга была изначально предназначена для нашего поколения.

В середине прошлого века, величайший каббалист 20-го столетия Йегуда Ашлаг (Бааль-Сулам) проделал колоссальную работу. Он написал комментарий «Сулам» (лестница) и одновременно перевел арамейский язык Зоара на иврит.

Но сегодня наш современник разительно отличается от человека прошлого века. Институт ARI под руководством профессора М. Лайтмана, желая облегчить восприятие книги современному русскоязычному читателю, провел грандиозную работу – впервые вся Книга Зоар была обработана и переведена на русский язык в соответствии с правилами современной орфографии.

Copyright # 2021 by Laitman Kabbalah Publishers
1057 Steeles Avenue West, Suite 532
Toronto, ON M2R 3X1, Canada
All rights reserved

Содержание

**ГЛАВА БЕРЕШИТ
ЧАСТЬ 1**

Создала печать в высшем свете 8

Сияние небосвода 17

Таамим, некудот и отиёт 41

Земля же была пустынна и хаотична 53

Да будет свет 72

Да будет свод 94

Да соберутся воды 115

Да произрастит земля зелень 126

Да будут светила 150

Два великих светила 162

Обозрение Сулам
Выяснение имен МАЦПАЦ МАЦПАЦ 166

Два великих светила 168

Сияющие светила и огненные светила 183

Три света 194

Моше и Яаков 208

Создадим человека 217

Я – это Я 227

Создадим человека	238
Молитва для бедного	246
Пращевой камень	264
Создающий миры и разрушающий их	282
Пять видов «великого сброда»	289
Моше и два Машиаха	293
Камни чистого мрамора	314
И река вытекает из Эдена	320
И поместил его в Эденском саду	325
Идолопоклонство, кровопролитие и кровосмешение	330
И создал Творец Всесильный всякого зверя полевого	337
И отстроил Творец Всесильный ту сторону	341
Эвель – Моше	346
Плохие смешения	350
Исправление нижнего мира производится высшим миром	352
А земля была пустынна	378
Три буквы слова «тов (хорошо)»	387
Исправление ЗОН «паним бе-паним»	390
Голос Творца – над водами	394
Против обрамления	397
Бэт решит	400

Скрытый свет 405

Если бы не Мой союз днем и ночью....................411

Небосвод разделяющий и соединяющий 417

Воды зачали и породили мглу...............................423

Если бы не Мой союз днем и ночью....................439

Да будут светила 441

Воскишат воды 450

И сотворил Всесильный чудовищ..........................452

Создадим человека 454

Ибо дождя не посылал 460

И повелел Творец Всесильный человеку 469

Змей же был хитрее 472

И отметил Творец Каина знаком...........................481

У входа грех лежит 483

Аза и Азаэль 485

Вот книга порождений Адама 487

Не будет дух Мой судить человека......................491

Глава Берешит,

часть 1

Создала печать в высшем свете

1) Когда возжелал Царь создать и сотворить миры, твердая искра создала печать в высшем свете. «Создала печать» – означает уход и сокращение света, оставляющего место, свободное и пустое от света, и это определяется, как «печать». Ибо до этого творения высший свет заполнял всю реальность, и когда захотелось Ему сотворить миры, Он создал печать в высшем свете, т.е. сократил свет и вывел его из места вокруг Малхут, и благодаря этой печати, образовалось место для всех миров. «Искра» – это искра огня. «Твердость» – это сила сурового суда, действующего в кли Малхут, по причине которого сократился и ушел свет, окружавший Малхут.

Когда света желают раскрыть себя, эта искра, в которой содержится сила судов, называемых «окраски», встречным ударом отражает распространение высшего света, и это распространение оттесняется назад. И вследствие оттеснения и отталкивания выходят тонкие света, становясь словно одно целое с распространением высшего света. Эти тонкие света называются отраженным светом, а распространение высшего света называется прямым светом. И тогда эта искра раскрывает цвета в них, т.е. различие ступеней, и они окрашиваются все вместе, как отраженный, так и прямой свет, в четыре цвета – белый, красный, зеленый и черный. И это четыре ступени – Хохма, Бина, Тиферет и Малхут.

Эта искра поднимается снизу вверх в свечении, называемом «рош», и опускается, т.е. когда это свечение меняет свое направление, чтобы светить сверху вниз, и называется «гуф». И эта искра называется твердой искрой. Искра эта устанавливается и ударяет по всем зачаткам свечений, говоря каждому из них: «Расти!» То есть, в результате ее соударения с распространением высшего света выходят абсолютно все уровни имеющихся в мирах ступеней, и она является мерой величины каждой из ступеней[1].

Твердая искра – это искра, ударяющая по распространению высшего света, и поднимающая отраженный свет, облачающий

---

[1] См. «Введение в науку Каббала», пп. 16-17.

его. И вследствие этого соударения рождаются и выходят абсолютно все ступени. Она определяет силу сокращения, имеющуюся в кли Малхут, чтобы не получать высший свет, которая установилась затем также и в твердом экране, называемом «источник». Однако здесь говорится о начале выхода этой твердой искры из Бесконечности, когда она еще не установилась в экране, а является силой суда, приведшей к сокращению света в кли Малхут.

Эта твердая искра вышла, и внутри самого скрытого из всего скрытого в Бесконечности, внутри ее последней стадии, Малхут Бесконечности, образовалась форма в ее начальном виде. То есть, форма суда в своем первородном виде была еще совершенно незаметной. Эта твердая искра формировалась и находилась внутри круга, в центре круга, напоминающего кольцо. И не было ни белого (цвета), ни черного, ни красного и ни зеленого.

Объяснение сказанного. Прежде чем были созданы создания и сотворены творения, высший простой свет наполнял всю реальность, и не было никакого свободного места, в котором могли бы существовать создания и творения, и не было там ни начала (рош), ни конца (соф), а всё было только однородным простым светом, и он называется светом Бесконечности. А когда захотелось Ему в простом желании Своем сотворить миры и создать эти создания, вышла твердая искра, т.е. сила суда, которая раскрылась в Малхут, вышедшей из Бесконечности, и создала печать в высшем свете. Тогда сократился свет и вышел из кли Малхут и места вокруг нее. Этот выход света называется печатью в высшем свете, так как образовалось там пустое пространство, где нет света, и в этом пустом пространстве выйдут затем все миры и всё, что в них.

И поскольку эта твердая искра, сила суда, вышла и сформировалась теперь из последней стадии Бесконечности, еще не мог раскрыться в ней никакой суд, а только корень, от которого распространились и установились затем все суды в мирах. Но сама она находилась в своем первоначальном виде и представляла собой всего лишь первородную силу – то есть, еще не было заметно в ней никакого проявления суда. И также место сокращения, пустое пространство, откуда ушел свет, тоже находилось в свойстве полной однородности. И там вообще не проявлялась никакая форма суда. И это называется круглой формой. То есть сила суда была включена в центр этого круга, в центральную точку, и она там – как своего рода ось, на которой вращаются все миры, чтобы подсластить и исправить ее (эту точку).

И также не было там, в этом пространстве, никакого цвета, поскольку цвета – это проявление судов, создающих изменения на ступенях, а там еще не было заметно никакого суда. И говорится в Зоар: «И не было ни белого (цвета)» – поскольку белый указывает на свет Хохмы, в котором нет никакого цвета и суда. И после того, как свет ушел оттуда, сократившись, нет там белого цвета. Но ведь если свет ушел, там должен был остаться черный цвет, указывающий на отсутствие света? Однако сказано, что и черного там не было. И не было там ни красного – цвета Бины, ни зеленого – цвета Тиферет.

Определив величину ступени, она образовала цвета, чтобы светить внутри этого пространства и печати, так как после сокращения и создания печати она продолжила распространение линии света от света Бесконечности в место этого пустого пространства таким образом, что высшее начало (рош) этого распространения исходило от самой Бесконечности, соприкасаясь с ней, а окончание этого распространения было в месте твердой искры, находящейся в центральной точке, в центре этого круга, поскольку эта твердая искра препятствует высшему свету пройти через нее. Поэтому свет заканчивается там. И распространение этой линии света содержит в себе четыре цвета – сфирот Хохма, Бина, Тиферет и Малхут, которые светят внутри сокращенного места. Как сказано: «Определив величину ступени, она образовала цвета, чтобы светить внутри этого пространства и печати» – так как во время распространения линии света образовались цвета, чтобы светить в этом месте. Но до этого не было в сокращенном месте никакого цвета.

И знай, что два действия есть у твердой искры:
1. Ударное соединение (зивуг де-акаа), от которого исходят все эти ступени, и это действие происходит в Малхут де-рош, поднимающей отраженный свет снизу вверх и порождающей десять сфирот рош, а также меняющей направление, чтобы светить от себя и ниже, и порождающей десять сфирот гуф.

2. Действие окончания всех ступеней, потому что во время распространения десяти сфирот гуф ступени сверху вниз, от Кетера до Малхут, свет не может быть принят в Малхут де-гуф из-за твердой искры, находящейся там и препятствующей высшему свету, не позволяя ему распространиться туда. Поэтому свечение заканчивается.

Из Бесконечности выходит твердая искра, чтобы притянуть украшения и мохин ко всем ступеням, ибо все мохин нисходят вследствие ударного соединения (зивуг де-акаа) твердой искры. Это действие искры необходимо, чтобы управлять Малхут, называемой «великое море», чтобы она не выходила за свои пределы. Иными словами, чтобы она не получала в себя высший свет от экрана и вниз, о котором сказано: «До сих пор дойдешь, но не далее»[2] – т.е. до границы этого экрана дойдет этот свет, и дальше не будет распространяться. Подобно песку, который ограничивает и оканчивает воды моря, и вынуждает отступить волны этого моря. И по этой причине называется Малхут де-рош «Малхут, производящая зивуг (соединение)», а Малхут де-гуф – «оканчивающая Малхут».

Необходимо также знать, что распространение линии света – это парцуф АК, являющийся Кетером по отношению к четырем мирам АБЕА (Ацилут, Брия, Ецира, Асия). И поскольку в каждом распространении обязательно есть четыре ступени, одна ниже другой, называемые АБ-САГ-МА-БОН, то и эта линия содержит в себе пять парцуфов мира АК (Адам Кадмон)[3].

Внутри твердой искры выходит один источник, от которого устанавливаются цвета окрасок внизу. «Источник» – это экран, установившийся внутри Малхут, чтобы поднимать отраженный свет. Ибо соударение, зивуг де-акаа (ударное соединение) с высшим светом – это непрекращающийся зивуг (соединение), и экран становится как источник, непрерывно излучающий отраженный свет. «Окраски» – означают суды. «Устанавливаются цвета» – означает проявление судов. «Внизу» означает – в сфирот гуф.

---

[2] Писания, Йов, 38:11. «Сказал: "До сих пор дойдешь, но не далее, и здесь предел надменным волнам твоим"».
[3] См. «Введение в науку Каббала», пп. 30-46.

Свечение отраженного света происходит снизу вверх и сверху вниз. Свечение его снизу вверх называется «рош». И в свечении рош еще не раскрылись цвета, но только при свечении сверху вниз, называемом «гуф (тело)», проявляются четыре этих цвета. И поэтому сказано, что «устанавливаются цвета окрасок внизу». То есть, цвета проявились в свечении сверху вниз, а не в свечении снизу вверх.

Суды не могли проявиться снизу вверх, так как высший и нижний всегда соотносятся как причина и следствие, и нижний происходит от высшего. И поскольку твердая искра находится внизу, в Малхут рош, и светит снизу вверх, то «причина», т.е. девять высших сфирот, совершенно не впечатляется от недостатков своего «следствия», Малхут.

Однако в гуф, происходящем от ударного соединения (зивуг де-акаа) твердой искры, поскольку эта твердая искра является его причиной, раскрываются суды этой твердой искры. Так как вся сила судов, имеющаяся в причине, раскрывается в ее следствии. И отсюда нам известно, что любое свойство авиюта (огрубления желания) и недостатка может оказать воздействие лишь от места его нахождения и ниже, но никогда не выше его местонахождения.

2) Самый скрытый из всех скрытых, вышедший из Бесконечности, парцуф Малхут мира АК, создал два парцуфа, в свойстве разделенный и неразделенный. Его «воздух (авир)» вовсе непознаваем. Один парцуф, в свойстве «разделенный», – это выход половины ступени, ВАК при отсутствии ГАР. А второй, в свойстве «неразделенный», – это выход полной ступени. Его «воздух (авир)» – это ступень руах, представляющая собой ВАК при отсутствии ГАР, и он непознаваем, потому что нет там зивуга для притяжения ГАР. «Познаваемый» означает – зивуг для притяжения ГАР.

Пояснение сказанного. Зоар начинает выяснять, каким образом вышли пять парцуфов Ацилута из Малхут мира АК. И выясняется, каким образом Малхут мира АК создала парцуф Кетер мира Ацилут, который называется «парцуф Атик и нуква Атика». Нуква Атика вышла из нее в свойстве «разделенный», а захар Атика вышел из нее в свойстве «неразделенный». Это разделение является результатом взаимодействия свойства суда со свойством милосердия, называемого «второе сокращение мира АК (Адам Кадмон)».

Мы изучаем, что «вначале Он задумал создать мир в свойстве суда»[4] – имеется в виду Малхут мира АК, от зивуга (соединения) которой вышли паруфы мира АК, и она является свойством суда. «Увидел Он, что мир не может существовать, сделал свойство милосердия первым и совместил его со свойством суда»[4]. Увидел, что нет становления миров, поднял свойство суда, Малхут мира АК, в Бину АК, свойство милосердия. Малхут, осуществляющую зивуг (соединение), которая стояла в конце (соф) сфирот рош, поднял в место Бины де-рош, и там она произвела зивуг де-акаа (ударное соединение) с высшим светом.

И тогда ее отраженный свет, поднимающийся снизу вверх, облачил только две сфиры, Кетер и Хохму, а три сфиры, Бина и ЗОН свойства рош, опустились из рош и упали в гуф. Оканчивающая Малхут, которая стояла ниже всех сфирот гуф, поднялась и установилась в Бине свойства гуф, в половине сфиры Тиферет, в точке хазе, потому что Тиферет считается Биной свойства гуф. И она окончила парцуф в месте точки хазе. А Бина и ЗОН де-гуф не могли получить никакого света, поскольку они находятся ниже оканчивающей Малхут и вышли окончательно из Ацилута.

И по причине подъема Малхут в место Бины разделилась каждая ступень на две, при этом половина ее осталась на ступени, а нижняя половина вышла и опустилась на ступень под ней. Половина ступени рош опустилась в гуф, а половина ступени гуф опустилась ниже Ацилута. Таким образом, считается, что каждый парцуф, выходящий вследствие взаимодействия свойства милосердия с судом, выходит посредством разделения ступени на две части.

Когда Малхут мира АК произвела парцуф Атик мира Ацилут, она создала захар Атика в свойстве «неразделенный», т.е. без взаимодействия со свойством милосердия. И Атик вышел в виде полной ступени, т.е. не разделился на две половины. А нукву Атика она создала посредством взаимодействия свойства суда

---

[4] См. Мидраш Раба, Берешит, глава 12, п. 15.

с милосердием. И нуква вышла в виде разделенной ступени, т.е. только на уровне Кетер и Хохма де-рош, и Кетер и Хохма де-гуф. Бина, Тиферет и Малхут де-рош упали в гуф, а Бина, Тиферет и Малхут де-гуф упали ниже окончания каждой ступени Ацилута, потому что образовалось новое окончание высшего света, место хазе свойства гуф, где находится половина Бины гуф. И это новое окончание называется «парса́».

Причиной того, что парцуф Атик и нуква его включают два свойства вместе, является установление связи между парцуфами АК, которые вышли в свойстве «неразделенный», и между парцуфами четырех миров АБЕА, вышедших в свойстве «разделенный». Захар Атика имеет одинаковые свойства с миром АК, и он берет наполнение от АК и передает своей нукве, а нуква Атика, у которой одинаковые свойства с парцуфами АБЕА, передает наполнение мирам АБЕА.

Самый скрытый из всех скрытых, вышедший из Бесконечности, т.е. Малхут мира АК, произвела один парцуф, Атик Ацилута, в свойстве «разделенный» и «неразделенный»: захар Атика – в свойстве «неразделенный», а нукву Атика – в свойстве «разделенный». И предварил Он свойство «разделенный», нукву Атика, свойству «неразделенный», свойству захар Атика, потому что нуква Атика вышла раньше захара Атика, ведь нуква была создана и вышла в ГАР Некудим, а захар вышел в мире Ацилут, после мира Некудим.

Его «авир (воздух)», ступень руах, являющийся свойством ВАК при отсутствии ГАР, называется «непознаваемый», поскольку нет там зивуга для привлечения ГАР. Это пять ступеней нефеш-руах-нешама-хая-ехида (НАРАНХАЙ). Ступень руах называется «воздух (авир)». Свойство «разделенный», в котором есть только две сфиры, Кетер и Хохма, может получить лишь два света нефеш-руах, и ему недостает трех светов нешама-хая-ехида вследствие недостатка трех келим Бина-Тиферет-Малхут, как известно из обратного соотношения светов и келим, когда в келим – растут вначале высшие, а в светах – входят вначале нижние. Поэтому сказано, что ступень «воздух» Атика, являющаяся свойством «разделенный» Атика, т.е. нуква его, вовсе «непознаваема», – так как нет у него зивуга, способного притянуть три света нешама-хая-ехида, то есть зивуга, называемого «знание (даат)», как сказано: «И познал Адам Хаву, жену свою»⁵.

И тогда, вследствие ударения свойства «разделенный» в Атике, т.е. нуквы Атика, начала светить одна высшая скрытая точка – парцуф Арих Анпин мира Ацилут. Это ударение является ударным соединением (зивуг де-акаа), вследствие которого создаются и выходят абсолютно все ступени. Таким образом, на самом деле эта точка носит всегда имя Малхут. А парцуфу Арих Анпин дается имя «высшая точка», чтобы показать отличающееся и новое в нем по отношению к нукве Атика – что у него есть Малхут, подслащенная свойством милосердия, которая устанавливается для познания, т.е. совершения зивуга для притяжения ГАР.

И эта подслащенная Малхут называется «высшей точкой». Ибо нуква Атика «непознаваема», поскольку устанавливается также и в нижней точке, называемой «манула». Ведь хотя она и является свойством «разделенный», т.е. Малхут, подслащенной свойством милосердия, называемой «мифтеха», все же есть у нее две точки, т.е. также и неподслащенная Малхут. И поэтому она «непознаваема». Ведь любое обновление в Арих Анпине по отношению к нукве Атика происходит в высшей его точке. Поэтому Зоар во многих местах называет его именем «высшая точка».

А то, что называется «скрытой точкой», это в отличие от Малхут мира АК, называемой «самый скрытый из всех скрытых». Однако Малхут Арих Анпина называется только лишь именем «скрытый», поскольку она находится выше точки, непознаваемой вовсе. И поэтому называется точка по имени «начало (решит)», что означает – первое речение, предшествующее всем речениям.

Слово «вначале (берешит)»⁶ указывает на парцуф Арих Анпин мира Ацилут, называемый началом (решит) по той причине, что он является первым парцуфом, от которого передаются все мохин, имеющиеся в мирах. Однако от парцуфов,

---

⁵ Тора, Берешит, 4:1.
⁶ Тора, Берешит, 1:1. «Вначале создал Всесильный (Элоким) небо и землю».

находящихся выше него, от парцуфов АК, и также от захара и нуквы Атика, в миры не поступают никакие мохин, поскольку они совершенно непознаваемы, и нет в них зивуга для передачи мохин, так как парцуфы АК и Атик-захар установились с Малхут свойства суда, которая не подслащена, и мир не может существовать в ней. И даже парцуф нуквы Атика не передает мохин, ведь она состоит из двух точек вместе, и поэтому она тоже непознаваема.

Таким образом, первый парцуф, который познаваем, – это парцуф Арих Анпин, так как он установлен посредством одной лишь высшей точки, являющейся подслащенной, точки «мифтеха». И поэтому называется Арих Анпин началом (решит). Поэтому Зоар подробно разъясняет здесь состояния от начала сокращения и до захара и нуквы паруфа Атик мира Ацилут, с тем, чтобы показать нам, что парцуф Арих Анпин является носителем высшей точки, называемой «решит», и на него указывает слово «берешит», что в Торе.

И этого нет во всех парцуфах и мирах, предшествующих ему. Потому что они непознаваемы и не передают нижним. Поэтому в Торе о них не упомянуто ни одного слова, так как мы не можем назвать непостигнутое нами каким-то именем или словом. И корень всего постижения начинается только в Арих Анпине, который называется «познаваемый». Но он только корень постижения и поэтому называется «берешит (вначале)»[6]. И потому именно он является первым словом в Торе, так как Тора относится к свойству «постижение».

Сияние небосвода

3) «Разумные воссияют, как сияние небосвода»[7]. «Разумными» называются ЗОН мира Ацилут или души праведников. «Сияние небосвода» – это свечение ГАР, раскрывающееся благодаря взаимодействию со свойством милосердия. В данном отрывке говорится в особенности о Малхут, подслащенной свойством милосердия, т.е. о Малхут, которая разделила каждую ступень во время своего подъема в Бину и образовала новое окончание ступени, в середине ее сфирот, в месте Бины свойства гуф, в хазе. Это новое окончание называется «парса», стоящая в хазе и оканчивающая там парцуф. И это – перегородка (парса), находящаяся во внутренних органах (меáим) человека, в его грудной полости (хазе), разделяющая между органами, дающими жизненные силы, легкими и сердцем, и между пищеварительными органами.

Это новое окончание называется также небосводом, разделяющим между высшими и нижними водами. Потому что в гуф имеется пять сфирот Хесед-Гвура-Тиферет-Нецах-Ход, соответствующих пяти сфирот Кетер-Хохма-Бина-Тиферет-Малхут. Сфирот ХАГАТ (Хесед-Гвура-Тиферет) де-гуф являются свойством КАХАБ (Кетер-Хохма-Бина), т.е. ГАР этого гуф, и они оканчиваются в месте хазе, где расположена парса, называемая «небосвод». Поэтому эти ХАГАТ называются высшими водами. От хазе и ниже – Тиферет и Малхут свойства гуф, называемые нижними водами. Таким образом, небосвод находится посередине каждой ступени, и разделяет между высшими водами и нижними. Об этом сказано: «Да будет свод посреди вод, и будет он отделять воды от вод»[8].

В свойстве суда, т.е. в свойстве Малхут мира АК, прежде чем она подсластилась в Бине, в свойстве милосердия, мир не мог существовать. Потому что мир – это ЗОН Ацилута, и в него включены люди, находящиеся в этом мире. Потому что всё, получаемое в ЗОН мира Ацилут, может быть получено людьми, находящимися в этом мире. А всё, что не может быть получено

---

[7] Писания, Даниэль, 12:3. «Разумные воссияют, как сияние небосвода, а склоняющие к справедливости многих – как звезды, отныне и вечно».
[8] Тора, Берешит, 1:6.

в ЗОН, не может быть получено и людьми в этом мире, так как выше уровня ЗОН мы ничего не получаем.

Поэтому, если бы нуква Зеир Анпина, т.е. Малхут, не была подслащена в Бине, она не была бы пригодна ни для какого получения прямого света, т.е. высшего света, а только лишь отраженного света, и это – тонкие света, т.е. света свойства суда. И тогда люди в этом мире не могли бы получить никаких мохин, т.е. прямой свет от Бесконечности. Как сказано: «Увидел Он, что мир не может существовать, включил в него свойство милосердия»[4] – т.е. поднял ее (Малхут) в место Бины, и разделились все ступени, образовав новое окончание в середине каждой ступени, называемое небосвод. Таким образом, Малхут, которая поднялась в место Бины, приобрела две сфиры, способные получить высший свет – Бину и Тиферет. Ведь в силу того, что Малхут находится в месте Бины, сфирот Бина и Тиферет находятся под ней и включены в нее.

И потому, когда люди поднимают МАН с помощью заповедей и добрых деяний, они притягивают новое свечение свыше, опускающее Малхут и место зивуга вновь на свое место, под Тиферет. И выходит полная ступень светов нефеш-руах-нешама-хая-ехида (НАРАНХАЙ), принимаемых в сфирот Бина и Тиферет, которые включились до этого в Малхут и способны принимать высший свет. И тогда души праведников тоже получают высшие мохин от ЗОН Ацилута, поскольку они включились в высшую Малхут.

Таким образом, все мохин выходят только благодаря Малхут, которая поднялась в Бину и образовала там новое окончание, называемое «небосвод». И если бы не этот небосвод, ЗОН не могли бы ничего получить от высшего света. Поэтому эти мохин называются в приведенном отрывке «сияние небосвода», т.е. свет, раскрывающийся в месте окончания взаимодействия милосердия с судом. Как сказано: «Разумные»[7] – ЗОН и души праведников, «воссияют, как сияние небосвода»[7] – получат мохин, которые светят, как «сияние небосвода», потому что все их мохин исходят от сияния этого небосвода.

Именно поэтому Зоар приводит этот отрывок, указывающий на все мохин, которые были созданы, от Арих Анпина и ниже, так как все они вышли от этих светов сияния небосвода. И они могут быть постигнуты нижними.

Есть три вида сияния у этого небосвода:
1. «Сияние, самое скрытое из всех скрытых» и его «воздух (авир)» – т.е. захар и нуква Атика. Захар Атика называется «самым скрытым из всех скрытых», а его «воздух (авир)» – это нуква Атика, которая создала Арих Анпин в свойстве «сияние небосвода».
2. «Сияние "берешит (вначале)"» – это Арих Анпин, от которого был произведен ИШСУТ.
3. «Скрытое сияние» – это ИШСУТ, от которого были созданы все десять речений начала творения, т.е. мохин де-ЗОН. Однако высшие Аба ве-Има не происходят от свойства «сияние небосвода», поскольку они – в свойстве «непознаваемый», и «йуд י» не вышла из их свойства «воздух (авир אויר)».

Первый вид сияния небосвода является корнем создания Арих Анпина, ибо сам он относится к свойству «непознаваемый».

Второй вид сияния небосвода является носителем высшей точки, называемой «мифтеха (ключ)», поэтому оно считается началом (решит) всех мохин сияния небосвода и поэтому называется «берешит (вначале)»[6]. И вместе с тем, эти мохин не раскрываются в нем, но он их передает ИШСУТ, т.е. третьему виду сияния небосвода, и в ИШСУТ раскрываются все эти мохин полностью, поскольку от них получают ЗОН.

Свойство «воздух (авир)» этого сияния, самого скрытого из всех скрытых, произвело зивуг и начало светить в этой точке. «Самый скрытый из всех скрытых» – это Атик и нуква его. И хотя нуква его уже установилась с Малхут, подслащенной в свойстве милосердия, вследствие ее подъема в небосвод, всё же, поскольку она непознаваема, она включается в захар Атика и называется самой скрытой из всех скрытых», как и он. Однако она называется свойством «воздух (авир)» его, так как является только половиной ступени, келим Кетер и Хохма, со светами нефеш-руах.

«Воздух (авир)» парцуфа Атик, являющийся его нуквой, произвел зивуг и начал светить в этой точке – т.е. нуква притянула свечение к Арих Анпину, называемому «высшей точкой». И вышли в нем мохин ГАР, называемые «свечение небосвода». И после того, как получил Арих Анпин свечение нуквы Атика, распространилось это «начало (решит)», т.е. Арих Анпин, в рош и в гуф, и создало для себя чертог для величия и славы. То есть, он произвел парцуф высшие Аба ве-Има, и они облачили его и образовали вокруг него свойство «чертог».

Шесть парцуфов имеется в мире Ацилут, и один вышел из другого. В каждом парцуфе есть захар и нуква. И они называются: Атик и нуква его, Арих Анпин и нуква его, высшие Аба ве-Има, Исраэль саба и Твуна (ИШСУТ), большие Зеир Анпин и нуква (ЗОН) и малые Зеир Анпин и нуква (ЗОН).

Порядок их ступеней следующий: «воздух (авир)» Атика произвел Арих Анпин и нукву его. Арих Анпин и нуква его произвели парцуф высшие Аба ве-Има и ИШСУТ. ИШСУТ произвели большие ЗОН и малые ЗОН. И поясняется, каким образом все они упомянуты в отрывке: «Вначале создал Всесильный (Элоким) небо и землю»[6].

В чертоге, который он создал, т.е. в парцуфе высшие Аба ве-Има, посеял Арих Анпин семя святости для порождения душ и во благо миру. Двумя видами мохин светит Арих Анпин в высших Аба ве-Има:

1. Мохин хасадим, дающие жизнь мирам.
2. Мохин большого состояния (гадлут), порождающие души.

4) Сияние, сеющее семя во славу Ему, подобно производству шелка и дорогого пурпура, когда червь, выделяющий шелк, сам скрывается внутри шелка. Ибо такова природа этого червя, который выпускает из себя шелковую нить, и обволакивает себя вокруг этой нитью, пока не покрывается полностью шелковыми нитями и становится скрытым для глаз. И таким же образом – Арих Анпин. Когда он сеет света в чертоге ИШСУТ, он укрывает и скрывает свои собственные света. И таким образом он скрывается посредством этих мохин ИШСУТ, которые он производит, подобно этому червю, скрывающемуся с помощью шелковой нити, которую производит.

И создает для себя из этого семени чертог во славу себе и во благо всему. Этот второй чертог является парцуфом ИШСУТ, который Арих Анпин произвел наподобие выведению шелка. И Арих Анпин вынужден был скрыться во время создания этого парцуфа. В этом чертоге он посеял семя светов для его исправления. Как сказано: «Окутался светом, как мантией»[9] – т.е. сам он представляет собой укрытый и не распространяющийся свет. И он скрыт и называется тогда «воздух (авир)», так как свет становится скрытым из-за буквы «йуд י», которая вошла в слово «свет (ор אור)», и образовалось сочетание «воздух (авир אויר)», и это состояние называется точкой в чертоге Его.

Малхут называется точкой, а ИШСУТ, являющиеся Биной, называются чертогом. Для подслащения свойством милосердия эта точка поднялась в чертог Арих Анпина, т.е. Малхут поднялась в Бину. И тогда свет чертога скрылся и стал свойством «воздух (авир)», т.е. ступенью руах. Ибо, когда там есть все пять светов НАРАНХАЙ (нефеш-руах-нешама-хая-ехида), он называется светом. Но вследствие подъема этой точки в чертог, установилось окончание, и производится зивуг под Хохмой, а Бина, Тиферет и Малхут опустились вниз, за пределы этого чертога. И поскольку в этом чертоге остались только два кли, Кетер и Хохма, там осталось лишь два света, нефеш-руах. И свет руах носит название «воздух (авир)». Таким образом, вследствие подъема точки в свет этого чертога, ушел оттуда свет, т.е. свет ГАР, нешама-хая-ехида. И там осталась только ступень руах-нефеш, называемая «воздух (авир)».

Это и означает: «И сказал Всесильный: "Да будет свет!"»[10] – т.е. затем, когда начнут светить мохин гадлут ИШСУТ, Он снова опускает «йуд י» из свойства «воздух (авир אויר)», и возвращается сочетание «свет (ор אור)» на свое место, как и вначале. Ибо после того, как Он вернул Малхут на свое место, снова вернулись три кли, Бина и ТУМ (Тиферет и Малхут), и соединились со своей ступенью. И поскольку уже есть пять келим, то снова возвращаются пять светов НАРАНХАЙ (нефеш-руах-нешама-хая-ехида) и облачаются в них.

Вхождение «йуд י» в свойство «свет (ор אור)» – это порождение парцуфом Арих Анпин парцуфа ИШСУТ. Потому что во время создания парцуфа ИШСУТ он поднял Малхут в свою Бину,

---

[9] Писания, Псалмы, 104:2.
[10] Тора, Берешит, 1:3.

т.е. точку в свой чертог, и остался Ариx Анпин с двумя келим, Кетер и Хохма, в которых два света – нефеш, руах. Тогда он породил также и ИШСУТ, в состоянии «половина ступени», как и он сам, т.е. с двумя келим, Кетером и Хохмой, и с двумя светами, нефеш-руах. Таким образом, Ариx Анпин тоже должен был скрыться от своего свойства «свет (ор אור)» и уменьшиться до свойства «воздух (авир אויר)» во время создания ИШСУТ, как при выделении шелка.

И так «начало (решит)» создало этого скрытого, который непознаваем в этом чертоге. Имеется в виду речение: «Вначале создал Всесильный (Элоким)»[6]. И говорится, что так «начало», т.е. Ариx Анпин, «создало этого скрытого» – т.е. «йуд י» поднялась в свойство «свет (ор אור)» этого чертога, и оно стало скрытым воздухом (авир אויר), называемым точкой в чертоге Его, «который непознаваем в этом чертоге» – т.е. в ИШСУТ во время катнута. И поскольку он происходит от Ариx Анпина, он познаваем во время гадлута, когда «йуд י» снова выходит из воздуха (авир אויר), и он становится светом (ор אור). Однако, если бы он происходил от Атика, то всегда оставался бы непознаваемым, и «йуд» никогда бы не выходила из свойства «воздух (авир)», как это свойственно высшим Аба ве-Има, которые произошли от Атика.

Второй чертог называется Элоким, в отличие от первого чертога Ариx Анпина, т.е. высших Абы ве-Имы, который не является свойством Элоким, а является свойством Эке. И сказанное: «Вначале создал Всесильный (Элоким)»[6] означает, что Ариx Анпин, называемый «решит», «создал» – произвел свойство катнут и скрытие, называемое «скрытым сиянием», которое в гадлуте становится именем Элоким. Слово «создал (бара)» всегда указывает на образование скрытого свойства[11].

5) Этот чертог представляет собой сияние, от которого произошли все десять речений, вследствие распространения точки от этого скрытого сияния. Мохин большого состояния (гадлут) ЗОН называются речениями. И из скрытого свечения парцуфа ИШСУТ вышли все мохин ЗОН, т.е. вследствие распространения

---

[11] См. «Предисловие книги Зоар», статья «Манула и мифтеха (замок и ключ)», п. 44.

и выхода этой точки из свойства «скрытый воздух (авир אויר)» остаются буквы слова «свет (ор אור)».

Если о парцуфе ИШСУТ говорится: «Создал», то нечего удивляться сказанному: «И создал Всесильный (Элоким) человека по образу Своему»[12]. Объяснение. Человек (адам) мира Ацилут – это Зеир Анпин, который вышел вместе с Малхут в двух парцуфах. И мы уже знаем, что эта Малхут сократилась, чтобы не получать в себя никакого прямого света, а только лишь отраженный свет. Но в таком случае, как могут ЗОН получать мохин от ИШСУТ, являющихся прямым светом? И здесь объясняется – если о парцуфе ИШСУТ сказано: «Создал», означающее, что Малхут поднялась в место Бины, а Бина и Тиферет и Малхут (ТУМ) парцуфа ИШСУТ опустились в парцуф ЗОН, то уже не кажется удивительным речение: «И создал Всесильный (Элоким)» – т.е. Бина, «человека (адам)» – ЗОН, «по образу Своему» – посредством мохин де-Има, хотя они по сути своей непригодны получать прямой свет. Ведь эти Бина и ТУМ парцуфа ИШСУТ, опустившиеся во время катнута в ЗОН, стали одним целым с ЗОН, и получают благодаря им мохин Имы, являющиеся прямым светом, и сказано об этом: «Мать (има) одалживает свои одежды дочери»[13].

6) Сияние, т.е. Арих Анпин, это «берешит (вначале)», потому что имя его является началом всего. После того, как отрывок: «Вначале создал Всесильный»[6] объясняется в общем виде, что это Арих Анпин, который создал ИШСУТ, называемый Элоким, он снова выясняется в частном виде. И говорится, что слово «берешит (вначале)» – это святое имя, и это имя Арих Анпина, потому что имя его является началом всего, т.е. в мохин сияния небосвода Арих Анпин считается началом всего по той причине, что он является первым парцуфом, исправленным с помощью первой точки, мифтеха.

Святое имя Эке отпечатано в сторонах парцуфа Арих Анпина, и это – высшие Аба ве-Има, облачающие правую и левую сторону Арих Анпина до хазе и представляющие собой имя Эке, и они всегда находятся в свойстве «чистый воздух (авира дахья)», потому что «йуд '» никогда не выходила из их свойства

---

[12] Тора, Берешит, 1:27.
[13] См. «Предисловие книги Зоар», п. 17.

«воздух (авир אויר)». И эти мохин сияния небосвода не пребывают в них. Имя Элоким отпечатано в свойстве «венец (атара)», мохин де-ГАР. Как сказано: «Выйдите и посмотрите, дочери Циона, на царя Шломо в венце, которым украсила его мать»[14]. И говорится, что имя Элоким, т.е. ИШСУТ, отпечатано в Арих Анпине в свойстве «венец (атара́)», в мохин де-ГАР.

И это указывает на выяснение имен: «Я буду (Эке) таким, как (ашер) Я буду (Эке)»[15]. Первое имя Эке – это высшие Аба ве-Има, отпечатанные и записанные в сторонах Арих Анпина, являющиеся свойством «чистый воздух (авира дахья)» и «непознаваемый». И имя Элоким отпечатано в Арих Анпине, в его ГАР, в свойстве «сияние небосвода». И это – ИШСУТ. И это скрытый и упрятанный чертог, начало раскрытия свойства «берешит». Имя Элоким – это свойство «ашер», содержащееся во фразе: «Я буду (Эке) таким, как (ашер) Я буду (Эке)». Так, что первое Эке – это высшие Аба ве-Има, «ашер» – это ИШСУТ, называемый Элоким, являющийся скрытым и упрятанным чертогом во время катнута, и это – начало раскрытия свойства «берешит». То есть в ИШСУТ – начало раскрытия мохин сияния небосвода со стороны Арих Анпина, называемого «начало (решит)».

«Ашер (אשר)» – это «рош (ראש)», вышедшая из свойства «решит (ראשית)». «Ашер (אשר)» – это буквы слова «рош (ראש)» в обратном порядке. Буква «рэйш ר», первая в слове «рош (ראש)», идет последней в слове «ашер (אשר)». Это указывает на то, что это та «рош (ראש голова)», которая вышла из «начала (решит ראשית)», т.е. Арих Анпина, и поэтому вышла из свойства рош и стала свойством гуф без рош.

Пояснение сказанного. Для того, чтобы произвести ИШСУТ, укрылся и исчез Арих Анпин, как в примере с выделением шелка. То есть, он произвел сначала исправление подъема Малхут в место Бины в самом парцуфе для того, чтобы создать в этом свойстве ИШСУТ. И поэтому Арих Анпин установился в своем рош только в двух сфирот, Кетер и Хохма, а его Бина вышла за пределы рош на ступень гуф. И из этой сферы Бина

---

[14] Писания, Песнь песней, 3:11.
[15] Тора, Шмот, 3:14.

установились парцуфы Аба ве-Има и ИШСУТ. Из ее ГАР установились высшие Аба ве-Има, а из ее ВАК – ИШСУТ.

Вот почему остаются Аба ве-Има всегда в свойстве рош, хотя они являются всего лишь свойством хасадим, – потому что ГАР Бины не получают Хохмы, даже когда они находятся в рош, и поэтому они и не чувствуют никаких изменений, когда они находятся вне рош. Тогда как ИШСУТ, являющиеся свойством ЗАТ Бины Арих Анпина, которым свойственно получение Хохмы, сократили себя от получения Хохмы, по причине выхода Бины Арих Анпина в свойство гуф, и поэтому они считаются свойством гуф без рош.

Поэтому сказано, что «ашер (אשר)» – это «рош (ראש)», вышедшая из свойства «решит (ראשית)». Слово «ашер (אשר)», порядок букв в котором иной, чем в сочетании «рош (ראש)», указывает на то, что оно было в рош Арих Анпина, но вышло из него. То есть, ИШСУТ является Биной Арих Анпина, которая вышла из рош в гуф, и поэтому буквы в слове «ашер (אשר)» такие же, как в слове «рош (ראש)». А изменение порядка произошло вследствие выхода его из рош свойства «берешит», т.е. из рош Арих Анпина.

7) После того, как установились эта точка и чертог как одно целое, «берешит», Арих Анпин, включает высшее начало в свет Хохмы. ИШСУТ называется «ашер (אשר)», что указывает на «рош (ראש)», вышедший из «решит (ראשית)» после того, как ИШСУТ установился в этой точке и в чертоге как одно целое во время подъема этой точки, Малхут, в Бину, чертог, – т.е. в то время, когда остались в Арих Анпине только Кетер и Хохма, а Бина, Тиферет и Малхут свойства рош Арих Анпина вышли со ступени рош под ступень рош. И также в парцуфе ИШСУТ остались только Кетер и Хохма, а Бина и ТУМ его опустились на ступень под ними – в ЗОН.

И когда произошло это сокращение, высшее начало включилось в Арих Анпин для раскрытия Хохмы нижним. Иными словами, если бы не произошло это сокращение, мохин Хохмы не достигли бы ЗОН и душ праведников. А затем изменился вид этого чертога, и он называется Храмом.

Объяснение. Во время сокращения, когда установились точка и чертог как одно целое, чертог был только в свойстве «свет хасадим без Хохмы», т.е. гуф без рош. И это означает, что точка вошла в свойство «свет (ор אור)» этого чертога, и этот «свет» стал свойством «воздух (авир אויר)», т.е. светом хасадим. А во время гадлута, благодаря подъему МАН вследствие добрых деяний праведников, выходит буква «йуд י» из свойства «воздух (авир אויר)», и снова этот чертог становится свойством «свет (ор אור)». Тогда считается, что цвет хасадим этого чертога изменился, снова получив цвет Хохмы. И тогда меняется также и название этого чертога, и он называется Храмом. Потому что в то время, когда есть свет Хохмы в этом чертоге, он именуется Храмом.

В то время, когда точка находится в свойстве «воздух (авир אויר)», свет скрыт и не проявляется вовсе. А когда это свечение распространяется, чтобы раскрыться, выходит из этого свойства «воздух (авир אויר)» одна точка, и то, что остается после выхода этой точки, называется светом (ор אור). А когда эта точка выходит из света (ор אור), этот свет в высшем чертоге облачается в четыре цвета, т.е. в свойства Хохма, Бина, Тиферет и Малхут, и называется Храмом. И о ней сказано: «Мудростью устраивается Храм»[16]. Поскольку в то время, когда «йуд י» выходит из «воздуха (авир אויר)», он снова становится «светом (ор אור)». Тогда меняется название чертога, и теперь он называется Храмом.

Но это происходит после облачения Хохмы в хасадим. И вместе с этим облачением распространяются четыре цвета, ХУБ ТУМ, и далее это называется распространением для пребывания в Храме, однако здесь еще не было облачения Хохмы в хасадим, но был только свет Хохмы без хасадим. И таким образом, только поменялся цвет хасадим на цвет Хохмы. И считается поэтому, что этот свет еще скрыт и не светит, потому что свет Хохмы не может светить без облачения света хасадим.

Поэтому действие выхода «йуд י» из «воздуха (авир אויר)» и раскрытия света (ор אור) Хохмы называется только распространением, относящимся к исправлению Храма. Чтобы отличать, что здесь еще нет распространения для пребывания в Храме.

---

[16] Писания, Притчи, 24:3.

Поскольку все то время, пока свет скрыт, нет пребывания в Храме, чтобы обитать в нем, а это лишь первое исправление, так как ГАР можно достичь только с помощью этого исправления. И это действие называется поэтому лишь исправлением Храма, а не пребыванием в нем.

Поэтому сказано, что изменился вид этого чертога, и он называется Храмом. Иными словами, цвет хасадим в чертоге поменялся на цвет Хохмы, и называется Храмом. Высшая точка, т.е. парцуф Арих Анпин, называется «рош». И они включаются друг в друга в действии «берешит». То есть, хотя цвет хасадим и поменялся на свет Хохмы, Храм все же не может установиться сам по себе в свойстве «пребывание в Храме», потому что отсутствует облачение в свет хасадим. И считается, что этот Храм еще включен в Арих Анпин, называемый «рош», и поэтому образовалось сочетание слов «байт (בית Храм)» и «рош (ראש начало)» вместе, и это – буквы слова «берешит (בראשית вначале)», указывающего, что Храм не светит сам, но еще включен в свечение Арих Анпина.

Это свечение называется мохин де-ВАК, поскольку в то время, когда «йуд י» присутствовала в свете (ор אור) чертога, чертог был в свойстве «воздух (авир אויר)», т.е. светом хасадим без Хохмы, называемым ВАК без рош. И теперь, когда «йуд י» вышла из свойства «воздух (авир אויר)» чертога, снова чертог становится светом (ор אור) Хохмы, свойством ГАР, однако это считается только свойством мохин де-ВАК. И хотя есть мохин, все же это еще как ВАК без ГАР, по причине отсутствия хасадим, – ведь свет Хохмы не может светить без облачения в свет хасадим.

«Байт (בית Храм)» и «рош (ראש начало)» включены друг в друга в свойстве «берешит (בראשית вначале)», и они всё это время как одно целое, пока нет еще пребывания в Храме, т.е. нет облачения Хохмы в хасадим, раскрывающего четыре цвета в Храме – ХУБ ТУМ (Хохма и Бина, Тиферет и Малхут), т.е. мохин де-ГАР. Однако до этого он считается только свойством мохин де-ВАК, потому что Хохма не светит без облачения в хасадим.

Когда посеяно семя исправления для пребывания, он называется именем Элоким, спрятанным и укрытым. Объяснение.

Когда «йуд י» вошла в свет (ор אור), и он стал свойством «воздух (авир אויר)», ступень разделилась на две части. На самой ступени остались только Кетер и Хохма, а Бина и ТУМ упали на ступень под ней. Парцуф ИШСУТ называется Элоким. И после того, как он остался на уровне половины ступени, считается, что две буквы МИ имени Элоким остались на ступени ИШСУТ, а три буквы ЭЛЕ упали со ступени ИШСУТ на ступень под ней, и имя Элоким окончательно скрылось от них.

Но затем точка вышла из свойства «воздух (авир אויר)» чертога, и чертог снова становится светом (ор אור) Хохмы, ведь с помощью МАН праведников было притянуто высшее свечение от АБ-САГ мира АК, выводящее Малхут из места Бины и возвращающее ее на свое место, как и вначале. И тогда возвращаются три кли, Бина и ЗОН, называемые ЭЛЕ (אלה), и снова соединяются с МИ (מי), которые остались в ИШСУТ, и опять раскрывается в ИШСУТ имя Элоким (אלהים), как и вначале. Однако считается, что имя Элоким скрыто и упрятано в ИШСУТ из-за отсутствия облачения хасадим.

«После того, как посеяно семя исправления для пребывания, он называется именем Элоким, спрятанным и укрытым». Иными словами, хотя еще нет там никакого распространения, относящегося к пребыванию, т.е. мохин ГАР, несущих свет, всё же, после того, как было произведено исправление, подготавливающее распространение обитания, благодаря выходу «йуд י» из свойства «воздух (авир אויר)», снова поднимаются буквы ЭЛЕ в ИШСУТ, и с помощью них восполняется имя Элоким. Однако это еще свойство Элоким, скрытое и упрятанное до тех пор, пока нет там распространения для обитания в Храме.

8) Это сияние – скрытое и упрятанное прежде чем сыновья входят в него, чтобы производить порождения, и этот Храм находится в распространении исправления «святого семени»[17]. И все то время, пока она не забеременела и не произошло распространение обитания в Храме, он еще не называется именем Элоким, но всё еще включено в свойство «берешит», т.е. прежде чем распространились четыре исправления, он еще не называется именем Элоким, так как не светит в совершенстве.

---

[17] Пророки, Йешаяу, 6:13.

И считается, что всё это включено еще в общее свойство Арих Анпина, называемое «решит (начало)».

Здесь имеется четыре исправления: первое зарождение (ибур), мохин де-ВАК, второе зарождение, мохин де-ГАР. И порядок их следующий:

1. Прежде чем сыновья вошли в него, чтобы порождать, – это первое зарождение (ибур), т.е. вход «йуд י» в свет (ор אור), который становится свойством «воздух (авир אויר)», и тогда выходят ВАК ступени.

2. В Храме происходит распространение исправления «святого семени»[17]. Это исправление выхода «йуд י» из свойства «воздух (авир אויר)», что называется «мохин де-ВАК».

3. До тех пор, пока она не забеременеет, – это второе зарождение (ибур) ЗОН, и поскольку они слиты с буквами ЭЛЕ со времени катнута, то когда «йуд י» выходит из «воздуха (авир אויר)», и буквы ЭЛЕ поднимаются из ЗОН, поднимаются вместе с ними также и ЗОН в ИШСУТ, что считается вторым зарождением.

4. И пока не произойдет распространение пребывания в Храме, распространение мохин де-ГАР, благодаря которым образуется свойство пребывания в Храме.

Поэтому говорится, что «сияние скрытое и упрятанное»:
1. Прежде чем сыновья вошли в него, чтобы порождать.
2. В Храме происходит распространение исправления «святого семени»[17].
3. До тех пор, пока она не забеременеет.
4. И пока не произойдет распространение пребывания в Храме.

Прежде чем происходят над ИШСУТ эти четыре исправления, одно за другим, ИШСУТ не называется Элоким, но всё это еще включено в общее свойство «берешит (вначале)», т.е. Арих Анпин. И о втором исправлении, называемым по имени Элоким, он говорит, что это свойство «скрытый и упрятанный, который не светит вообще». Однако по окончании этих четырех исправлений он называется именем Элоким, наполняющим ЗОН светом всех этих мохин.

Когда закончились эти четыре исправления, и он установился в имени Элоким, он вывел эти порождения из того семени, которое было зачато в нем. То есть после того, как над ИШСУТ производят эти четыре исправления – зарождение (ибур) свойства ВАК, мохин свойства ВАК, второе зарождение свойства ВАК гадлута, мохин ГАР гадлута – имя Элоким светит в совершенстве в ИШСУТ. И он порождает мохин для сыновей, т.е. для ЗОН, которые поднялись к нему в этих двух зарождениях. И эти мохин ЗОН называются «семя, которое было зачато в ИШСУТ».

Кто является этим семенем, развивающимся в ИШСУТ? Это отпечатавшиеся буквы – Тора. Зеир Анпин называется Торой, поскольку выходит из этой точки, т.е. Арих Анпина, так как во время своих зарождений в ИШСУТ он получает мохин Хохмы от Арих Анпина.

9) Высшая точка, Арих Анпин, посеяла внутри чертога ИШСУТ три точки: холам, шурук, хирик. Холам – цвет хасадим, когда точка и чертог являются одной ступенью. Шурук – цвет Хохмы, скрытый свет. Хирик – облачение величия хасадим, выходящее на экран ЗОН, которое облачает цвет Хохмы в цвет хасадим, друг в друга, и оба они светят во всем своем совершенстве.

Пояснение сказанного. Мы обнаруживаем здесь три посева, ибо любое свойство скрытия, образующееся в свете, определяется как посев:

1. Первый посев. В момент выхода ИШСУТ из рош Арих Анпина в свойстве «ашер (אשר)», т.е. «рош (ראש)», вышедший из свойства «решит (ראשית)», точка и чертог становятся как одна ступень, когда уходят из них ГАР светов, и они остаются в свойстве ВАК без рош. В это время три их буквы ЭЛЕ падают на ступень ЗОН, а ИШСУТ остается только с двумя келим – гальгальта-эйнаим, буквами МИ.

2. Второй посев. В момент, когда цвет этого чертога изменяется с цвета хасадим на цвет Хохмы, поскольку точка, которая была в месте Бины, возвращается в место пэ, а три кли, Бина, Тиферет и Малхут, называемые ЭЛЕ, поднимаются и соединяются с ИШСУТ, и могут подняться в рош Арих Анпина и принять цвет Хохмы. Однако они становятся скрытым сиянием из-за отсутствия хасадим.

3. Третий посев. После того, как ИШСУТ поднимают три своих кли ЭЛЕ, также и ЗОН поднимаются вместе с ними. По правилу: высший, опускающийся к нижнему, становится в точности, как он. И после того, как келим ЭЛЕ ИШСУТ упали в место ЗОН,

они стали слитыми с ЗОН как одна ступень, и поэтому теперь, когда ИШСУТ снова подняли ЭЛЕ на свою ступень, ЗОН вместе с ними тоже взошли на ступень ИШСУТ. И считается, что ИШСУТ, т.е. Твуна, забеременела свойством ЗОН, так как они вошли в утробу ее, подобно зародышу, находящемуся в чреве матери его и питающемуся тем, чем питается мать его. То есть, они получают там от всех имеющихся в Твуне светов, как если бы на самом деле являлись сущностью Твуны. А по отношению к ИШСУТ, вход ЗОН в них считается свойством зачатие, так как (ЗОН) находятся в свойстве более низком, чем они, и они (ИШСУТ) ухудшаются в какой-то мере из-за включения (ЗОН) в них.

Эти три посева называются холам-шурук-хирик.

Первый посев, называемый холам, в свойстве «ашер (אשר)», т.е. «рош (ראש)», вышедший из «решит (ראשית)».

Второй посев, шурук, когда цвет этого чертога изменяется с оттенка света хасадим на оттенок света Хохмы, и становится скрытым сиянием.

Третий посев, хирик, когда поднялись в них ЗОН вместе с их буквами ЭЛЕ, и сократилась Твуна, поскольку понесла в себе свойства ЗОН.

Буквы – это келим. А точка холам находится над буквами. И во время выхода Бины из рош Арих Анпина в свойство ВАК получается, что свет ГАР парцуфа ИШСУТ остается в рош Арих Анпина и не облачается в келим ИШСУТ, подобно точке холам, которая не находится внутри букв, а только выше них. И поэтому называется этот посев холам.

А точка шурук называется «мелафум», буква «вав» и точка внутри нее – וּ, когда эта точка облачена в буквы, т.е. в келим. И также в то время, когда ИШСУТ вернули к себе буквы ЭЛЕ и поднялись в рош Арих Анпина, снова входит свет ГАР Арих Анпина в свои келим, наподобие точке шурук, облаченной в буквы. И поэтому этот посев называется шурук.

Точка хирик находится под буквами, т.е. келим. И также сокращение, которого ИШСУТ достигают в силу соединившихся с ними ЗОН, не относится к ступени их собственных келим, а к ступени, находящейся ниже их келим, т.е. ЗОН, находящихся под ними, подобно точке хирик, стоящей под буквами. Поэтому этот посев называется хирик.

И эта высшая точка, Арих Анпин, посеяла в этом чертоге, Бине, три точки холам-шурук-хирик, которые включились друг в друга и стали одним свойством – голос, исходящий от соединения трех точек вместе.

Пояснение. После того, как эта точка, Арих Анпин, произвела в парцуфе ИШСУТ, называемом чертог, три посева холам-шурук-хирик, ИШСУТ находились в свойстве Элоким, скрытом и упрятанном, пока не вышла ступень хасадим на экран точки хирик, т.е. экран первой стадии в ЗОН, производящих зивуг с высшим светом, на который выходит ступень нефеш-руах, являющаяся ступенью хасадим. И тогда свет Хохмы облачается в одеяние величия, которое светит и создает ЭЛЕ, и довершается имя Элоким.

Ведь ступень хасадим становится одеянием величия для света Хохмы. И тогда МИ, точка холам, соединяется с буквами ЭЛЕ, которые поднимаются и соединяются с ней в виде точки шурук, и раскрывается имя Элоким благодаря одеянию величия хасадим, созданному с помощью экрана точки хирик. И считается теперь, что три эти посева завершились вместе при помощи экрана точки хирик, т.е. посредством ступени хасадим, вышедшей благодаря ему.

Поэтому сказано, что эти точки включились друг в друга, так как ступень хасадим довершила все их, и все они соединились благодаря этому и включились друг в друга, став как одно свойство. Ведь при отсутствии одной из них это совершенство было бы невозможным. Но теперь есть у них все четыре цвета, т.е. ХУБ (Хохма и Бина) ХУГ (Хесед и Гвура), – Хохма и Бина (ХУБ) вышли с помощью МИ-ЭЛЕ, т.е. холам-шурук, а Хесед и Гвура (ХУГ) с помощью экрана точки хирик. И они восполняют друг друга, и становятся свойством «единый голос». Зеир Анпин называется «голос», т.е. (экран) точки хирик, на который вышла ступень хасадим, которая соединила МИ и ЭЛЕ в святое имя Элоким. А нижний, становящийся восполнением для высшего, удостаивается той же величины мохин, которые вызвал в восполнении высшего. Таким образом, всех этих четырех цветов ХУБ ХУГ, вышедших благодаря завершению трех посевов холам-шурук-хирик, удостаивается Зеир Анпин, поскольку вышли они там только благодаря ему.

Поэтому сказано: «И стали одним свойством – голос, исходящий от соединения трех точек вместе», так как холам-шурук-хирик соединяются вместе в мохин Зеир Анпина, и он рождается и выходит за пределы ИШСУТ и приходит на свое место с этими мохин, ХУБ (Хохма и Бина) ХУГ (Хесед и Гвура), которые соединились в нем в полном единстве.

Когда выходит этот голос, выходит вместе с ним также и созвучие его, включающее все буквы. Как сказано: «(Эт) небо»[6] – т.е. голос и созвучие его.

Объяснение. Захар и некева делятся таким образом, что свойство свет относится к захару, а свойства келим, т.е. буквы, – к некеве. Поэтому называется нуква именем «эт את», чтобы указать, что в нее включены все буквы, от «алеф א» до «тав ת». Поэтому в то время, когда появился Зеир Анпин и родился от Бины, и пришел на свое место, появилась также и нуква вместе с ним, которая включает все келим, называемые буквы. Как сказано: «(Эт) небо»[6]. «Небо» – это Зеир Анпин, называемый голос, а «эт» – это имя нуквы. Таким образом, вышли голос и созвучие его, т.е. ЗОН.

Голос, «небо», это последнее имя Эке. Потому что «Я буду (Эке) таким, как (ашер) Я буду (Эке)»[15] – это Хохма, Бина, Даат (ХАБАД). Первое имя Эке – это Хохма, «ашер» – это Бина, последнее имя Эке – это Даат. Сфира Даат – это ЗОН, находящиеся в мохин Бины, так как всё предназначение мохин де-ИШСУТ, довершение святого имени Элоким, осуществляется с помощью свойства хирик, имеющегося в ЗОН, которые поднялись вместе с буквами ЭЛЕ, т.е. с помощью ступени хасадим и гвурот, вышедших там на его экран. И поэтому ЗОН обязательно оставляет там свое свойство также и после того, как выходит, родившись, на своё место, потому что без его одеяния величия хасадим не довершается там имя Элоким.

И это свойство ЗОН, которое он оставил в ИШСУТ, чтобы быть там ступенью ХУГ (Хесед и Гвура), для постоянного облачения света Хохма в свое светящее одеяние, называется сфирой Даат. Таким образом, сфира Даат – это сам Зеир Анпин, который остался, чтобы светить в ИШСУТ. Но Нуква всегда включена в гуф Зеир Анпина, и поэтому в Даат есть две стороны, правая и левая. Правая называется хасадим, и это свойство захар в Даат. Левая называется гвурот, и это – его нуква. Однако оба они являются свойством самого Зеир Анпина. Поэтому сказано: «Голос, т.е. небо, это последнее имя Эке» – это Даат в Бине. Но оно не является свойством самих ЗОН, поскольку имя Эке находится только в Бине, а не в Зеир Анпине, и лишь относится к Даат.

Последнее имя Эке – это сияние, включающее все буквы и цвета следующим образом: цвета – это ХУБ (Хохма и Бина) ТУМ (Тиферет и Малхут), а буквы – это келим. Последняя Эке – это свойство Зеир Анпина, называемое небо, являющееся светом хасадим, выходящим и облачающимся на Хохму, и тогда МИ ЭЛЕ соединяются в имя Элоким. Сияние его включает все буквы, т.е. келим, и все цвета, т.е. света. И они вышли лишь благодаря силе экрана хирик в нем, поскольку все посевы холам-шурук-хирик включены в Зеир Анпин, и поэтому этот голос включает все их.

10) До сих пор – «Творец – Всесильный наш, Творец»[18]. Эти три ступени соответствуют высшей тайне: «Вначале создал Всесильный (Элоким)»[6]. Ибо «Творец – Всесильный наш, Творец» – это Хохма-Бина-Даат (ХАБАД). «Творец» – это Хохма, «Всесильный (Элоким)» – это Бина, «Творец» – Даат. И также «Вначале создал Всесильный (Элоким)» выяснилось выше, во внутренней сути имен «Я буду (Эке) таким, как (ашер) Я буду (Эке)»[15], что это тоже Хохма-Бина-Даат (ХАБАД).

И всё, что выяснилось до сих пор, относится к речению: «Творец – Всесильный наш, Творец». Эти три ступени, относящиеся к этим трем именам, т.е. ХАБАД, соответствуют высшим свойствам, на которые указывает речение: «Вначале (берешит) создал (бара) Всесильный (Элоким)»[6]. «Вначале (берешит)» – это первое имя Эке, Хохма. «Создал (бара)» – это свойство «ашер (אשר)», которое вышло из рош (ראש), и также возвращение его в рош в свойстве «скрытое сияние», т.е. Бина, и это

---

[18] Тора, Дварим, 6:4.

свойство Элоким, скрытое и упрятанное, так как оно глубоко и скрыто в имени Его и не может раскрыться без хасадим. И раскрывшееся свойство Элоким – это последнее имя Эке, т.е. Даат.

После того, как вышла ступень Хесед и Гвура (ХУГ) на экран ЗОН, и Хохма облачилась в хасадим, МИ (מי) соединились с ЭЛЕ (אלה), и стало полным имя Элоким (אלהים), потому что раскрытие имени Элоким происходит только в последнем имени Эке, являющимся сфирой Даат и свойством ЗОН. Таким образом, «Вначале (берешит) создал (бара) Всесильный (Элоким)» является также свойством ХАБАД, как и «Я буду (Эке) таким, как (ашер) Я буду (Эке)»[15], и таким же, как «Творец – Всесильный наш, Творец»[18].

Слово «Вначале (берешит)» указывает на исходное свойство, и это Хохма, называемая «начало (решит)». «Создал (бара)» указывает на скрытие, для того, чтобы всё распространилось оттуда. Объяснение. Слово «создал (бара)» указывает на скрытие и сокращение. И это – посев точек холам-шурук-хирик. И всё распространяется и осуществляется посредством этого посева. Имя Элоким означает – становление всего внизу. Пояснение. Благодаря соединению МИ (מי) ЭЛЕ (אלה) для довершения имени Элоким (אלהים), осуществляемому с помощью облачения хасадим, которое светит в Даат, получают свое становление все – как Хохма и Бина (ХУБ), так и ЗОН, находящиеся внизу.

«(Эт) небо»[6] указывает на захара и нукву как одно целое, когда запрещено разделять их. Зеир Анпин называется «небо», нуква называется «эт». Таким образом, «(эт) небо» указывает на Зеир Анпин и нукву вместе. И поэтому имеется в виду, что также и нуква включена в Зеир Анпин, чтобы показать, что запрещено разделять между ними, а только соединять их, как одно целое, и это «голос» и «речь» – АВАЯ Адни, и этот «голос» и «речь» связаны, как единое целое.

11) Когда «эт את» включает в себя все буквы, она становится совокупностью всех букв, началом (рош) и концом (соф). Объяснение. Нуква называется «эт את», когда она включает все буквы, потому что буквы – это келим, а келим содержатся только в нукве. И она является их совокупностью от начала

(рош) – буквы «алеф א», до конца (соф) – буквы «тав ת». И поэтому нуква называется «эт את».

Затем добавляется к «эт את» буква «хэй ה» для того, чтобы соединить двадцать две буквы с «хэй ה». Ибо после того, как они включили уже все буквы семи нижних сфирот (ЗАТ), добавилась к ней (к нукве) первая «хэй ה» от свойства Имы. И тогда она становится достойной зивуга с Зеир Анпином. И тогда она называется «Ты (ата אתה)». Как сказано: «Ты даешь им всем жизнь»[19] – поскольку, благодаря ее зивугу с Зеир Анпином, она может дать жизнь всем своим воинствам, находящимся в трех мирах БЕА, и наполнить их всем необходимым.

«Эт» – это имя Адни. «Небо» – имя АВАЯ, являющееся высшим по отношению к имени Адни. Потому что Зеир Анпин, называемый «небо» и называемый «голос» – это АВАЯ. А его нуква, называемая «эт», а также «речь», – это имя Адни.

12) «И (ве-эт ואת) землю»[6] – указывает на исправление захара и нуквы, в сочетании «и АВАЯ», и всё это – одно целое. Ибо так же, как свойство «небо» включает захара и нукву в сочетании «эт (את) небо», так же и нуква, свойство «земля», включает захара и нукву. И на это указывает сочетание «и эт (ве-эт ואת)», потому что «эт (את)» – это нуква, а «вав ו» – это свойство захар, содержащееся в нукве.

Чтобы понять различие между свойством «небо», высшим Зеир Анпином, называемым «голос», и нижним Зеир Анпином, включенным в букву «вав ו» в сочетании «и эт (ве-эт ואת)», приводится понятие «ве-АВАЯ», где «вав ו» включает место суда Его, т.е. нукву, соединенную с Ним вместе. Ибо в каждом месте, где сказано: «Ве-АВАЯ», это означает – Он и место суда Его. Так же и Зеир Анпин, включенный здесь в нукву, в букву «вав ו» в сочетании «и эт (ве-эт ואת)», включен в место суда Его, т.е. в нукву.

ЗОН делятся (нехлаким) на два парцуфа, как сказано: «Я же человек гладкий (халак)»[20]. От хазе и выше они называются

---

[19] Писания, Нехемия, 9:6.
[20] Тора, Берешит, 27:11. «И сказал Яаков Ривке, матери своей: "Ведь Эсав, брат мой, человек волосатый, я же человек гладкий"».

Исраэль и Лея, от хазе и ниже – Яаков и Рахель. Поэтому «(эт) небо» – это высшие захар и нуква, называемые Исраэль и Лея, расположенные от хазе ЗОН и выше, «и (ве-эт) землю» – это нижние захар и нуква, называемые Яаков и Рахель, расположенные от хазе Зеир Анпина и ниже.

И здесь нуква в сочетании слов «(эт) небо» называется по имени Адни, которое является именем малой нуквы, Рахель, так как говорится о мохин гадлут ЗОН, потому что только во время гадлута ЗОН называются голосом и речью, когда ЗОН находятся в состоянии «паним бе-паним» на равной ступени, и в это время малая нуква Рахель поднимается наверх, на место большой нуквы, Леи, и облачает ее. Поэтому и нуква называется тогда Адни, по имени малой нуквы. Ведь малая нуква достигает при этом ступени большой нуквы. И в это время она называется Адни в единстве АВАЯАДНИ, голоса и речи, как единого целого.

«Земля» – это имя Элоким, подобное высшему, достойное извлечь плоды и порождения. Нуква называется землей только когда «мать (има) одалживает свои одежды дочери»[13], и та устанавливается в образе высшего, с мохин Элоким, т.е. Биной, в нижнем единстве. И тогда из состояния «суша» она становится землей, производящей плоды и порождения.

Это имя содержится в трех местах. И оттуда выясняется совершенство имени Элоким, благодаря соединению этих трех мест:

1. МИ в свойстве «ашер אשר», которое вышло из начала (решит ראשית), так как место ее (Бины) было в рош Арих Анпина, и она вышла в место его гуф.

2. Буквы ЭЛЕ, ее АХАП, которые упали в место ЗОН и снова приобрели новое место, а затем, во время гадлута, вернулись на свое место.

3. После возвращения букв ЭЛЕ вместе с ЗОН на ее ступень, она получает ступень Хесед и Гвура (ХУГ), выходящую на экран де-ЗОН, которые слиты с ее ЭЛЕ. И тогда облачается свет Хохма в хасадим, и МИ (מי) соединяется с буквами ЭЛЕ (אלה), и становится полным имя Элоким (אלהים). И имя Элоким раскрывается только в соединении трех мест. И оттуда у имени Элоким есть множество сочетаний, поскольку есть сто двадцать сочетаний Элоким, в зависимости от перемены власти этих трех мест.

До сих пор – это тайна тайн, которая отпечатала и выстроила и установила (всё) скрытым путем, с помощью свойств, содержащихся в одном речении. Объяснение. Отпечатала, выстроила и установила – это три места:

«Отпечатала» – точка «холам» вывела Бину из рош в свойство ВАК, и вследствие этого упали ее буквы ЭЛЕ в место ЗОН, и считается, что образовалась в ней печать и недостаток, так как исчезли у нее буквы ЭЛЕ.

«И выстроила» – это действия возвращения букв ЭЛЕ к ней, и возвращение в рош Арих Анпина, в место Хохмы, что считается полным строением десяти ее сфирот в качестве келим. Ибо теперь она приобрела буквы ЭЛЕ, и восполнились десять ее сфирот в качестве келим. И также поднялась в место Хохмы. Однако еще нет у нее становления там, чтобы получить Хохму от Арих Анпина, из-за отсутствия хасадим. И поэтому становление ей необходимо.

И это означает «и установила», так как благодаря зивугу на экран точки хирик, когда она достигла облачения хасадим, облачился свет Хохмы в свет хасадим, и установились ее мохин в четырех цветах, имеющихся в ХАБАД.

И всё это производилось скрытым путем, посредством трех посевов холам-шурук-хирик, на которые указывает отрывок: «Разумные воссияют, как сияние небосвода»[7].

13) «Берешит (בראשית вначале)»[6] – это буквы «бара (ברא создал)» «шит (שית шесть)». «От края небес до края небес»[21] – есть шесть окончаний (ВАК), распространяющихся от высшего свойства. Объяснение. «Берешит (בראשית вначале)» – это Арих Анпин. Это слово состоит из слов «бара (ברא создал)» «шит (שית шесть)», указывающих на то, что Арих Анпин является корнем ВАК (шести окончаний) Зеир Анпина. Зеир Анпин называется «небеса». «От края небес до края небес»[21] – включает все сфирот Зеир Анпина, весь его ВАК (шесть окончаний), и все их он взял от шести высших окончаний, исходящих от Арих Анпина, от высшего свойства, в распространении «бара (ברא создал)».

---

[21] Тора, Дварим, 4:32.

Объяснение. С помощью свойства «ашер (אשר)», которое вышло из рош (ראש) свойства «берешит (בראשית вначале)», что является распространением «бара (ברא создал)», называемым скрытым сиянием, включающим холам-шурук-хирик, Зеир Анпин достигает шесть высших окончаний от Арих Анпина, ВАК де-Хохма в свойстве «голос и речь».

Из начальной точки, Арих Анпина, Он создал (бара) распространение одной точки наверху. Вследствие того, что Арих Анпин вывел Бину за свои пределы, он создал распространение одной точки наверху, и при выходе этой точки наружу, она вошла в свет Бины, и образовалось свойство «воздух (авир)», что и означает «бара (создал)». И в результате этого произошло также распространение этой точки из свойства «воздух (авир)» и возвращение ее к свойству «свет (ор)», и отсюда и берут свое начало все мохин де-ЗОН. Таким образом, из начальной точки, Арих Анпина, Он создал распространение этой точки из свойства «воздух (авир)», откуда происходят шесть окончаний (ВАК) Зеир Анпина, на которые указывают буквы «берешит (בראשית вначале)» – «бара (ברא создал)» «шит (שית шесть)».

И сказанным «одна точка наверху» Зоар указывает на две точки, имеющиеся в экране высших Абы ве-Имы, называемые «манула (замок)» и «мифтеха (ключ)». Но распространение «йуд י» из свойства «воздух (אויר авир)» происходит только на одну из этих точек – точку «мифтеха (ключ)», а точка «манула (замок)» остается в высших Абе ве-Име и не выходит из свойства «воздух (אויר авир)» высших Абы ве-Имы[22].

И здесь отпечаталось сорокадвухбуквенное имя. Пояснение. Понятие создания печати сорокадвухбуквенного имени – это три свойства «ядаим (рýки)» де-Има, которые обновились вследствие того, что Арих Анпин вывел Бину наружу. И это буквы ЭЛЕ де-Има, считающиеся свойствами ХАГАТ Имы, которые называются «руки (ядаим)», так как с помощью этих «рук (ядаим)» она поднимает ЗОН к себе. Ведь во время ее выхода из рош ее буквы ЭЛЕ упали в ЗОН, и когда она снова поднимает буквы ЭЛЕ, вместе с ними восходят также и ЗОН в свойство

---

[22] См. «Предисловие книги Зоар», статья «Манула и мифтеха (замок и ключ)», п. 44.

рош, и они (буквы ЭЛЕ) подобны рукам, поднимающим ЗОН с их места внизу на ее собственное место.

Трижды «йуд-далет יד (яд, 14)» в гематрии «мэм-бэт מב (42)». И это означает, что сорокадвухбуквенное имя является возносящим именем. Однако само сорокадвухбуквенное имя относится к свойствам от хазе Арих Анпина и выше, где находятся три парцуфа: Атик, Арих Анпин и Аба ве-Има. И это:

1. Простое четырехбуквенное имя АВАЯ – парцуф Кетер, т.е. Атик, Кетер де-МА.

2. АВАЯ с наполнением, содержащая десять букв, – парцуф Хохма, т.е. Арих Анпин, АБ де-МА.

3. АВАЯ с наполнением наполнения, содержащая двадцать восемь букв, – парцуф Бина, т.е. Аба ве-Има, на уровне САГ де-МА.

Четыре, десять и двадцать восемь букв – вместе сорок две буквы. И после того, как Зеир Анпин поднимается в Бину, он достигает там ГАР от хазе Арих Анпина и выше, т.е. трех парцуфов КАХАБ, содержащих сорок две буквы.

Таамим, некудот и отиёт

14) «Разумные воссияют»[7] – как звучание таамим (тонов). И согласно их звучанию, следуют за ними буквы (отиёт) и огласовки (некудот). Десять сфирот делятся на три основы – таамим (тона), некудот (огласовки) и отиёт (буквы). Таамим (тона) – это Кетер, некудот (огласовки) – Хохма, отиёт (буквы) – ИШСУТ и ЗОН. Но это – только относительно келим. Однако относительно мохин, таамим (тона) считаются Хохмой, некудот (огласовки) – Биной, а отиёт (буквы) – ЗОН.

И различие между мохин и келим исходит от двух парцуфов мира АК. Ибо келим исходят от парцуфа Кетер мира АК, в котором света облачены в соответствующие им келим. Однако мохин исходят только от парцуфа АБ мира АК, в котором изменился порядок облачения светов в келим, так как в нем недостает Малхут келим и Кетера светов. И поэтому свет Хохмы в нем облачился в кли Кетера, а свет Бины – в кли Хохмы, а свет Зеир Анпина – в кли Бины.

Поэтому относительно парцуфов и келим, исходящих от парцуфа Кетер мира АК, считается, что таамим (тона) находятся в Кетере, а некудот (огласовки) – в Хохме, а отиёт (буквы) – в Бине. Но относительно мохин, исходящих только от парцуфа АБ мира АК, в котором свет Хохмы облачен в Кетер, свет Бины – в Хохму, свет Зеир Анпина – в Бину, получается, что таамим относятся к свету Хохмы, некудот – к свету Бины, а отиёт находятся в ЗОН.

Таамим – это «сияние небосвода», некудот – это холам-шурук-хирик, находящиеся в Бине, а отиёт находятся в двух парцуфах ЗОН, на которые указывает отрывок: «(Эт) небо и (ве-эт) землю»[6]. И сами таамим, некудот и отиёт тоже делятся на таамим, некудот и отиёт: таамим-некудот-отиёт в таамим, а также – в некудот, и также – в отиёт. И они являются тремя ступенями рош-тох-соф в каждом из свойств – таамим, некудот и отиёт.

Рош-тох-соф де-таамим – это высшие таамим, средние таамим, нижние таамим. То есть, таамим (тона), находящиеся над буквами, такие, как пашта и ревии, и находящиеся внутри букв, это псик и мака́ф, и находящиеся под буквами, такие, как мерха и типха. И таким же образом в некудот: есть некудот, расположенные над буквами, как холам, и внутри букв, как шурук, т.е. мелафум, когда точка находится внутри буквы «вав ו» в таком виде – ו, и под буквами, как хирик. И таким же образом в буквах, т.е. в ЗОН.

Вначале Зоар приводит три вида таамим, т.е. три вида сияния:
1. Сияние, самое скрытое из всех скрытых, сияние Атика, потому что Атик – это Кетер мира Ацилут, и поэтому он – свойство таамим де-таамим.
2. Сияние «решит (начало)», Арих Анпин, средние таамим, свойство некудот де-таамим.
3. Скрытое сияние, ИШСУТ, нижние таамим, свойство отиёт де-таамим.

И здесь начинается отсчет с Атика, Кетера, поскольку Зоар говорит со стороны парцуфим и келим, исходящих от парцуфа Кетер мира АК.

А затем снова приводятся три вида сияния, которые Зоар объясняет именами «Я буду (Эке) таким, как (ашер) Я буду (Эке)»[15], т.е. мохин ХАБАД, соответствующие словам: «Вначале (берешит) создал (бара) Всесильный (Элоким)»[6]. И там он меняет последовательность:

Первое сияние, сияние «берешит» – это Арих Анпин, а не Атик, так как эти мохин исходят от парцуфа АБ мира АК, в котором свет Хохма в кли Кетера. Таким образом, таамим – это Хохма, Арих Анпин и высшие Аба ве-Има, свойство таамим де-таамим, первое имя Эке.

Второе сияние, скрытое сияние, ИШСУТ и Бина, и они – свойство некудот де-таамим, и средние таамим.

Третье сияние, сияние, включающее все буквы и цвета, ЗОН, Даат, последнее имя Эке, свойство отиёт де-таамим.

Некудот – это ИШСУТ, свойство «ашер (אשר)», вышедшее из «решит (ראשית)». Они делятся на высшие, средние и нижние, рош-тох-соф, т.е. свойства таамим, некудот и отиёт де-некудот. Потому что холам, буквы МИ, – это высшие некудот, свойство таамим де-некудот. Шурук, буквы ЭЛЕ, – это средние некудот, свойство некудот де-некудот. Хирик, ЗОН, слитые с буквами

ЭЛЕ, – это нижние некудот, свойство отиёт де-некудот, и все они включены в слово «создал (бара)»⁶.

Отиёт – это ЗОН, которые делятся на два свойства ЗОН, как указывалось: «(Эт) небо и (ве-эт) землю». И отиёт также делятся на три свойства рош-тох-соф, и это – свойства таамим, некудот, отиёт де-отиёт. Так как большие ЗОН, включенные в «(эт) небо», являются свойством таамим де-отиёт, и это большие буквы (отиёт), большие ВАК. Малый Зеир Анпин, называемый Яаков, это средние буквы (отиёт), свойство некудот де-отиёт. И малая нуква, Рахель, это малые буквы, свойство отиёт де-отиёт.

Слово «берешит (вначале)» – это таамим и это Арих Анпин и высшие Аба ве-Има. В них содержится три вида сияния – свойства таамим, некудот, отиёт де-таамим. Их собственное свойство – это свойство таамим де-таамим. То, что они светят парцуфу ИШСУТ в скрытом сиянии – это свойство некудот де-таамим. То, что они светят ЗОН в сиянии, включающем все буквы и цвета, – это свойство отиёт де-таамим.

Слово «создал (бара)» – это некудот, ИШСУТ, сами делящиеся на три свойства таамим-некудот-отиёт, содержащиеся в некудот. То, что они получают от Абы ве-Имы, считается высшими некудот, точкой холам, свойством таамим де-некудот. Их собственное свойство – это свойство средние некудот, точка шурук, свойство некудот де-некудот. То, что они светят ЗОН, – это свойство отиёт де-некудот, точка хирик.

Слова «(эт) небо и (ве-эт) землю» относятся к свойству отиёт. Они делятся на таамим-некудот-отиёт де-отиёт, т.е. рош-тох-соф де-отиёт. Большие ЗОН, «(эт) небо», являются свойством таамим де-отиёт, получающими от Абы ве-Имы. Малый Зеир Анпин, Яаков, – это свойство некудот де-отиёт, которые получают от ИШСУТ, т.е. буквы «вав ו» в словах «и (ве-эт את)» землю». Малая нуква, Рахель, – это свойство отиёт де-отиёт, т.е. собственные свойства отиёт[23].

---

[23] Хорошо запомни эти понятия, ибо они являются ключевыми для понимания всех путей мохин (примечание Бааль Сулама).

Поэтому сказано, что «разумные»[7] – т.е. отиёт (буквы), «воссияют»[7] – вместе с их некудот (огласовками), как звучание таамим (тонов). И согласно их звучанию, следуют за ними отиёт (буквы) и их некудот (огласовки), подобно воинствам, идущим за своими повелителями. Таамим – это высшие Аба ве-Има, некудот – это ИШСУТ, отиёт – это ЗОН. И сказано, что ЗОН, называемые «разумными», «воссияют» вместе с мохин, которые они получают от ИШСУТ, называемых некудот, в соответствии свету таамим, т.е. высшим Аба ве-Има, и ИШСУТ и ЗОН всё время следуют за Аба ве-Има, как воинства за своим повелителем. И это – в общем виде, а далее всё выясняется в частном виде.

Отиёт (буквы) – это гуф (тело), а некудот (огласовки) – это свойство руах (дух) по отношению к ним. И все они совершают свои движения вслед за их таамим (тонами), получая жизненные силы. Потому что точки (некудот) и буквы (отиёт) подобны телу, в котором пребывает дух жизни. Иными словами, буквы без огласовок, как тело без духа. И также ЗОН, свойство отиёт, – весь дух жизни, находящийся в них, исходит от ИШСУТ. Ведь если бы не ИШСУТ, светящий в них, не было бы в них никакого духа жизни. Но также и ИШСУТ, являющиеся духом жизни ЗОН, получают жизненные силы и наполнение от высших Абы ве-Имы, свойства таамим. Как отиёт (буквы), так и некудот (огласовки), выполняют свои движения, следуя за звучанием таамим (тонов), и получают от них всё жизненное наполнение и величину своей ступени.

Когда происходит движение в звучании таамим, движутся за ним отиёт и некудот, а когда звучание таамим прекращается, они перестают двигаться. Как сказано: «По слову Творца останавливались, и по слову Творца двигались»[24]. Если совершают движение таамим, передавая свои света некудот и отиёт, то и те совершают движение. А если останавливаются таамим, т.е. перестают наполнять некудот и отиёт, тогда останавливаются некудот и отиёт.

Так же, как мы видим, что звучание таамим (тонов) преображает слова, представляющие собой огласованные буквы, порой придавая им совершенно противоположный смысл, так

---

[24] Тора, Бемидбар, 9:23.

и наполнение Абы ве-Имы, свойства таамим, воздействует на мохин ИШСУТ и ЗОН, совершенно преображая их. К примеру, если человек говорит другу своему: «Я дам тебе такую важную книгу», то в это может быть вложено желание вручить и передать содержимое другу, то есть звучит в этом мотив расположения к нему. А может быть внесен в них противоположный смысл: отказа и нежелания давать – если скажет это с нотой изумления.

Ведь в самих по себе словах нет никакого утверждения и указания, но только согласно их мотиву и истолкованию. Такова степень воздействия мохин Абы ве-Имы на ИШСУТ и ЗОН. В самих мохин нет особого значения, – ни поддержки, ни отвержения, – но только лишь согласно свечению им Абы ве-Имы.

15) «Разумные воссияют, как сияние небосвода, а склоняющие к справедливости многих – как звезды»[7]. «Разумные воссияют» – это отиёт и некудот, которые светят. «Как сияние» – это звучание таамим (тонов). «Небосвода» – распространение этого звучания в голосе, т.е. все таамим (тона), которые распространяются с распространением этого звучания. «А склоняющие к справедливости многих» – это прекращающие таамим (тона), прекращающие движение звучания таамим, благодаря чему хорошо понятен смысл слова.

«Разумные воссияют» – это отиёт и некудот. «Разумные» – отиёт, ЗОН, всё сияние и жизненное наполнение которых исходит от некудот, ИШСУТ. Сияние некудот, ИШСУТ, соответствует сиянию, которое получают от таамим, Абы ве-Имы. В звучании таамим есть две основные группы. Ибо есть таамим, указывающие на наполнение и отдачу, и есть указывающие на отсутствие и прекращение отдачи. Название «небосвод» указывает на те таамим (тона), которые символизируют распространение и отдачу, когда он произносит предложение в тоне расположения, когда собираются передать содержимое получающему.

А название «склоняющие к справедливости многих» указывает на те звучания таамим (тонов), которые показывают отсутствие и прекращение наполнения, когда прекращает распространение наполнения получающим, если произносится с нотой изумления[25]. И получается, что эти таамим (тона) прекращают движение некудот и отиёт, потому что прекращают давать им наполнение и жизненные силы.

Поэтому есть обычно два вида таамим (тонов):
Первый называется распространением звучания. Эти таамим указывают на отдачу и распространение наполнения, и называются «сияние небосвода»[7].
Второй называется прекращением таамим. И они указывают на прекращение наполнения и его отсутствие, и называются «склоняющие к справедливости многих».

И говорится, что эти «прекращающие таамим (тона)» являются обязательными, так же как и распространение звучания, ведь благодаря прекращающим таамим (тонам), становятся разборчивыми слова, как например, псик и макаф у таамим, которые ставятся между словами, и без них слова были бы смешаны и не были бы понятны.

«Воссияют» – это отиёт и некудот, светящие при передвижениях в скрытии как одно целое, при движении по тем самым тропинкам, которые скрыты. Отиёт – это ЗОН. Некудот – ИШСУТ. Передвижения – пути распространения наполнения. В скрытии – парцуф ИШСУТ, называемый «скрытым сиянием». «Тропинки, которые скрыты» – три посева, холам-шурук-хирик.

Мы уже выяснили три вида сияния:
1. Сияние «берешит (вначале)» – это парцуфы Арих Анпин и высшие Аба ве-Има, на которые указывает слово «берешит», и они называются «таамим».
2. Сияние скрытое и упрятанное, и это – свойство «ашер (אשר)», вышедшее из «берешит (בראשית вначале)», три точки холам-шурук-хирик, три посева и скрытия. Холам – это Бина, вышедшая из рош Бины Арих Анпина в свойство ВАК без рош, и это свойство «ашер (אשר)», вышедшее из «берешит (בראשית)», и осталось в ней только МИ, а три буквы ЭЛЕ опустились в ЗОН.

Шурук – возвращение букв ЭЛЕ на ее ступень, вместе с ЗОН, слитыми с ними, и возвращение Бины в Хохму, в рош Арих Анпина, где она приобретает скрытие вследствие отсутствия

---

[25] См. выше, п. 14.

света хасадим, поскольку Арих Анпин – полностью Хохма. И даже Хохму она не сможет получить от него из-за отсутствия облачения хасадим. И поэтому Бина считается свойством Элоким скрытым и недоступным. Хирик – уменьшение Бины в силу того, что ЗОН слиты с ее буквами ЭЛЕ, так как они по своей важности ниже Бины и снижают ее. Вследствие этих трех посевов называется эта Бина, т.е. ИШСУТ, скрытым сиянием и свойством некудот.

3. Сияние, которое включает все буквы и цвета. Это ступень зивуга, исходящего от высших Абы ве-Имы к Бине с помощью ее экрана точки хирик, и тогда выходит голос, т.е. Даат, и с его выходом наполняются совершенством три точки. Ведь с помощью ступени хасадим, вышедшей на экран точки хирик, свет Хохмы облачился в одеяние, которое светит, и сейчас ИШСУТ могут получить свет от Арих Анпина, и довершается имя Элоким.

И Даат называется голосом потому, что до совершения зивуга на точку хирик Зеир Анпина, мохин не были слышны, т.е. не были известны нижним. И они были скрыты в точках холам-шурук-хирик Бины, в свойстве «скрытое сияние», которое глубоко и скрыто в имени Его. Однако после того, как произошел зивуг на скрытие точки хирик, экран ЗОН, и раскрылась ступень хасадим, облачилась Хохма в хасадим, и раскрылись мохин трех этих точек в совершенстве. И это называется «и слышен был голос».

Поэтому ЗОН называются «голос», так как без их экрана, который слит с буквами ЭЛЕ Бины, все мохин Бины оставались бы в свойстве «шёпот» – т.е. неизвестными в мирах. И поэтому это сияние свойства Даат называется сиянием, включающим все буквы и цвета. Ибо после того, как Хохма облачается в ступень хасадим свойства Даат, образуются в ней четыре цвета, т.е. Хохма, Бина, хасадим и гвурот. Тиферет называется «хасадим (милосердие)», потому что является свойством света хасадим, а Малхут называется «гвурот (преодоление)», поскольку является свойством экрана.

Таким образом, голос, являющийся свойством ЗОН и Даат, включает в себя все эти цвета, потому что без него не было бы этих четырех цветов. И он также включает все буквы, ведь

Таамим, некудот и отиёт

свойство самого парцуфа ЗОН называется «буквы», и благодаря тому, что он дополнил четыре цвета в Бине, он получает в свои буквы все эти четыре цвета – ХУБ ХУГ. Таким образом, ЗОН включает все буквы и цвета. А затем ЗОН выходят из чертога Бины и приходят на свое собственное место. И выяснилось три вида сияния: сияние «берешит (вначале)» – это таамим; скрытое сияние – некудот; сияние, включающее все буквы, – отиёт.

И три этих вида сияния – это Хохма-Бина-Даат (ХАБАД), включенные в отрывок: «Я буду (Эке) таким, как (ашер) Я буду (Эке)»[15], и также: «Творец – Всесильный наш, Творец»[18], а также: «Вначале (берешит) создал (бара) Всесильный (Элоким)»[6]. Потому что Арих Анпин и высшие Аба ве-Има – это сияние «берешит (вначале)», таамим, от которых нисходят все мохин, как Хохмы, так и хасадим. И они являются первым именем Эке, Хохмой, первым АВАЯ. Бина, т.е. ИШСУТ, это скрытое сияние и свойство «бара (создал)», «ашер», «Всесильный наш», и три точки холам-шурук-хирик. ЗОН – это третье сияние, включающее все буквы и цвета, последнее имя Эке, свойство Даат, последнее АВАЯ, Элоким свойства «Вначале создал Всесильный (Элоким)»[6], поскольку, благодаря третьему сиянию, восполнилось в Бине имя Элоким. И когда ЗОН выходят из Бины и приходят на свое собственное место, они называются «(эт) небеса и (ве-эт) земля», т.е. отиёт.

И знай, что все мохин включены в таамим, и это первое сияние, «берешит (вначале)», т.е. Арих Анпин и высшие Аба ве-Има. Потому что они выводят Бину наружу, в скрытом сиянии в трех точках холам-шурук-хирик. И также зивуг, произведенный на точку хирик, экран ЗОН, исходит от ступени хасадим высших Абы ве-Имы, свойства таамим. Поэтому таамим включают три вида, называемые высшие, средние и нижние:

Высшие таамим (тона), пашта и ревии, расположенные над буквами, являются свойством самих Абы ве-Имы.

Средние таамим (тона), псик и макаф, которые расположены внутри букв, относятся к свойству включения ИШСУТ в Абу ве-Иму, вывод Бины в трех посевах. Псик – это включение точки холам, вывод Бины наружу, когда она остается с буквами МИ, а буквы ЭЛЕ опускаются в ЗОН. Поэтому называется псик, поскольку разделяет (посек) ступень Бины на две половины – МИ и ЭЛЕ.

Макаф – это свойство включения точки шурук, когда светят таамим и возвращают буквы ЭЛЕ в Бину, вследствие чего образуется точка шурук в Бине. И нижние таамим, расположенные под буквами, твир и этнáхта, – это включение точки хирик, в силу того, что ЗОН взошли вместе с ЭЛЕ во время их возвращения в Бину. И также зивуг, произведенный на экран ЗОН, тоже исходит от нижних таамим.

Поэтому «разумные воссияют»[7] – это свойства отиёт и некудот, т.е. ЗОН и ИШСУТ. Они светят от трех видов таамим, высших-средних-нижних:

1. «Как сияние» – это звучание таамим (тонов), являющихся высшими таамим (тонами), которые расположены над буквами.

2. «Небосвода» – таамим, все время распространяющиеся вместе со звучанием. И это – нижние таамим, расположенные под буквами, ступень хасадим для облачения Хохмы. И тогда мохин распространяются к нижним во всем совершенстве.

3. «А склоняющие к справедливости многих»[7] – это прерывающие таамим (тона), псик и макаф, которые прерывают звучание вместе с их движением. И это средние таамим, расположенные внутри букв. Потому что псик и макаф находятся в середине строки, что означает включение в них трех посевов. И поэтому отчетливо слышно слово – т.е. мохин слышны и передаются нижним.

После того, как выяснились три вида таамим в отрывке: «Разумные воссияют, как сияние небосвода, а склоняющие к справедливости многих – как звезды»[7], которые наполняют мохин ИШСУТ и ЗОН во всех своих видах, снова выясняется сущность мохин ИШСУТ и ЗОН. И говорится, что отиёт и некудот, ЗОН и ИШСУТ, светящие при передвижениях в скрытии как одно целое, при движении по тем самым тропинкам, которые скрыты. Потому что в результате действия скрытия средних таамим (тонов), называемых «псик» и «макаф», ЗОН обретают силу светить вместе с ИШСУТ, как одно целое.

Ведь с помощью тона «псик» буквы ЭЛЕ парцуфа ИШСУТ опускаются в ЗОН и сливаются с ними на их месте в одну ступень. Поэтому, когда «макаф» возвращает буквы ЭЛЕ на ступень ИШСУТ, поднимаются вместе с ними и ЗОН на ступень ИШСУТ, и светят вместе с ними, как одно целое. Поэтому сказано: «Воссияют» – это отиёт и некудот, светящие при передвижениях в скрытии как одно целое, при движении по тем самым тропинкам, которые скрыты. Потому что все эти большие мохин выходят в трех посевах, холам-шурук-хирик, являющихся скрытыми тропинками, и без трех этих посевов не могло бы быть постижения мохин у ЗОН и нижних.

Всё распространение происходит вследствие того, что по трем этим скрытым тропинкам выходят все мохин, имеющиеся в ЗОН и в мирах. И знай, что эти три части сияния, о которых мы говорили в таамим, т.е. в Абе ве-Име, «сияние», «небосвод», «склоняющие к справедливости многих», являются в Абе ве-Име лишь переходом и передачей в ИШСУТ и ЗОН, но совершенно не используются для собственных нужд. Потому что Аба ве-Има всегда находятся в свойстве «чистый воздух (авира дахья)», называемом «свет (ор)», или «воздух (авир)», но не сияние.

«Разумные воссияют» – столбам и подножьям свойства Апирион. Сами «разумные» – это свойство высшие столбы и подножья, которые разумно рассматривают, как дать всё необходимое Апириону и его подножьям. Столбы – это ХАГАТ, а подножья – НЕХИ. Сияние – это свечение Хохмы, и это сияние получают только столбы и подножья нуквы Зеир Анпина, которая называется Апирион, а вовсе не ступени, находящиеся выше нее.

Сами «разумные» – это свойство высшие столбы и подножья, то есть сфирот от хазе Зеир Анпина и выше, и сами они ничего не получают от этого сияния, являющегося свечением Хохма. Ибо они получают только лишь свет хасадим для того, чтобы передать всё необходимое нукве, называемой Апирион, которая нуждается в свечении Хохмы, и они получают это сияние для нее, хотя сами не нуждаются в нем.

Поэтому они разумно рассматривают, как дать всё необходимое Апириону, и хотя они сами не нуждаются в этом сиянии, всё же они получают его для Апириона. И Апирион восполняется лишь благодаря этому свету Хохма. И на это указывают слова: «Счастлив понимающий бедного»[26]. «Понимающий» – Зеир Анпин. «Бедный» – это его Нуква. И он получает это сияние для «бедного», нуждающегося в нем.

«Воссияют» – это высшие ВАК Зеир Анпина, и если бы они не воссияли и не светили, то не могли бы изучать и созерцать этот Апирион, чтобы исправить его во всем необходимом. Ибо без того, чтобы была у них потребность исправить Апирион, они бы вовсе не могли получить свет этого сияния, поскольку для себя они получают всего лишь свет хасадим, как и ГАР Бины.

16) И они светят, как сияние небосвода, находящегося над этими «разумными», о котором сказано: «А над головами этого создания – образ небосвода наподобие страшного льда»[27]. И это – небосвод парцуфа ИШСУТ, и сияние этого небосвода светит всему Зеир Анпину, называемому Торой, и также светит головам этого создания, называемого Апирио́н. То есть он светит столбам и подножьям[28], расположенным от хазе Зеир Анпина и выше, которые являются свойствами рош (голова), передающими свечение Хохмы, называемое сиянием, Апириону.

И эти свойства рош, т.е. высшие «столбы и подножия» Зеир Анпина, называемые «разумные», светят всегда, непрерывно. То есть они смотрят на этот небосвод, чтобы получить свет, выходящий оттуда.

Два вида светов различают на этом небосводе:
1. Свечение Хохмы, называемое «сияние».
2. Свет хасадим в свойстве «чистый воздух (авира дахья)» высших Абы ве-Имы, зивуг которых никогда не прекращается.

Однако первый свет, называемый сиянием, это зивуг, который прерывается и не светит постоянно. И хотя «разумные» получают свечение Хохмы от этого небосвода, чтобы передать Апириону, и их зивуг должен прерываться, чтобы они не светили всегда, но всё же это не так – они светят всегда в непрекращающемся зивуге, поскольку они получают свет от свойства

---

[26] Писания, Псалмы, 41:2.
[27] Пророки, Йехезкель, 1:22.
[28] Тора, Шмот, 38:17.

«чистый воздух (авира дахья)», зивуг которого никогда не прекращается. И в отношении этого света они светят всегда.

И говорится, что они смотрят на этот небосвод, чтобы получить свет, выходящий оттуда, а не говорится – сияние, выходящее оттуда, чтобы указать на второй свет, включенный в этот небосвод, называемый свет, а не сияние. И это также свет всего Зеир Анпина, называемый Торой, который светит всегда, беспрерывно. Иначе говоря, весь Зеир Анпин получает для себя не сияние, а только этот свет, который не прекращается.

Земля же была пустынна и хаотична

17) «Земля же была пустынна и хаотична»[29]. Слово «была» указывает на прежнее состояние, в то время, когда она «была» снегом внутри воды, и вышла из нее скверна в силу образования снега в воде. В отрывке «берешит» уже говорится об исправлении «неба и земли», как сказано: «Разумные воссияют»[7]. Почему же здесь снова говорится о свойствах «пустынна и хаотична», о которых сказано: «Земля же была пустынна и хаотична»[29] – ведь эти свойства были у земли только до исправления?

Этот отрывок на самом деле желает объяснить нам то, что было до исправлений, выясняемых в речении: «Вначале (берешит) создал»[6]. И говорится, что снег до этого был в воде. И уже выяснилось, что «вначале», когда захотелось Ему сотворить миры, произошло действие сокращения высшего света, называемое созданием печати, а затем – действие установления экрана для ударного сочетания (зивуга де-акаа), чтобы поднять отраженный свет, называемый «источник». И два эти действия происходили только в свойстве суда.

А затем Он совместил его со свойством милосердия, т.е. поднял Малхут до Бины. И произошло второе сокращение на месте Бины, являющейся свойством милосердия. А затем установился там экран для зивуга и произвел парцуф Арих Анпин мира Ацилут, и также все миры, в свойстве милосердия. Таким образом, произошло два действия, сокращение и экран, в свойстве суда, и два действия, сокращение и экран, в свойстве милосердия.

И таков порядок во всех выяснениях, которые произошли в мире исправления после разбиения келим: в каждой сфире, которая выясняется из семи разбившихся мелахим (правителей), сначала происходит первое сокращение, затем создание печати и установление экрана, называемого источником. Затем происходит в ней второе сокращение, при участии свойства милосердия в суде, и также устанавливается там экран, в свойстве «источник».

---

[29] Тора, Берешит, 1:2. «Земля же была пустынна и хаотична, и тьма над бездной, и дух Всесильного витал над поверхностью вод».

Земля же была пустынна и хаотична

И это четыре действия: первое сокращение и экран, второе сокращение и экран. А здесь говорится относительно выяснения сфиры Малхут мира Ацилут, называемой «земля», над которой были произведены эти четыре действия, вплоть до ее полного исправления, и у нее они называются:

«пустынна»[29] – действие первого сокращения;
«хаотична»[29] – установление экрана первого сокращения;
«тьма»[29] – действие второго сокращения;
«дух Всесильного витал над поверхностью вод»[29] – установление экрана второго сокращения.

И корень Малхут – в свойстве «нижние воды», и когда было произведено над ней первое сокращение, эти воды превратились в снег. Как сказано: «Ибо снегу скажет Он: "Покрой землю"»[30] – так как прежде снег находился в воде. Потому что формой первого исправления, произведенного над ней, было превращение ее в свойство «снег», являющийся силой первого сокращения. И скверна вышла из нее в силу образования снега в воде, т.е. благодаря тому, что застыли воды и стали снегом, вышла в ней скверна. Ибо любой недостаток считается скверной, отходами и клипот. Однако в начале образования недостатка, прежде чем он замечен еще как недостаток в чем-то, называется он скверной (зоама זוהמא), сокращенное написание слов «это что значит (зо-ма-хи זו מה היא)», потому что произошло какое-то изменение, но еще неизвестно, что это недостаток. А когда оно проявляется как недостаток, то называется отходами и клипой.

И поэтому говорится, что когда она превращается в снег, это еще не проявляется как недостаток в воде, а только как скверна. А затем ударяет по ней сильный огонь, и образуются в ней отходы, и она зачинает и становится пустынной. То есть, ударяет по ней сила сурового суда, называемая сильным огнем, и обращает эту скверну в отходы. И эта скверна зарождает в себе отходы, и становится пустынной. «Зарождает в себе» – слово «ибур (зарождение)» указывает, что эта форма различима лишь благодаря выдержке времени и повторению этого действия множество раз до тех пор, пока она не завершится полностью.

---

[30] Писания, Йов, 37:6.

И также здесь, скверна не становится отходами сразу же при первом ударе сильного огня, но эти удары возвращаются к ней множество раз, пока не подействуют и она не станет пустынной. «И тогда зачинает и становится пустынной» – так как в результате этого зачатия она становится пустынной. И из того места, где она была вначале только лишь скверной, она становится гнездом отходов, называемым свойством «пустынна». И производится четыре действия до тех пор, пока она не становится свойством «пустынна»:

1. Свет становится водой.
2. Вода – снегом.
3. Под воздействием удара огня, снег становится отходами.
4. Выдержка времени, пока не станут различимы отходы, чтобы называться свойством «пустынна».

И «хаотична» – это выяснение, которое было произведено в этих отходах и установилось в них. Это выяснение является установлением экрана, потому что после него становятся эти отходы экраном Малхут, задерживая высший свет, чтобы не распространялся ниже, проходя через него. И он возвращает высший свет обратно, подобно свету солнца, который, ударив по отражающему слою, возвращается обратно из-за толщины отражающего слоя. И этот отраженный свет становится облачением высшего света, называемым «источник».

И это выяснение, которое было произведено в этих отходах и установилось в них. Ибо вследствие того, что эти отходы стали экраном, отталкивающим и возвращающим высший свет обратно, чтобы он не прошел ниже через него, и та часть света, которая возвращается от него наверх, становится облачением на высший свет. Таким образом, что он становится кли и местом получения высшего света.

И называется выяснением, поскольку с помощью него выясняются отходы как благо и важная ступень. И без этих отходов не образовался бы этот экран и не стал бы кли для места получения высшего света. «И установилась в них» – установилась в них постоянно, чтобы пользоваться ими как источником и местом получения этого света.

Тьма – это сильный огонь, и эта тьма покрывает пустынность, поверх этих отходов, и она устанавливается в них. Иными словами, эта тьма не означает только лишь исчезновение света, т.е. опустошение, но это свойство действия опустошения, подобное сильному огню, сжигающему и убивающему любую сущность, которой он касается, оставляя место ее пустым. И поэтому тьма – это сильный огонь, сжигающий и губящий всё. И он также уничтожает и прерывает свет, находящийся на его месте. И эта тьма покрывает «пустынность».

И называется тьмой, а не огнем, так как сила сжигания в ней исходит не от нее самой, а потому, что она находится над отходами, называемыми свойством «пустынна», и получает от них. И это является взаимодействием свойства суда с милосердием, когда Малхут поднялась в Бину, чтобы установиться там с экраном, имеющимся в ней. И поскольку нет в Бине никакого суда и огня, чтобы могла Малхут установиться с экраном, как установилось свойство «хаотична», пребывает эта тьма над свойством «пустынна», где действует сильный огонь, превращающий скверну в отходы и пустынность. И оттуда получает тьма силу сжигающего огня, как у сильного огня в свойстве «пустынность».

Поэтому сказано: «И эта тьма покрывает пустынность поверх этих отходов, и она устанавливается в них» – так как получает от пустынности эту мощь сильного и сжигающего огня, и поэтому называется вторым сокращением, ведь она не является новой силой, а получает силу от первого сокращения, и нет здесь никакого обновления, кроме подъема в место милосердия, и происходит это сокращение в Малхут в месте милосердия, т.е. Бины, и поэтому называется вторым сокращением.

18) «Дух Всесильного»[29] означает – дух святости, который исходит от Создающего жизнь. После того, как установился экран в Малхут от свойства «тьма», называемый вторым сокращением и находящийся в месте Бины, произошел на этот экран зивуг де-акаа, и притянул новую ступень ВАК, уровень руах (дух), исходящий от Создающего жизнь, т.е. Бины. Потому что теперь Малхут находится на месте Бины.

«Витал над поверхностью вод»[29] – после того, как повеял этот дух, выяснилась одна тонкость в этих отходах, подобная витанию скверны. «А после того, как повеял этот дух» – т.е. уровень руах (дух), который облачил с помощью отраженного света экрана, называемого тьмой, «и это дух Создающего жизнь, благодаря ему сила пустынности» в экране, «в качестве очень тонких отходов, подобных витанию скверны». То есть в мере, достаточной для того, чтобы задержать высший свет, с целью поднять отраженный свет.

Но когда экран находился в месте Малхут, там эта пустынность проявлялась в виде грубых отходов так, что затем выяснил и окутал и очистил один раз и дважды, пока не обнаруживается в этой скверне, что там нет никакой скверны. Ведь экран тьмы вначале является только тонкими отходами, и поэтому после выхода на него ступени первого света, ступени нефеш, а затем второй ступени, руах, оттуда уже полностью очищаются все остатки скверны, и он может получить ступень большого состояния (гадлут), как сказано: «И появился свет»[10].

И он выясняется для исправления экрана, и поднимает наверх отраженный свет, и покрывает и окутывает и облачает высший свет. Этот отраженный свет поднимает «крылья» и облачает прямой свет. И очистился, поскольку эти света очищают и вбирают отходы, имеющиеся в экране, вплоть до состояния, когда экран опускается на свое место, и выходит на него ступень света большого состояния (гадлут).

Таким образом, выяснились четыре действия, произведенные над Малхут, называемой «земля», пока она не исправилась, чтобы получить большое состояние (гадлут) и речение: «Да будет свет»[10].
1. Снег, который становится отходами и пустынностью.
2. Экран, который устанавливается, и ступень света, выходящая на этот экран, называемый хаотичностью.
3. Второе сокращение, в месте свойства «милосердие», Бины, называемое «тьма».
4. Ступень нефеш-руах, вышедшая на экран этой тьмы, дух, называемый «дух Всесильного»[29].

А затем написано: «И сказал Всесильный: "Да будет свет"»[10] – т.е. достижение ступени гадлут.

19) Когда «пустынность» выяснилась и очистилась, из нее вышел ветер (руах) сильный и могучий. Как сказано: «И вот, Творец проходит, и сильный и могучий ветер, разбивающий

горы и сокрушающий скалы перед Творцом, – не в ветре Творец»[31]. Выясняются четыре действия в четырех видениях, раскрывшихся Элияу. И говорится, что когда свойство «пустынность» выяснено и очищено, во время зарождения свойства «скверна льда», и (земля) зачинает и становится «пустынной», выходит из нее «сильный и могучий ветер, разбивающий горы и сокрушающий скалы», который видел Элияу.

«Хаотичность» проявилась и очистилась, и вышел из нее гром. Как сказано: «А после ветра – гром. Не в громе Творец»[31] – в то время, когда выяснилась «хаотичность» в виде экрана, уже сократилась сила суда в нем, и она больше не «разбивает горы и сокрушает скалы»[31], а считается в нем только громом.

«А когда проявилась тьма, соединился с ней огонь» – в то время, когда экран поднялся и установился в Бине, тьма соединилась с огнем пустынности. И тогда сократилась сила суда грома, и он остался лишь с огнем, как сказано: «А после грома – огонь»[32].

А затем проявился ветер (руах), и соединился с ним «голос тонкой тишины»[32], как сказано: «А после огня – голос тонкой тишины»[32]. Потому что в то время, когда экран тьмы получил ступень руах, уже сократилась сила суда в нем до «голоса тонкой тишины», которая выяснилась в нем в виде очень тонких отходов, и это – «голос тонкой тишины», о котором сказано у Элияу.

Таким образом, выяснились четыре видения, раскрывшихся Элияу, и это – свойства «пустынность», «хаотичность», «тьма» и «дух». Как сказано: «Земля же была пустынна и хаотична, и тьма над бездной, и дух (руах) Всесильного витал над поверхностью вод»[29]. Потому что «пустынность» – это «сильный и могучий ветер (руах), разбивающий горы и сокрушающий скалы»[31]. «Хаотичность» – это «гром», «тьма» – это «огонь», «дух» – это «голос тонкой тишины»[32].

---

[31] Пророки, Мелахим 1, 19:11. «И вот, Творец проходит, и сильный и могучий ветер, разбивающий горы и сокрушающий скалы перед Творцом, – не в ветре Творец. А после ветра – гром. Не в громе Творец».

[32] Пророки, Мелахим 1, 19:12. «А после грома – огонь. Не в огне Творец. А после огня – голос тонкой тишины».

20) «Пустынность» – это место, в котором нет никакого цвета и никакой формы, и оно вообще не соединяется с формой. После того, как выяснились четыре свойства «пустынность», «хаотичность», «тьма» и «дух» в общем виде, они выясняются в частном виде. И говорится, что «пустынность» не принимает в себя ни цвет, ни форму. Поскольку «пустынность» – это первое сокращение. А «хаотичность» – это экран, который установился для совершения зивуга. А в то время, когда произошло первое сокращение, была еще начальная стадия, где еще не были различимы никакая форма и цвет. И поэтому в «пустынности», которая вышла в силу первого сокращения, тоже нет цвета и формы, потому что она тоже является начальным свойством.

«Цвет» – это преобразование, происходящее между ступенями, выходящими на четыре стадии авиюта в экране, Хохма и Бина (ХУБ) Тиферет и Малхут (ТУМ). А форма – это форма самого суда, который тоже был еще в начальном виде, и не был заключен в форму, потому что даже форма суда, образовавшаяся из него после того, как установился экран, свойство «источник», называемый «пустынность», тоже не содержалась в начальной форме «пустынности».

«Теперь у него есть форма, но когда всматриваются в него, нет у него вообще формы» – т.е. нельзя сказать, что форма этого суда вообще не различима в «пустынности», ведь уже сказано, что она является «скверной», которая стала отходами под воздействием удара сильного огня. Но это означает, что она недоступна созерцанию и познанию, потому что в текущий момент представляется формой отходов. И когда снова обращается к тому, чтобы увидеть эту форму, он уже не видит ее и не находит ее, и смотрит на то место, где она была, а ее нет. И поэтому сказано: «Теперь у него есть форма, но когда всматриваются в него, нет у него вообще формы».

У всего, кроме «пустынности», есть одеяние, чтобы облачиться в него. Природа духовного такова, что каждая причина облачается в то, что порождено ею, т.е. она дает ему жизненные силы. И если это порождение становится причиной другого порождения, оно тоже облачается в него и дает ему силу существования. И далее – таким же образом, так, что если бы отменилась какая-либо причина, сразу же исчезли бы вместе с ней все порождения, произошедшие от нее. И это действие, когда каждая причина облачается в свое следствие, чтобы давать ему жизненные силы, называется облачением.

И поэтому сказано, что у всего, кроме «пустынности», есть одеяние, чтобы облачиться в него, потому что все облачаются друг в друга, высший в нижнего, каждая причина – в свое следствие. Кроме «пустынности», у которой нет никакого облачения, так как она не облачается в своего нижнего, порожденного ею. Но она словно установилась сама по себе, без всякой связи с другими, порожденными от нее.

21) У «хаотичности» уже есть образ и форма, и это камни, которые погружены в печать «пустынности». Потому что «хаотичность» означает экран, установившийся в Малхут для ударного соединения (зивуг де-акаа). Сила суда, раскрывшаяся в Малхут с установлением экрана, называется «камни», поскольку он тверд, словно камень, по отношению к высшему свету, и не позволит ему пройти в кли Малхут. И эта форма в «пустынности» еще не раскрылась, а только в «хаотичности». И это потому, что в начале образования «пустынности», вызванной сокращением света, удалился свет из всех десяти сфирот, и не была проявлена сила суда в Малхут более, чем в остальных сфирот, ведь свет удалился от них всех в равной степени.

Но затем, вследствие исправления «хаотичности», т.е. установления экрана в Малхут, произведшего ударное соединение (зивуг де-акаа) с высшим светом, не позволяя пройти ему внутрь Малхут, и притянувшего свет только лишь в высшие девять сфирот, раскрылась сила суда в Малхут, так как она осталась без прямого света. Таким образом, осталась Малхут погруженной в печать «пустынности», созданной сокращением. Ведь в «пустынности» еще не было никакой формы суда. Но только после исправления «хаотичности» раскрылась форма суда, т.е. форма «камни, погруженные в печать "пустынности"» – пустого пространства, не содержащего света.

Эти «камни» появились внутри печати, в которую они погружены. И оттуда они притягивают благо миру, в очертании облачения. Теперь выясняется то очертание, которое создается: что эти камни, являющиеся силой суда в экране, которые появились и установились внутри печати, в Малхут, притягивают света во благо миру в очертании облачения, т.е. притягивают прямой свет, и благодаря соударению, поднимают отраженный свет, облачающий прямой свет в очертании облачения. И они притягивают прямой свет во благо миру сверху вниз, и поднимая отраженный свет снизу вверх, облачают прямой свет. И он называется очертанием.

22) **Камни дырявые и влажные.** Камни, находящиеся в пещерах, из которых всегда истекает вода, как из родникового источника, называются влажными камнями, поскольку они лежат на этом источнике и перекрывают его. Поэтому вода пробивается через дыры, имеющиеся в этих камнях, и стекает по каплям, выходя из них всегда. И эти камни, называемые «хаотичность», тоже дырявые и влажные, поскольку они исправлены экраном, поднимающим отраженный свет, как и влажные камни, всегда выводящие из себя воду.

«Пустынность» означает – «влажные камни», являющиеся могучими скалами. И называются они влажными камнями, потому что вода исходит из них. Поэтому Зоар называет выше этот экран источником.

Эти камни висят в воздухе. В то время, когда «хаотичность» не исправлена экраном для ударного соединения (зивуг де-акаа), считается, что эти камни опускаются и погружаются в печать пустынности, являющуюся сокращением и силой суда. Однако «хаотичность», о которой говорится здесь, когда она исправлена в ударном соединении, то считается, что она возносится из печати «пустынности» и находится в «воздухе (авир)», т.е. в свете хасадим. И хотя Малхут не может получить прямого света, однако отраженный свет она может получить. И этот отраженный свет поднимает ее в «воздух».

И эти влажные камни, т.е. Малхут, исправленная экраном, поднялись из погружения в «пустынность» и висят в «воздухе». То есть они вышли из «тьмы» и получили свет хасадим. И сказано в книге «Создание (Ецира)»: «Десять, а не девять»[33]. Чтобы ты не подумал, что в силу сокращения и экрана, который установился в Малхут, Малхут осталась совершенно пустой, без света, и не находится в совокупности десяти сфирот. Ибо это не так, поскольку она получает свое свечение от отраженного

---

[33] Сефер Ецира, 1:3.

света, поднимаемого ею снизу вверх. И этот отраженный свет нисходит также и в Малхут, потому что отраженный свет – это свет хасадим, на который не было сокращения. Поэтому Малхут тоже считается полной сфирой, как и девять первых. И их – «десять, а не девять».

Иногда эти влажные камни висят в «воздухе», потому что поднимаются оттуда, из печати «пустынности», наверх. А иногда, в облачный день, они скрываются и поднимают воды из бездны, чтобы насыщать ими «пустынность».

Объяснение. В то время, когда нижние достойны и занимаются Торой и добрыми деяниями, чтобы поднять МАН, они исправляют Малхут с помощью экрана и зивуга де-акаа, и она притягивает прямой свет сверху вниз и облачает прямой свет своим отраженным светом снизу вверх. И тогда «хаотичность» называется «влажные камни», висящие в воздухе, потому что они поднимаются оттуда наверх. Поскольку отраженный свет, который поднимают «влажные камни», поднимает их из печати «пустынности» и возносит их в воздух, свет хасадим.

Однако в то время, когда нижние портят свои деяния, портится также исправление экрана, которое было произведено в Малхут, и она недостойна ударного слияния (зивуга де-акаа) с высшим светом. И тогда говорится, что свет уходит, и устанавливается словно облачный день, когда солнце не светит. И «влажные камни» снова скрываются в печати «пустынности». Малхут опускается в печать «пустынности» и скрывается, словно в облачный день, и выводит воды из бездны, т.е. суды, и насыщает этими водами «пустынность». То есть она усиливает эту «пустынность», чтобы проявилось могущество ее, и благодаря этому нижние совершают возвращение и улучшают свои деяния. И это означает, что «Творец всё создал так, чтобы боялись Его»[34].

И тогда есть радость, и есть легкомыслие. Ведь «пустынность» распространилась по миру. То есть, с одной стороны, присутствует радость, потому что с помощью этого нижние совершают возвращение, и притягиваются мохин, и радость наполняет миры, но, с другой стороны, есть легкомыслие,

---

[34] Писания, Коэлет, 3:14.

поскольку «пустынность» распространилась по миру, и умножился дух легкомыслия, дух клипот и судов, вследствие распространения «пустынности».

23) «Тьма» – это черный огонь, сильный по цвету, потому что никакой цвет не может возобладать над черным цветом и изменить его. И она же – красный огонь, сильный по образу, потому что красный цвет оставляет более сильный образ, чем все остальные краски. И она же – зеленый огонь, сильный в изображении, потому что полнота любого изображения достигается благодаря зеленому цвету. И она же – белый огонь, основной цвет для всех красок.

После того, как Зоар выясняет понятия «пустынность» и «хаотичность», он выясняет понятие «тьма». Есть несколько названий десяти сфирот, и это Хохма и Бина (ХУБ), Тиферет и Малхут (ТУМ), потому что их названия меняются согласно их назначению и действиям. В качестве основ этих сфирот называются ХУБ ТУМ: вода, огонь, ветер, земля. В отношении экрана и свойств Малхут, имеющихся в сфирот, называются ХУБ ТУМ четырьмя цветами: белый, красный, зеленый, черный. С точки зрения отношения остальных сфирот к цветам, исходящим от свойств Малхут, называются ХУБ ТУМ: общее, образ, изображение, цвет.

Также знай, что обычно первое сокращение относится к сфире Хохма, а второе сокращение – к сфире Бина, потому что второе сокращение поднялось только до места Бины, а не к сфире Хохма, находящейся выше нее. И поэтому осталась Хохма в первом сокращении. И в этом отношении считается основой сфиры Хохма свойство «вода». Это указывает на то, что там нет силы сокращения и суда. А основой сфиры Бина является «огонь», ибо все суды пробуждаются от нее. И поэтому объясняет Зоар, что «пустынность» – это свойства «вода» и «снег», поскольку она является действием первого сокращения. А относительно «тьмы», являющейся действием второго сокращения, выясняет Зоар, что это – свойство огня, поскольку она относится к Бине, являющейся свойством огня. Итак, выяснилось, почему «тьма» называется «огонь».

А теперь выясним ХУБ ТУМ, называемые четырьмя цветами, и ХУБ ТУМ, называемые «общее», «образ», «изображение», «цвет». Цвета исходят от экрана Малхут вследствие зивуга де-акаа в ней, поднимающего десять сфирот ХУБ ТУМ снизу вверх, называемые рош, и десять сфирот ХУБ ТУМ сверху вниз, называемые гуф, которые окрашиваются в цвета внизу. И только в десяти сфирот, нисходящих сверху вниз и называемых гуф, вышли четыре цвета ХУБ ТУМ, но не в десяти сфирот рош. Потому что цвета исходят от Малхут, и поскольку она является причиной ХУБ ТУМ, выходящих в гуф, поэтому они окрасились в цвета. Тогда как в рош, поскольку она находится ниже него, свойство суда в нем не может подняться выше своего местонахождения.

Поэтому ХУБ ТУМ десяти сфирот рош называются: общее, образ, изображение, цвет. Хохма – только общее и корень, и нет в ней даже образа этих красок. В Бине есть образ. В Тиферет есть изображение, более близкое к цвету. Настоящий цвет находится только в Малхут де-рош, так как цвет, являющийся судом, не может подняться выше своего места.

Четыре свойства, имеющиеся в ХУБ ТУМ де-рош, проявляют свою силу и власть также в четырех цветах белый-красный-зеленый-черный, имеющихся в ХУБ ТУМ де-гуф. Поэтому «тьма» – это черный огонь, сильный по цвету, потому что Малхут де-гуф называется «черным цветом». И нисходит к ней особая сила от ее цвета в свойстве ХУБ ТУМ де-рош. Поэтому у нее большое преимущество в отношении цвета, так как она не изменяется под воздействием остальных цветов.

Красный огонь, сильный в образе, – это Бина де-гуф, имеющая красный цвет. У нее большое преимущество в образе, которое она получает от своего свойства в ХУБ ТУМ де-рош. Зеленый огонь, сильный в изображениии, – это Тиферет де-гуф, имеющая зеленый цвет, у нее большое преимущество в изображении, которое она получает от своего свойства в ХУБ ТУМ де-рош. Белый огонь – это основной цвет для всех цветов, Хохма де-гуф, имеющая белый цвет, включающий всё. Поскольку получает главенство от своего свойства в ХУБ ТУМ де-рош и становится также и в гуф основой всех красок.

«Тьма» является сильной во всех видах огня, и она наступает на «пустынность». Иначе говоря, она является общей в силу суда всех четырех видов огня в Бине. Поэтому «тьма» наступает и усиливается над Малхут «пустынности», потому что она устраняет силу суда «пустынности» из Малхут и смягчает свойством милосердия, имеющимся в ней. Вначале Бина принимает в себя Малхут «пустынности», и затем она преображает эту Малхут в свойство милосердия в ней. «Наступает» означает, что воюет с ней с целью пересилить ее. «Наступает на пустынность» означает, что одолевает ее и устраняет силу суда из нее.

«Тьма» – это огонь, несущий в себе четыре цвета. И она является черным огнем только лишь во время наступления на «пустынность». «Тьма» по сути своей является Биной, называемой «огнем». Хохма, Бина, Тиферет и Малхут в ней облачены в четыре цвета белый-красный-зеленый-черный, не являющиеся черным огнем. И называется «тьмой», что означает черный огонь, только в то время, когда она действует, наступая на «пустынность», чтобы смягчить ее свойством милосердия, имеющимся в ней.

Об этом сказано: «И ослабли глаза его, перестав видеть, и позвал он Эсава»[35], так как Ицхак – это Бина. Ведь праотцы – это ХАБАД, и в то время, когда он хотел склонить Эсава, он должен был соединиться с Малхут, и вследствие этого «ослабли глаза его, перестав видеть» – т.е. сама Бина сократилась вследствие ее соединения с Малхут, называемой «черный огонь». И тогда он призвал Эсава, силу суда, заключенную в «пустынности», для того, чтобы подчинить его святости. И когда действие Бины направлено на то, чтобы подчинить «пустынность», она называется «черным огнем».

Тьма является ликом зла. И когда Ицхак благосклонно относится ко злу, к Эсаву, это называется тьмой, которая нависает над ним, чтобы обрушиться на него. Здесь выясняется сказанное: «И ослабли глаза его, перестав видеть»[35] – из-за того, что Ицхак благосклонно относился к Эсаву, являющемуся свойством зла, набросился на него лик зла, т.е. «тьма». И он благосклонно относился к Эсаву, поскольку она нависает над ним, чтобы обрушиться на него. Ведь когда она пребывает над ним, он нападает на нее и побеждает ее. И после того, как он преобладает над злом, называется тьмой. И отсюда можно видеть,

---

[35] Тора, Берешит, 27:1.

что Бина называется тьмой только в то время, когда действует с целью смягчить силу суда пустынности, полученную от Малхут. И в это время она поневоле погружается в «пустынность», чтобы пересилить ее. И поэтому она покрывается тьмой и становится «черным огнем».

24) «И дух (руах) Всесильного (Элоким)»[29]. «Дух» – это голос, царящий над хаотичностью, и наступающий на нее, и руководящий ею во всем, где это необходимо. Потому что исправление экрана во втором сокращении называется «руах». Так как этот экран поднимает отраженный свет и притягивает ступень света в десять сфирот на уровне «руах». И поскольку он исходит от Бины, называемой именем Элоким, то и ступень, выходящая на этот экран, называется «руах Элоким», так как она является духом святости, исходящим от Творца живого (Элоким хаим), Бины. Эта ступень руах считается светом Зеир Анпина, потому что руах – это Зеир Анпин, и он называется «голос».

«Дух» – это голос, царящий над хаотичностью. Так как здесь разбирается второе сокращение, называемое «тьмой», и экран, называемый «руах», а выше – первое сокращение, называемое «пустынностью», и экран, называемый «хаотичностью». Поэтому второе сокращение, называемое «тьмой», царит над «пустынностью», наступает на нее и подчиняет ее. А экран второго сокращения, называемый «руах (дух)», царит над экраном первого сокращения, «хаотичностью», и наступает на него, чтобы включить его в себя, чтобы он смог притянуть дух Творца живого (Элоким хаим) из Бины.

И поэтому дух (руах) – это голос, ступень Зеир Анпина, исходящий от Творца живого (Элоким хаим), называемый «голосом, царящим над хаотичностью», т.е. находится над экраном первого сокращения, называемым «хаотичность». И этот дух (руах) нападает на нее и властвует над ней, чтобы руководить ею во всем, где это необходимо. Иными словами, чтобы он смог притянуть к себе все необходимые мохин – вначале он притягивает к себе дух жизни от Бины, а затем ГАР от Бины, в речении «да будет свет»[10], как уже объяснялось выше.

И до тех пор, пока сила экрана хаотичности властвует, он не сможет притянуть от Бины ничего, потому что любое свойство получает лишь от свойства, соответствующего ему, но ничуть не выше своего свойства. И поэтому, пока сила этого экрана хаотичности властвует над Малхут, когда она является (лишь) собственным свойством, Малхут ничего не сможет получить от Бины. Однако после того, как достигла она силы экрана второго сокращения, называемого «руах (дух)», приходящей от Малхут, которая включилась в саму Бину и благодаря этому стала подобной сущности Бины, она уже может получать от Бины, так тем самым она стала в точности соответствовать противостоящему ей свойству. Поэтому экран свойства «руах (дух)» властвует над экраном хаотичности и «наступает на него», чтобы отменить его. И тогда он сможет притянуть все необходимое для Малхут – то есть ВАК и мохин от Бины, потому что исправление Малхут осуществляется только с помощью мохин, получаемых от Бины.

Камни погружены в бездны, и из них вытекают воды. Поэтому они называются поверхностью вод. Объяснение. Исправление экрана в Малхут называется «камни», потому что Малхут в результате него каменеет, чтобы не принимать в себя высший свет, и благодаря этому на нее производится зивуг де-акаа (ударное соединение). И поскольку этот экран погружен в бездны Малхут и устанавливается там, то в результате этого зивуга де-акаа (ударного соединения) оттуда вытекают воды. Поэтому сказано: «И дух Всесильного витал над поверхностью вод»[29], потому что эти камни, представляющие собой экран, называются «поверхностью вод» – ведь вследствие их зивуга вытекают воды, т.е. мохин.

В экране первого сокращения, называемого «хаотичность», камни, погруженные в печать пустынности, выходят из этой печати, в которую они погружены. А здесь, в экране свойства руах (дух), камни погружены в бездны, и из них вытекают воды. И надо понять различие между печатью пустынности и погруженностью в бездны. Первое сокращение называется пустынностью, а не безднами. Однако второе сокращение называется бездной, как сказано: «И тьма над бездною»[29], что означает – только исток вод. Потому что свойство пустынности в нем уже смягчено подъемом его в Бину. И остался от него только лишь исток вод.

Дух – это голос, царящий над хаотичностью. Ведь сказано: «Голос Творца над водами»³⁶, и также сказано: «И дух Всесильного витал над поверхностью вод»²⁹. И это дает нам понять, что в экране второго сокращения, называемом «дух Всесильного», нет ничего от печати пустынности, как в экране хаотичности, так как он воцаряется над хаотичностью и нападает на нее и властвует над ней, чтобы руководить ею. И поэтому в нем есть лишь свойства от второго сокращения, называемого бездной и истоком вод, т.е. истоком мохин, потому что сила суда пустынности прекратилась и исчезла оттуда.

Поэтому она называется водами, как сказано в отрывке: «И дух Всесильного витал над поверхностью вод». Ведь камни погружены в бездны, и воды выходят из них. Поскольку Малхут окаменела, не желая получать свет, не по причине силы судов печати пустынности, но окаменела она, не желая получать свет и отталкивая его в ударном соединении (зивуге де-акаа), лишь с тем, чтобы извлечь воды и притянуть ступень света сверху вниз, и облачить его в свой отраженный свет снизу вверх. И поэтому она называется поверхностью вод, потому что сокращение называется поверхностью бездны, как сказано: «И тьма над поверхностью бездны»²⁹.

Свойство экрана носит название «поверхность вод». Потому что как сокращение, так и экран не появились здесь из-за суда, но с целью извлечь воду. Ведь дух (руах) управлял и наступал на эту поверхность, называемую поверхностью бездны. Ступень руах (дух), вышедшая на этот экран, управляла и поддерживала эту поверхность, называемую поверхностью бездны, а также наступала на эту поверхность бездны. Потому что вначале управляла и поддерживала поверхность бездны, чтобы извлечь воды в ударном соединении (зивуге де-акаа), а затем стала наступать на нее, чтобы отменить окончательно, пока в этой скверне не будет больше никакой скверны. И это происходит в тот момент, когда она желает притянуть мохин де-ГАР, как сказано: «Да будет свет!»¹⁰

Дух (руах) управлял и наступал на эту поверхность, называемую поверхностью бездны, – и то и другое, в соответствии

---

³⁶ Писания, Псалмы, 29:3. «Голос Творца над водами, Творец величия прогремел».

с тем, насколько это необходимо ему. Ибо в то время, когда он нуждается в ступени хасадим от Бины, называемой «вода», он управляет и поддерживает поверхность бездны, а в то время, когда нуждается в притяжении мохин де-ГАР, он отменяет ее для того, чтобы была возможность притянуть мохин де-ГАР от Бины.

25) Над пустынностью царит имя Шадай, означающее границу и окончание распространения света. «Когда сказал Он миру: "Довольно, больше не распространяйся"». И поскольку «земля», т.е. Малхут, пребывает в свойстве «пустынность», воцаряется над ней это имя Шадай в качестве границы и окончания света. Потому что этот свет не мог бы в нее распространиться из-за силы сокращения, властвующей над ней. Таким образом, свет закончился над ней, а она образует окончание на него, и это называется установлением имени Шадай.

Над хаотичностью пребывает имя Цваот. Окончание каждого парцуфа в экране Есода называется Цваот, как сказано: «Знамение Он для воинств (цваот) Его» – потому что указывает на зивуг, который совершается только лишь на этот экран. И от него рождаются и выходят все воинства (цваот) Творца. И поскольку хаотичность – это установление экрана в зивуге, получается, что Малхут приобрела Есод, называемый Цваот.

Над тьмой царствует имя Элоким, потому что тьма – это второе сокращение, подъем Малхут в место Бины, а Бина называется именем Элоким. Таким образом, «земля», Малхут, которая включилась во тьму, приобрела благодаря этому имя Элоким от Бины.

Над духом (руах) царит имя АВАЯ, потому что руах – это установление экрана второго сокращения в Малхут, которая притянула ступень Зеир Анпин, называемую «голос», от Бины. Дух (руах) – это «голос», воцаряющийся над хаотичностью и управляющий ею во всем, что ей необходимо.

Со стороны экрана в свойстве хаотичности, Малхут еще не была пригодна для мохин де-ГАР, носящих имя АВАЯ, поскольку сила суда печати пустынности царила над ней. Однако после того, как она достигла экрана Бины, в свойстве «камни, погруженные в бездны, из которых вытекает вода», в этом экране нет никакого суда, но он окаменел, чтобы задерживать высший свет и совершать зивуг де-акаа (ударное соединение), притягивая ступень хасадим от Бины. И теперь Малхут уже может получить также мохин де-ГАР, называемые АВАЯ. И о них сказано: «Да будет свет»[10] – то есть имя АВАЯ. Поэтому говорится, что «над духом (руах) царит имя АВАЯ».

26) Сказано: «Сильный и могучий ветер, разбивающий горы... не в ветре (руах) Творец (АВАЯ)»[31] – в руахе не находится имя АВАЯ, потому что «могучий ветер» выходит из свойства пустынности, а над пустынностью царит только имя Шадай. И также о громе, который выходит из хаотичности, сказано: «Не в громе Творец»[31] – только имя Цваот царит над ним. И также об огне, выходящем из тьмы, сказано: «Не в огне Творец»[31] – ибо только имя Элоким царит над ним. Однако о голосе тонкой тишины[32], который исходит от духа Всесильного, над которым царит имя АВАЯ, сказано: «И было, когда услышал это Элияу, прикрыл он лицо свое плащом и вышел, встав у входа в пещеру, и раздался голос, обращенный к нему: "Что нужно тебе здесь, Элияу?"»[37] Таким образом, посредством первых трех свойств он не вышел из пещеры, но только в тот момент, когда услышал голос тонкой тишины[32], сразу же вышел из пещеры и удостоился лика Творца, поскольку здесь содержится имя АВАЯ, и знал он, что Творец (АВАЯ) говорит с ним.

27) В имени АВАЯ есть четыре части, четыре буквы, которые косвенно указывают на части тела человека и его органы, и их, соответственно, четыре и двенадцать. И здесь выясняется двенадцатибуквенное имя, которое было сообщено Элияу в пещере, т.е. три имени АВАЯ, в каждом из которых четыре буквы, вместе двенадцать. И так же – двенадцатибуквенное имя, которое символизирует тело человека. Ибо есть в нем три имени АВАЯ:
1. В его рош, называемом ХАБАД.
2. В его гуф, до табура, называемом ХАГАТ.
3. (В гуф) от его табура и ниже, называемом НЕХИ.

И они в нем находятся в виде огласовки «сеголь»: Хохма и Бина – в правой и левой сторонах, и Даат посередине, Хесед и Гвура – в правой и левой сторонах, и Тиферет посередине, Нецах и Ход – правая и левая сторона, и Есод посередине.

---
[37] Пророки, Мелахим 1, 19:13.

Каждая из трех средних сфирот, Даат, Тиферет, Есод, определяется как два свойства – захар и нуква. И в теле человека есть три части: рош (голова), гуф (тело), и раглаим (ноги). И в каждой части – четыре органа. Четыре органа рош (головы) – это ХАБАД (Хохма-Бина-Даат), где ХУБ (Хохма и Бина) – это «йуд-хэй», а Даат – это «вав-хэй». И так же – в части, называемой гуф (тело), есть четыре органа, где ХУГ (Хесед и Гвура) – это «йуд-хэй», а Тиферет – это «вав-хэй». И так же – в части, называемой раглаим (ноги), есть четыре органа, где Нецах и Ход – это «йуд-хэй», а Есод и атара (венец) – это «вав-хэй». И это является двенадцатибуквенным именем, которое символизирует тело человека.

Да будет свет

28) «И сказал Всесильный: "Да будет свет!" И появился свет»[10]. Начиная с речения «Да будет свет»[10] раскрываются тайны создания мира в частном виде. До сих пор говорилось о создании мира в общем виде, т.е. в речении «Вначале создал Всесильный...»[6], а затем общее снова становится общим и частным и общим.

Объяснение. Сначала говорится о создании мира в общем виде, в первом речении «Вначале создал Всесильный небо и землю»[6], и не упомянуты никакие детали – как созданы небо и земля. Но затем упомянуты все детали действия начала творения, от первого речения «Да будет свет»[10], до слов «И увидел Всесильный всё созданное Им, и вот – хорошо очень»[38]. «И завершены были небо и земля»[39]. Таким образом, стало теперь общее, т.е. первое речение, общим и частным и общим. Потому, что «Вначале...»[6] является первым речением в общем виде, а начиная с речения «Да будет свет»[10] и далее – это частное. И сказанное «И увидел»[38] является последним отрывком в общем виде.

29) До сих пор всё находилось в воздухе, который передавался от Бесконечности. Поэтому не представляет трудности вопрос – но ведь уже сказано: «И земля была пустынна и хаотична»[29], однако это относится к частным деталям творения, а не к его общему виду? Поэтому говорится, что «до сих пор всё находилось в воздухе». Иными словами, не находилось в мире, т.е. в Зеир Анпине, а было только лишь ступенью «воздух (авир)» – свет нефеш-руах в келим Кетер-Хохма. Как сказано: «И дух Всесильного витал над поверхностью вод»[29]. И поэтому это еще не считается созданием мира в частных его деталях, потому что отсутствует ГАР, и считается, что это творение еще включено в Бесконечность, т.е. еще не произошло раскрытие.

Когда эта сила распространилась в высшем чертоге, называемом Элоким, написано о ней: «И сказал Всесильный (Элоким)»[10]. Высший чертог – это парцуф ИШСУТ, являющийся

---

[38] Тора, Берешит, 1:31.
[39] Тора, Берешит, 2:1.

вторым чертогом Арих Анпина. И вначале вышел этот чертог из рош Арих Анпина, и это «ашер (אשר)», т.е. «рош (ראש)», который вышел из «решит (ראשית начала)», а ИШСУТ – это имя Элоким (אלהים), пять букв которого – это КАХАБ ТУМ (Кетер-Хохма-Бина-Тиферет-Малхут). И когда он вышел из рош Арих Анпина, в нем остались только две буквы МИ (מי) от Элоким (אלהים), ступень «воздух (авир)» в келим Кетер-Хохма, называемых МИ. И тогда перестало светить в чертоге имя Элоким, так как ему недоставало букв ЭЛЕ (אלה) имени Элоким (אלהים). А затем, с помощью высшего свечения, были возвращены парцуфу ИШСУТ три буквы ЭЛЕ (אלה), и снова восполнилось имя Элоким (אלהים) и начало светить в чертоге, и вышла в нем ступень ГАР.

И поэтому сказано здесь: «Поскольку эта сила распространилась в высшем чертоге» – т.е. вернулись три буквы ЭЛЕ в чертог, «называемый Элоким», и это является восполнением пяти букв Элоким (אלהים), «написано о нем речение» – т.е. написано о нем «И сказал», что означает зивуг для передачи ГАР. И это является первой частной особенностью создания мира, ведь до этого не было написано слово: «И сказал», которое является частной особенностью. И хотя «Берешит (вначале)»[6] тоже является речением, которое вместе с остальными составляет десять речений начала творения, но не написано в нем: «И сказал», поскольку оно относится к свойству общего, а «И сказал» – это частное. Таким образом, речение: «И сказал Всесильный: "Да будет свет!"»[10] начинает говорить о частных особенностях создания мира.

30) «И сказал»[10] указывает, что он поднимается как с вопросом, так и к познанию. Потому что «и сказал (ויאמר ва-йомер)» состоит из букв «кто свет (ми ор מי אור)», указывающих, что он поднимается с вопросом. И это парцуф ИШСУТ, т.е. МИ, которые поднимаются с вопросом[40]. И они отличаются от высших Абы ве-Имы, из которых эти мохин не притягиваются, потому что они не поднимаются с вопросом, являясь свойством «непознаваемый воздух».

«И сказал» – указывает на силу, совершающую вознесение, и это вознесение происходит в тишине. Объяснение. «И сказал» – это Аба, «Всесильный (Элоким)» – это Има, т.е. нижние

---

[40] См. «Предисловие книги Зоар», статью «Кто создал их», п. 8.

Аба ве-Има, называемые ИШСУТ. И уже выяснялось, что рождение мохин большого состояния (гадлут) происходит благодаря возвращению букв ЭЛЕ Бины из места ЗОН в Бину для восполнения имени Элоким. «И сказал» – указывает на силу, совершающую вознесение, т.е. возносящую буквы ЭЛЕ из места ЗОН в место Бины, так как это вознесение совершается посредством свечения Абы, на которого указывает речение «и сказал». И вознесение, совершаемое свечением Абы, производится им в тишине, неслышно. Иными словами, свечение Хохмы не познается вне ее, и этот свет скрыт на своем месте из-за отсутствия света хасадим, потому что Хохма не светит без облачения со стороны света хасадим.

Свет нисходит из Бесконечности в начало (рош) мысли – т.е. в сущность Бины, в ее ГАР, называемые началом (рош) мысли, но не в семь нижних сфирот этой мысли. Потому что ГАР могут получить свет Хохмы без облачения хасадим, и поэтому свет распространяется в них, несмотря на то, что хасадим там отсутствуют. Однако семь нижних сфирот не могут получить свет Хохмы без облачения в свет хасадим. Поэтому из-за отсутствия там света хасадим не может распространиться в них свет Хохмы.

«И сказал Всесильный (Элоким)»[10] – означает, что теперь этот чертог породил семя святости, потому что она зародила. Чертог – это Бина, называемая ИШСУТ. Семя святости – это ЗОН. И говорится, что сейчас, после того, как Аба, на которого указывает слово «и сказал», вознес буквы ЭЛЕ (אלה) и вернул их к Име, называемой МИ (מי), и восполнились в ней буквы Элоким (אלהים), породил этот чертог, т.е. Има, ЗОН (Зеир Анпина и Нукву), которые слиты с буквами ЭЛЕ и которых она зародила.

Объяснение. В результате того, что буквы ЭЛЕ находились в падении на ступени ЗОН на протяжении времени выхода Бины из рош, они стали одной ступенью с ЗОН. Ибо таково правило – высший, опускающийся к нижнему, становится как он. И также нижний, поднимающийся к высшему, становится как и он. И поэтому в тот момент, когда свечение Аба вознесло буквы ЭЛЕ в место Бины, поднялись вместе с ними и ЗОН, слитые с ними как одна ступень, и ЗОН тоже соединились с Биной. И это означает, что Бина забеременела этими ЗОН, потому что ЗОН слились с ней и стали по отношению к ней святым семенем.

Ведь когда они слиты с ней, они получают мохин святости от Абы, как и сама Бина. И это означает, что «зародыш питается тем, чем питается его мать»[41].

Бина породила ЗОН в тишине, а тот, кто рожден, слышен снаружи. На первый взгляд кажется странным – ведь «породила» является одним понятием с родившимся. И если она родила в тишине, ясно, что рожденный не был слышен снаружи. Однако здесь происходит два рождения:

1. Рождение мохин для ЗОН, когда они еще находятся внутри Бины.
2. Рождение ЗОН, чтобы вывести их из места Бины на собственную ступень.

В этом рождении мохин, производимых благодаря вознесению букв ЭЛЕ в место Бины, при котором Бина возвращается в рош Арих Анпина, мохин называются свечением в тишине, без распространения наружу, из-за недостатка хасадим. И сказанное «породила в тишине» указывает на рождение мохин. Однако рождение самих ЗОН и выход их из места Бины на собственное место произошло вследствие зивуга Бины на экран де-ЗОН, выведшей ступень хасадим, чтобы облачить свет Хохмы в хасадим. И тогда она порождает ЗОН и опускает их на собственное место. И теперь, после того как Хохма облачилась в хасадим, мохин слышны снаружи, т.е. совершается их распространение.

И тот, кто породил парцуф ЗОН, породил его в тишине, т.е. он (ЗОН) вообще не был слышен. А это указывает на рождение мохин для ЗОН, когда они еще находятся внутри Бины, и тогда они не слышны. После выхода ЗОН из Бины появился голос, который слышен снаружи. Это указывает на выход ЗОН из Бины на свое собственное место. Происходит это после выхода ступени хасадим на экран ЗОН, и тогда облачается Хохма в хасадим и совершается ее распространение наружу для того, чтобы светить нижним.

Необходимо знать, что вся причина рождения Зеир Анпина и выведения его из Бины – это зивуг на экран Зеир Анпина с целью притянуть ступень хасадим таким образом, что облачение Хохмы в хасадим и рождение Зеир Анпина приходят, как

---
[41] Вавилонский Талмуд, трактат Нида, лист 30:2.

одно целое. Потому что с помощью этого зивуга проявляется, что ступень Зеир Анпина не относится к Бине, и это изменение формы называется рождением.

31) «Да будет свет»[10]. Все выходящее и создаваемое в мирах, выходит в речении «да будет свет». То есть, пути действия этого зивуга, выясняемые в речении «да будет свет», имеют место при рождении мохин всех ступеней.

Слово «будет» указывает на Абу ве-Иму – т.е. буквы «йуд-хэй יה» слова «будет (йуд-хэй-йуд יהי)». «Йуд י» указывает на Абу, «хэй ה» указывает на Иму, т.е. нижние Абу ве-Иму, называемые ИШСУТ. А после букв «йуд-хэй יה» в слове «будет (йуд-хэй-йуд יהי)» снова возвращается в начальную точку, т.е. возвращается и записывает точку, т.е. букву «йуд י», такую же, как первая «йуд י», и пишется «йуд-хэй-йуд יהי», поскольку она начала распространяться в другом. Объяснение. Потому что «йуд י», которая ставится в конце слова «будет (йуд-хэй-йуд יהי)», после Абы ве-Имы, т.е. «йуд-хэй יה», указывает на то, что эта «йуд י» вошла в свет (ор אור) Абы ве-Имы, и они стали ступенью «воздух (авир אויר)», так как буквы ЭЛЕ (אלה) имени Элоким (אלהים) упали из них и опустились на место ЗОН, а остались в них только буквы МИ (מי) имени Элоким (אלהים), ступень руах.

И поэтому сократились Аба ве-Има и приняли «йуд י» в свое свойство «свет (ор אור)». И возникло благодаря этому начало для распространения мохин в другой парцуф, ЗОН. Ибо, вследствие их сокращения, буквы ЭЛЕ (אלה) опустились в ЗОН. А затем, когда они возвращают к себе буквы ЭЛЕ (אלה), возвращается вместе с ними также и ЗОН, получая от них мохин. Таким образом, вследствие вхождения «йуд י» в свет (ор אור) «йуд-хэй יה», ставший воздухом (авир אויר), возникает начало распространения мохин для ЗОН, о котором сказано: «Да будет свет!»[10]

32) Слова «свет», «да будет свет»[10] не говорят об обновлении света, а о том, что вернулся свет, который уже был у Абы ве-Имы. Потому что «йуд י», сократившая свойство «свет (ор אור)» Абы ве-Имы до свойства «воздух (авир אויר)», снова вышла оттуда, и вернулся свет (ор אור) к Абе ве-Име, так же как и был у них до сокращения.

Распространение света, о котором говорится в речении «да будет свет»[10], – это распространение, которое произошло и разделилось в скрытии недоступного высшего воздуха, т.е. Арих Анпина. Таким образом, нет здесь на самом деле никакого обновления АВАЯ. Но снова раскрылось то совершенство, которое было до разделения.

Вначале разделила десять сфирот Абы ве-Имы и извлекла из утаенного в ней одну скрытую точку. Ведь Бесконечность разделила десять сфирот Абы ве-Имы из своего собственного свойства «воздух» и раскрыла эту точку «йуд י». То есть «йуд י», которая включилась в свет (ор אור) Абы ве-Имы, сделав их свойством «воздух (авир אויר)». Объяснение. Этот свет является не светом Хохмы Арих Анпина, а светом Бины Арих Анпина, поскольку во время ее пребывания в рош Арих Анпина Бина тоже является свойством Хохмы. А после того, как Хохма Арих Анпина вывела ее из рош в гуф его, она стала свойством ВАК, которому недостает ГАР, Хохмы.

И тогда считается, что десять сфирот Бины разделились, поскольку ГАР ее светов ушли из ее НАРАНХАЙ, и также нижние келим Бина-Тиферет-Малхут отделились от ступени и опустились в свойство ЗОН. И остались в ней только келим Кетера и Хохмы со светами нефеш-руах. И это называется разделением относительно келим, и свойством «воздух» относительно света, который был в ней. И эта Бина Арих Анпина облачена в Абу ве-Иму, которые обозначаются буквами «йуд-хэй יה» сочетания «йуд-хэй-йуд יהי». Таким образом, всё, что Арих Анпин желает передать Абе ве-Име, он сначала осуществляет в своей Бине, а передаваемое в его Бину передается Абе ве-Име.

И поэтому вначале она (Бесконечность) разделила десять сфирот келим, которые были у Бины во время пребывания в рош Арих Анпина, т.е. она подняла экран в кли Хохмы и произвела там зивуг, вследствие чего отделились и опустились из Бины три кли Бина-Тиферет-Малхут в место ЗОН, и извлекла из себя одну скрытую точку. И благодаря этому извлекла в Бине скрытую точку, т.е. «йуд י», вошедшую в «свет (ор אור)», который был у нее, и стал ее «свет (ор אור)» свойством «воздух (авир אויר)», потому что ГАР, нешама-хая-ехида, ушли от нее, и она осталась только со ступенью нефеш-руах, называемой «воздух». «Из утаенного в ней» – из своего свойства ВАК. Ибо «утаенное» – это свойство ахораим (обратная сторона) света Хохма, т.е. ВАК, которому недостает ГАР.

Таким образом, Бесконечность отделила (их) от своего собственного «воздуха», потому что Арих Анпин вначале производит зивуг на экран, находящийся под его собственной Хохмой, вследствие чего он выводит Бину за пределы рош, в свойство ВАК. И отделились от нее три кли Бина, Тиферет и Малхут – буквы ЭЛЕ (אלה) имени Элоким (אלהים), и остались в ней только келим Кетера и Хохмы – буквы МИ (מי) имени Элоким (אלהים). И она раскрыла точку «йуд» в свете, который был у нее, и превратился этот «свет» в свойство «воздух». Это действие в Арих Анпине называется выведением шелка[42]. И Арих Анпин называется Бесконечностью, потому что любой порождающий называется Бесконечностью, так как порождает он только лишь благодаря свету Бесконечности в нем.

После того, как эта «йуд י» устранилась из «воздуха», от слова «воздух (авир אויר)» осталось слово «свет (ор אור)», потому что затем Арих Анпин снова опустил экран, находившийся под его Хохмой, в место Малхут, и вернулись благодаря этому три кли Бина-Тиферет-Малхут на ступень Бины, а также полный свет, состоящий из светов НАРАНХАЙ. И тогда «йуд» устранилась и вышла из ее свойства «воздух». Ибо после того, как вышла «йуд» из свойства «скрытый воздух», снова «воздух» стал «светом», что означает полный свет, состоящий из НАРАНХАЙ (нефеш-руах-нешама-хая-ехида), свет Хохмы. Таким образом, в то время, когда Арих Анпин хочет передать Абе ве-Име катнут, он вводит «йуд י» в свойство «свет (ор אור)», и он становится свойством «воздух (авир אויר)». А в то время, когда он хочет им передать мохин состояния гадлут, он снова опускает «йуд י» из свойства «воздух (авир אויר)», который становится свойством «свет (ор אור)».

33) Когда от Арих Анпина есть первая точка, «йуд י», его «свет (ор אור)» раскрывается над ней в свойстве «достигает и не достигает». После того, как устраняется эта точка, раскрывается свет, оставшийся от свойства «воздух (авир אויר)». После того, как выяснились пути выхода мохин состояния катнут и гадлут в Бине самого Арих Анпина, здесь выясняется порядок

---

[42] См. выше, статья «Сияние небосвода», п. 4.

передачи мохин в парцуф Аба ве-Има. И они делятся на три свойства, т.е. три точки холам-шурук-хирик:

1. Холам. Когда от Арих Анпина есть первая точка, «йуд», до того, как «йуд» вышла из «воздуха» и раскрывается его «свет» над ней в свойстве «достигает и не достигает», Арих Анпин светит Бине в точке холам, которая находится над буквами, т.е. келим Бины. И поэтому свет приходит в Бину в свойстве «достигает и не достигает». «Достигает» света хасадим, а «не достигает» – света Хохма. Потому что свет Хохма остается в рош Арих Анпина и не приходит в Бину, которая вышла в гуф Арих Анпина, в ВАК.

2. Шурук. После того, как устранилась точка, «йуд», и вышла из «воздуха», вышел свет Хохма. И это – слово «свет (ор אור)», которое осталось после выхода «йуд י» из слова «воздух (авир אויר)». Это свет, который был сначала в Бине, когда она находилась в рош Арих Анпина, а затем исчез с выходом ее из рош, и теперь вернулся к ней, и обитает в ней. Об этом говорят слова: «Да будет свет!»[10], указывающие на то, что нет здесь в действительности ничего нового, и это свет, который уже был в Бине.

Этот свет вышел и удалился и скрылся. В то время, когда вышел этот свет, с возвращением Бины в рош Арих Анпина, после того, как зивуг опустился к экрану, находящемуся в месте Малхут, и Бина подняла три буквы ЭЛЕ вместе с ЗОН, слитыми с ними, на свою ступень, исчез свет Хохмы и не облачился ни в буквы ЭЛЕ, ни в ЗОН, слитые с ними при своем зарождении, так как отсутствует облачение хасадим. И он скрылся в точке шурук, ибо свет Хохмы ушел из них только лишь потому, что они не могли получить его, хотя он и был облачен в их келим, так как им недоставало светящего облачения величия. Поэтому считается, что этот свет светит в скрытии. И поэтому в Бине осталась одна точка, в которой Хохма всегда приходит в их келим, т.е. точка шурук, в которую Хохма приходит всегда путем скрытия.

3. Хирик. «Достигает и не достигает». «Достигает» – света хасадим, а «не достигает» – света Хохма. Он светит в ней, как и в свечении начальной точки, которая вышла из него, то есть с помощью зивуга, совершенного на точку хирик, полученную

от ЗОН, которые слиты с буквами ЭЛЕ. И эта точка хирик светит в нем, подобно свечению начальной точки, которая вышла из него и притягивает ступень ВАК в Бине, так же как светил ей Арих Анпин в то время, когда она была точкой «йуд» в ее свойстве «воздух» – свете хасадим.

«И тогда они удерживаются друг в друге» – свет Хохмы от точки шурук облачается в свет хасадим от точки хирик, и они светят вместе. «И светит от одного, и от другого» – получается, что ИШСУТ светит двумя этими светами вместе, как светом Хохмы, так и светом хасадим. И восполняются ИШСУТ завершенными мохин четырех цветов ХУБ (Хохма и Бина) ХУГ (Хесед и Гвура): от рош Арих Анпина они получают ХУБ (Хохму и Бину), а вследствие зивуга на точку хирик получают ХУГ (Хесед и Гвуру).

34) В то время, когда парцуф Аба ве-Има поднимается в рош Арих Анпина и получает там мохин трех этих точек, все они поднимаются и соединяются с ним. И также ЗОН, которые слиты с буквами ЭЛЕ парцуфа Аба ве-Има, поднимаются с Аба ве-Има и получают от них эти мохин. Здесь Зоар выясняет исправление линий в келим ЗОН, ибо после того, как он выяснил порядок распространения мохин относительно светов, в трех исправлениях холам-шурук-хирик, он подходит к выяснению порядка распространения мохин относительно келим, называемых «три линии» – правая, левая и средняя, согласовывающая между ними.

Имеется много названий десяти сфирот в зависимости от того, в какой связи они рассматриваются. С точки зрения облачения светов в келим, десять сфирот называются КАХАБ ТУМ, или ХАГАТ НЕХИМ. А если они рассматриваются относительно келим, то десять сфирот называются двадцатью двумя буквами. Но тогда должно было быть пять букв, подобно КАХАБ ТУМ, или семь букв, подобно ХАГАТ НЕХИМ, почему же есть двадцать две буквы? Но дело в том, что буквы происходят от семи сфирот ХАГАТ НЕХИМ парцуфа Аба ве-Има. И поскольку есть три свойства в их мохин, называемые холам-шурук-хирик, от них исходит также и три вида распространения семи келим. Семь келим, исходящие из точки холам, называются правой линией. Семь келим, исходящие из точки шурук, называются левой линией. Семь келим, исходящие из точки хирик, называются средней линией. И их вместе – двадцать одно кли.

Однако в точке хирик есть дополнительное свойство по отношению к семи сфирот Абы ве-Имы – свойство экрана ЗОН, и это дополнительное свойство тоже считается кли. И поэтому есть двадцать два кли, и они называются «двадцать две буквы». Таким образом, двадцать две буквы являются одним понятием с семью нижними сфирот, однако в отношении келим самих по себе носят эти сфирот название «буквы», и число их – двадцать две, в силу исправления трех линий, имеющегося в них.

В то время, когда парцуф Аба ве-Има поднимается в рош Арих Анпина, все поднимаются и соединяются с ним. И тогда он является свойством «достигает», т.е. ГАР. И он скрывается в месте Бесконечности, т.е. в Арих Анпине, и все становится одним целым. Объяснение. После того, как парцуф Аба ве-Има поднялся в Арих Анпин, он стал свойством «достигает» света Хохма, как и Арих Анпин. Однако этот свет не распространяется вниз, а скрывается в месте Арих Анпина, из-за отсутствия облачения хасадим. И это – точка шурук.

И стали все три точки одним целым. И также две точки холам и хирик, которые вначале были в свойстве «достигает и не достигает», т.е. ВАК, стали теперь свойством ГАР, благодаря соединению их в одно целое с точкой шурук. Поэтому точка, которая была в «свете» и сделала его «воздухом», т.е. точка холам, стала теперь полностью «светом». То есть стала свойством ГАР, вследствие соединения ее с точкой шурук.

И распространился свет семи нижних сфирот ХАГАТ НЕХИМ парцуфа Аба ве-Има от точки холам. И светят благодаря этому распространению семь букв алфавита. Потому что буквы – это келим, и распространяются семь сфирот ХАГАТ НЕХИМ парцуфа Аба ве-Има со стороны точки холам, и исправляются семь келим в правой линии ЗОН, называемой семь букв, и считается правой линией, потому что точка холам находится всегда в свойстве света, так как по сути своей она является светом хасадим, и любой свет считается правой линией.

Келим еще не обрели твердость, и были еще влажными. Влажное вещество указывает на то, что нет в нем устойчивой границы. Потому что когда два влажных объекта сталкиваются, то каждый из них входит в пределы другого и смешивается с ним. Но когда влажное вещество загустевает и становится твердым, его граница становится устойчивой и защищенной, и если он столкнется с другим твердым объектом, то даже в малой степени не войдет в пределы его, и также тот в него. И поэтому сказано, что эти келим еще не приобрели твердость и были влажными, т.е. они не сохраняли своей границы, границы правой линии, а смешивались еще с другими линиями.

Затем вышла тьма, и вышли в ней семь других букв алфавита. Распространение свечения семи нижних сфирот Абы ве-Имы из точки шурук считается выходом тьмы, поскольку Хохма находится в ней без хасадим и не светит. А после распространения семи сфирот, т.е. семи букв, вследствие свечения точки холам правой линии Зеир Анпина, вышла тьма, т.е. распространение семи сфирот от точки шурук, и вышли в этом распространении тьмы семь других букв, т.е. семь келим, и стали левой линией Зеир Анпина.

Затем вышел небосвод и прекратил разногласие двух сторон. Объяснение. После того, как вышли и протянулись две линии Зеир Анпина, правая и левая, каждая из которых состоит из семи букв, возникло разногласие между ними, поскольку каждая из них хотела установить свою власть в Зеир Анпине и устранить власть другой. И это происходит потому, что у каждой из них есть свое преимущество, которого нет в другой. У правой линии есть преимущество в том, что она полностью является светом, который светит от непрекращающегося зивуга высших Абы ве-Имы, и она хотела отменить левую линию, тьму. А у левой линии есть преимущество в том, что она является светом Хохма, который намного выше света хасадим правой линии, и она хотела отменить свечение правой. И эти буквы всё время переходили от милосердия к суду, а от суда – к милосердию. И бывало, что одерживала верх левая линия, и все буквы становились свойством суда, тьмой. А бывало, что побеждала правая, и все они становились свойством милосердия, светом. Они еще не приобрели твердость и были влажными, т.е. каждая входила в пределы другой, и они постоянно находились в разногласии.

Это разногласие продолжалось до тех пор, пока не распространилось свечение точки хирик от семи нижних сфирот Абы ве-Имы. И это распространение называется небосводом, т.е. ступень света хасадим, которая вышла вследствие зивуга на экран ЗОН, слитых с буквами ЭЛЕ. И он прекратил разногласие двух сторон, т.е. ступень небосвода согласовала между двумя линиями, правой и левой. Потому что вначале она, присоединившись, добавилась к свету хасадим правой линии, приведя к согласию левую линию, а затем притянула также и свечение левой линии, облачив ее в правую, и тогда установилось свечение их обеих, и было устранено разногласие. Поэтому считается это распространение свойством средней линии, так как она является согласующей между двумя линиями, правой и левой.

И вышло в ней восемь других букв, и тогда число всех букв вместе – двадцать две. То есть четырнадцать букв двух линий, правой и левой, и восемь букв средней линии, называемой небосводом, всего – двадцать две. Поскольку это распространение, называемое небосводом, исходит также от семи сфирот мохин Аба ве-Има, от свойства точки хирик в них. И поэтому есть здесь семь букв от их ХАГАТ НЕХИМ, и есть здесь еще дополнительное свойство по отношению к ХАГАТ НЕХИМ Абы ве-Имы, от авиюта Зеир Анпина. Потому что точка хирик является экраном Зеир Анпина, а этот авиют является восьмой буквой. И поэтому есть здесь, в небосводе, восемь букв: семь – от Абы ве-Имы, и одна – от ЗОН.

Семь букв правой стороны и семь букв левой стороны вскочили на небосвод, и все они отпечатались на этом небосводе. Объяснение. До выхода восьми букв средней линии, называемой небосвод, не могли установиться четырнадцать букв двух линий, правой и левой, поскольку из-за разногласия они переходили от суда к милосердию, и от милосердия к суду. Поэтому, благодаря появлению небосвода, средней линии, у которой есть возможность установления свечения их обеих во всем совершенстве, передвинулись четырнадцать букв двух линий, правой и левой, вскочив на среднюю линию для того, чтобы установиться с ее помощью.

Таким образом средняя линия включила в себя три линии и все двадцать две буквы. И поэтому все они отпечатались в этом небосводе, т.е. все двадцать две буквы установились в небосводе. Восемь букв, которые есть в нем самом, и четырнадцать букв – от двух линий, правой и левой.

Да будет свет

И эти буквы были влажными. Стал твердым небосвод, и стали твердыми вместе с ним эти буквы. И отпечатались, и приняли те очертания, которые должны быть. Поскольку настоящая сила затвердевания приходит от левой линии, от точки шурук. Но в таком случае, она раскрылась перед появлением небосвода, однако буквы тогда еще были влажные, т.е. не обрели достаточной твердости, чтобы быть твердыми, с установившейся границей, до тех пор, пока не вышел небосвод и не стал твердым, и после этого буквы приобрели окончательную твердость.

Дело в том, что окончательная твердость зависит только от силы экрана, имеющегося в нукве Зеир Анпина, которая является свойством суда, т.е. от восьмой буквы небосвода. Поэтому до тех пор, пока еще не раскрылись восемь букв этого небосвода, не могли буквы получить окончательной твердости и жесткости в установившихся границах.

И тогда отпечаталась там Тора, Зеир Анпин, чтобы светить вне его пределов. То есть после того, как стали твердыми границы букв, которые являются келим, во всех его трех линиях, и каждая линия получила сочетание своих букв в надлежащем виде, установился парцуф Зеир Анпин, называемый Торой, чтобы светить нижним.

35) Речение «да будет свет»[10] указывает на имя «великий Властитель»[43], выходящее из первого свойства «воздух» в то время, когда Аба ве-Има еще были в состоянии ВАК, прежде чем вышла «йуд» из «воздуха». После того, как Зоар выяснил все изменения мохин от состояния катнут до гадлут в трех точках и трех линиях, и каким образом они указаны в речении «да будет свет», он выясняет, каким образом в каждом изменении этих состояний они остаются в своей форме также и после гадлута, и каким образом указывает на них слово «свет», пять раз упоминаемое в речениях.

Речение «да будет свет»[10] указывает на имя «великий Властитель»[43], потому что отрывок «да будет свет» приходится на сфиру Хесед Зеир Анпина, правую линию, нисходящую от точки холам Абы ве-Имы, называемой «великий Властитель (Эль гадоль)»[43]. Хесед состояния ВАК называется Эль, а Хесед

---

[43] Писания, Псалмы, 95:3.

состояния ГАР называется Эль гадоль. И называется Эль потому, что это Хесед, который вышел из прежнего «воздуха» Абы ве-Имы, т.е. со времени катнута, еще до того, как вышла «йуд» из воздуха Абы ве-Имы. И называется «великий (гадоль)», поскольку теперь уже вышла «йуд» из воздуха Абы ве-Имы, и они вернулись к свету состояния гадлут, и ЗОН уже получили от них мохин гадлута.

«И появился»[10] – это тьма, называемая Элоким. «И появился» – указывает на сфиру Гвура Зеир Анпина в то время, когда она исходит только лишь от левой линии, точки шурук. И тогда это тьма, будучи Хохмой без хасадим. И называется именем Элоким, которое скрыто[44]. И называется светом после того, как включилась левая линия в правую, поскольку теперь, когда благодаря ступени хирик включились правая и левая линии друг в друга, протягивается свет Хесед правой линии к сфире Гвура левой, и сфира Гвура теперь тоже называется свет. Ибо тогда из имени Эль, Хеседа, исходит имя Элоким. И становится тогда имя Элоким тоже светом Хесед.

И включились правая линия в левую, а левая – в правую. То есть правая линия включила в себя Хохму, которая находится в левой, поэтому называется правая «Эль гадоль»[43]. И также левая, которая находилась во тьме по причине отсутствия хасадим, включила теперь в себя свет Хесед правой, и стала также сфира Гвура светом. И сказанное «и появился свет»[10] означает – в Гвуре Зеир Анпина.

36) «И увидел Всесильный (Элоким) свет, что он хорош»[45] – указывает на средний столб, имеющийся в Зеир Анпине, сфиру Тиферет в нем. Потому что Тиферет – это средняя линия, согласующая между двумя линиями Зеир Анпина, Хеседом и Гвурой, поэтому она называется «средний столб».

«Что он хорош» сказано о сфире Тиферет и указывает на то, что она светила наверху и внизу, и во всех остальных сторонах. «Светила наверху» – т.е. согласовала мохин Абы ве-Имы с помощью ступени хирик. «Светила внизу» – т.е. согласовала

---

44 См. выше, п. 7.
45 Тора, Берешит, 1:4. «И увидел Всесильный свет, что он хорош; и отделил Всесильный свет от тьмы».

между сфирот правой и левой линий самого Зеир Анпина. «И во всех остальных сторонах» – т.е. (светила) сфирот НЕХИМ, находящимся от его хазе и ниже. Тиферет Зеир Анпина – это имя АВАЯ, включающее все стороны: правую и левую, паним и ахор (лицевую и обратную), верх и низ. И выяснилось, каким образом под сказанным «и увидел Всесильный (Элоким) свет, что он хорош»[45] подразумевается Тиферет Зеир Анпина.

«И отделил Всесильный (Элоким) свет от тьмы»[45] – это значит, что устранил разногласие между правой и левой для того, чтобы всё пребывало в совершенстве. Объяснение. После того, как свет и тьма, находящиеся от хазе Зеир Анпина и выше, т.е. Хесед и Гвура, включились друг в друга, и тьма Гвуры снова стала светом, Он сделал новое разделение между правой и левой линиями, т.е. светом и тьмой от хазе и ниже, называемыми Нецах и Ход. Свет – это сфира Нецах, а тьма – это сфира Ход.

37) «И назвал Всесильный (Элоким) свет днем»[46]. «И назвал» – означает назвал и вызвал, чтобы извлечь из совершенного света, установившегося посередине, из Тиферет, один свет, являющийся основой мира, на котором стоят миры, и от него рождаются души и все миры, и это – «день» от правой стороны. «И назвал» – указывает на подготовку, необходимую для создания сфиры Есод Зеир Анпина от его сфиры Тиферет. «И назвал Всесильный (Элоким) свет» – Тиферет, из которой создал сфиру Есод, называемую «днем», поскольку она относится к свойству света хасадим правой стороны.

«А тьму назвал ночью»[46] – назвал и вызвал, и извлек из левой стороны, называемой тьмой, одну Нукву, называемую луной, которая властвует ночью. И поэтому называется она ночью, т.е. за ее свойство властвовать. И это имя Адни, и имя «Владыка (Адон) всей земли»[47]. Всеми этими именами называется Нуква. «А тьму назвал ночью» – т.е. вызвал, чтобы извлечь из тьмы, из левой линии, свойство ночи для Нуквы, сфиры Малхут, называемой Адни. Итак, выяснилось, каким образом под сказанным о первом дне начала творения подра-

---

[46] Тора, Берешит, 1:5. «И назвал Всесильный свет днем, а тьму назвал ночью. И был вечер и было утро – день один».

[47] Пророки, Йеошуа, 3:11. «Вот ковчег союза Владыки всей земли пойдет пред вами через Ярден».

зумеваются семь сфирот ХАГАТ НЕХИМ (Хесед-Гвура-Тиферет Нецах-Ход-Есод-Малхут). А дальше выясняется порядок создания сфирот Есод и Малхут.

Семь дней начала творения – это Зеир Анпин и его Нуква. Шесть дней – это шесть сфирот ХАГАТ НЕХИ (Хесед-Гвура-Тиферет Нецах-Ход-Есод) Зеир Анпина: первый день – Хесед, второй день – Гвура, и т.д. А субботний день – это Малхут. Но поскольку эти сфирот включают друг друга, то получается, что все семь сфирот ХАГАТ НЕХИМ включены в Хесед, и так – в каждой сфире. И это объясняет нам Зоар, что семь сфирот ХАГАТ НЕХИМ включены в первый день начала творения, что означает – ХАГАТ НЕХИМ Хеседа.

38) Входит правая линия в совершенный столб, расположенный посередине, когда она включает свойство левой линии. То есть, сфира Хесед Зеир Анпина, которая включает также и его Гвуру, входит в среднюю линию его, в его Тиферет. И Зеир Анпин поднимается наверх, до начальной точки – Арих Анпина.

Объяснение. Так же, как и начало создания в Зеир Анпине произошло благодаря его подъему в рош Арих Анпина вместе с буквами ЭЛЕ Имы, с которыми он слит, и Има передает ему там мохин в виде трех точек холам-шурук-хирик, так же он должен подняться в Арих Анпин для каждого нового свойства, выходящего в нем, или когда хочет создать Нукву. И там он снова получает мохин для того свойства, которое хочет создать. Поэтому, когда он хочет создать Есод собственного состояния гадлут, или Нукву его, он снова поднимается с парцуфом Аба ве-Има в рош Арих Анпина, чтобы получить для них мохин. То есть, он поднимается наверх, до начальной точки, Арих Анпина.

Различие между порядком подъема в Арих Анпин с целью создания Есода и порядком подъема в Арих Анпин с целью создания Нуквы, состоит в том, что при создании Есода преобладает в основном правая линия Зеир Анпина, Хесед, которая всецело является светом, а остальные две линии включены в нее и подчиняются ей. И противоположен этому подъем для создания Нуквы, происходящий в преобладании левой линии, и две линии, правая и средняя, подчиняются левой.

Поэтому порядок подъема с целью создания Есода такой, что правая линия, включающая в себя левую, входит в средний столб и поднимается вместе с левой и средней в Арих Анпин, называемый начальной точкой. Таким образом, правая является преобладающей, а остальные линии подчиняются ей, и она поднимается в Арих Анпин, чтобы получить там мохин от свойства, соответствующего ей в этих мохин, поскольку Есод образуется в основном из правой линии.

И получает и приобретает там, в Арих Анпине, мохин, представляющие собой три точки холам-шурук-хирик, называемые святым семенем[17]. Иными словами, посредством трех посевов, называемых холам-хирик-шурук, раскрываются мохин Хохмы, называемые святостью, и поэтому три эти посева именуются святым семенем[17].

Таким образом, нельзя посеять семя для создания мохин, но только с помощью трех посевов холам-шурук-хирик. То есть, все мохин, порождаемые в мирах, выходят только лишь в вышеуказанной последовательности трех точек, из которых протягиваются три линии. Поэтому, хотя этот подъем и происходит с преобладанием правой линии, протягивающейся только от точки холам, тем не менее необходимо получение от всех трех точек.

И соединилось всё, т.е. свечение всех трех точек, в среднем столбе, Тиферет. И создал Он основу (есод) мира, т.е. сфиру Есод состояния гадлут, способную порождать души. Поэтому она является основой (есодом) всего мира. И хотя Есод в основном создает правая линия Зеир Анпина, сфира Хесед, всё же не может произойти никакого возникновения и рождения от окончаний, а только от средней линии, согласующей между этими окончаниями, т.е. от Тиферет, производящей согласование над сфирот Хесед и Гвура. Однако Тиферет порождает Есод от мохин правой линии, то есть, получив Хесед от соответствующего ей свойства у мохин Абы ве-Имы.

Таким образом, считается, что Есод создан в преобладании правой линии, однако он включает все три линии. И поэтому Есод называется именем «всё», так как он приобретает всё – свечение всех трех линий, в свете этого стремления, т.е. в силу стремления левой линии к свету правой, Есод согласует их и восполняет левую линию правой, соединяя их вместе. Иными словами, левая линия, Хохма без хасадим, получает хасадим и восполняется. А правая, хасадим, получает Хохму от левой и восполняется.

И поскольку все это совершается посредством средней линии, то благодаря этому средняя линия приобретает их обе и передает Есоду. Поэтому считается, что Есод приобретает всё, как свет хасадим, так и свет Хохмы. Итак, выяснился порядок подъема и получения мохин с целью создания Есода Зеир Анпина.

39) Левая линия возгорается силой Гвуры и издает благоухание на всех ступенях, и вследствие возгорания этого огня Он создал Нукву, называемую «луна». Зоар выясняет порядок получения мохин с целью создания Нуквы и говорит, что это происходит в преобладании левой линии, т.е. левая линия Зеир Анпина поднимается, а две линии включены в нее и подчиняются ей. И она получает там от свойства, соответствующего ей в мохин Абы ве-Имы, т.е. от точки шурук, а две точки, холам и хирик, подчиняются ей.

Известно, что левая линия светит в свойстве мохин лишь снизу вверх. Благодаря этому она может соединиться с правой, хасадим, светящей сверху вниз. И это свечение снизу вверх называется благоуханием. И это благоухание обычно приходит к человеку, обоняющему его, снизу вверх.

Вначале, когда левая линия, точка шурук, светила сама, без облачения в правую, она светила также сверху вниз. Однако тогда свет был скрыт в ней, и были в силе Гвура и возгорание, потому что Хохма не могла распространиться в ней из-за отсутствия хасадим, и поэтому она отменила ее свечение сверху вниз и получала только свечение от этого благоухания, чтобы Хохма светила в ней лишь снизу вверх.

Поэтому левая линия Зеир Анпина, которая поднялась получить мохин, получила там от свойства, соответствующего ей, т.е. левую линию мохин, называемую там шурук. И тогда возгорелась она, в силу гвурот, так как произошло в ней возгорание в момент, когда она хотела распространиться сверху вниз. И поэтому сказано, что она издает благоухание, так как получает свет только в качестве благоухания – только в виде снизу вверх, называемом «благоухание». И на всех ступенях она издавала благоухание, т.е. не облачалась в хасадим, чтобы не светить также сверху вниз, но получала свойство Хохмы на всех этих ступенях, и светила благодаря силе возгорания огня гвурот только в качестве благоухания.

И из этого свойства возгорания огня он создал Нукву, луну, т.е. из свойства преобладания левой линии, когда две остальные линии подчиняются ей. И это возгорание считается тьмой, поскольку исходит от тьмы. То есть, хотя упомянутое возгорание не является тьмой, так как получает свет только снизу вверх, и это – свет, а не тьма, поскольку только принимаемое сверху вниз является настоящей тьмой, всё же по причине того, что она (эта линия) не может притянуть свет сверху вниз из-за страха перед тьмой, оно тоже считается тьмой.

И две эти стороны, правая и левая, вывели эти две ступени – захара и некеву. Как мы уже выяснили, что из свойства преобладания правой линии Зеир Анпина был создан Есод, захар, а из свойства преобладания левой линии Зеир Анпина, была создана Нуква.

40) Этот Есод удерживается в среднем столбе и получает от дополнительного света, который был в нем. Сейчас выясняется различие между захаром и нуквой. Потому что средний столб, который поднялся в ИШСУТ и Арих Анпин и включился там в них, получил от них хасадим и Хохму. И известно, что Зеир Анпин получает только укрытые хасадим, поскольку ему не свойственно получение Хохмы, как и ступени ГАР Бины. И свойство Хохмы, которое он получил от Арих Анпина, оценивается у него только как дополнительный свет, больший, чем мера его получения. Поэтому принимается этот дополнительный свет в его Есод, который способен получить его, так как находится ниже его хазе. И этот Есод удерживается в среднем столбе, Зеир Анпине, в дополнительном свете, который был в нем, – в свете Хохмы, который считается в нем дополнительным.

Зеир Анпин окончательно восполняется как свойством Хохмы, так и хасадим, поскольку он установил мир во всех сторонах – в ИШСУТе и в Арих Анпине. Потому что, благодаря зивугу, совершенному на экран точки хирик в нем, соединились

МИ (מי) с ЭЛЕ (אלה), и восполнилось имя Элоким (אלהים). А все мохин, которые нижний вызывает в высшем, передаются как в количественном, так и в качественном отношении также и нижнему, ставшему их причиной. Поэтому в это время он достиг мохин свыше, от Арих Анпина, свойства Хохмы. И от всех сторон – т.е. от правой и левой линий парцуфа ИШСУТ. В средней линии его самого он достиг хасадим и гвурот, и в нем раскрывается радость всех миров – т.е. свечение Хохмы, уничтожающее все клипот.

Благодаря этой дополнительной радости выходит основа (есод) мира, потому что свет Хохмы называется дополнительной радостью, так как он (мир) не пользуется ими (этими мохин). И поэтому Он создал из этой дополнительной радости основу (есод), способную использовать эти мохин. И он называется дополнением, потому что он добавка в Зеир Анпине, называемая Есодом (основой), получающим эту добавку, называемую «мусаф (дополнение)».

От этого Есода производятся все мохин внизу, в трех мирах БЕА, а также дух (рухот) и души (нешамот) праведников, в виде святых имен Повелитель воинств (АВАЯ Цваот), потому что Он является знамением во всех Его воинствах. И называется Всесильный Создатель духа (рухот), потому что Им создаются все виды духа (рухот) и все души (нешамот) праведников.

41) Свойство «ночь» – это имя «Господин (Адон) всей земли»[47], Нуква. Она создается от левой стороны, от этой тьмы. «И поскольку все желание этой тьмы включиться в правую линию, чтобы получить свет, и ослабевает могущество ее» – то есть она не может получить Хохму от Арих Анпина из-за отсутствия хасадим, и потому ослабевает ее могущество и она становится тьмой, поэтому «от левой линии распространилась и создалась Нуква, называемая "ночь"». И ночь означает – тьма без света, подобно ее корню, левой линии Зеир Анпина. И выяснилось сказанное, что Нуква является свойством ночи, тьмой.

Когда ночь начала распространяться от левой линии, прежде чем закончилось ее строение, вошла тьма, левая линия, и включилась в правую линию, и правая приобрела ее. И осталась ночь с недостатком в окончании своем, потому что корень ее, левая линия, временно скрылся в правой и не завершил ее. И раскрывается, что кроме недостатка света Нуквы, связанного с ее построением от левой линии, добавляется к ней второй недостаток, связанный с прекращением ее построения, поскольку левая линия не успела довершить ее строение. Таким образом, выяснилось два недостатка в Нукве:

1. То, что она – «ночь», т.е. тьма, не содержащая света.
2. И то, что она в недостатке, так как левая линия не завершила ее строения.

42) Так же, как левая линия, тьма, желает включиться в свет правой линии, так же и Нуква, ночь, желает включиться в день. То есть, поскольку Нуква строится от левой линии, стремящейся к свету правой линии, Нуква находится также и в свойстве «ночь», которая стремится к свету Есода, называемого «день». И это – первый недостаток.

Тьма, левая линия, устранила свет ее, т.е. не успела завершить строение Нуквы из-за временного включения в правую линию, и это дополнительный недостаток по отношению к первому. И поэтому он вывел ступень Нуквы, у которой отсутствует строение и нет света, т.е. в двух недостатках, как мы уже выяснили. Поэтому Нуква нуждается в двух исправлениях:

1. Светить ей из тьмы ее.
2. Завершить ее строение.

Тьма, левая линия, светит лишь когда включается в свет правой. И также ночь, которая образовалась и вышла из нее, светит лишь когда она включается в день, т.е. Есод. Иначе говоря, первое исправление Нуквы такое же, как и у ее корня, левой линии Зеир Анпина. И так же, как исправлением левой линии является включение в правую линию, свет хасадим, так же и исправлением Нуквы является включение в свет хасадим Есода Зеир Анпина, называемого «день».

Недостаток строения ночи восполняется лишь с помощью дополнения, т.е. дополнительного света, полученного Есодом от среднего столба. Иными словами, это свечение Хохма, являющееся избыточным в Зеир Анпине, называемом «средний столб», и поэтому оно передается в его Есод. И свет этой добавки в Есоде восполняет строение Нуквы, что является ее вторым исправлением.

То, что добавляется в одном, отнимается от другого. То, что добавляется в Есоде Зеир Анпина, благодаря среднему столбу, убавляет левую линию Зеир Анпина у Нуквы, поскольку левая линия Зеир Анпина не довершила ее строения. И поэтому она сократилась и не способна получать Хохму левой линии даже после того, как будет у нее облачение хасадим. И эту меру добавила средняя линия Зеир Анпина его Есоду в этом дополнительном свете, и тогда Есод завершает восполнение этого недостатка своим дополнительным светом.

43) В этом дополнении, называемом Есод Зеир Анпина, содержится высшая точка, Арих Анпин, а также средний столб, производящий согласование во всех сторонах, т.е. Тиферет Зеир Анпина. Потому что в Есоде содержится свечение Хохмы от Арих Анпина, которое он получил в этом дополнительном свете. И также есть в нем свет хасадим, который он получил от Тиферет Зеир Анпина. И поэтому добавились в этом Есоде две буквы «вав-йуд וי», относящихся к отрывку «и назвал (ויקרא) Всесильный свет днем»[46], в котором говорится о создании сфиры Есод, где «вав ו» указывает на свет хасадим, который он получил от средней линии, а «йуд י» указывает на свечение Хохмы, которое он получил от Арих Анпина.

При создании Нуквы, ночи, ей недостает этих двух букв. И сказано о ней: «назвал (кара קרא)» – и ей недостает двух букв «вав-йуд וי». О Есоде, который является днем, сказано: «И назвал (ва-икра ויקרא)». И он отнял от слова «и назвал (ва-икра ויקרא)» буквы «вав-йуд וי» у Нуквы. И сказано о ней только: «Назвал (кара קרא) ночью»[46], потому что есть два недостатка в Нукве:
1. Недостаток света хасадим.
2. Недостаток строения.

И на них указывает отсутствие двух букв «вав-йуд וי» в слове «назвал (кара קרא)». Отсутствие «вав ו» указывает на недостаток света хасадим, а отсутствие «йуд י» указывает на недостаток ее строения. Две эти буквы являются дополнительными в Есоде, на что указывают буквы «вав-йуд וי» отрывка «и назвал (ва-икра ויקרא) Творец свет днем»[46]. И Он восполняет два недостатка Нуквы. Здесь скрывается тайна букв семидесятидвухбуквенного имени, отпечатанных в высшем Кетере, на который указывают две буквы «вав-йуд וי».

Да будет свод

44) «И сказал Всесильный: "Да будет свод посреди вод, и будет он отделять воды от вод"»[8]. Это частное исправление, чтобы отделить высшие воды от нижних с помощью левой линии, и это вторая частная особенность создания мира. Здесь произошло разделение с помощью левой линии, ведь до сих пор, в первый день, господствовала правая линия, но тут, во второй день, власть перешла к левой. Поэтому во второй день внезапно обнаружилось сильное расхождение между этой стороной и правой, поскольку левая линия желала полностью отменить власть правой, а правая желала полностью отменить власть левой.

Правая линия, сфира Хесед, являющаяся первым днем, называется совершенством всего. Поэтому всё, сказанное о первом дне, представляет собой описание правой линии. То есть, все семь дней ХАГАТ НЕХИМ вышли в этот день и косвенно указаны в нем, потому что от правой линии зависит всё совершенство. Ведь все сфирот получают своё совершенство от первой сфиры, Хесед, являющейся первым днем действия начала творения. Поэтому все сфирот вышли в первый день и косвенно указаны в написанном о нем.

Когда пробудилась власть левой линии, возникло расхождение между ней и правой линией, из-за которого разгорелся огонь гнева, и от этого разделения берет начало и зарождается преисподняя. И эта преисподняя берет начало от левой линии, порождается ею и прилепляется к ней. И мы уже говорили, что в сказанном о первом дне начала творения выясняется порядок создания Хеседа, правой линии Зеир Анпина, и вначале она была создана в состоянии катнут. На это указывает слово «будет (йуд-хэй-йуд יהי)», где «йуд-хэй יה» – это Аба ве-Има, а последняя «йуд י» указывает на вход «йуд י» в свет (ор אור) Абы ве-Имы, в результате чего они сокращаются и становятся свойством «воздух (авир אויר)». И тогда был создан Зеир Анпин в состоянии ВАК, т.е. в свойстве ступени руах.

А затем, с речением «да будет свет»[10] выходит гадлут правой линии. И таким же образом здесь, при создании второго дня, сфиры Гвура и левой линии Зеир Анпина, вначале образуется состояние катнут, с речением «да будет», в результате чего Аба ве-Има сокращаются, чтобы произвести Зеир Анпин в свойстве ступени руах, то есть ввели «йуд י» в свое свойство «свет (ор אור)», что и означает сказанное: «Да будет свод»[8]. А затем выходит состояние гадлут левой линии, ГАР, о котором сказано: «И создал Творец небосвод»[48].

И именно здесь, при выходе состояния катнут с речением «да будет свод»[8], означающим, что Аба ве-Има подняли Малхут в место зивуга, находящееся под их Хохмой, в место Бины, и опустили свои Бину, Тиферет и Малхут за пределы своей ступени, в место ЗОН, а сами остались в состоянии ВАК без ГАР, только на уровне руах, и происходит создание преисподней в результате этого сокращения. То есть, создаются силы суда для наказания грешников.

Дело в том, что есть два вида подъема Малхут в место Бины:
1. Подъем, в котором нет никакого ущерба, и он вызван необходимостью произвести мохин для нижнего, при этом три сфиры Бина-Тиферет-Малхут опускаются на ступень святости, находящуюся под ними, а свет ГАР уходит к их высшему, в виде точки холам.
2. Подъем, вызванный ущербом от прегрешений нижних, когда Малхут поднимается в Бину, чтобы скрыть свет ГАР от нижних, которые не достойны им пользоваться. И тогда три кли Бина-Тиферет-Малхут не опускаются на ступень, расположенную под ними в святости, а опускаются в силы суда, захватывающие эти келим в строение своих парцуфов и приобретающие силу с помощью них причинять вред и наказывать грешников.

И сразу после выхода состояния гадлут первого дня, правой линии, вместе с ней и левая линия неизбежно достигает всей своей величины. И известно, что левая линия протягивается из точки шурук, свойства Хохмы. Поэтому левая линия желает властвовать с помощью имеющегося у неё света Хохмы и отменить свет хасадим, содержащийся в правой линии. И возникает расхождение между ними.

И это расхождение вызывает огонь гнева, т.е. из-за недостатка хасадим тьма точки шурук распространяется настолько, что

---
[48] Тора, Берешит, 1:7.

Малхут в конце концов снова поднимается в место Бины, как и во время катнута, когда полностью уходит свет ГАР, и тогда три кли Бина, Тиферет и Малхут падают в силы суда, ведь подъем Малхут был вызван ущербом. И преисподняя, образовавшаяся из их искр, прилепляется к левой линии. Это значит, что если кто-то пожелает увеличить силу левой линии, он попадает под суд преисподней, прилепившейся к левой линии.

А правая линия является совершенством всего, потому что все сфирот получают от нее жизненные силы. И поэтому в правой линии, т.е. в первом дне, описаны все исправления состояния катнут и гадлут, на которые указывают слова «да будет свет»[10], «и появился свет»[10]. Потому что от нее зависит совершенство всех сфирот. Поэтому с завершением правой линии завершаются все они. И также левая линия получает свое совершенство от нее, и в ней пробуждается желание властвовать.

И когда в левой линии пробуждается желание властвовать и ощущение своего совершенства, сразу же обнаруживается расхождение с правой линией, поскольку она желает отменить свет правой линии и установить власть только своего света. И это расхождение приводит к увеличению огня гнева, т.е. тьмы точки шурук, вынуждая Малхут снова подняться в место Бины. И своим подъемом она вызывает падение келим Бина, Тиферет и Малхут в силы суда, называемые преисподней. И эта преисподняя берет начало от левой линии, порождается ею и прилепляется к ней. Это значит, что если кто-то пожелает увеличить силу левой линии, он попадает под суд преисподней, прилепившейся к левой линии.

45) Моше созерцал это в мудрости своей, и видел действие начала творения. В действии начала творения было разногласие между правой и левой линиями. И в результате этого разногласия, вызванного левой линией, образовалась преисподняя и прилепилась к левой линии. Средний столб, Тиферет, вошел между ними и, устранив это разногласие, привел обе стороны к согласию. И тогда преисподняя отделилась от левой линии и опустилась вниз, а левая линия включилась в правую, и установился мир во всем.

Ступень хасадим, вышедшая на среднюю линию, Тиферет, вошла между правой и левой линией и при помощи своих хасадим вынудила левую линию облачиться в правую и устранила разногласие. И тогда опустилась преисподняя, отделившись от левой линии. Иными словами, келим Бины и ЗОН ушли оттуда и вернулись на свою ступень, что определяется как опускание преисподней и отделение ее от этих келим.

И левая линия снова достигла своих ГАР, т.е. после того как свет Хохма точки шурук, левой линии, облачился в хасадим и включился в правую линию, она восполняется в своем свечении свойством ГАР. Таким образом, средняя линия привела к согласию, чтобы поддерживать свечение двух этих линий, т.е. после того, как облачила их друг в друга. И она привела обе эти стороны к согласию, то есть поддерживала свечение их обоих, однако разделила их свечение так, чтобы правая светила сверху вниз, а левая светила снизу вверх, и благодаря этому установился мир.

46) И подобным этому было разногласие между Корахом и Аароном – левая линия выступила против правой. В Древе душ, Аарон считается правой линией и свойством хасадим, потому что он – коэн. А Корах считается левой линией и свойством Гвура, потому что он – левит. И поскольку Корах выступал против влияния коэнов, это подобно несогласию левой линии с правой, возникшему в начале творения, во второй день.

И Моше, созерцая действие начала творения, сказал: «Мне следует устранить разногласие между правой и левой линиями». Объяснение. Так же, как Аарон и Корах – это Хесед и Гвура, правая и левая линии душ, так же Моше – это Тиферет душ и свойство средней линии. И поэтому, изучая действие начала творения и увидев там, как средний столб устранил несогласие левой линии с правой, он сказал, что и ему следует устранить разногласие между правой и левой стороной в Древе душ, поскольку он является свойством Тиферет душ. Пытался Моше установить согласие между ними, но левая линия этого не желала, и Корах выступил против Аарона во всю свою силу (гвура).

47) Сказал Моше: «Несомненно, что к силе (гвура) раздора левой линии должна прилепиться преисподняя» – то есть, как это было в действии начала творения. Корах не пожелал

прилепляться к высшему, т.е. к исправлению святостью, и быть включенным в правую линию так же, как высшая левая линия. Конечно же, он опустится вниз, в преисподнюю, из-за разгоревшегося в нем гнева. То есть так же, как это было в начале действия творения, во время разногласия левой линии, когда появилась преисподняя и прилепилась к левой линии, – так же знал Моше, что в силу своего разногласия опустится Корах в преисподнюю и прилепится к ней.

48) Поэтому не хотел Корах, чтобы разногласие разрешилось с помощью Моше, – ведь само разногласие не возникло во имя небес. Объяснение. Зеир Анпин называется «небеса», а его Нуква называется «имя небес». И говорится, что он не принял решения Моше потому, что его разногласие не было направлено на единство Зеир Анпина с Нуквой. Кораха не беспокоило величие высшего, т.е. Шхины, и он выступил против действия начала творения. То есть он отверг исправление согласования средней линии, произошедшее в действии начала творения, потому что стремился только лишь к власти левой стороны. И когда понял Моше, что тот выступает против действия начала творения и отступился от святости, сказано: «И это очень возмутило Моше»[49].

49) «И это очень возмутило Моше»[49] – потому что Корах со своей общиной прекословили ему, т.е. не давали ему возможности решить этот спор. И сказано: «И это очень возмутило Моше» – потому что они препятствовали действию начала творения, т.е. он нарушил высшее согласование средней линии, над правой и левой линиями Зеир Анпина, которое было установлено в действии начала творения. И об этом сказано: «Очень». Корах отвергал все – как наверху, в Зеир Анпине, так и внизу, в душах, как сказано: «В бунте своем против Творца»[50] – Зеир Анпина. Отсюда видно, что его нарушение затронуло как высший уровень, Зеир Анпин, так и нижний, Моше. И поэтому прилепился Корах к преисподней, как и полагается ему. И сказано: «И сошли они со всем, что было у них, живыми в преисподнюю»[51].

---

[49] Тора, Бемидбар, 16:15.
[50] Тора, Бемидбар, 26:9.
[51] Тора, Бемидбар, 16:33.

50) Разногласие, которое было исправлено согласно высшему подобию – это то, которое поднимается и не опускается, и осуществляется прямым путем, и это расхождение во мнениях Шамая и Гилеля. Объяснение. Средняя линия устраняет высшее разногласие и поддерживает две линии, облачая их друг в друга. Она разделяет их свечение так, чтобы левая светила снизу вверх, а правая светила сверху вниз, и взаимное их существование обеспечивается только таким путем – и никаким иным.

И поэтому сказанное: «Разногласие, которое было исправлено согласно высшему подобию – это то, которое поднимается и не опускается» означает, что свечение левой будет светить снизу вверх, а не сверху вниз. И тогда свечение левой «осуществляется прямым путем», не отменяющим свечение правой, и обе они будут светить.

«И это расхождение во мнениях Шамая и Гилеля». Шамай представлял собой высшую левую линию. Говорится о нем, что все свои дни он вкушал пищу во имя субботы, т.е. вкушал пищу в будни и светом будней наполнял субботу, путем снизу вверх. Однако Гилель говорил: «Благословен Творец каждый день!»[52] – то есть, проводил (свет) сверху вниз к тому дню, в котором он находился, как это свойственно высшей правой линии.

Творец разделял между ними и приводил их к согласию. Иными словами, разногласие и разделение, существовавшее между Шамаем и Гилелем, нисходило к ним от высшей средней линии, т.е. от свойств Творца. Благодаря этому разделению, когда левая светит снизу вверх, а правая – сверху вниз, она поддерживает свечение их обеих и облачает их друг в друга. И тогда Творец передает Нукве свечение их обеих в зивуге.

Это разногласие во имя небес. Другими словами, это разделение между правой и левой в способе их свечения приводит к зивугу (соединению) имени, т.е. Нуквы, с небесами, Зеир Анпином. И свойство «небеса», Зеир Анпин, разграничивает их и разделяет с помощью этого разногласия, чтобы обеспечить существование обеих. Поэтому их свечение может существовать, и это расхождение в направлении их свечения подобно

---

[52] Вавилонский Талмуд, трактат Бейца, лист 16:1.

действию начала творения, и тот же путь проделала средняя линия с целью исправления действия начала творения.

А Корах отвергал все исправление начала творения, и разделение было против Зеир Анпина, называемого «небеса», против согласующей линии. И он хотел отвергнуть исправления, установленные в Торе, Зеир Анпине. И совершенно очевидно, что причиной раздора является сила суда преисподней, которая пристала к Кораху, и поэтому прилепился к ней Корах, т.е. опустился в преисподнюю.

51) В книге Адама Ришона говорится, что когда тьма захотела власти, она устремилась к ней с огромной силой, и возникла преисподняя, слившись с ней в этом разногласии. А после того, как утих гнев и противодействие сил, разногласие пробудилось в другом виде, в виде разных сторон любви, разных по способу их свечения, когда левая будет светить снизу вверх, а правая – сверху вниз, потому что обе они согласились на это в силу своей любви друг к другу. Поскольку левая стремилась к хасадим правой, а правая – к свечению Хохмы в левой. И благодаря тому, что они разделились в способе свечения их, они облачились друг в друга, и правая восполняется от левой, а левая от правой.

52) Произошло два вида разделения. Одно – в начале, а другое – в конце. И это пути праведников[53], вначале тяжкие, полные страданий, но в конце их – безмятежность. Корах являлся свойством левой линии, вышедшей в начале разногласия правой и левой, и она пребывает в состоянии гнева и противодействия сил, т.е. каждая из них стремится отменить свечение другой. И в результате этого возникает преисподняя, и он прилепляется к ней.

Шамай являлся свойством левой линии, вышедшей в конце разногласия правой и левой, когда уже утихли гнев и ярость, и тогда необходимо пробудить разные стороны любви, разные по способу их свечения, чтобы принять согласие и поддержку от небес, согласующей линии, которая облачит их друг в друга.

---

[53] Писания, Притчи, 2:20.

53) «Да будет свод посреди вод, и будет он отделять воды от вод»[8] – это первое разногласие, пробуждение гнева и силы, где каждый получает силы для того, чтобы отменить свечение другого. Захотел Творец устранить это разногласие, и пробудилась преисподняя, пока эти гнев и сила не остыли. И вследствие вреда этого разногласия, перекрывшего света, снова поднялась Малхут наверх, в место Бины, заставив исчезнуть ГАР. А Бина, Тиферет и Малхут упали в свойство суда, называемое преисподней, и тогда прекратились разногласия, так как вместе с подъемом Малхут отменилась власть левой линии, поскольку она вернулась к состоянию катнут.

Тогда сказано: «И создал Творец небосвод, и отделил воды, оставшиеся под небосводом, от вод над ним»[48] – это разделение является пробуждением разных сторон любви и благосклонности и становлением мира, т.е. разделением в способе свечения. И разные стороны любви – это и есть разделение между Шамаем и Гилелем.

Разделение, относящееся к речению: «И создал Творец небосвод» – является концом разногласия. Однако Корах пребывал в разногласии гнева, и это разделение, относящееся к речению: «Да будет свод посреди вод»[8], т.е. начало разногласия. Однако разделение Шамая и Гилеля, являющееся концом разногласия, относится к свойству любви, и оно – во имя небес. Устная Тора, т.е. Нуква, называемая «имя», вошла с любовью в письменную Тору, Зеир Анпин, называемый «небеса», и они находились в совершенном слиянии (зивуге), потому что она получила от Зеир Анпина совершенные мохин.

54) Разделение происходит только в левой линии, поскольку о втором дне, являющемся левой линией, сказано: «И будет он отделять воды от вод»[8]. А о Корахе сказано: «Мало вам того, что выделил вас Всесильный Исраэля из общества Исраэля?»[54] И также о левитах сказано: «В то время отделил Творец колено Леви»[55]. Отсюда видно, что разделение происходит только во втором свойстве, в месте левой линии.

---

[54] Тора, Бемидбар, 16:9.
[55] Тора, Дварим, 10:8.

55) Если разделение происходит только во втором свойстве, почему разделение касается колена Леви, ведь он был третьим сыном у Яакова? Разве разделение не должно было относиться к Шимону – ведь он второй сын у Яакова? Хотя Леви был третьим сыном, всё же, по мнению Яакова, он второй, потому что Реувен не считается первым среди сыновей Леи, ведь Яаков думал тогда, что это Рахель. Всегда разделение бывает только во втором, и тогда, после того как происходит разделение во втором, всё происходит прямым путём, совершенным путём, как подобает. Потому что, благодаря разделению, света облачаются друг в друга и восполняются друг от друга.

56) Разделение (авдала), которое мы совершаем на исходе субботы, необходимо, чтобы отделить силы, властвующие в будние дни, от сил святости, царящей в субботу. И на исходе субботы поднимается одна из сторон преисподней, относящаяся к свойству «дурной глаз», желающая властвовать в мире в тот момент, когда Исраэль произносят: «И дело рук наших утверди»[56].

Пояснение сказанного. У свойства «дурной глаз», являющегося источником всей ситры ахра, есть две стороны – правая и левая, как сказано: «Падёт слева от тебя тысяча, и десять тысяч, справа от тебя, к тебе не подступятся»[57]. Правая сторона злого начала – это число «тысяча», левая – «десять тысяч». И когда они сталкиваются в человеке, их левая сторона находится против правой стороны человека, а правая – против левой стороны человека. Сказано об этом: «Лишь глазами своими созерцать будешь, и возмездие нечестивым увидишь»[58] – если будешь смотреть добрым взглядом, и будешь отличать добро от зла, то «и возмездие нечестивым увидишь».

А на исходе субботы силы суда начинают властвовать в мире, и возвышается левая сторона свойства «дурной глаз», называемая «десять тысяч», желающая властвовать в мире в тот момент, когда Исраэль произносят: «И дело рук наших утверди»[56]. Потому что «дело рук наших» – это святой союз. Поэтому в час, когда Исраэль произносят: «И дело рук наших утверди

---

[56] Писания, Псалмы, 90:17.
[57] Писания, Псалмы, 91:7.
[58] Писания, Псалмы, 91:8.

над нами»⁵⁶ – когда союз святости соблюдается в совершенстве, пробуждается левая сторона свойства «дурной глаз», чтобы прицепиться к союзу святости и испортить его. И исходит она (эта сторона преисподней) от ступени ситра ахра, которая называется левой, то есть со стороны числа «десять тысяч», и стремится смешаться с семенем Исраэля, прицепившись к союзу святости, и, властвуя над Исраэлем, наказывать их.

57) Эту заповедь Исраэль выполняют с помощью мирта и вина, и когда они произносят «авдалу»⁵⁹, ситра ахра отделяется от них, так как с помощью действия и слов этой заповеди пробуждается намерение сердца познать всё отвращение и вред, которые влекут за собой нарушения, а также все жизненные силы и благо, нисходящие к исполняющим волю Его. И это называется разделением (авдала), потому что тогда они обязательно отделяются от ситры ахра и прилепляются к святости.

И ситра ахра отделяется от Исраэля, ибо в той мере, в какой человек познал вред пути зла, также и зло отдаляется от него. И принижается эта сторона, и приходит на место свое в преисподней, в место, где находятся Корах и его пособники. То есть, она погрузилась в свой первоисточник, и не распространяется в мире. Но поскольку это левая сторона, ее невозможно устранить окончательно до завершения исправления. Поэтому о правой стороне сказано: «Падет слева от тебя тысяча»⁵⁷, однако о левой не сказано «падет», а говорится: «И десять тысяч, справа от тебя, к тебе не подступятся»⁵⁷, потому что они только не смогут подступиться, но не искоренятся окончательно до завершения исправления.

И так же здесь – ситра ахра опускается на свое место в преисподнюю, но окончательно не устраняется. Как сказано: «И сошли они со всем, что было у них, живыми в преисподнюю». И Корах с его пособниками не опустились в преисподнюю прежде, чем Исраэль отделились от них, как повелел им Моше: «Отделитесь от этой общины»⁶⁰. Так же и здесь, ситра ахра не опускается в преисподнюю на исходе субботы прежде, чем Исраэль совершают «авдалу (разделение)» с помощью вина и мирта, и отделяются от ситра ахра. Таким образом, выяс-

---
⁵⁹ Благословение, произносимое над чашей вина на исходе субботы.
⁶⁰ Тора, Бемидбар, 16:23.

Да будет свод

нилось, что также и отделение на исходе субботы похоже на отделение от Кораха.

58) И всегда разделение происходит во втором свойстве, т.е. левой линии, и даже разделение (авдала) на исходе субботы совершается для отделения ситры ахра, которая исходит от левой линии. В начале разногласия, когда сила и гнев левой линии порождают разногласие, прежде чем она вернется к тишине и спокойствию, образуется в ней преисподняя, тогда создаются все те ангелы, которые жалуются Господину их наверху, т.е. Творцу, свойству средней линии.

И они выступают против ее согласования и склоняются к власти левой линии, и поэтому огонь сжигает их, и они сгорают. И так же – остальные ангелы, все те, которые отменяются, и нет у них существования, сгорают в огне. Все они были порождены огнем разногласия, которое было вначале, т.е. во второй день. И Корах внизу тоже упал и сгорел в преисподней, подобно ангелам, сгорающим в огне реки Динур[61]. Всё это случается с теми, кто исходит от начала разделения, возникшего в огне этого гнева.

59) «И сказал Творец: "Да будет свод"»[8] – означает, что произошло распространение одного из другого. То есть, благодаря небосводу, нижние воды распространились, отделившись от высших вод, а высшие воды распространились, отделившись от нижних вод.

Бина называется «воды», а КАХАБ ТУМ (Кетер-Хохма-Бина-Тиферет-Малхут), относящиеся к совокупности вод Бины, – это пять букв Элоким (אלהים). «Да будет свод»[8] – означает, что небосвод пройдет посередине этих вод, т.е. посередине пяти букв Элоким (אלהים), под двумя буквами «алеф-ламэд (אל)», и две буквы «алеф-ламэд (אל)» имени Элоким (אלהים), являющиеся Кетером и Хохмой, распространились от небосвода и выше, в свойстве «высшие воды», т.е. милосердии (хасадим). А три буквы «хэй-йуд-мэм (הים)» имени Элоким (אלהים), являющиеся Биной, Тиферет и Малхут, распространились ниже небосвода, в свойстве «нижние воды».

---

[61] Писания, Даниэль, 7:10.

Две буквы «алеф-ламэд (эль אל)» имени Элоким (אלהים) от небосвода и выше – это правая часть, т.е. «Эль (אל)» всегда указывают на свойство Хесед, находящееся справа. Имя «великий Властитель (Эль)»[43] распространилось, отделившись от вод Бины. То есть, вследствие появления этого небосвода, распространилось имя «великий Властитель (Эль)»[43] от небосвода и выше и отделилось от остальных вод, от трех букв «хэй-йуд-мэм (הים)», для того, чтобы восполнить это имя «Эль (אל)» и чтобы включились высшие и нижние воды друг в друга в результате этого распространения.

Иными словами, разделились буквы: «алеф-ламэд (эль אל)» – от небосвода и выше, а буквы «хэй-йуд-мэм (הים)» – от небосвода и ниже, чтобы имя Эль (אל), т.е. Хесед, обрело большее совершенство. И тогда они снова соединятся друг с другом, буквы «алеф-ламэд (эль אל)» с буквами «хэй-йуд-мэм (הים)», включившись в единое имя Элоким (אלהים). И две буквы «алеф-ламэд (эль אל)» от Элоким (אלהים) носят имя «великий Властитель (Эль)»[43] потому, что они относятся к Бине, которая всегда является свойством ГАР, что и подразумевается под именем «великий». И также три буквы «хэй-йуд-мэм (הים)» имени Элоким (אלהים) Зоар называет «великим морем (а-ям הים)»[62], по той же причине.

Распространилось имя Эль (אל) от Элоким (אלהים), и остались три буквы «хэй-йуд-мэм הים». Эти буквы «хэй-йуд-мэм הים» распространились ниже небосвода и превратились в нижние воды «йуд-мэм-хэй ימה». Иными словами, буквы «хэй-йуд-мэм הים» имени Элоким (אלהים), которые раньше были соединены со свойством «великий Властитель (Эль гадоль)» в Бине, и были высшими водами, теперь, из-за прошедшего посреди вод небосвода, эти «хэй-йуд-мэм הים» оказались вытесненными и распространились на ступени, находящейся под ними, ЗОН, и стали там нижними водами, как и ступень ЗОН. И тогда потеряли сочетание букв «хэй-йуд-мэм הים» и превратились в сочетание «йуд-мэм-хэй ימה». И это распространение, произошедшее во втором свойстве, т.е. из сочетания «хэй-йуд-мэм הים» они распространились в сочетание «йуд-мэм-хэй ימה».

---

62   Писания, Псалмы, 104:25. «Вот море великое и необъятное, там пресмыкающиеся, которым нет числа, животные малые и большие».

Да будет свод

Высшие воды – это «хэй-йуд-мэм הים», как сказано: «Вот великое море (а-ям הים)»⁶². Таким образом, «хэй-йуд-мэм הים» – это высшие воды, ибо «великое» указывает на Бину, которая всегда является свойством ГАР. А если буквы «хэй-йуд-мэм הים» следуют в измененном порядке, «йуд-мэм-хэй ימה», то они являются свойством «нижние воды». После того, как буквы «йуд-мэм-хэй ימה» исправляются, т.е. снова поднимаются выше небосвода, и соединяются с именем «великий Властитель (Эль гадоль)», и возвращаются к сочетанию «великое море (а-ям הים)»⁶², тогда становится всё, т.е. Эль (אל) и «море (а-ям הים)», одним целым, т.е. одним именем Элоким (אלהים). И распространилось это имя Элоким в соединении трех мест посредством трех точек холам-хирик-шурук⁶³.

60) Высшие воды являются свойством захар, а нижние – свойством некева. Вначале, прежде чем произошло их исправление, высшие и нижние воды были смешаны вместе, до тех пор, пока не исправились, отделившись друг от друга, для того чтобы различать между ними: что одни являются высшими водами, а другие – нижними. И также различать, что одно имя – это имя Элоким, Бина, а другое – имя Адни, Малхут. Одно свойство – это первая «хэй ה» имени АВАЯ (הויה), Бина, а другое – последняя «хэй ה» имени АВАЯ (הויה), Малхут.

Объяснение. «Воды» – это десять сфирот Бины, потому что десять сфирот Хохмы называются светами, а десять сфирот Бины называются водами. И в момент речения: «Да будет свод посреди вод»⁸ появляется этот небосвод и проходит посреди этих вод, под буквами «алеф-ламэд (эль אל)» имени Элоким (אלהים), т.е. Кетером и Хохмой. И вследствие этого три буквы «хэй-йуд-мэм הים» имени Элоким (אלהים), т.е. Бина, Тиферет и Малхут, падают на ступень под Биной, в ЗОН. И смешиваются буквы «хэй-йуд-мэм הים» Бины с Нуквой Зеир Анпина и становятся нижними водами, «йуд-мэм-хэй ימה», как и Нуква Зеир Анпина, называемая «йуд-мэм-хэй ימה».

«Вначале были смешаны высшие и нижние воды вместе» – т.е. до исправления были буквы «хэй-йуд-мэм הים» имени Элоким (אלהים), т.е. высшие воды, являющиеся свойством захар, смешаны с Нуквой Зеир Анпина, буквами «йуд-мэм-хэй ימה»,

---
⁶³ См. выше, п. 12.

нижними водами, свойством некева. А затем они снова исправились, т.е. буквы «хэй-йуд-мэм הים» снова отделились от Зеир Анпина и поднялись выше небосвода, соединившись с буквами «алеф-ламэд (эль אל)» имени Элоким (אלהים), и включились в одно имя Элоким (אלהים). И тогда отделились высшие воды, «хэй-йуд-мэм הים», от нижних вод, «йуд-мэм-хэй ימה». И тогда стало различимо, что «хэй-йуд-мэм הים» относятся к имени Элоким (אלהים), а Нуква Зеир Анпина – это имя Адни. И также стало видно, что буквы «хэй-йуд-мэм הים» относятся к первой «хэй ה», Бине, а Нуква Зеир Анпина – это нижняя «хэй ה», Малхут.

Тогда сказано о них: «И создал Всесильный (Элоким) небосвод»[48] – т.е. это распространение получило имя Элоким. Иными словами, отрывок «и создал Всесильный (Элоким)» указывает, что это распространение букв «хэй-йуд-мэм (הים)» вернулось к буквам «алеф-ламэд (эль אל)», образовав вместе имя Элоким (אלהים) и свойство «высшие воды». Потому что Элоким (אלהים) – это свойство «высшие воды», а имя Адни, Нуква Зеир Анпина – это свойство «нижние воды».

«И создал» указывает на исправление и завершение работы. Ибо теперь снова исправлено сокращение, которое произошло с речением «да будет свод»[8]. И также отрывок «да будет свод посреди вод»[8] указывает на начало разногласия, во время которого упали буквы «хэй-йуд-мэм הים» Бины в ЗОН, и стали «нижними водами», буквами «йуд-мэм-хэй ימה». А отрывок «и создал Всесильный (Элоким) небосвод» говорит о конце разногласия, в момент исправления, когда буквы «хэй-йуд-мэм הים» вернулись на свою ступень, соединившись с именем «великий Властитель (Эль אל)» в Бине, и стали именем Элоким (אלהים).

Стали различимы буквы «хэй-йуд-мэм הים», являющиеся свойством «высшие воды», и только имя Адни, т.е. Нуква, осталось в свойстве «нижние воды». Но вместе с тем, поскольку воды со свойствами «захар», буквы «хэй-йуд-мэм הים», восполняются только посредством вод со свойствами «некева», Нуквы Зеир Анпина, то и имя Элоким Бины распространилось также и к водам со свойствами «некева», и ЗОН тоже получили эти мохин имени Элоким.

61) И хотя Он произвел разделение между высшими и нижними водами во второй день, как сказано: «И создал Всесильный

Да будет свод

(Элоким) небосвод, и отделил воды, которые под небосводом, от вод над ним»⁴⁸, все равно разногласие между правой и левой линиями, т.е. буквами «алеф-ламэд (эль אל)» и «хэй-йуд-мэм הים», не отменилось до третьего дня, сфиры Тиферет. А третий день разрешил спор правой и левой линий с помощью ступени хасадим, вышедшей на экран Тиферет и Малхут, которые являются свойствами третьего дня. И тогда облачились две линии «алеф-ламэд (эль אל)» и «хэй-йуд-мэм הים» друг в друга, и установились обе они надлежащим образом⁶⁴.

Таким образом, высшие воды, т.е. буквы «хэй-йуд-мэм הים» имени Элоким (אלהים), хотя и вернулись в свойство «высшие воды» еще во второй день, все же разногласие между «хэй-йуд-мэм הים» и «алеф-ламэд (эль אל)» исправляется только с помощью третьего дня, сфирот Тиферет и Малхут, т.е. свойств «нижние воды». И только с помощью их ступени хасадим объединяются буквы «алеф-ламэд (эль אל)» и «хэй-йуд-мэм הים» в единое имя Элоким (אלהים). И поэтому имя Элоким распространяется также и в свойство «нижние воды», сфирот Тиферет и Малхут, и они тоже получают эти мохин имени Элоким. Потому что любой нижний, способствующий исправлению в высшем, тоже удостаивается всей величины мохин, вызванной исправлением высшего.

Хотя и произошло становление мира, все же из-за этого разногласия не сказано во второй день: «И вот – хорошо», потому что работа еще не была завершена в этот день. Объяснение. Из-за этого разногласия, которое проявилось с речением: «Да будет свод посреди вод, и будет он отделять воды от вод»⁸ – т.е. буквы «хэй-йуд-мэм הים» имени Элоким (אלהים) упали в ЗОН и стали нижними водами, буквами «йуд-мэм-хэй ימה». И хотя благодаря этому произошло становление мира, ведь если бы они не упали в место ЗОН, то вообще невозможно представить, что были бы мохин у ЗОН и у душ праведников, все же, поскольку восполнилось их исправление только в третий день, не сказано: «И вот – хорошо», во второй день, так как нельзя сказать: «И вот – хорошо» о незавершенном исправлении.

Высшие и нижние воды были смешаны вместе, и не было порождений в мире, пока не отделились одни от других, и стали

---

⁶⁴ См. выше, п. 34, со слов: «Это разногласие продолжалось до тех пор...»

видны отдельно высшие воды и отдельно нижние, и тогда стали производить порождения.

62) И хотя разделение между высшими и нижними водами произошло уже во второй день, еще оставалось разногласие между буквами «алеф-ламэд (эль אל)», правой линией, и буквами «хэй-йуд-мэм הים», левой линией. И только третий день согласовал и уравнял всё, соединив их в одно имя Элоким. Третий день, т.е. Зеир Анпин, – это имя, отмеченное печатью «хэй-вав-хэй הוה», чтобы уравнять «высшие воды», Бину, и «нижние воды», Малхут, потому что «хэй-вав-хэй הוה» – это две буквы «хэй ה» и «вав ו» посередине. Первая «хэй ה» – это Бина, нижняя «хэй ה» – Малхут, «вав ו» посередине – Зеир Анпин, который призван восполнить две стороны и светить им наверху, в Бине, и внизу, в Малхут.

Объяснение. Благодаря тому, что свойство «вав ו» согласовало с помощью своей ступени хасадим две стороны Бины «алеф-ламэд (эль אל)» и «хэй-йуд-мэм הים», само свойство «вав ו» тоже удостаивается этих мохин и передает их Нукве, и само оно – это Тиферет, и тогда Нуква сравнивается с первой «хэй ה». И признаком этого является пересечение вод Ярдена, когда высшие воды Ярдена «стали сплошной стеной»[65] и не опускались вниз, в Мертвое море (Ям а-Мелах), и они являются свойством первой «хэй ה» имени АВАЯ (הויה), Биной. А нижние воды Ярдена, от Исраэля и ниже, опустились в Мертвое море (Ям а-Мелах), и они являются свойством нижней «хэй ה» имени АВАЯ (הויה), Малхут. А Исраэль, являющиеся свойством «вав ו» имени АВАЯ (הויה), прошли посередине между высшими водами Ярдена и нижними его водами. Таким образом, Исраэль, свойство «вав ו» имени АВАЯ (הויה), получает от первой «хэй ה» и передает нижней «хэй ה».

63) «Пять небосводов упомянуто здесь» – т.е. пять раз упомянуто слово «небосвод» во второй день, «и Оживляющий миры» – Есод Зеир Анпина, «перемещается с помощью них и управляет с помощью них мирами». Объяснение. Небосвод – это окончание, образовавшееся посреди каждой ступени в силу второго сокращения, и во время катнута он оканчивает эту ступень под Хохмой, выводя Бину, Тиферет и Малхут за пределы

---
[65] Пророки, Йеошуа, 3:16.

ступени, а во время гадлута снова опускает это окончание, находящееся под Хохмой, в место Малхут, возвращая Бину, Тиферет и Малхут на эту ступень.

Поэтому сказано: «И Оживляющий миры» – Есод Зеир Анпина, в котором находится сила его окончания, т.е. экран, «перемещается с помощью них» – с помощью этого экрана, находящегося в его Есоде, поднимаясь наверх, под Хохму, и заканчивая там эту ступень, в виде «небосвод, отделяющий воды»[8] – Кетер и Хохму, «от вод» – Бины, Тиферет и Малхут. «И управляет с помощью них» – во время гадлута, когда снова опускает оканчивающий экран, т.е. его Есод, называемый «небосвод», в место Малхут, и возвращает Бину, Тиферет и Малхут на свою ступень. И тогда он управляет мирами и дает им мохин.

И говорится, что «пять небосводов упомянуто здесь», так как всё, что имеется в общем, содержится также и в его деталях. И поэтому, если имеется небосвод, разделяющий посередине ступень Зеир Анпина, есть также небосвод в каждой из пяти его сфирот ХАГАТ Нецах Ход. Но ведь каждая сфира включает десять сфирот, и в таком случае, есть между ними небосвод, разделяющий между их Кетером-Хохмой и Биной-Тиферет-Малхут, во всей совокупности Зеир Анпина, и поэтому имеется пять небосводов. И мы уже знаем, что основой десяти сфирот являются пять, КАХАБ (Кетер-Хохма-Бина) ТУМ (Тиферет и Малхут), которые в ЗОН называются ХАГАТ (Хесед-Гвура-Тиферет) Нецах и Ход.

И все они включены друг в друга, но если бы не уладилось это разногласие с помощью средней линии, то они не включились бы и не установились друг в друге. Объяснение. Хотя в каждой сфире Зеир Анпина есть отдельный небосвод, всё же все пять небосводов включены друг в друга. И это потому, что совершенство мохин может быть получено только посредством средней линии, так как в правой линии отсутствует Хохма, а в левой линии, в которой есть Хохма, отсутствует свойство хасадим, и поэтому она является тьмой, ведь Хохма тоже не может светить, поскольку Хохма не может светить без хасадим. И только с помощью средней линии эти линии включаются друг в друга и восполняются в своем свечении друг от друга.

И благодаря этому соединяются все пять сфирот Зеир Анпина и пять небосводов в них в одно целое, потому что Тиферет, являющийся средней линией, объединяет вместе с собой Хесед и Гвуру в одно целое, и в мере этого передает Есоду. И он объединяет две линии, Нецах и Ход, в одно целое таким образом, что все они светят только в силу объединения их в средней линии.

Пятьсот лет – это пять небосводов, с которыми связано Древо жизни, Зеир Анпин, чтобы производить плоды и порождения для мира. Древо жизни – это Зеир Анпин, период пятьсот лет – это пять небосводов, которые Зеир Анпин перенимает от Бины, а сфирот Бины исчисляются в сотнях, и поэтому пять небосводов считаются как пятьсот лет. С помощью этих пяти небосводов, которые Зеир Анпин получает в силу своего согласования в Бине, он передает мирам плоды и порождения, т.е. мохин и души. И все воды начала творения, т.е. все виды мохин, которые проистекают и исходят из «берешит (начала творения)», т.е. Арих Анпина, с его помощью делятся под ним.

Объяснение. Так же, как сам Зеир Анпин получает мохин от Бины только лишь в пяти небосводах, которые разделяют в нем все ступени, деля их на две, – на высшие и нижние воды, так же, когда Зеир Анпин передает мохин и души мирам, они тоже делятся и исправляются с помощью небосвода, разделяющего верхние и нижние воды, как и сам Зеир Анпин. Поэтому сказано: «Они делятся под ним с его помощью» – то есть, они тоже делятся на высшие и нижние воды, как и он.

И царь Давид, т.е. свойство Нуква, получает всё от Зеир Анпина, и сам затем распределяет нижним мирам БЕА. Иначе говоря, Нуква Зеир Анпина получает всё от Зеир Анпина – как высшие воды, так и нижние. Высшие воды она берет себе, а нижние воды распределяет нижним, находящимся в мирах БЕА, на которые указывают отрывки «и раздал он всему народу, всему множеству»[66], «соберут они переданное им»[67], «встает она еще ночью, раздает пищу в доме своем»[68].

---

[66] Пророки, Шмуэль 2, 6:18.
[67] Писания, Псалмы, 104:28.
[68] Писания, Притчи, 31:15. «Встает она еще ночью, раздает пищу в доме своем и урок служанкам своим».

64) В час, когда возникло разногласие в силу левой линии, умножилась и усилилась огненная мгла. Тьма и огонь порождаются и умножаются в споре двух линий, правой и левой. И из этой мглы родились духи, и сразу же сгустились, утратив свою влажность. Объяснение. Хасадим называются «воды». И поскольку духи рождаются из мглы, появляющейся вследствие спора левой линии с правой, являющейся свойством хасадим, то разумеется, что духи рождаются в абсолютной сухости, без всякой влаги хасадим.

И эти духи были захаром и некевой, и от них рождаются и отделяются всевозможные вредители. И здесь происходит усиление духа скверны во всех этих злобных духах, и они являются клипой крайней плоти. Дело в том, что первые захар и некева, которые возникли и родились из мглы, не были настолько порочны, и скверна еще не проявилась в них, в силу того, что они близки к святости. Но у тех духов и вредителей, которые родились от этих захара и некевы, уже усилился дух скверны.

Эти духи укрепились в скверне при помощи злобных вредителей. Один из них называется эфой, а другой – змеем. И два этих вида стали одним. Эфа рождает в семьдесят лет, а змей – в семь лет[69]. Однако, когда они соединяются вместе, всё возвращается к семи годам змея. То есть, тогда и эфа рождает в семь лет, как и змей, и они становятся как один вид, т.е. скверна вышла из святости не сразу, а путем последовательного распространения ступеней. И они соответствуют трем ступеням – Зеир Анпин, Есод и Малхут святости, потому что в первых свойствах захара и некевы, которые вышли из мглы святости, скверна еще была неразличима вовсе, и они соответствовали Зеир Анпину святости.

А порождения этих захара и некевы, т.е. эфы и змея, уже являются законченными вредителями. Эфа противостоит Есоду Зеир Анпина, свойству захар, его семь сфирот исчисляются в десятках, и поэтому он порождает в семьдесят лет, соответственно семи сфирот, включенным в Есод. А змей противостоит Малхут, и семь его сфирот исчисляются в единицах, и поэтому порождает в семь лет, что соответствует семи сфирот, включенным в Малхут. И уже говорилось, что сфирот Нуквы

---

[69] Вавилонский Талмуд, трактат Бехорот, лист 8:1.

исчисляются в единицах, сфирот Зеир Анпина – в десятках, а сфирот Бины – в сотнях. И в конце концов опускается эфа на ступень змея, потому что у клипот нуква преобладает над захаром. И возвращается эфа к числу семь лет, что соответствует семи сфирот Малхут.

65) Это является причиной того, что преисподняя называется семью именами, и также злое начало называется семью именами. Число семь указывает на Малхут. И поскольку усилилась Малхут клипот, и все вернулось к семи годам змея, поэтому преисподняя тоже вернулась к свойству семи имен, и также злое начало соответствует семи сфирот этой Малхут. Потому что она усилилась над всеми.

Отсюда скверна распространяется в мир по многочисленным ступеням. И все исходит от левой стороны, являющейся свойством добра и зла, и она называется «заселением мира». Объяснение. Из-за того, что эфа опустилась на ступень змея, умножились ступени скверны в мире. Ведь в действительности клипа может противостоять только лишь Малхут, потому что сокращение было произведено на нее, а не на Есод Зеир Анпина, относящийся к девяти первым сфирот. И клипа, противостоящая Малхут, называется змеем. Однако в результате второго сокращения, при котором Малхут поднялась в место Бины, происходит присоединение клипот также и на уровне Есода Зеир Анпина.

Тогда соединились вместе эфа и змей, и вернулась эфа к семи годам змея, то есть скверна змея воцарилась также и над эфой, которая в корне своем противостоит Есоду Зеир Анпина, на уровне которого нет никакого присоединения у клипот. А теперь воцарилась эта скверна также и над эфой.

Однако всё исходит от левой линии, являющейся свойством добра и зла, – т.е. от Малхут, левой линии, содержащей в себе добро и зло. Это значит, что скверна, которая умножилась также и на уровне Есода Зеир Анпина, не относится к Есоду, а только к Малхут. И она примешалась к нему только из-за подъема Малхут в Бину, при котором суды, действующие в Малхут, распространились также на половину Бины и Зеир Анпин, расположенный под ней. И это называется «заселение мира». То есть распространение судов Малхут в Зеир

Анпин, произошедшее вследствие подъема Малхут в Бину, было исправлением для заселения мира. Потому что без этого подъема Малхут никакие мохин не могли бы быть приняты в ЗОН, и мир не был бы пригоден для заселения людьми.

Здесь святое имя, запечатленное в восемнадцати буквах, правит благодатными дождями, подаянием, благословением и заселением мира. Объяснение. Потому что у букв «йуд-хэй-вав יהו» имени АВАЯ (הויה), в котором отсутствует нижняя «хэй ה», имеется шесть сочетаний: «йуд-хэй-вав יהו», «хэй-йуд-вав היו», «вав-йуд-хэй ויה», «вав-хэй-йуд וחי», «хэй-вав-йуд הוי», «йуд-вав-хэй יוה». В них содержится восемнадцать букв. Это имя указывает на подъем Малхут, нижней «хэй ה», в верхнюю «хэй ה», Бину, где она исчезает. И остается имя АВАЯ (הויה) только с тремя буквами «йуд-хэй-вав יהו» и недостает нижней «хэй ה». А в сочетании это имя называется восемнадцатибуквенным именем. И если бы не подъем Малхут в Бину, не было бы никакой возможности поселения людей в мире. Поэтому сказано, что это восемнадцатибуквенное имя правит благодатными дождями, подаянием, благословением и заселением мира.

Да соберутся воды

66) «И сказал Всесильный (Элоким): "Да соберутся воды под небесами в единое место"»⁷⁰. «Соберутся» означает, что мохин, называемые водами, распространятся в точности по линии таким образом, что будут выстраиваться по прямой и не отклонятся ни в правую сторону, ни в левую.

«Из свойства начальной точки» – т.е. из Арих Анпина, «всё выходит в скрытии». Говорится о последовательности выхода мохин. Вначале свет скрывается в Арих Анпине, так как он поднимает свою Малхут под Хохму и выводит Бину за пределы ступени рош. И это – точка холам⁷¹. «До того времени, когда свет достигает высшего чертога и собирается в нем». «Достигает» означает – достигает свойства Хохма с помощью точки шурук⁷². «Собирается» означает, что Хохма собирается и облачается в свет хасадим с помощью точки хирик⁷². «Высшего чертога» – т.е. парцуфа ИШСУТ, являющегося вторым чертогом, следующим за Арих Анпином⁷³.

А из парцуфа ИШСУТ наполнение распространяется по прямой линии, которая включает правую и левую, к парцуфу Зеир Анпин, пока не достигает места, собирающего всё в виде «захар» и «некева». И это – Оживляющий миры, Есод Зеир Анпина, свойство «захар», объединяющийся с Малхут, свойством «некева». Таким образом, он состоит из свойств «захар» и «некева».

Пояснение сказанного. Семь дней начала творения – это сфирот ХАГАТ (Хесед-Гвура-Тиферет) НЕХИМ (Нецах-Ход-Есод-Малхут), и каждый из них состоит из всех семи дней таким образом, что есть в каждом из дней семь сфирот ХАГАТ НЕХИМ. И вместе с тем, есть большое различие между одним днем и другим, ведь хотя первый день, т.е. свойство Хесед и правая линия, и состоит из всех семи сфирот и имеющихся в них деталей, все они в нем являются светом Хесед⁷⁴. И относительно

---

⁷⁰ Тора, Берешит, 1:9.
⁷¹ См. выше, п. 9, а также п. 38.
⁷² См. п. 33.
⁷³ См. п. 4, со слов: «И создал для себя…»
⁷⁴ См. п. 37.

этого свойства производятся все выяснения Зоар, касающиеся первого дня.

И так же – второй день, являющийся Гвурой и левой линией, хотя и состоит из всех семи сфирот ХАГАТ НЕХИМ и всех имеющихся в них деталей, однако все они в нем являются свойством Гвуры и противоречием левой линии с правой. И относительно них производятся все выяснения Зоар, касающиеся второго дня.

И так же – в третий день, являющийся свойством Тиферет и средней линией, согласующей и объединяющей две линии, правую и левую, друг с другом, хотя и содержатся в нем все семь сфирот ХАГАТ НЕХИМ и все имеющиеся в них детали, однако они находятся в нем только в единстве правой и левой линии. И поэтому все выяснения Зоар здесь производятся только относительно этого единства.

Поэтому сказано: «Да соберутся воды»[70] – т.е. будут распространяться точно по линии так, что выстроятся по прямой, которая объединит две линии и не отклонится ни вправо, ни влево. А из парцуфа ИШСУТ она распространяется в своем единстве к остальным ступеням, чтобы создать единство между правой и левой линиями свойств рош-тох-соф Зеир Анпина, пока не достигает места, собирающего всё в виде «захар» и «некева».

Ведь совершенство единства правой и левой линий достигается лишь после того, как они разделяются на два парцуфа, один из которых – полностью правая линия, а другой – полностью левая, и они являются свойством «захар» и «некева». Захар, Есод, полностью строится от правой линии, а некева, Малхут, полностью строится от левой. И в их соединении (зивуге) довершается единство правой и левой линии желанным совершенством.

Но до этого единство правой и левой линий должно создаваться с помощью средней линии в одном парцуфе, и поэтому сказано: «До того времени, когда свет достигает высшего чертога и собирается в нем» – т.е. собирается в ИШСУТе, и также – в рош-тох-соф самого Зеир Анпина. Поэтому сказано: «А из парцуфа ИШСУТ наполнение распространяется по прямой линии к парцуфу Зеир Анпин». А затем уже может происходить соединение (зивуг) правой и левой линии в двух отдельных парцуфах. «Пока не достигает места, собирающего всё в виде захар и некева» – Есода, объединяющегося с Малхут, что является единством в двух парцуфах.

67) Воды выходят сверху, из первой «хэй ה» имени АВАЯ (הויה), т.е. из парцуфа ИШСУТ. «Под небесами»[70] – это «вав зеирá», малая буква «вав», Есод Зеир Анпина. Потому что Зеир Анпин называется большой буквой «вав», а его Есод – малой. Поэтому при произнесении буквы «**в**ав ו» слышны две буквы «**в**ав ו», где первая – это «небеса», Зеир Анпин, а вторая – «под небесами», Есод Зеир Анпина. Тогда сказано: «И покажется суша»[70] – это нижняя «хэй ה», которая открылась, а все остальные ступени, кроме нее, скрылись.

После того как мохин опускаются из первой «хэй ה», Бины, «под небеса»[70], к Есоду Зеир Анпина, сказано: «И покажется суша»[70] – нижняя «хэй ה», Малхут, Нуква Зеир Анпина. Потому что только она раскрылась здесь в виде суши, а все остальные ступени, кроме нее, скрылись и исчезли.

«Раскрытие» означает – свечение Хохмы. «Скрытие» означает – исчезновение свечения Хохмы. И только Малхут раскрылась в этом свечении Хохмы, но остальные ступени, расположенные выше нее, скрылись, и нет в них свечения Хохмы. И от этой последней ступени, т.е. последней «хэй ה», Малхут, слышится и раскрывается этот скрывшийся свет. Хотя с речением «и покажется суша» раскрылась нижняя «хэй ה», а все остальные ступени, кроме нее, скрылись, объясняется повторно: это не означает, что все ступени, предшествовавшие «суше», остаются в состоянии скрытия и исчезновения, ведь затем они снова приходят к состоянию раскрытия, благодаря этой «суше», т.е. Малхут.

68) «В единое место»[70] – так называется Есод, поскольку он является связью единства высшего мира. Ведь в сказанном: «Творец един и имя Его едино»[75] указаны два вида единства:

1. Высший мир, образующий единство посредством своих ступеней, называемый «Творец един»[75].

---

[75] Пророки, Захария, 14:9.

2. Нижний мир, образующий единство посредством своих ступеней, называемый «и имя Его едино»[75].

Связь единства высшего мира, называемого «Творец един»[75], достигает Есода, «Оживляющего миры», который получил там подслащение в Бине. И тогда высший мир связывается в своем единстве. Поэтому называется он «единое место»[70], поскольку все ступени и все части парцуфа Зеир Анпин собираются там, и все они становятся в нем одним целым, без всякого разделения.

У единства Зеир Анпина есть два преимущества в высшем мире, именуемом Лея, которая расположена выше его хазе, по сравнению с его единством в нижнем мире, именуемом Рахель, которая расположена от его хазе и ниже:

1. Выше хазе – это свойство ГАР Зеир Анпина, и ГАР могут в любом месте получить Хохму без облачения света хасадим. Поэтому единство точки шурук, означающее, что Хохма не может облачиться там из-за отсутствия облачения хасадим, совершенно не касается зивуга (соединения) Зеир Анпина с высшим миром, поскольку, являясь свойством ГАР, они вовсе не нуждаются в облачении хасадим, и Хохма облачается в них без хасадим.

2. Выше своего хазе Зеир Анпин не принимает Хохму для себя, поскольку там он установился в свойстве «чистый воздух (авира дахья)» высших Аба ве-Има, т.е. в свойстве хасадим, укрытых от Хохмы. И его получение там Хохмы необходимо только лишь для нижнего мира, Рахель, которая расположена от его хазе и ниже. Поэтому не прекращается свет хасадим в высшем мире даже во время единства точки шурук, так как сам он не нуждается в свечении его.

Таким образом, в высшем мире есть два преимущества:
1. Его свойства могут получать Хохму даже без хасадим.
2. И также не может в них возникнуть состояние недостатка хасадим.

Но в то же время нижний мир, Рахель, расположенная от его хазе и ниже, в свойстве семи нижних сфирот (ЗАТ) Зеир Анпина, и лишенная этих двух преимуществ:
1. Не может получить Хохму без облачения в хасадим.

2. Даже во время состояния единства точки шурук она остается пустой без света хасадим, поскольку нуждается в его свечении, так как от хазе Зеир Анпина и ниже, совершенство вообще не может проявиться иначе, как посредством свечения Хохмы.

Поэтому зивуг (соединение) Зеир Анпина с высшим миром называется «единое место», так как все эти ступени и все их части собираются там. «Все ступени» означает – как ступени Хохмы, так и хасадим, поскольку они не уменьшаются в свойстве хасадим из-за свечения точки шурук, и также могут получить Хохму без хасадим. А «все части» означает – сфирот.

Потому что благодаря свечению точки шурук поднимаются три сфиры Бина, Тиферет и Малхут из своего падения и возвращаются на свою ступень. И все света и келим становятся у них одним целым, без какого-либо разделения вообще. И нет там иной ступени, кроме этой, способной соединиться в свечении точки шурук, являющемся свечением Хохмы, в полном единстве – т.е. в единстве Зеир Анпина со ступенью высшего мира, так как высший мир может получать Хохму без облачения хасадим.

И в нем укрываются все света, находясь в скрытом виде, и есть только единое устремление за светом хасадим. Потому что от хазе и выше находится свойство «чистый воздух (авира дахья)», и там света укрыты и спрятаны от Хохмы. «В скрытом виде» – поскольку они скрыты от получения Хохмы, и получают Хохму лишь для нижнего мира. Поэтому это единство является совершенным со всех сторон.

До этого места, т.е. до слов «и покажется суша»[70], открытый мир, Рахель, находится в единстве со скрытым миром, Леей. Потому что нижний мир, Рахель, включается в высший зивуг (соединение) Зеир Анпина и Леи, от хазе и выше. И сказано о Рахель, включенной в них: «И покажется суша»[70] – ибо вследствие того, что Рахель является свойством ЗАТ и не способна получить Хохму без облачения хасадим, она становится там свойством «суша» – иссушенной и лишенной хасадим и Хохмы.

69) Раскрытый мир, Рахель, Нуква Зеир Анпина, расположенная от его хазе и ниже, соединяется также и внизу. Ибо

кроме того, что раскрытый мир, Рахель, включается в зивуг (соединение) высшего мира, в Лею, расположенную от хазе Зеир Анпина и выше, у нее самой тоже есть такой зивуг от хазе Зеир Анпина и ниже.

И раскрытый мир – это нижний мир, Рахель, являющаяся нижней Нуквой Зеир Анпина, расположенной от его хазе и ниже. И говорится о ней, как о свойстве «видения», как сказано: «И увидел я (эт) Творца, сидящего на возвышенном престоле»[76]. «И увидели они (эт) Всесильного Творца Исраэля»[77]. И также сказано: «И величие Творца являлось в шатре собрания»[78]. «И являлось величие Творца»[79]. «Как вид радуги, так и вид этого сияния вокруг – это вид образа величия Творца»[80]. И приводится два отрывка со словом «эт», и три отрывка с выражением «величие Творца». Известно, что нижняя Нуква, Рахель, называется именем «эт» или «величием Творца». Отсюда следует, что только нижний мир является раскрытым миром, к которому относится «видение».

В то же время высший мир, Лея, высшая Нуква Зеир Анпина, называется скрытым миром, потому что она скрывается и не видна. Как сказано: «И покажется суша»[70] – что указывает на Рахель, раскрытый мир, которая включена в высший зивуг от хазе и выше, в высший мир. И именно поэтому в связи с ней упоминается свойство «видение»: «И покажется суша». А если бы этот отрывок описывал только зивуг Зеир Анпина и Леи, происходящий выше хазе и называемый высшим единством, то не было бы сказано: «И покажется» – потому что в отношении высшего мира не говорится о видении.

70) «Как вид радуги»[80], который описывается в колеснице (меркава) Йехезкеля, означает – «Оживляющий миры», т.е. Есод Зеир Анпина. И как сказано в главе Ноах: «Радугу Мою поместил Я в облаке»[81] – и там тоже это означает Есод Зеир

---

[76] Пророки, Йешаяу, 6:1.
[77] Тора, Шмот, 24:10.
[78] Тора, Бемидбар, 14:10.
[79] Тора, Бемидбар, 16:19.
[80] Пророки, Йехезкель, 1:28. «Как вид радуги, появляющейся в облаках в день дождя, так и вид этого сияния вокруг – это вид образа величия Творца. И увидел я и упал на лицо свое, и услышал голос говорящий».
[81] Тора, Берешит, 9:13.

Анпина, называемый «Оживляющий миры». «В облаке»[81] – т.е. в Малхут, нижней Нукве Зеир Анпина, являющейся раскрытым миром и называемой Рахель. «Поместил Я в облаке» – поскольку уже со дня сотворения мира он поместил эту радугу в облаке. В облачный день, как сказано: «И будет, когда наведу Я облако»[81] – чтобы показать, что только тогда является радуга как «вид образа величия Творца»[80], а не в другое время.

Дело в том, что при возникновении в левой линии желания преобладать, т.е. в то время, когда Зеир Анпин и Рахель включаются в ИШСУТ, в точке шурук, свойстве левой линиии, поскольку является Хохмой без хасадим, Рахель остается лишенной даже света Хохма, и не способна вытерпеть это лишение. Тогда выходит Рахель за пределы ИШСУТ, в свое собственное свойство, чтобы привлечь ступень хасадим на собственный экран с целью облачить Хохму. И это называется единством точки хирик. «И тяжки были роды ее»[82] – поскольку считается, что Рахель испытывает тяжесть во время рождения мохин. Ведь выход ее из высшего чертога ИШСУТ в собственное свойство является для нее ущербом и тяжестью. Как сказано: «И тяжки были роды ее» – потому что эти мохин восполняются и рождаются только лишь при выходе ее в состояние точки хирик.

Эта радуга видна только в облачный день, потому что нет совершенства мохин в одной лишь точке холам, в правой линии, но она нуждается в единстве точки шурук и точки хирик, являющихся свойством судов, и они называются облачным днем.

И во время рождения этих мохин являются ей три ангела: Михаэль справа, Рефаэль посередине и Гавриэль слева, т.е. она получает от них силу для рождения мохин. Потому что Михаэль нисходит к ней от точки холам, правой линии. Гавриэль нисходит к ней из точки шурук, левой линии. А Рефаэль нисходит к ней из точки хирик, средней линии. И три эти свойства – это цвета, являющиеся в видении этой радуги, т.е. красный, белый и зеленый.

Правая линия, исходящая от точки холам, – это проявление белого цвета радуги. Левая, исходящая от точки шурук, – это

---

[82] Тора, Берешит, 35:16.

проявление красного цвета радуги. Средняя линия, исходящая от точки хирик, – это проявление зеленого цвета радуги. Потому что три этих цвета включены в раскрытый мир, Рахель, и к ним относится свойство «видение». Поэтому о нем говорит отрывок: «Как вид этой радуги»[80] – свойство «видение».

71) «Так и вид этого сияния вокруг»[80] – свечение, которое спряталось и неразличимо в глазном зрачке, обладающем свойством видения. Четыре цвета содержит видящий глаз. Основной цвет – белый, а в нем – красные прожилки, красный цвет. В центре его – зеленый цвет, в котором находится зрачок, имеющий черный цвет. Однако свойством видения в глазу обладает только лишь зрачок, имеющий черный цвет. И считается, что три цвета белый-красный-зеленый, которые содержит глаз, скрыты и незаметны в процессе видения глаза из-за преобладания черного цвета в зрачке.

Ведь сила видения находится лишь в черном цвете. И это указывает на высшее единство, которое противоположно виду радуги, означающему нижнее единство. Вид радуги – это видимые цвета, а вид сияния – это свечение, которое скрыто и незаметно в зрачке, обладающем в глазу свойством видения. И три эти цвета белый-красный-зеленый, скрывающиеся в видении сияния, проявлены в виде радуги.

Сказанное: «Это вид образа величия Творца»[80] – указывает на цвета, проявляющиеся в «виде радуги», но не в «виде сияния». Потому что нижнее единство трех цветов радуги уподобляется тому единству, которое устанавливается в высшем. Поэтому сказано: «Это вид образа величия Творца». И нельзя сказать, что этот отрывок указывает на вид сияния, поскольку оно является свечением, которое скрылось, и цвета не проявляются там, и неразличимы в глазном зрачке, обладающем свойством видения.

Согласно этому, сказанное «как вид радуги, появляющейся в облаках в день дождя»[80] указывает на нижнее единство, Рахель, и это – три проявляющихся цвета белый-красный-зеленый. «Так и вид этого сияния вокруг»[80] – указывает на высшее единство. Потому что «вид этого сияния» означает – свечение, которое скрылось, и скрывшиеся цвета не видны. И этот отрывок сравнивает нижнее единство, называемое «вид радуги», с высшим единством, называемым «вид сияния», показывая, что все света, которые были притянуты в высшем единстве в скрытии, притягиваются в нижнее единство открыто. И те три цвета, которые неразличимы в глазном зрачке, обладающем свойством видения, сами раскрываются в «виде радуги, появляющейся в облаках в день дождя»[80]. Поэтому «вид радуги» – «это вид образа величия Творца»[80], поскольку они исходят от великого и совершенного высшего единства.

72) Три имени «Творец (АВАЯ) – Всесильный наш (Элокейну), Творец (АВАЯ)»[83] в отрывке «Шма Исраэль»[83] указывают на три цвета белый-красный-зеленый в то время, когда они скрылись и не видны. И связываются «в одном месте» – это первое единство в высшем мире, называемое «одно место». И на это единство указывает отрывок из «меркавы (строения) Йехезкеля»: «Так и вид этого сияния вокруг»[80].

И есть тона радуги в единстве внизу, чтобы с их помощью соединиться, и это белый-красный-зеленый, соответствующие трем скрытым цветам, содержащимся в высшем единстве «Творец (АВАЯ) – Всесильный наш (Элокейну), Творец (АВАЯ)»[83]. Эти цвета радуги являются другим единством, о котором сказано: «И имя Его едино»[75], – нижним единством. И это слова: «Благословенно имя величия царства Его вовеки» – которые мы произносим после «Шма (слушай) Исраэль»[83], означающие нижнее единство.

Высшее единство «Слушай (шма), Исраэль, Творец – Всесильный наш, Творец един»[83] соответствует нижнему единству «Благословенно имя величия царства Его вовеки». В «Шма Исраэль» есть шесть слов, и также в «Благословенно имя величия царства Его вовеки» есть шесть слов. И эти шесть слов, имеющиеся в этих двух видах единства, указывают на единство шести окончаний (ВАК) состояния гадлут.

73) «Да соберутся воды»[70] означает измерение с помощью линии и меры. Мера появляется в силу твердой искры, имеющейся в Бине, как сказано: «Кто (МИ) отмерил горстью воды»[84].

---

[83] Тора, Дварим, 6:4. «Слушай (шма), Исраэль, Творец – Всесильный наш, Творец един».
[84] Пророки, Йешаяу, 40:12.

МИ – это Бина. Объяснение. В то время, когда Бина подняла к себе Малхут, благодаря участию меры милосердия в суде, Бина не называется именем Элоким, а только лишь именем МИ (מי). Потому что буквы ЭЛЕ (אלה) имени Элоким (אלהים) падают в это время в ЗОН. И тогда получается, что сама Бина сокращается до свойства ВАК без рош, и она отмеряет посредством этой меры также мохин Зеир Анпина и Нуквы (ЗОН). И это означает сказанное: «Кто (МИ)» – т.е. Бина в то время, когда она поднимает к себе Малхут, «отмерил горстью» – отмеряет во время этого подъема, «во́ды» – мохин Зеир Анпина и Нуквы (ЗОН).

Поэтому сказано: «Соберутся воды»⁷⁰. Ибо благодаря тому, что Бина отмеряет мохин состояния катнут де-ЗОН, есть у нее возможность передать затем также и мохин состояния гадлут. «Соберутся воды» – это величина всех мохин «Создающего миры», Зеир Анпина, подразумеваемых в АВАЯ (הויה) с наполнением «алеф א»: **йуд**-вав-далет יו"ד» **хэй**-алеф הא» «**вав**-алеф-вав ואו» «**хэй**-алеф הא». Объяснение. Вся величина мохин Зеир Анпина подразумевается в АВАЯ с наполнением «алеф», и их величина зависит от сказанного: «Соберутся воды», что означает измерение линией меры Бины, находящейся в свойстве МИ. И если бы не это измерение, то не было бы возможным получение Зеир Анпином мохин состояния гадлут, так как благодаря тому, что они получили состояние катнут от Бины, они способны также получить от нее мохин состояния гадлут. И это означает: «Соберутся воды в единое место»⁷⁰ – т.е. измерение величины катнута и гадлута от Бины к ЗОН.

74) «Свят, свят, свят Повелитель воинств, наполнена вся земля величием Его!»⁸⁵ Трижды сказанное «свят» в отрывке – это три мохин Бины, относящиеся к речению: «Соберутся воды»⁷⁰. Это воды, которые выходят сверху, от первой «хэй». «Повелитель воинств», о котором сказано: «В единое место»⁷⁰ – это Есод Зеир Анпина, называемый «Оживляющий миры», потому что к нему нисходят мохин от Бины. «Наполнена вся земля величием Его» относится к речению: «И покажется суша»⁷⁰, и это – нижняя «хэй», называемая раскрытым миром, в то время, когда она включается в единство высшего мира, начертанного имени единства «КОЗО (каф-вав-зайн-вав כוזו) БАМОКСАЗ (бэт-мэм-вав-каф-самэх-зайн במוכסז) КОЗО (каф-вав-зайн-

---

⁸⁵ Пророки, Йешаяу, 6:3.

вав כוזו)», и это буквы, следующие за буквами имени «АВАЯ (йуд-хэй-вав-хэй יהוה) Элокейну (алеф-ламэд-хэй-йуд-нун-вав אלהינו) АВАЯ (йуд-хэй-вав-хэй יהוה)». Буквы, следующие за буквами имени АВАЯ (йуд-хэй-вав-хэй יהוה) – это КОЗО (каф-вав-зайн-вав כוזו), а следующие за именем Элокейну (алеф-ламэд-хэй-йуд-нун-вав אלהינו) – это БАМОКСАЗ (бэт-мэм-вав-каф-самэх-зайн במוכסז).

Сказанное: «И покажется суша»[70] – это начертанное имя единства «КОЗО (каф-вав-зайн-вав כוזו) БАМОКСАЗ (бэт-мэм-вав-каф-самэх-зайн במוכסז) КОЗО (каф-вав-зайн-вав כוזו)». Потому что эта «суша», т.е. раскрытый мир, включается в единство высшего мира, содержащееся в имени «Творец (АВАЯ) – Всесильный наш (Элокейну), Творец (АВАЯ)»[83].

Нуква Зеир Анпина, называемая раскрытый мир, подразумевается в сказанном «наполнена вся земля величием Его» только в то время, когда она называется именем «КОЗО БАМОКСАЗ КОЗО», – когда она включается в единство высшего мира «АВАЯ Элокейну АВАЯ»[83]. В противоположность этому, когда Нуква опускается оттуда на собственное место, включаясь в нижнее единство, – она не является свойством «наполнена вся земля величием Его», потому что тогда она светит только лишь со стороны БЕА в ней, расположенных от ее хазе и ниже.

Да произрастит земля зелень

75) «Да произрастит земля зелень»[86] – это высшее единство, потому что теперь она раскрывает силу свою, которая содержится в тех водах, которые собрались «в единое место»[70]. Вся сила, т.е. мохин, которые Нуква Зеир Анпина получила в высшем единстве в то время, когда она была включена туда в виде «и покажется суша»[70], она извлекает их теперь, после того, как опустилась оттуда на собственное место, от хазе Зеир Анпина и ниже, в нижнее единство. И теперь, по сравнению с тем, когда она была сушей, она стала землей, производящей плоды и порождения. Ведь когда она была включена в высшее единство в виде «и покажется суша», она была иссушенной и безводной, и не была способна доставлять свет для заселения мира.

В то же время, в свойстве нижнего единства она стала землей, производящей плоды и порождения, как и подобает поселению мира. И это означает: «Да произрастит земля зелень, траву семяносную»[86]. И эти мохин нисходят в нее путем сокровенным и скрытым. И появляются, рождаясь в ней, высшие скрытые души и святые воинства. И все эти праведники, постигающие веру, исправляют и притягивают их в установлении веры, в водах Нукв (МАН), в работе Творца.

Объяснение. Два вида мохин нисходят в нижнее единство, в Нукву, благодаря включению ее в высшее единство:
первый – путем сокровенным и скрытым, когда эти мохин вовсе не раскрываются нижним;
второй – это раскрытые мохин, когда появляются и рождаются от нее души и ангелы в мирах.

76) И в этом смысл сказанного: «Взращивает Он траву для животного и растительность для труда человеческого»[87]. Это животное, которое лежит на тысяче гор, и каждый день взращивают для него эту траву. «Животным» называется Малхут в то время, когда ей недостает мохин де-ГАР. «Лежит» – ука-

---

[86] Тора, Берешит, 1:11. «Да произрастит земля зелень, траву семяносную, плодовое дерево, производящее плод по виду его, семя которого в нем, на земле».

[87] Писания, Псалмы, 104:14.

зывает на то, что ей недостает трех келим НЕХИ, называемых «ноги», подобно сидящей наседке, у которой не видно ног, а только лишь тело. Так же и Малхут – в то время, когда есть у нее всего лишь шесть келим ХАБАД ХАГАТ, и недостает трех нижних – НЕХИ, называется «лежащей», ибо ее НЕХИ скрыты.

Число «тысяча (элеф)» указывает на мохин Хохмы, сфирот которой исчисляются в тысячах, как сказано: «И научу (аалéф) тебя мудрости»[88]. Горами называются три сфиры ХАГАТ, как мы изучаем, что «горы» – это не что иное, как праотцы, т.е. ХАГАТ. НЕХИ называются сыновьями, и также называются холмами. Травой называются ангелы, рождающиеся от мохин ее ГАР, которые праведники притягивают к ней каждый день, благодаря водам Нукв (МАН), которые они поднимают к ней посредством своих добрых дел.

Пояснение сказанного. Одним из начальных исправлений в мире исправления после разбиения келим было скрытие внутренних Абы ве-Имы, которые действовали в мире Некудим, ведь в результате их большого свечения, отменилась парса, расположенная под Ацилутом, и келим, упавшие в БЕА, разбились и умерли. А благодаря скрытию зивуга внутренних Абы ве-Имы нет больше свечения ГАР парцуфа АБ в мохин миров АБЕА, а только мохин свойства ВАК парцуфа АБ, исходящие от внешних Абы ве-Имы парцуфа АБ. Мохин парцуфа АБ – это мохин парцуфа Хохмы. ГАР этих мохин называются «внутренние Аба ве-Има», или ГАР парцуфа АБ, а ВАК этих мохин называются «внешние Аба ве-Има», или ВАК парцуфа АБ.

И по этой причине находятся сфирот ХАГАТ (Хесед-Гвура-Тиферет) каждого парцуфа в свойстве «укрытые хасадим», т.е. нет в них света Хохма, так как три сфиры ХАГАТ до хазе – это ГАР свойства гуф, а сфирот ТАНХИМ (Тиферет-Нецах-Ход-Есод-Малхут), от хазе и ниже, – ВАК свойства гуф. И поскольку мохин де-ГАР парцуфа АБ уходят из всех парцуфов и не светят, то оказываются ГАР свойства гуф, т.е. ХАГАТ, лишенными Хохмы, и они находятся лишь в свойстве «укрытые хасадим». И поскольку мохин ВАК парцуфа АБ облачаются и светят в парцуфе, келим ВАК свойства гуф, т.е. ТАНХИМ,

---

[88] Писания, Йов, 33:33.

расположенные от хазе и ниже, светятся свечением Хохма, т.е. открытыми хасадим.

Об этих мохин парцуфа АБ сказано: «Перешагивает через горы, скачет по холмам»[89]. Потому что «горы» – это ХАГАТ (Хесед-Гвура-Тиферет), и через них перешагивают мохин парцуфа АБ, т.е. переступают через них, и не облачаются в них. Потому что они нуждаются в ГАР парцуфа АБ, а те исчезли у каждого парцуфа, однако мохин парцуфа АБ скачут и ступают по холмам, т.е. ТАНХИМ (Тиферет-Нецах-Ход-Есод-Малхут), расположенным от хазе и ниже. И поскольку они являются келим де-ВАК, у них есть эти мохин. Потому что ВАК парцуфа АБ остаются и светят. Таким образом, он перешагивает и переступает через горы, а скачет именно по холмам, т.е. ТАНХИМ.

Но не имеется в виду, что мохин выходят в зивуге ВАК без ГАР, потому что в мохин парцуфа АБ не может выйти ВАК без ГАР. И в начале зивуга нисходит в каждый парцуф полная ступень парцуфа АБ – ГАР и ВАК. Однако мохин ГАР парцуфа АБ снова выходят из парцуфа, и остаются облаченными в парцуф только мохин ВАК де-АБ. И от каждого зивуга выходят порождения, даже от мохин ГАР де-АБ, нисходящие только в начале зивуга, и тут же исчезающие. Соответственно этому есть два вида порождений от зивуга ЗОН для (получения) мохин де-АБ:

1. Выходящие в начале зивуга от ГАР парцуфа АБ. Они называются травой, т.е. это ангелы, властвующие кратковременно, потому что вынуждены тотчас устраниться вместе с исчезновением мохин ГАР парцуфа АБ, которыми они порождены.
2. Мохин ВАК де-АБ, остающиеся в каждом парцуфе, и называемые «трава семяносная»[86].

Поэтому сказано: «Животное, которое лежит на тысяче гор». «Животное» – это Нуква Зеир Анпина, относящаяся к свойству «тысяча», означающему мохин Хохмы, оно «лежит на горах», т.е. ХАГАТ, поскольку у него отсутствует ГАР, как сказано: «Перешагивает через горы»[89]. Вместе с тем растят для него ту же траву, а «трава» – это ангелы, властвующие лишь краткое время. Потому что праведники поднимают

---

[89] Писания, Песнь песней, 2:8.

МАН каждый день, чтобы ЗОН совершили зивуг для получения мохин АБ, и это означает, что они каждый день взращивают для нее ту же траву. Ведь в начале зивуга обязательно выходят также и ГАР парцуфа АБ, порождения которых называются «травой», означающей – ангелы, властвующие кратковременно.

Но они вынуждены тотчас исчезнуть, потому что ГАР де-АБ выходят за пределы парцуфа, так как власть их исходит от левой линии, которая была создана во второй день, и властью своей они хотят отменить правую линию, так же как и левая линия, созданная во второй день[90]. И они предоставляются в пищу этому животному, потому что нижним ничего не достается от их свечения, но сама Нуква наслаждается ими во время их власти. Однако затем она сжигает их и отменяет их, поскольку является свойством «огонь, пожирающий огонь»[91]. Власть левой линии называется огонь, и это – вышеуказанные ангелы. И также Нуква в свечении своей левой линии называется огнем. А в тот момент, когда она отменяет ангелов, она называется «огонь, пожирающий огонь».

77) «И растительность для труда человеческого»[87] – указывает на офаним (образы), хайот (существа) и крувим (херувимов). Офаним (образы) – это ангелы, действующие в мире Асия, хайот (существа) – ангелы в мире Ецира, крувим (херувимы) – ангелы в мире Брия. И все эти ангелы нисходят от мохин ВАК парцуфа АБ. Поэтому они могут существовать, в отличие от ангелов, называемых «трава» и нисходящих от ГАР парцуфа АБ, которые властвуют лишь краткое время и тотчас сгорают.

Все они, офаним (образы), хайот (существа) и крувим (херувимы), исправлены и облачены в свои исправления, исходящие со стороны самого Создателя, и они находятся в ожидании еще большего исправления в час, когда люди входят в работу их Господина посредством жертвоприношений и молитвы. Потому что это является работой человека. А «растительность» с самого начала предназначена и уготована для

---

[90] См. п. 44.
[91] Вавилонский Талмуд, трактат Хагига, Тосфот, лист 27:1.

работы человека, чтобы пройти исправления человека как подобает.

78) И когда они исправляются в этой работе человека, выходят от них затем питание и пища миру, как сказано: «Чтобы произрастить хлеб из земли»[86]. И сказано: «Растительность, несущая семя»[86] – мохин ВАК де-АБ, не являющиеся травой, т.е. ГАР де-АБ, ведь трава не несет семя, а предназначена для пожирания святым огнем Нуквы. Однако растительность предназначена для исправления мира, потому что она несет семя.

79) И все это для того, чтобы «произрастить хлеб из земли»[86]. Потому что все исправления, которые даны людям, нужны только чтобы исправить эту растительность, произрастающую из земли, т.е. Нуквы. И работа людей для их Господина состоит во взращивании своими руками пищи и питания от земли для этого мира, и также, чтобы люди получили высшие благословения.

Объяснение. Хотя мохин свойства «трава» относятся к ГАР де-АБ, а мохин свойства «растительность» – к ВАК де-АБ, всё же работа человека в жертвоприношениях и в молитве, чтобы привлечь мохин и наполнение, производится только над мохин свойства «растительность», а вовсе не над мохин свойства «трава». Потому что мохин свойства «трава» вовсе не передаются мирам, но употребляются для питания Нуквы, а всё, передаваемое мирам, – это всего лишь мохин свойства «растительность», так, что любая работа человека по подъему МАН и привлечению наполнения свыше предназначена только для притяжения мохин свойства «растительность», т.е. ВАК парцуфа АБ, а не для мохин свойства «трава», ГАР парцуфа АБ.

Об этом сказано в отрывке: «Взращивает Он траву для животного»[87] – т.е. свойство «трава» служит для наполнения самой Нуквы, называемой «животное». И это – АВАЯ (הויה) с наполнением «хэй», которая в числовом значении равна слову «бээма (животное)», т.е. БОН (52). «И растительность для труда человеческого»[87] – потому что только растительность дана для работы человека, чтобы взращивать хлеб из земли.

80) «Плодовое дерево, производящее плод»⁸⁶ – это две ступени, захар и некева. «Плодовое дерево» – это Нуква Зеир Анпина, «производящее плод» – Есод Зеир Анпина, захар. И он называется производящим плод, потому что все те плоды, которые порождает Нуква, приходят к ней от свойства «захар». Получается, что именно захар производит плоды в Нукве, и поэтому он называется «производящим плод».

Так же как «плодовое дерево», Нуква, использует силы, которые получила от «дерева, производящего плод», захара, так же она использует собственные силы. Объяснение. Есть особые порождения «плодового дерева», Нуквы, которых нет у «производящего плод», захара. От собственных сил Нуквы происходят херувимы и тимрот (столбы), которые происходят от ее собственных свойств. И что такое – тимрот (столбы)? Это те (силы), которые поднимаются в дыме жертвоприношений и исправляются вместе с жертвой и называются «столбы дыма», как сказано: «Кто она, поднимающаяся из пустыни, как столбы дыма?»⁹² Херувимы соответствуют свойству «растительность», которое она получила от захара. А «столбы дыма» соответствуют свойству «трава», полученному ею от захара.

Всё то время, когда Исраэль были праведниками, херувимы были слиты друг с другом в состоянии «паним бе-паним». И дым жертвоприношения в то время, когда Исраэль были праведниками, поднимался прямо вверх, т.е. не отклонялся ни вправо, ни влево. И сказано здесь, что херувимы относятся к свойству «паним бе-паним», называемому «большой лик», и также – к свойству «дым жертвоприношений», который поднимается в это время прямо вверх. Они исходят от силы самой Нуквы, нижней «хэй ה» имени АВАЯ (הויה), называемой «лик человека», а не от силы захара, имени «йуд-хэй-вав יהו», называемого «лик льва». И все они, херувимы и столбы (дыма), устанавливаются в своих исправлениях для работы человека.

Но трава в таком виде не устанавливается, потому что она предназначается в пищу. Объяснение. Потому что существуют различия между понятиями «запах» и «еда». «Запах» поднимается снизу вверх и не опускается вниз. А еда опускается

---
92 Писания, Песнь песней, 3:6.

сверху вниз. Это означает, что хотя «столбы дыма» – это мохин, исходящие от свойства ГАР парцуфа АБ так же, как «трава», всё же они остаются установленными и существующими благодаря их исправлению для работы человека. И они не отменяются, т.е. они исправляются с помощью работы жертвоприношений, когда жертва сжигается в огне, поднимая дым для приятного благоухания снизу вверх, и от них не достается нижним, и благодаря этому они существуют и не отменяются.

Тогда как мохин свойства «трава» предназначены для еды, т.е. для распространения сверху вниз, как в случае пищи, и поэтому они отменяются и не существуют. Потому что эти мохин непригодны для распространения вниз, к нижним[93].

81) «Плодовое дерево, производящее плод»[86] – указывает на виды захара и нуквы, образы которых являются «ликом человека». «Плодовое дерево» – это Нуква Зеир Анпина, «производящее плод» – Есод Зеир Анпина, т.е. захар, производящий в ней плоды. Эти захар и нуква не такие, как херувимы, на которых указывают слова: «Трава семяносная»[86]. И они являются свойством «большой лик», который обрамлен бородой. А херувимы являются свойством «малый лик», который подобен лику младенцев. «Лик» означает ГАР, мохин. «Большой лик» – это мохин состояния гадлут, получаемые от тринадцати свойств милосердия Арих Анпина, называемые «дикна (борода) Арих Анпина». Поэтому сказано: «Который обрамлен бородой». И называется также «удача (мазаль)». А «малый лик» – это мохин состояния катнут.

В лике человека содержатся все формы – лев, бык, орел, поскольку он является большим ликом. Потому что большой лик, мохин состояния гадлут и ГАР, не может быть получен Нуквой в то время, когда есть у нее только шесть сфирот ХАБАД (Хохма-Бина-Даат) ХАГАТ (Хесед-Гвура-Тиферет), и недостает четырех сфирот НЕХИМ (Нецах-Ход-Есод-Малхут). Но после того, как она поднимает свои НЕХИМ из миров БЕА (Брия-Ецира-Асия) и восполняется в десяти сфирот келим, она производит зивуг с Зеир Анпином и получает от него мохин состояния гадлут. И есть два подъема:

---

[93] См. п. 76, со слов «Пояснение сказанного».

1. Вначале она поднимает НЕХИ (Нецах-Ход-Есод) без Малхут, и тогда есть у нее только ГАР де-ВАК, т.е. мохин состояния катнут.
2. А затем, когда она поднимает также и Малхут, называемую «лик человека», она достигает мохин состояния гадлут.

И эти НЕХИМ, которые она поднимает из БЕА, называются «четыре существа, возносящие престол» – к Зеир Анпину для зивуга. Потому что без них престолу, т.е. Нукве Зеир Анпина, недостает восполнения десяти сфирот келим, и она не готова к зивугу. Сфира Нецах – это лик льва, Ход – лик быка, Есод – лик орла, Малхут – лик человека.

В лике человека содержатся все формы, потому что лик человека – это большой лик. В нем вырисовываются начертанные формы, как начертания «проявленного имени (шем а-мефораш)» в четырех сторонах света. С помощью лика человека приобретают также и три этих существа большие лики, т.е. ХУБ (Хохма и Бина) ТУМ (Тиферет и Малхут) от мохин большого состояния (гадлут), на которые указывают четыре буквы имени АВАЯ (הויה): «йуд י» – Хохма и южная сторона, «хэй ה» – Бина и северная сторона, «вав ו» – Зеир Анпин и восточная сторона, последняя «хэй ה» – Малхут и западная сторона. И поэтому считается, что все эти виды, лев-орел-бык, т.е. НЕХИ, включены в лик человека, Малхут, поскольку без лика человека, т.е. при подъеме НЕХИ без Малхут, они еще находятся в состоянии малого лика, в состоянии мохин де-ВАК.

82) «Михаэль произвел запись в южной стороне, и все три лика – лик льва, лик быка, лик орла, созерцают лик человека». «Произвел запись» означает – ограничивает место зивуга. «Южная сторона» – правая, для притяжения света укрытых хасадим. «Созерцают» означает – получают наполнение посредством своего созерцания.

Во время гадлута, когда Нуква Зеир Анпина поднимает к себе Малхут из миров БЕА, называемую «лик человека», совершается зивуг ЗОН на эту Малхут с правой, южной стороны, и нисходит к ней ступень мохин состояния гадлут. И тогда все три лика лев-бык-орел получают мохин состояния гадлут от этой Малхут, называемой «лик человека». Получается, что «все три лика созерцают лик человека» – т.е. получают от этого лика. А Михаэль – это один из четырех ангелов, служащих Нукве Зеир Анпина. Поэтому он производит запись и подготавливает место зивуга, и он – ангел милосердия (хесед). Поэтому он производит запись в южной стороне, правой, – в свойстве Хесед.

Адам (человек) – это свойства «захар» и «некева», и без них он бы не назывался Адам. Малхут сама по себе, когда она не находится в зивуге с Зеир Анпином, не называется по имени Адам, потому что ей недостает свойства «захар». Но только в то время, когда она производит зивуг с Зеир Анпином, оба они зовутся именем Адам. Сказано: «Мужчиной (захар) и женщиной (некева) сотворил Он их, и благословил Он их, и нарек им имя Адам (человек) в день сотворения их»[94]. Таким образом, оба они вместе были названы Адам. Однако каждый сам по себе – словно половина тела, и не называется Адам.

И от него, от лика человека, находящегося в зивуге в южной стороне, создались образы, как сказано: «Колесницы Творца – это множество тысяч ШНАН[95]»[96], и это – нижнее строение (мерками), называемое «колесницей Творца». «Образы» – означает уровни ступени, рождающиеся от зивуга. Потому что у каждой ступени есть отдельный образ, соответствующий характеру зивуга де-акаа (ударного соединения)[97].

Пояснение сказанного. Четыре этих существа, человек-лев-бык-орел, называются строением (мерками), поскольку это четыре сфиры НЕХИМ (Нецах-Ход-Есод-Малхут), поднимающиеся из БЕА (Брия-Ецира-Асия) и присоединяющиеся к Нукве Зеир Анпина с целью восполнить ее десять сфирот, чтобы она была готова к зивугу. И поскольку без них она не была готова к зивугу, то считается, что Нуква восседает на этих четырех существах, и они становятся строением (мерками) для нее, потому что они возносят ее к зивугу. Но имеется два строения (мерками), т.е. для двух зивугов (соединений), называемые высшее строение и нижнее строение. И существует большое

---

[94] Тора, Берешит, 5:2.
[95] Слово ШНАН включает все начальные буквы слов «шор (бык)», «нешер (орел)», «арье (лев)», а «нун» означает «человек» (см. Зоар, глава Экев, п.68).
[96] Писания, Псалмы, 68:18.
[97] См. «Введение в науку Каббала», пп. 18-23.

различие между ними. Потому что в высшем строении есть четыре существа человек-лев-бык-орел, а в нижнем строении только три – бык-орел-лев, а в каждом из них отдельно нет человека, но только лишь благодаря включению.

Необходимо понять: почему разделились эти существа, чтобы стать двумя строениями для двух зивугов (соединений), почему недостаточно одного зивуга, а также, почему недостает своего лика человека в нижнем строении? Но дело в том, что в парцуфе Арих Анпин мира Ацилут, как известно, есть лишь девять сфирот, и то же самое после него, во всех парцуфах миров АБЕА, из-за отсутствия Малхут, поскольку она была скрыта в рош парцуфа Атик и не распространилась в Арих Анпин. И это является одним из первых исправлений, произведенных в мире исправления. Однако это не значит, что отсутствуют все десять сфирот Малхут, потому что зивуг может быть произведен только лишь на экран, имеющийся в самой Малхут. Поэтому в сфире Малхут недостает лишь самого свойства Малхут, но девять первых сфирот Малхут остались в парцуфах.

Поэтому, когда она выявилась, и к Нукве поднялась из БЕА её Малхут, называемая лик человека, поднялись к ней лишь девять первых сфирот самой Малхут, потому что недостает Малхут свойства самой Малхут. Таким образом, девять первых сфирот каждого парцуфа находятся выше его хазе, а место от хазе и ниже считается свойством Малхут этого парцуфа. Итак, выяснилось, что нет лика человека, т.е. свойства Малхут, поднимающегося из БЕА, но только от хазе и выше, – только девять первых сфирот Малхут, оканчивающихся в месте хазе. Однако от хазе и ниже, где находится Малхут де-Малхут, нет лика человека, потому что Малхут де-Малхут была скрыта в рош парцуфа Атик и не раскрывается в мирах.

Мы знаем, что каждое свойство поднимается в соответствующее ему свойство в высшем. Поэтому поднялось свойство «от хазе и выше» лика человека, к свойству «от хазе и выше» ЗОН, и произошел у них полный зивуг лика человека только в их месте от хазе и выше. И поэтому Михаэль производит запись в южной стороне, а все три лика созерцают лик человека. Потому что зивуг в месте от хазе и выше называется южной стороной, т.е. правой стороной, светом укрытых хасадим.

Михаэль записывает место зивуга только от хазе и выше потому, что от лика человека, т.е. Малхут, поднялись лишь девять первых сфирот, относящиеся только к месту от хазе и выше, но не от хазе и ниже. И здесь, в свойстве «от хазе и выше», происходит полный зивуг у всех четырех существ НЕХИМ (Нецах-Ход-Есод-Малхут), называемых: лик человека, лик льва, лик быка, лик орла. И они называются высшим строением, так как они возносят Нукву к высшему зивугу – от хазе и выше, и также потому, что все они относятся к свойству «от хазе и выше» каждого из этих четырех существ.

Однако три мира БЕА (Брия-Ецира-Асия), а также НАРАН (света нефеш-руах-нешама), приходящие к людям, не могут получить свое наполнение от зивуга, совершаемого от хазе и выше, потому что они относятся к сфирот от хазе ЗОН и ниже. Поэтому после того, как происходит полный зивуг ЗОН в свойстве «от хазе и выше», в высшем строении, поднимается затем также и свойство «от хазе и ниже» трех существ лев-бык-орел. Они включаются в высший зивуг, совершаемый от хазе ЗОН и выше, и получают наполнение от лика человека, находящегося там. И тогда они опускаются и передают пребывающим в трех мирах БЕА. И три эти существа называются нижним строением (меркава), поскольку они расположены от хазе и ниже.

Поэтому сказано, что от него образовались очертания, описываемые в отрывке: «Колесницы Творца – это множество тысяч ШНАН»[96]. Потому что от высшего зивуга, происходящего в южной стороне, образовались и вышли существа нижнего строения, о которых сказано: «Колесницы Творца – это множество тысяч ШНАН», потому что существа нижнего строения называются ШНАН.

83) Имя ШНАН включает все образы, т.е. все существа, и это – бык (**ш**ор), орел (**н**ешер), лев (**а**рье), начальные буквы ШНА имени ШНАН. А конечная буква «**н**ун» имени ШНАН указывает на лик человека, включенный в них. Эта «нун» является распространением свойств «захар» и «некева»,

соединившихся как одно целое. Ведь им самим недостает лика человека, поскольку они относятся к свойству от хазе и ниже, где отсутствует Малхут. Но благодаря тому, что поднявшись, они включаются в высший зивуг от хазе и выше, они получают оттуда лик человека. Поэтому он обозначается конечной буквой «нун», а не начальными буквами, как остальные три существа, так как нет у них своего лика человека, а только нисхождение к ним лика человека, находящегося выше хазе, и включение их в него.

Все они, т.е. всё находящееся в мирах БЕА, выходят от этих существ, называемых ШНАН, и от них же рождаются и отделяются все формы, имеющиеся в БЕА, и каждый выходит в подобающем ему свойстве. Потому что три мира БЕА, и всё, находящееся в них, относится к свойству ЗОН от хазе и ниже, и поэтому они не могут получить от высшего строения (меркава), расположенного от хазе ЗОН и выше, но обязаны получать от существ, находящихся в нижнем строении, т.е. ШНАН, относящихся к их свойству, потому что они принадлежат свойству ЗОН от хазе и ниже.

84) И эти существа совмещены друг с другом, и включены друг в друга так, чтобы каждое из них было включено в другое. То есть, эти четыре существа бык-орел-лев-человек (ШНАН) совмещены друг с другом так, что лик быка состоит из четырех этих существ, и лик орла состоит из четырех этих существ, и лик льва состоит из четырех этих существ. И у каждого из них есть четыре лика бык-орел-лев-человек (ШНАН), всего – двенадцать ликов. Но не шестнадцать, ибо в каждом из них нет своего лика человека, поскольку он в них находится лишь благодаря включению, в той мере, насколько он включен в эти три существа и совмещен с ними. Поэтому всего их – двенадцать ликов.

Существа бык-орел-лев-человек (ШНАН) ведут себя в соответствии четырем начертанным именам – «Властитель (Эль) Великий, Сильный и Страшный»[98]. И они поднимаются к ним, чтобы перенять образ действий и созерцать (их). «Перенять образ действий» – означает мохин де-ВАК. «Созерцать» – означает мохин де-ГАР. Объяснение. Эти четыре имени

---

[98] Тора, Дварим, 10:17.

запечатлены в четырех существах высшего строения, расположенного выше хазе ЗОН. А существа нижнего строения, расположенного ниже хазе, у которых нет зивуга на своем месте, поскольку недостает им лика человека, должны подняться к четырем высшим именам, и тогда они получают мохин ВАК и ГАР от происходящего там высшего зивуга.

85) Бык поднимается к лику человека, чтобы перенять образ действий и созерцать, поднимается одно имя, украшается и запечатлевается в двух цветах, и это – имя «Властитель (Эль)». Потому что у тех существ, которые внизу, нет зивуга на их месте, поскольку недостает в них лика человека, но они должны подняться наверх в высшее строение, чтобы получить от зивуга свойства «лик человека», имеющегося там, мохин ГАР и ВАК.

Зоар выясняет здесь подъем каждого существа к лику человека, находящемуся в высшем строении, и единство его с раскрывающимися там именами. И говорится, что когда поднимается «бык», являющийся левой стороной этих существ, к высшему зивугу, совершаемому в высшем строении, чтобы получить ВАК и ГАР от имеющегося там лика человека, он не поднимается к имени «Сильный (гибор)» там, т.е. к левой линии, а поднимается к имени «Властитель (Эль)» там, раскрывающемуся в правой линии, потому что исправление левой может быть только с помощью хасадим правой. Таким образом, имя «Властитель (Эль)» украшается и запечатлевается в двух цветах. И это – белый цвет, относящийся к его собственному свойству, и красный цвет, относящийся к свойству «быка», включившегося в него.

И тогда, после того как «бык» включился в имя «Властитель (Эль)», он возвращается обратно, т.е. остается только в мохин де-ВАК, называемых «мохин обратной стороны (ахор)». И престол, т.е. Нуква Зеир Анпина, запечатлевает и формирует его, и оно записывается им, чтобы перенять образ действий у имени Эль. То есть, хотя «бык» является левой линией, и ему свойственны суды и сила (гвурот), всё же он записывается, чтобы перенять образ действий хасадим, содержащийся в имени «Властитель (Эль)», потому что уже смягчилась вся мера суда, проявляющаяся в нем.

86) «Орел» поднимается к лику человека, чтобы перенять образ действий и созерцать, поднимается другое имя, украшается и запечатлевает в себе два лика и два цвета – лик человека и лик орла, цвет правой линии, белой, и цвет орла, зеленый – чтобы перенять образ действий и созерцать высшее украшение посредством подъема. И это – имя «Великий». «Украшается» означает мохин де-ГАР. «Запечатлевает» – мохин де-ВАК. И также «перенять образ действий и созерцать» означает – мохин де-ГАР и мохин де-ВАК.

Объяснение. Когда поднялся «орел», свойство средней линии существ, находящихся внизу, к высшему зивугу, совершаемому в высшем строении, чтобы получить оттуда мохин де-ВАК и мохин де-ГАР, называемые «образ действий и созерцание», поднимается в соответствии с ним имя «Великий», раскрывающееся там, и этот орел включается в него и получает от него мохин ВАК и ГАР. Имя «Великий» – это ступень гадлут, раскрывающаяся в высшем строении и устанавливающаяся там в правой стороне[99]. И хотя Хохма, ГАР, нисходит и устанавливается в левой линии, в точке шурук, однако две линии, правая и левая, включаются друг в друга в зивуге, совершаемом средней линией, согласующей и поддерживающей свечение их обеих так, чтобы хасадим в правой линии светили сверху вниз, а свечение Хохма левой происходило снизу вверх.

И тогда включаются две линии друг в друга, потому что правая включается в свечение Хохма левой, и приобретает свойства имени «Великий», и также левая линия включается в свечение хасадим правой, и Хохма облачается в хасадим. Поэтому, хотя основа состояния гадлут находится в левой линии, всё же гадлут нисходит только от правой линии, поскольку она светит сверху вниз и приходит к нижнему, а не от левой, ибо она светит снизу вверх, и свечение ее не распространяется к нижним.

Поэтому «бык» включается лишь в имя «Властитель (Эль)» и не включается в имя «Великий», поскольку сам он является левой линией, и мохин его распространяются только лишь снизу вверх. Однако «орел», средняя линия, способная светить

---
[99] См. п. 59.

сверху вниз, поднялась и включилась в правую и получила там состояние гадлут, раскрывающееся в имени «Великий (гадоль)», потому что оно может светить нижним. И это означает сказанное: «Чтобы перенять образ действий и созерцать высшее украшение посредством подъема».

Зоар объясняет, каким образом орел получает гадлут от левой линии через правую линию, и говорит, что «он поднимается, чтобы перенять образ действий и созерцать высшее украшение посредством подъема», потому что Хохма, притягиваемая с помощью левой линии, – это «высшее украшение (атара́)». Потому что «атара» означает мохин де-ГАР, как сказано: «Выйдите и посмотрите, дочери Циона, на царя Шломо в венце (атара), которым украсила его мать»[14]. И она (атара) светит в левой линии только во время подъема снизу вверх.

Когда он «перенимает образ действий и созерцает это украшение (атара)», светящее во время подъема в левой линии, тогда включается правая в левую и получает свечение «атара», имеющееся там, и приобретает тогда свойства имени «Великий (гадоль)». Тогда он возвращается обратно, и престол формирует и запечатлевает его, и оно записывается им, чтобы перенять образ действий у имени Эль. Тогда, после вышеуказанного включения, возвращается «орел» к мохин де-ВАК, мохин обратной стороны, и престол, т.е. Нуква, запечатлевает и формирует его. Тогда «орел» записывается, чтобы перенять образ действий у этого имени, т.е. чтобы свойства «орла» были такими же, как свойства имени «Великий (гадоль)», правой линии и хасадим.

87) «Лев» поднимается к высшему лику человека, чтобы перенять образ действий и созерцать, и соответственно ему поднимается другое имя, украшается и запечатлевает в себе два лика и два цвета, чтобы укрепиться и соединиться с помощью силы (гвура). И это – имя «Сильный (гибор)». И тогда, после этого включения, он возвращается обратно, к мохин де-ВАК, и престол, Нуква Зеир Анпина, запечатлевает и формирует его. Он записывается, чтобы перенять образ действий у имени «Сильный (гибор)», чтобы были свойства «льва», правой линии, такими же, как свойства имени «Сильный (гибор)», и образ действий его был в соответствии свойству Гвура.

Объяснение. Когда поднялся «лев», свойство правой линии и хасадим, из нижнего местоположения, к высшему зивугу, совершаемому в высшем строении, т.е. от хазе ЗОН и выше, чтобы получить оттуда мохин ВАК и ГАР, называемые «образ действий и созерцание», поднимается в соответствии ему имя «Сильный (гибор)» – левая линия, находящаяся там. И «лев» включается в него и получает с помощью него мохин ВАК и ГАР.

Однако «бык» и «орел» не могли включиться в левую линию, поскольку они сами тоже принадлежат свойствам левой линии, как сказано: «А лик быка – слева у каждого из четырех»[100]. И так же у «орла», средней линии, есть правая и левая, и если бы он был включен в высшую левую линию, то свойство левой возобладало бы над ним. И только «лев», полностью состоящий из свойств правой линии, может подняться в высшую левую линию, где есть свечение Хохма, и тогда он получает ее свойства, и возвращает их к своей правой линии.

88) Лик человека созерцает все существа, и все они поднимаются и созерцают его. Потому что все они поднялись к высшему лику человека, имеющемуся в высшем строении, поскольку внизу не находится в них лик человека[101], и тогда все они сформировались в своих очертаниях в этом образе в одном имени «Страшный». «Образ» означает – величина ступени. «Очертания» – келим. «Сформировался» означает – выход уровня ступени с помощью соответствующего ей зивуга де-акаа (ударного соединения).

В то время, когда эти существа поднимаются к лику человека, т.е. Малхут высшего строения, и получают оттуда ступень гадлут, благодаря их созерцанию друг друга, тогда они получают оттуда имя «Страшный», потому что Малхут называется «страх», а ее захар называется «Страшный», как сказано: «И Творец (Элоким) сделал так, чтобы боялись Его»[34].

Тогда сказано: «И образ ликов их – лик человека»[100]. Потому что все эти существа бык-орел-лев включаются в образ человека, и этот образ включает их, как сказано: «Образ

---

[100] Пророки, Йехезкель, 1:10.
[101] См. п. 82, со слов: «И от него…»

человека в этой стороне, и четыре лика у каждого»[102]. Ибо три эти существа включают друг друга, и также включили в себя высший лик человека. И таким образом, есть у каждого существа четыре лика – бык-орел-лев-человек. Всего двенадцать ликов.

89) Поэтому Творец зовется «Властитель Великий, Сильный и Страшный»[98]. Потому что эти имена запечатлелись наверху, в высшем строении. Оно включено в четыре буквы имени АВАЯ, в имя, включающее все имена. Включение нижнего свойства «бык» в высшее свойство «лев» – это буква «йуд י» имени АВАЯ (הויה), соответствующая имени «Властитель (Эль)». А включение нижнего свойства «лев» в высшее свойство «бык» – это «хэй ה» имени АВАЯ (הויה), соответствующая имени «Сильный (гибор)». Включение нижнего свойства «орел» в высшее свойство «лев» – это «вав ו» имени АВАЯ (הויה), соответствующая имени «Великий (гадоль)». А высший лик человека, включенный во всех поднявшихся к нему нижних существ, – это нижняя «хэй ה» имени АВАЯ (הויה), соответствующая имени «Страшный».

Существа нижнего строения следуют в порядке, отличающемся от существ высшего строения, потому что в высшем строении они следуют в порядке человек-лев-бык-орел, а в нижнем строении – в порядке бык-орел-лев-человек, как и начальные буквы имени ШНАН. В правой стороне, в которой раскрывается имя АВАЯ, эти существа следуют в порядке человек-лев-орел-бык, где «бык», свойство Гвура, последний. А существа другой стороны, виды ущерба левой линии, следуют в порядке – бык-орел-лев-человек, в порядке ШНАН.

И сказано: «Колесница Творца – множество тысяч ШНАН»[96] – то есть бык (**ш**ор), орел (**н**ешер), лев (**а**рье), человек. Высшее строение (меркава) – это правая линия, нижнее строение – левая линия. Отличие их состоит в том, что у нижних существ не происходит зивуг на их месте, но они получают от высшего зивуга. Поэтому, прежде чем свойство «бык» смягчится вследствие своего подъема в правую линию, никакое существо не может подняться туда, потому что многочисленные суды свойства «бык» препятствуют им. Поэтому

---
[102] Пророки, Йехезкель, 1:5.

вначале поднимается бык, а затем орел, средняя линия, в котором тоже содержится левая, требующая сначала смягчения. А в конце поднимается лев в высшую левую линию, и тогда все они включаются в высший лик человека. Поэтому изменяется порядок на ШНАН.

Эти формы ШНАН запечатлены и начертаны на престоле, Нукве Зеир Анпина, а престол запечатлевается и украшается ими. Потому что сочетание имен и уровней ступени друг с другом, называется «вышивкой». Подобно вышиванию двух отличающихся друг от друга изображений на обеих сторонах полотнища: с одной стороны – лев, с другой стороны – бык, и т.п. И поскольку эти имена и существа выходят в этом престоле одновременно в двух ликах и двух цветах, это называется «вышивкой», когда престол украшается ими.

И вырисовались они, один – в правой стороне, другой – в левой, один – с лицевой, другой – с обратной. И были записаны в четырех сторонах света: лик льва записывался в правой, южной стороне, лик быка – в левой, северной стороне, лик орла – с лицевой, восточной стороны, лик человека – с обратной, западной стороны. И это – четыре буквы АВАЯ (הויה), потому что «йуд-хэй יה» – это южная и северная сторона, а также правая и левая, а «вав-хэй וה» – восточная и западная, а также лицевая и обратная.

90) В то время, когда престол, Нуква Зеир Анпина, поднимается к зивугу с Зеир Анпином, он записывается в четырех видах ШНАН, т.е. эти четыре высших имени возносят этот престол к зивугу с Зеир Анпином. И эти четыре существа, объединяющиеся с четырьмя именами «Властитель Великий, Сильный и Страшный»[98], являются свойствами НЕХИМ (Нецах-Ход-Есод-Малхут) Нуквы, которые выявились и поднялись из БЕА и, присоединившись к ней, восполнили десять ее сфирот, чтобы Нуква была готова к зивугу с Зеир Анпином, ведь когда ей недостает сфирот НЕХИМ, она не готова к зивугу. И поэтому говорится, что эти четыре существа, четыре сфиры НЕХИМ, возносят престол, и они также называются «строением (меркава)» Нуквы.

И сказано, что эти четыре высших имени возносят престол к зивугу с Зеир Анпином, потому что без них Нукве, называемой престол, недостает ее сфирот НЕХИ (Нецах-Ход-Есод). И когда они поднимаются к ней и соединяются с ней, они возносят ее к зивугу (соединению). И престол, Нуква, включает в себя их во время зивуга, т.е. восполняется этими именами. Таким образом, они, свойства НЕХИМ, восполняют десять ее сфирот так, что этот престол получает и собирает в зивуге Зеир Анпина души и прекрасные наслаждения. После того, как она получила и собрала всю эту отраду и наслаждения, она опускается наполненной, подобно дереву, раскинувшему ветви во все стороны и полному плодов.

91) После того, как опускается престол с места зивуга на собственное место, т.е. в свойство «от хазе и ниже», и выходят эти четыре образа, т.е. четыре существа ШНАН, каждый проявляется в своем виде: начертанные, светящие, искрящиеся и пламенеющие. И они порождают семя в мире.

Начертанные – означает уровни келим для места получения.
Светящие – уровни ступеней прямого света.
Искрящиеся – уровни ступеней отраженного света.
Пламенеющие – означает свечения снизу вверх, подобно огню, пламя которого поднимается снизу вверх, и это – свечения левой линии.

«И они порождают семя в мире» – т.е. через них передаются все порождения, выходящие в трех мирах БЕА. И тогда эти четыре существа ШНАН называются «растительность, несущая семя»[86]. «Растительность» означает существа, порождающие семя в мире.

92) Когда выходит образ «человек», включающий все образы, говорится о нем: «Плодовое дерево, производящее плод»[86]. Потому что «человек» – это захар и некева[103]. И «плодовое дерево» – это некева, а «производящее плод» – это захар. И сказано: «Семя которого в нем, на земле»[86] – т.е. он не извлекает семя иначе, как на благо земле. «Семя которого в нем»[86] – указывает на то, что для человека существует запрет напрасного излияния семени.

---

[103] См. п. 82.

93) «Зелень», о которой сказано в отрывке «да произрастит земля зелень»[86], не несет семени. Поэтому она аннулируется и не может существовать подобно другим видам. Потому что трава – это ангелы, властвующие кратковременно, которые были созданы во второй день, и они предназначены в пищу животному[104]. А «зелень» и «трава» – это одно и то же. И у зелени нет образа, чтобы запечатлеться и проявиться хотя бы в каком-то образе и виде, и они то видны, то нет.

Потому что образ и вид приходят со стороны келим, так как светам не свойственны никакие изменения от начала линии и до конца мира Асия. И все изменения и формы приходят только со стороны келим, и эти света, называемые «трава», или «зелень», относятся к ГАР парцуфа АБ. И нет у них келим в мирах АБЕА. Потому что их кли раскрывается лишь во внутренних Аба ве-Има мира Некудим. И мы уже знаем, что эти Аба ве-Има были скрыты и более не раскрываются в мирах АБЕА. Поэтому у ГАР де-АБ нет никакого кли.

И поэтому «они то видны, то нет», так как они обязаны проявиться для того, чтобы раскрылись мохин ВАК де-АБ, мохин де-хая, поскольку невозможно раскрытие ВАК без ГАР. Но затем, когда раскрылись эти мохин, они тотчас уходят, и сразу же не видны, потому что у них нет келим, в которые они могут облачиться[104]. И таково правило: «Все те свойства, которые не сформировались в образе и подобии», т.е. в келим, «не могут существовать», но они создаются и устанавливаются на короткое время, и сразу же съедаются свойством «огонь, пожирающий огонь»[91]. И они снова создаются и тотчас съедаются свойством «огонь, пожирающий огонь», как и раньше. И так – снова и снова, и так – каждый день.

94) У человека внизу, в этом мире, есть подобие и образ, и всё же он не существует вечно, как высшие ангелы. Отсюда вроде бы следует, что существование вообще не зависит от подобия и образа. Однако то, что касается образа и подобия высших ангелов, они проявляются в своих образах такими, какие они есть, без проявления посредством иного облачения, и поэтому они живут и существуют вечно. А то, что касается образа человека внизу, в этом мире, его НАРАН, проявляется в

---
[104] См. п. 76.

своих образах только посредством облачения, и никак иначе. И поэтому они существуют лишь определенный срок и лишь в отведенное время.

Объяснение. Ангелы происходят от зивуга Абы ве-Имы. И так же, как Аба ве-Има получают свои света в свои собственные келим, без иного облачения, так же и ангелы, которые исходят от них, могут получать света в свои келим, и не нуждаются в поддержке со стороны иного облачения. Однако души людей происходят от зивуга ЗОН мира Ацилут. И известно, что ЗОН не могут получить свои света иначе, как посредством облачения, которое они получают от НЕХИ Абы ве-Имы, потому что их келим непригодны для получения прямого света, а только для получения отраженного света.

И тем более – люди, рождающиеся от них, не способны получать света в свои собственные келим, но лишь посредством облачения со стороны ЗОН. И поэтому они не существуют вечно. «Ибо нет на земле такого праведника, который творил бы благо и не погрешил»[105]. И в то время, когда они портят высшее облачение настолько, что оно уже не пригодно для своего предназначения, сразу же удаляются их НАРАН, и они умирают.

95) И каждую ночь, в то время, когда человек спит, освобождается дух человека от этого облачения, и возносится наверх, поднимая МАН в ЗОН. И тогда «огонь, пожирающий огонь»[91], т.е. Нуква Зеир Анпина, пожирает и сжигает этот дух (руах), а затем возрождается дух людей к жизни, как и вначале, и появляется в своих облачениях. И поэтому дух этот не может существовать, подобно высшим образам, т.е. ангелам, относящимся к свойству «растительность», и он сгорает и снова обновляется. И об этом сказано: «Обновляются они каждое утро – велика вера в Тебя»[106] – т.е. говорится о духе людей, обновляющемся каждый день, поскольку во время сна дух людей поднимается наверх, сгорает и снова обновляется. И это потому, что «Велика вера в Тебя», т.е. она «велика» – является большой верой, а не малой.

---

[105] Писания, Коэлет, 7:20.
[106] Писания, Эйха, 3:23.

Мы уже выяснили, что от зивуга ЗОН происходят два вида ангелов:

1. Ангелы, называемые «зелень», исходящие от ГАР де-АБ, которые выходят на краткое время и сразу же сгорают в Нукве.

2. Ангелы, называемые «растительность», исходящие от ВАК де-АБ, которые могут существовать.

И зивуг в ЗОН происходит лишь вследствие поднятого людьми МАНа. И тогда, во время сна, праведники возносят дух свой, поднимая МАН, чтобы совершился зивуг в ЗОН, как сказано: «Вручаю Тебе на хранение дух мой – Ты спас меня, Творец, владеющий истиной»[107]. И в соответствии с этим, должны были выйти благодаря этому МАН два вида духа:

1. Которые не могут существовать и сразу же сгорают, как и ангелы, относящиеся к свойству «зелень».

2. Которые могут существовать, как и ангелы, относящиеся к свойству «растительность».

Однако это не так, ведь к ним исходит только один вид духа, который сгорает вначале, а затем обновляется и существует.

Дело в том, что два эти вида мохин, ГАР де-АБ и ВАК де-АБ – как две противоположности, которые не могут находиться одновременно в одном объекте. И поэтому в ангелах, которые находятся выше времени, и невозможно, чтобы они вошли в них в два разных времени, поэтому они входят в них в два объекта, т.е. в два вида ангелов. Однако в людей, подвластных времени, они могут войти в один объект, но только в два разных времени. Вначале, когда они получают от ГАР де-АБ, они сгорают, как и ангелы, относящиеся к свойству «зелень» и «трава», но затем, когда они получают от свойства ВАК де-АБ, они возвращаются в первоначальное состояние и существуют. И это означает: «Обновляются они каждое утро»[106] – ибо вследствие того, что они сгорают до этого, они считаются словно обновляющимися каждое утро.

Поэтому сказано, что «велика вера в Тебя»[106], а не мала. Нуква Зеир Анпина называется верой. И вследствие того, что Нуква должна вначале быть большой, чтобы получить ГАР

---

[107] Писания, Псалмы, 31:6.

де-АБ, а не малой, поскольку она не сможет получить ВАК прежде чем получит ГАР. И по этой причине души должны сначала сгореть, когда светят в ней мохин ГАР де-АБ, а при свечении ВАК де-АБ они снова обновляются, как сказано: «Обновляются они каждое утро»[106]. Потому что «велика вера в Тебя»[106] – т.е. Нуква должна быть большой, а не малой.

96) Конечно же, вера, т.е. Нуква, «большая», ведь она может принять все души мира и включить их в себя, высшие души и нижние души, а также ГАР душ, сгорающие в ней, и также ВАК душ, которые выходят от нее в мир. Нуква является местом великим и большим, включающим всё и не наполняющимся. Как сказано: «Все реки стекаются в море, а море не наполняется»[108]. Нуква называется «море», а «реки» означает – «души».

Все души стекаются к Нукве, а она не наполняется, потому что эти души стекаются в море, и море принимает их и сжигает их в себе, и поэтому не наполняется ими – ведь они сгорают, и их нет. А затем выводит море эти души, как и вначале, и они непрерывно прибывают в мир. И поэтому сказано: «Велика вера в Тебя»[106].

97) В третий день дважды сказано: «И вот – хорошо»[109], потому что этот день проявляется в двух сторонах, в правой линии и в левой. И сообщает одной стороне: «И вот – хорошо»[110], и другой стороне: «И вот – хорошо»[111], и согласовывает между ними. И поэтому в нем дважды встречаются слова «и сказал»[112]. Потому что третий день действия начала творения, Тиферет, производит согласование над двумя линиями, опровергающими друг друга. И это – Хесед и Гвура, которые находились в разногласии, и поэтому здесь дважды написано: «И сказал»[112], и дважды: «И вот – хорошо»[109]. Ибо Тиферет сообщает правой линии, свойству Хесед: «И вот – хорошо», и также сообщает левой линии, Гвуре: «И вот – хорошо», и осуществляет свечение их обеих.

---

[108] Писания, Коэлет, 1:7.
[109] Тора, Берешит, 1:10; 1:12.
[110] Тора, Берешит, 1:10.
[111] Тора, Берешит, 1:12.
[112] Тора, Берешит, 1:9; 1:11.

Здесь четырехбуквенное имя «йуд-хэй-вав-хэй יהוה», проявляющееся и устанавливающееся, которое восходит к двенадцати буквам, в четырех формах в четырех сторонах, записывается на престоле святости, Нукве Зеир Анпина. Объяснение. Слова: «Растительность, несущая семя»[86] указывают на выход ангелов, о которых говорится в отрывке: «Колесница Творца (Элоким) – множество тысяч ШНАН»[96]. И у них самих есть только три лика бык-орел-лев, и отсутствует в них лик человека. Поэтому в них самих не происходит зивуг, но они должны подняться к зивугу, происходящему в свойстве «от хазе и выше», в котором имеется лик человека, т.е. все четыре лика. И говорится, что «Михаэль произвел запись в южной стороне, и все три лика, т.е. лик льва, лик быка, лик орла, созерцают лик человека».

И считается, что каждое существо из «колесницы Всесильного (Элоким)»[96], поднявшееся к высшему зивугу, получило там все четыре лика – лик льва, лик быка, лик орла, лик человека, и это – четырехбуквенное имя «йуд-хэй-вав-хэй יהוה». И бык включает в себя четыре лика, и также орел – четыре лика, и также лев – четыре лика. И вследствие этого запечатлевается двенадцатибуквенное имя в трех существах бык-орел-лев, в четырех образах, поскольку каждое из них получило четыре образа, лев-бык-орел-человек, во время их подъема к высшему зивугу в четырех сторонах, имеющихся там. Лик льва – в правой, южной стороне, лик быка – в левой, северной, лик орла – посередине, в восточной, лик человека – в западной. И они были записаны на святом престоле.

Да будут светила

98) «И сказал Творец (Элоким): "Да будут светила (меорот מארת)"»[113]. Слово «светила (меорот מארת)» здесь написано без буквы «вав ו». Этим указывается, что возникла детская болезнь дифтерия, потому что «светила (меорот מארת)» без буквы «вав ו» означают проклятие, как сказано: «Проклятие (меерат מארת) Творца на доме нечестивого»[114]. Ибо после того, как скрылось свечение первого света, образовалась оболочка (клипа) мозга.

До сих пор были выяснены первые три дня, т.е. три сфиры ХАГАТ Зеир Анпина. А сейчас разъясняется четвертый день, Нецах Зеир Анпина, с которым установилась также и Нуква Зеир Анпина. В три первых дня, там, где сказано: «Да будет», это означает – сокращение. «Да будет свет»[10] – указывает на то, что вошла «йуд י» в «свет (ор אור)» и он стал «воздухом (авир אויר)», и ГАР удалились.

«Да будет свод»[8] – указывает на образование небосвода под двумя буквами «алеф-ламэд (Эль אל)» имени Элоким, а буквы «хэй-йуд-мэм הים» имени Элоким опустились вниз, на ступень ЗОН, и стали сочетанием «йуд-мэм-хэй ימה»[115].

В результате всех этих сокращений не вышли клипот, но три сфиры Бина, Тиферет и Малхут упали на ступень, находящуюся под ними. Однако здесь говорится о Нукве Зеир Анпина, т.е. Малхут, находящейся в окончании мира Ацилут, под которой нет ни одной сфиры святости. Из тех сфирот, которые упали из нее, образовались клипот, потому что они вышли со ступени мира Ацилут святости, и пришли в БЕА, где находится место клипот. Поскольку для любого света падение из Ацилута в БЕА считается смертью и падением в клипот. Поэтому, в результате любого сокращения, происходящего в четвертый день начала творения в Нукве Зеир Анпина, образуется клипа.

---

[113] Тора, Берешит, 1:14.
[114] Писания, Притчи, 3:33.
[115] См. п. 59.

И потому слово «светила (меорот מארת)» написано без буквы «вав ו», так как речение «да будут (йуд-хэй-йуд יהי)» указывает на сокращение и удаление. Но в Нукве вследствие этого сокращения образовалась клипа, и поэтому слово «светила (меорот מארת)» пишется без буквы «вав ו», что означает – проклятие. Ведь вследствие этого сокращения образовалась клипа, называемая дифтерией, убивающая детей, еще не отведавших вкуса греха, из-за прегрешений их родителей.

А теперь выясняется порядок нисхождения клипот, вышедших вследствие сокращений в Нукве. После того, как был скрыт первый свет, с помощью которого Адам (человек) видел мир от края до края, и в результате этого сократилась Малхут, образовалась, т.е. вышла клипа, противостоящая Малхут. Иными словами, эта клипа предшествует мозгу, т.е. эта клипа является подготовкой для выхода мохин. Подобно кожуре (клипе) плода, способствующей созреванию плода. Эта клипа называется «первородная Лилит», и она является корнем клипот. И нет для нее иной возможности закрепиться, кроме как противостоять самой Малхут, но вовсе не девяти первым сфирот.

Эта клипа распространилась и произвела другую клипу в момент, когда сказано: «Да будут светила»[113]. Речение «да будут (йуд-хэй-йуд יהי)» указывает на возвращение Бины к состоянию ВАК, обозначаемому буквами МИ, потому что экран с этой Малхут поднялись под две буквы «алеф-ламэд (Эль אל)» имени Элоким (אלהים), а три буквы «хэй-йуд-мэм הים» упали вниз и стали нижними водами, сочетанием «йуд-мэм-хэй ימה». И тогда умножилась и поднялась сила сокращения, действующая в Малхут, также и к высшим водам, буквам «хэй-йуд-мэм הים», т.е. к Бине, Тиферет и Малхут. Таким образом, они стали свойством «нижние воды», как и сама Малхут. И тогда эта клипа распространилась и произвела другую клипу, так как она распространилась и закрепилась также и в высших водах, буквах «хэй-йуд-мэм הים», в то время, когда они смешались с нижними водами, став сочетанием «йуд-мэм-хэй ימה».

Когда появилась эта клипа, она поднялась и опустилась. В тот момент, когда она появилась, она поднялась и укрепилась в высших водах. А затем, когда опустился экран, находившийся под буквами «алеф-ламэд (Эль אל)», на свое место и вернул буквы «хэй-йуд-мэм מיה» на свою ступень, клипа опустилась из них, и пришла к паним (лицевой стороне) состояния катнут, то есть к ЗОН, в то время, когда есть у них мохин состояния катнут. И она хотела прилепиться к ним, замаскировавшись внутри них, ни в коем случае не желая отделяться от них. Потому что в то время, когда есть у ЗОН только мохин состояния катнут, клипа способна удерживаться в них.

В тот момент, когда Творец создал Адама Ришона, Он отделил ее оттуда, и тогда опустилась она вниз, т.е. опустилась, чтобы противостоять лишь Малхут, как и первая клипа, т.е. первородная Лилит, – для того, чтобы исправить ее в этом мире только в противостоянии Малхут, и ни в коем случае не выше нее.

99) «И когда клипа увидела, что Хава прилепилась к стороне Адама, который является высшей красотой, и увидела в них совершенство формы» – т.е. совершенство мохин состояния катнут, «она воспарила со своего места» – после того, как уже опустилась вниз, установившись против Малхут, «и желала прилепиться, как и вначале, к мохин состояния катнут» – Адама и Хавы. То есть так же, как вначале она хотела прилепиться к мохин состояния катнут де-ЗОН, так же она хотела прилепиться сейчас к мохин состояния катнут Адама и Хавы.

«Стражи высших ворот не позволили клипе прилепиться к ним. Разгневался на нее Творец и поверг ее в пучины моря[116]». Объяснение. Творец дал Адаму Ришону мохин состояния гадлут, и эти мохин низвергают эту клипу и прогоняют ее в пучины моря, где находится место первородной Лилит. Таким образом, отменилась благодаря этому вся сила клипы, которая удерживалась в высших водах, и осталась только лишь первородная клипа.

100) И находилась клипа там, в пучинах моря, до того момента, когда прегрешили Адам и жена его, и тогда вывел ее Творец из пучин моря, и она властвует над всеми этими младенцами, т.е. над малым ликом людей, которые заслужили наказание из-за прегрешений их праотца.

---

[116] Пророки, Миха, 7:19.

Объяснение. После прегрешения Адама Ришона, когда змей привнес нечистоту в Хаву, а мохин Хавы относились к свойству высшие воды, высшим водам был снова нанесен вред, т.е. тем сфирот, которые находятся выше Малхут. Таким образом, эта клипа снова поднялась из пучин моря, т.е. из нижних вод, и укрепилась в высших водах, как это было перед достижением Адамом и Хавой мохин состояния гадлут, когда они (клипот[117]) удерживались в мохин их состояния катнут. Поэтому она снова властвует над всеми этими младенцами, т.е. над малым ликом людей, так же, как она властвовала раньше над всеми этими младенцами, т.е. над малым ликом Адама и Хавы.

И они наказываются за грехи праотца своего, потому что отцы и дети душ людей – подобны свойствам Абы ве-Имы и ЗОН мира Ацилут. И так же, как катнут и гадлут ЗОН приходят от Абы ве-Имы, и в то время, когда Има сокращается до свойства МИ, опуская буквы ЭЛЕ в ЗОН, ЗОН находятся в катнуте, и все их мохин – только буквы ЭЛЕ де-Има, облаченные в них. И нет у них собственных мохин. А во время гадлута Има возвращает свои буквы ЭЛЕ к себе и передает им мохин состояния гадлут. И тогда есть у ЗОН собственные мохин.

И так же происходит у свойства «отцы и сыновья» душ. Поскольку до тринадцати лет сыновья не несут ответственности за самих себя. И считается, что они еще не отведали вкус греха. Ибо за все их недостатки возложена ответственность на родителей, подобно ЗОН в состоянии катнут. Ведь если клипот удерживаются в них, они удерживаются только в буквах ЭЛЕ, облаченных в них. И они тогда являются всеми мохин в них. И эти буквы ЭЛЕ на самом деле принадлежат Абе ве-Име. Таким образом, от удержания клипот страдают Аба ве-Има, а не ЗОН.

И поэтому, если клипот удерживаются также и в мохин свойства «сыновья» душ, вызывая их смерть, то это ущерб отцов, а не сыновей, потому что «сыновья» еще не несут за себя никакой ответственности. Но в тот момент, когда приходят мохин в состоянии гадлут к «сыновьям», в возрасте тринадцати лет, Аба ве-Има освобождаются от ответственности за них, потому что сыновья постигают тогда свои собственные мохин, как в случае с ЗОН, у которых мохин состояния гадлут считаются их

---

[117] См. выше, п. 99.

собственными мохин. И тогда, если клипот укрепляются в них, Аба ве-Има больше не несут ответственности за них.

И эта клипа отправляется блуждать по миру и приближается к вратам Эденского сада земли, и видит херувимов, охраняющих врата Эденского сада, и поселяется там, рядом с «пламенем меча»[118], так как она исходит от стороны этого пламени. Иначе говоря, клипа эта направляется к вратам Эденского сада и поселяется рядом с «пламенем меча обращающегося»[118] именно потому, что сила ее исходит от пламени этого меча, и она поселяется там, чтобы получить силу его.

101) В час, когда это «пламя меча» превращается в суд, клипа убегает и блуждает по миру и находит младенцев, заслуживающих наказания. И называется «пламенем меча обращающегося», поскольку обращается из милосердия в суд и из суда в милосердие. Она насмехается над ними и убивает их. И делает она это во время ущерба луны, когда уменьшается свет ее. И слово «светила (меорот מארת)» написано без «вав», что означает – проклятие.

В момент, когда родился Каин, клипа не могла прилепиться к нему, однако затем она приблизилась к нему и, соединившись с ним, родила от него духов и летающих духов. Объяснение. В момент, когда родился Каин, зло в нем было совершенно незаметным, как сказала о нем Хава: «Приобрела я человека от Творца»[5]. И поэтому не могла никакая клипа прилепиться к нему. Но из-за того, что уже была нечистота змея в Хаве по причине нарушения запрета Древа познания, также и к Каину примешалась эта нечистота змея, настолько, что «восстал он на Эвеля, брата своего, и убил его»[119]. И с того времени он был изгнан с лица земли в Арку (землю скитания), и тогда прилепилась к нему клипа.

102) Адам Ришон сто тридцать лет соединялся с женскими духами, пока не появилась Наама́. И из-за ее красоты путались с ней ангелы Всесильного – Аза и Азаэль. И она породила от них всевозможные новые дополнительные клипот, и от

---

[118] Тора, Берешит, 3:24. «И изгнал Он Адама, и поставил к востоку от Эденского сада ангелов и пламя меча обращающегося для охранения пути к Древу жизни»
[119] Тора, Берешит, 4:8.

нее распространились злые духи и демоны в мире, которые отправляются странствовать ночью и являются в мир и, насмехаясь над людьми, вызывают у них излияние семени. В любом месте, где они находят людей, спящих дома в одиночку, они пребывают над ними, и вселяются в них, и прилепляются к ним, вызывая в них страстное вожделение, и рожают от них.

Объяснение сказанного. Прежде чем явилась Наама́, было только две клипы:

1. Первородная Лилит, образовавшаяся в силу скрытия первоначального света, которая является свойством только нижних вод и противостоит одной лишь Малхут. И она относится к свойству этого мира, потому что этот мир – это свойство Малхут.

2. Клипа, которая возникла и образовалась в то время, когда три буквы «хэй-йуд-мэм הימ» упали в нижние воды, и стали сочетанием «йуд-мэм-хэй ימה»[120]. И тогда она укрепилась в этих высших водах «йуд-мэм-хэй ימה». Но после того, как вышли мохин состояния гадлут де-ЗОН, она отделилась от высших вод, и опустилась в этот мир, в нижние воды, как и первородная Лилит. Однако, во время грехопадения Адама Ришона она снова закрепилась в высших водах. Таким образом, у этой второй клипы есть возможность удерживаться как в нижних водах, со времени падения ее в этот мир, так и в высших водах, из-за грехопадения Адама Ришона.

Адам Ришон сто тридцать лет соединялся с двумя женскими духами, т.е. с двумя этими клипот, потому что в мире еще были всего лишь эти две клипы, пока не появилась Наама́, и от нее распространились злые духи и демоны в мире. То есть от нее родилась новая клипа, в силу того ущерба, который проявился в Азе и Азаэле. И она удерживается только в высших водах, потому что Аза и Азаэль являются свойством «высшие воды, упавшие в этот мир». И эти духи и демоны, которые родились от Наамы, находятся в «воздухе», являющемся свойством «высшие воды», и у них нет ничего от «земли». И теперь имеется три вида клипот:

первая – все ее свойства от «земли»;
вторая – есть в ней свойства и от «земли», и от «воздуха»;
третья – все ее свойства от «воздуха».

---
[120] См. п. 98.

И кроме того, эти клипот наносят вред в виде болезней, и человек не знает, откуда пришла к нему болезнь. И всё это случается во время ущерба луны.

Объяснение. От трех вышеуказанных видов клипот происходят:

1. Смерть происходит от первой клипы, поскольку все ее свойства – от «земли», как сказано: «Из праха ты и в прах возвратишься»[121].

2. Смерть, приходящая к младенцам, которые еще не отведали вкус греха, исходит от второй клипы, половина которой относится к высшим свойствам, а половина – к нижним. Ибо в силу того, что она включает в себя также свойства «земли», она может лишать их жизни.

3. Однако третьей клипе, все свойства которой происходят от «воздуха», т.е. от «высших вод», не свойственно убивать и лишать жизни людей, а только осквернять их нечистотой излияния семени. Но, поскольку Наама́ относится к дочерям «земли», и ее часть тоже замешана в этих духах и демонах, у них есть сила наводить дурные болезни на человека, но не лишать людей жизни.

Выяснилось, что первая клипа направлена только на лишение жизни людей. Вторая клипа, в которой замешаны также и высшие свойства, обладает силой осквернять нечистотой излияния семени, и также лишать жизни младенцев. А третья клипа обладает лишь силой осквернять нечистотой излияния семени, но не лишать жизни. Однако она также может наводить болезни на людей. И еще свойственно этим клипот соединяться друг с другом.

103) Слово «светила» означает здесь проклятие. И когда исправилась луна, буквы слова «светила (меорот מארת)» превратились в буквы «речение (имрат אמרת)», как сказано: «Речения Творца чисты, щит Он для уповающих на Него»[122]. «Щит Он» от всех этих злых духов и обвинителей, которые летают над миром во время ущерба луны, для всех тех, кто укрепляется в вере Творца. «Образовалась оболочка (клипа) мозга» – т.е. эта клипа предшествует мозгу (моах), являясь

---

[121] Тора, Берешит, 3:19.
[122] Писания, Псалмы, 18:31.

причиной для раскрытия мохин (разума). Потому что клипа, называемая «проклятие (меерат מארת)», прежде исправления Нуквы Зеир Анпина, называемой «луна», сама становится щитом над людьми после исправления Нуквы. И буквы «светила (меорот מארת)» превратились в буквы «речение (имрат אמרת)», и она стала щитом.

104) Когда царь Шломо опустился в глубь свойства орех, как сказано: «К саду ореховому спустился я»[123], он взял ореховую скорлупу (клипу) и созерцал все те клипот, которые находятся в нем, и знал, что вся основа наслаждений тех духов, которые находятся в клипот ореха, не более чем прилепиться к людям и осквернять их. И сказанное: «И услады сынов человеческих – чаровницу и чаровниц»[124] означает, что наслаждаются эти демоны лишь сынами человеческими – т.е. здесь переворачивается смысл сказанного, и объясняется, что усладами «чаровницы и чаровниц» являются сыны человеческие.

105) И также от наслаждений людей, получаемых во время ночного сна, выходят и рождаются «чаровница и чаровницы»[124]. И всё это должен был создать Творец в этом мире, все эти клипот, и исправить с помощью них мир. И всё это – как орех, в котором ядро (моах) находится внутри, и много оболочек (клипот) окружают это ядро, и все миры устроены таким же образом, как орех, – ядро (моах) внутри, и много оболочек окружают его сверху и снизу, как в высших мирах, так и в этом мире.

106) От начала, т.е. от высшей точки, парцуфа Арих Анпин, и до конца всех ступеней, все они находятся один во втором, и второй в третьем, пока не выясняется, что этот является клипой (оболочкой) для этого, а этот – для этого. Клипа означает – внешняя суть и облачение, подобно клипе (кожуре), облачающей плод.

Объяснение. Вследствие подъема Малхут и подслащения ее в месте Бины, все ступени разделились на две так, что Кетер и Хохма остались на ступени, а Бина, Тиферет и Малхут упали

---

[123] Писания, Песнь песней, 6:11.
[124] Писания, Коэлет, 2:8. «Собрал я себе и серебра, и золота, и сокровищ царей и государств; завел я себе певцов и певиц, и услады сынов человеческих – чаровницу и чаровниц».

на ступень ниже и облачились в нее. И это облачение осталось также и во время гадлута. И поэтому нижний поднимается в место высшего, поскольку облачает Бину, Тиферет и Малхут высшего[125]. Таким образом, Бина, Тиферет и Малхут каждой ступени облачаются в ступень под ней, и каждый нижний становится свойством клипы, внешней стороной по отношению к Бине, Тиферет и Малхут высшего.

«Все они находятся один во втором, и второй в третьем, пока не выясняется, что этот является клипой (оболочкой) для этого, а этот – для этого». Этот подъем Малхут, разделяющей все ступени, начинается с Арих Анпина, называемого «высшая точка». И поэтому сказано: «От начала, т.е от высшей точки» – но не над высшей точкой, потому что Атик находится также в свойстве «неразделенный». И тем более, в пяти парцуфах АК, нет там никакого свойства разделения.

107) Начальная точка, Арих Анпин, – это внутренний свет, у которого нет меры, чтобы понять и познать прозрачность, тонкость и чистоту его. Ибо Арих Анпин потому и называется свойством «скрытая Хохма», что она скрылась и исчезла от всех ступеней, находящихся под ним, даже от парцуфов Ацилута, пока не произошло ее распространение из Арих Анпина, называемого «точкой».

И распространение этой точки образует один чертог, называемый «парцуф высшие Аба ве-Има», облачающий Арих Анпин от его пэ до хазе[126], т.е. окружает его, словно чертог. И образуется чертог для облачения этой точки, являющейся непостижимым светом, вследствие большой чистоты в ней. Потому что чертог – это парцуф высшие Аба ве-Има, окружающие и облачающие парцуф Арих Анпин от пэ до хазе, где находятся Бина, Тиферет и Малхут Арих Анпина, которые вышли из рош Арих Анпина в его гуф и облачились в парцуф Аба ве-Има. Таким образом, Арих Анпин облачается в свое нижнее свойство, Аба ве-Има, а Аба ве-Има становятся внешним свойством по отношению к нему.

---

[125] См. п. 9.
[126] См. п. 3, абзац «Воздух парцуфа Атик», со слов: «И после того, как Арих Анпин...»

108) Этот чертог, Аба ве-Има, представляющий собой облачение для скрытой точки, т.е. Арих Анпина, является светом, у которого нет меры. То есть также и свет чертога, Абы ве-Имы, является непознанным и непостижимым, и вместе с тем, он не настолько тонок и чист, как свет первой точки, т.е. Арих Анпина, который скрыт и упрятан.

Этот чертог произвел распространение первого света. Объяснение. От этого чертога, Абы ве-Имы, распространился и образовался парцуф ИШСУТ, в котором раскрылся первый свет, выясненный в отрывке: «И сказал Всесильный (Элоким): "Да будет свет!" И появился свет»[10]. Ибо «йуд (י)» вышла из его свойства «воздух (אויר)», и остался «свет (אור)»[127]. Распространение парцуфа ИШСУТ – это облачение тонкого и чистого чертога, высших Абы ве-Имы, являющегося более внутренним свойством, чем ИШСУТ. То есть Бина, Тиферет и Малхут парцуфа Аба ве-Има опустились и облачились в ИШСУТ. Таким образом, также Аба ве-Има облачаются в свой нижний парцуф, а этот нижний становится внешним свойством по отношению к нему.

109) От ИШСУТ и далее распространился один в другом и облачился один в другой. Имеются в виду Зеир Анпин и его Нуква, поскольку Бина, Тиферет и Малхут парцуфа ИШСУТ опустились и облачились в ЗОН, и ЗОН стали внешним свойством парцуфа ИШСУТ. Пока все ступени не установятся так, что одна является облачением для другой, а та – еще для одной, одна – мозг (моах), а другая – оболочка (клипа). То есть, одна – внутренняя, называемая мозг (моах), а другая – внешняя, называемая оболочкой (клипой) по отношению к ней. И хотя она является облачением для своего высшего, всё же она стала мозгом (моах) для другой ступени, нижней по отношению к ней. Потому что Аба ве-Има, считающиеся облачением для Арих Анпина, стали мозгом (моах) и внутренним свойством для парцуфа ИШСУТ. И также ИШСУТ, являющийся облачением для Абы ве-Имы, стал мозгом (моах) для Зеир Анпина. И также Зеир Анпин, являющийся облачением для ИШСУТ, стал мозгом (моах) для своей Нуквы.

---

[127] См. п. 32, со слов: «После того, как...»

Точно таким же образом происходит всё и внизу, в нижних мирах БЕА. Потому что Нуква мира Ацилут облачилась в мир Брия, а Брия – в мир Ецира, и Ецира – в мир Асия. И также нешама (душа) Адама облачается в руах (дух), а руах (дух) – в нефеш (оживляющую силу) и в гуф (тело). До тех пор, пока в подобии этому не устанавливается человек в этом мире – мозг (моах) и оболочка (клипа), т.е. дух (руах) и тело (гуф). И всё это необходимо для исправления мира.

Всё облачение ступеней друг в друга, когда внешнее свойство высшего становится внутренним для нижнего, необходимо для исправления мира. Ибо без этого вообще было бы невозможным, чтобы ЗОН, и тем более люди, могли постичь высшие мохин[128].

110) Когда луна была вместе с солнцем в едином слиянии, луна пребывала в своем свете. То есть, сначала были Зеир Анпин и его Нуква, называемые «солнце» и «луна», на равной ступени, и были слиты друг с другом. Как сказано: «Два великих светила»[129]. Ибо у Нуквы, называемой «луна», был тогда весь ее свет, и она ничего не должна была получать от Зеир Анпина, называемого «солнце». Однако Нуква не могла тогда оставаться в этом состоянии и, сократив свой свет, опустилась в мир Брия. И стала там «головой для лисиц»[130], и это – сфирот мира Брия.

Когда луна отделилась от солнца, т.е. опустилась в мир Брия и была назначена главой (рош) над воинствами мира Брия, она сократила себя, и сократила свет в ней, и образовались клипот за клипот – многочисленные клипот, одни над другими, для того, чтобы скрыть мозг (моах). То есть, вследствие каждого сокращения, произошедшего в светах Нуквы, образовывалась клипа[131]. И эти клипот, они словно оболочка (клипа), предшествующая мозгу (моах), для того, чтобы скрыть мозг. То есть эти клипот скрывают свет мохин.

---

[128] См. п. 3, со слов: «Свойство суда...»
[129] Тора, Берешит, 1:16. «И создал Всесильный два великих светила: светило большое для правления днем, и светило малое для правления ночью, и звезды».
[130] Мишна, трактат Авот, глава 4, мишна (закон) 15.
[131] См. п. 65.

Всё это происходит для исправления света мохин. Потому что без этой клипы не мог бы раскрыться плод. И поэтому написано: «Да будут светила (меорот מארת)!»¹¹³ – без буквы «вав ו», что означает «проклятие (меерат מארת)». Потому что это – клипот, которые вышли по причине сокращения луны, Нуквы. И всё это происходит для исправления мира, и поэтому сказано: «Чтобы светить над землей»¹³². Ибо эти клипот вышли в свойстве «кожура (клипа), предшествующая плоду».

---

¹³² Тора, Берешит, 1:15.

Два великих светила

111) «И создал Всесильный (Элоким) два великих светила»[129]. «И создал» означает гадлут и установление всего, как подобает[133]. «Да будут (йехи יהי)» – указывает на катнут, потому что будущее время указывает на подготовку и готовность, поскольку катнут является подготовкой гадлута. Однако «и появились (ва-йехи ויהי)» или «и создал (ва-яас ויעש)» указывает на окончание действия и гадлут. И также выясняется здесь, что речение «да будут светила»[113] указывает на сокращение и выход клипот, а сказанное «и создал» указывает на довершение и установление состояния гадлут.

Сказанное: «Два светила» – указывает на то, что вначале были два светила, Зеир Анпин и Нуква его, в полном соединении, т.е. на равной ступени, и не нуждались друг в друге. Это состояние, когда полное имя «АВАЯ Элоким» – словно одно целое, хотя и не находится в раскрытии, а еще скрыто. Ибо эти имена «АВАЯ Элоким» указывают на Зеир Анпин и его Нукву, находящиеся на равной ступени в состоянии «паним бе-паним», в свойстве мохин де-гадлут. Однако в этом отрывке говорится о состоянии, когда Зеир Анпин и Нуква находятся на равной ступени в свойстве «ахораим», и есть у них мохин де-Хохма, однако они не светят в Нукве из-за отсутствия облачения хасадим.

И поэтому, с одной стороны, они (ЗОН) считаются свойством «АВАЯ Элоким», т.е. полным именем, поскольку есть у них мохин де-Хохма, так как всё совершенство приходит со светом Хохма. А с другой стороны, считается, что они находятся в состоянии скрытия мохин, потому что Хохма не может светить без облачения хасадим. «Два светила», т.е. ЗОН, находятся в состоянии полного имени АВАЯ Элоким, однако имя Элоким не светит открыто, а лишь в скрытом виде, потому что Хохма не светит в имени Элоким, т.е. в Нукве, из-за отсутствия облачения хасадим.

112) Слово «великие» указывает на то, что ЗОН возвеличились в имени, друг в друге, т.е. находятся на равной ступени, чтобы называться именем, объединяющим всё – МАЦПАЦ

---

[133] См. выше, статья «Да будет свод», п. 60.

МАЦПАЦ, т.е., чтобы они получили наполнение от этих имен МАЦПАЦ, когда Зеир Анпин получит наполнение от имени МАЦПАЦ правой линии, а Нуква – от имени МАЦПАЦ левой линии. И тогда они называются «два великих светила»[129].

Объяснение. Имя АВАЯ при алфавитной замене букв «алеф – тав», «бэт – шин», «гимель – рэйш», «далет – куф», «хэй – цади», «вав – пэй», «зайн – айн», «хэт – самэх», «тэт – нун», «йуд – мэм», «каф – ламэд» становится именем МАЦПАЦ. Потому что «йуд» заменяется на «мэм», «хэй» на «цади», «вав» на «пэй», и также последняя «хэй» на «цади», и таким образом образуется МАЦПАЦ. И они называются «два пеа (пейса)» рош Арих Анпина, правый и левый. Потому что тринадцать свойств милосердия, приводимые в Торе, т.е. «Творец Милосердный и Милостивый…»[134], называются тринадцатью исправлениями «сеарот дикна (досл. волос бороды)» Арих Анпина. А до тринадцати свойств милосердия написано в Торе два имени АВАЯ АВАЯ, которые при перестановке «алеф – тав» «бэт – шин» становятся именами МАЦПАЦ МАЦПАЦ. И говорится, что это высшие имена, и они предшествуют тринадцати свойствам милосердия, подобно тому, как в свойстве рош (голова) «волосы пеот (пейсов)» находятся выше «волос» тринадцати исправлений «дикна (бороды)».

Эти имена МАЦПАЦ называются великими потому, что они возвеличились и поднялись наверх, так как являются высшими свойствами, относящимися к высшему (парцуфу). Объяснение. «Великие» означает, что Он сделал их великими теперь, а до этого они были малыми. Корень этого величия восходит к двум именам МАЦПАЦ, относящимся к свойству «сеарот дикна (волосы бороды)», которые отделились и вышли из свойства «сеарот рош (волосы головы)» по причине того, что Малхут десяти сфирот свойства «сеарот» поднялась в место Бины десяти сфирот свойства «сеарот». Поэтому Бина, Тиферет и Малхут свойства «сеарот» вышли и отделились, став свойством гуф Арих Анпина, и это называется состоянием катнут десяти сфирот свойства «сеарот». А затем, во время состояния гадлут, когда Арих Анпин снова опустил Малхут из Бины свойства «сеарот» на ее место в окончании, свойство «сеарот дикна» опять поднимается в рош и устанавливается в виде МАЦПАЦ МАЦПАЦ. И

---

[134] Тора, Шмот, 34:6.

считается, таким образом, что теперь они возвеличились, благодаря возвращению их в рош Арих Анпина. Потому эти имена и называются великими, так как сейчас они возвеличились, тогда как раньше они были малыми.

Они «называются великими потому, что они возвеличились и поднялись наверх». Поскольку до этого, когда «сеарот дикна» находились в гуф, они были малыми. Ведь даже у тех «сеарот», которые остались в рош Арих Анпина, было всего лишь два света – руах и нефеш, в двух келим – Кетер и Хохма. Но теперь, когда поднялись «сеарот дикна» и соединились с «сеарот рош», они приобрели полную ступень десяти сфирот КАХАБ ТУМ и оба (имени) стали называться «великими». Таким образом, имена МАЦПАЦ указывают на «малые» свойства, которые возвеличились, поднявшись наверх в рош Арих Анпина, «поскольку являются высшими свойствами, относящимися к высшему (парцуфу)».

Поэтому могли «сеарот дикна» подняться и соединиться с «сеарот рош», поскольку они на самом деле происходят от высшего, от рош Арих Анпина, но только они сократились прежде из-за подъема Малхут в место Бины, и поэтому вышли из рош. И поэтому они могут теперь, после возвращения Малхут на свое место, снова подняться на свою прежнюю ступень, на которой они уже были.

И они – во благо миру, потому что миры существуют благодаря им. Поскольку подъем свойства «сеарот дикна» в рош Арих Анпина – во благо ЗОН, называемым «мир». Потому что благодаря подъему «сеарот дикна» существуют миры, т.е. ЗОН. Ведь без этого исправления падения и подъема, произошедшего благодаря подъему Малхут в место Бины, ЗОН не были бы способны получить мохин, что является смыслом всего их существования[135].

В таком же состоянии, как два имени МАЦПАЦ, были также «два светила» в речении, означающие ЗОН, которые вместе, как одно целое, поднялись в едином величии. Объяснение. Это речение говорит о времени, когда Зеир Анпин возвращает свои Бину и ТУМ, упавшие в место Нуквы, поднимая их снова

---

[135] См. п. 3, со слов: «В свойстве суда...»

на свою ступень, и становится большим, в десять полных сфирот, и тогда также и Нуква, которая облачала упавшие Бину и ТУМ Зеир Анпина, поднялась вместе с ними на ступень Зеир Анпина. И тогда они получают от имен МАЦПАЦ МАЦПАЦ. Зеир Анпин получает от имени МАЦПАЦ правой линии, поскольку он соответствует свойству «сеарот рош», а Нуква получает от МАЦПАЦ левой линии, поскольку соответствует свойству «сеарот дикна».

И тогда стали парцуфы Зеир Анпин и Нуква единой ступенью, один – правая линия, другой – левая, так же, как выяснилось в случае с двумя именами МАЦПАЦ. Поэтому говорится в этом отрывке: «И создал Всесильный (Элоким) два великих светила»[129] – т.е. Он создал их великими (гдолим), на равной ступени. И это величие (гадлут) считается только мохин де-ВАК, поскольку Хохма в нем – без облачения хасадим. И поэтому они называются именем МАЦПАЦ, потому что оно заменяет имя АВАЯ, которое всё время сокращается. И так же – все тринадцать свойств милосердия.

Однако затем, благодаря новому подъему МАН, притягивается облачение хасадим, и тогда возвращаются имена МАЦПАЦ к именам АВАЯ. И так – все они становятся свойствами милосердия. И тогда ЗОН получают от них мохин де-ГАР в состоянии «паним бе-паним (лицом к лицу)». Но они уже не на равной ступени, потому что теперь Нуква должна получать от Зеир Анпина. Однако теперь ЗОН называются полным именем АВАЯ Элоким.

Обозрение Сулам
Выяснение имен МАЦПАЦ МАЦПАЦ

Вначале необходимо знать, что представляет собой парцуф «сеарот» Арих Анпина. Хотя ГАР де-АБ не могут оставаться в Арих Анпине и во всех парцуфах Ацилута, всё же они должны выйти в нем в начале зивуга, поскольку невозможно раскрытие ВАК де-АБ без раскрытия вначале ГАР де-АБ. Однако они сразу же уходят из парцуфа. И это происходит потому, что нет для них келим в парцуфах Ацилута, чтобы облачиться в них. Ведь эти ГАР нисходят только к Малхут первого сокращения, и эта Малхут не раскрывается вообще ниже парцуфа Атик дхура (захар). А свет не раскрывается без кли, и поэтому они должны сразу же удалиться из парцуфа.

И известно, что происходит только удаление прямого света ступени, однако отраженный свет в ней, облачающий десять сфирот прямого света, не может удалиться наверх, из-за авиюта и суда, действующих в отраженном свете. Поэтому также и здесь удалился только прямой свет ступени ГАР де-АБ, однако отраженный свет в ней остался в рош Арих Анпина также и после удаления ГАР де-АБ.

Однако вследствие того, что отраженный свет является полной тьмой, так как его прямой свет удалился, он считается там, в келим рош Арих Анпина, отходами. И поэтому он сразу же выталкивает его из рош, и остается небольшая часть его в свойстве «ор де-рош (досл. кожа головы)», в виде «сеарот рош (волосы головы)». И это – сведения о «сеарот» Арих Анпина, взятые из источника.

И после того, как «сеарот» укрепились в «ор де-рош (коже головы)» Арих Анпина, они сразу получили также и исправление разделения ступени в нем. При этом Малхут парцуфа «сеарот» поднялась в место Бины в нем, а Бина, Тиферет и Малхут (ТУМ) в нем окончательно вышли из рош Арих Анпина и пришли к свойству гуф, поскольку распространились до хазе свойства гуф. И они также называются «сеарот дикна» Арих Анпина, таким образом, что две сфиры, Кетер и Хохма, парцуфа «сеарот» остались в рош Арих Анпина, и они называются «сеарот рош» Арих Анпина, а три сфиры, Бина и ТУМ, которые вышли из рош Арих Анпина, стали тринадцатью исправлениями дикны Арих Анпина, являющимися тринадцатью свойствами милосердия.

И знай, что все мохин свечения Хохма парцуфов Ацилут зависят от «сеарот дикна». И поскольку они упали в гуф Арих Анпина, во всех парцуфах Ацилута есть только ВАК и отсутствует рош. А во время гадлута опускает Арих Анпин Малхут из своего свойства «сеарот рош» обратно на свое место – в окончание «сеарот дикна». И тогда возвращаются «сеарот дикна» в рош Арих Анпина, на одну ступень с «сеарот рош», и устанавливаются там в правой и левой линиях. Окончание «сеарот рош» находится в свойстве «правая пеа» Арих Анпина, и это – МАЦПАЦ правой линии. А окончание «сеарот дикна» находится в свойстве «левая пеа» Арих Анпина, и это – МАЦПАЦ левой линии.

Вследствие подъема «сеарот дикна» раскрываются мохин де-ВАК, означающие свечение Хохмы без хасадим, во всех парцуфах Ацилута, которые еще не являются мохин свойства милосердия, так как Хохма не светит без облачения хасадим. И они называются МАЦПАЦ МАЦПАЦ, поскольку являются заменой имени АВАЯ в сочетании «алеф-тав» «бэт-шин», и это указывает на то, что мохин уменьшаются так же, как числовые значения букв в алфавитном порядке «тав-шин-рэйш-куф», однако числовые значения букв прямого алфавитного порядка увеличиваются.

А затем, благодаря новым МАН, притягиваются света хасадим, и тогда становятся два имени МАЦПАЦ двумя именами АВАЯ, являющимися свойствами рахамим (милосердия). И это – два имени АВАЯ, предшествующие тринадцати свойствам милосердия, указанным в Торе. И тогда передаются из «сеарот дикна» Арих Анпина мохин состояния гадлут всем парцуфам Ацилута с помощью тринадцати свойств милосердия, включающих все мохин состояния гадлут, имеющие место в течение шести тысяч лет до окончательного исправления.

Два великих светила

113) Не могла успокоиться луна рядом с солнцем, потому что испытывала стыд перед ним. Сказала луна солнцу: «Где пасти ты будешь стада свои, где приляжешь на отдых в полдень?»[136] – т.е., как малая свеча сможет светить в полдень? «Почему я должна скрываться рядом со стадами товарищей твоих?»[136] – Как мне вынести этот позор? Тогда она уменьшила себя, чтобы быть началом (рош) для нижних, как сказано: «Ступай по следам стада и паси своих козлят рядом с шатрами пастушьими»[137]. Сказал ей Творец: «Ступай и уменьши себя!»[138]

«Пастбище» или «выпас» означают – свет хасадим, принимаемый от пэ и ниже, которому недостает света рош. «Лежбище» означает ВАК де-келим, которым недостает НЕХИ. «Полдень» – название света Хохма, который подобен полуденному свету солнца, стоящему над головой любого человека и не отбрасывающему тени. Потому что свет Хохма светит во все стороны и разгоняет все тени.

В состоянии «два великих светила»[129], то есть в то время, когда Нуква была на равной ступени с Зеир Анпином, она находилась в свойстве «ахораим (обратная сторона)», поскольку, хотя и была такой же большой, как и Зеир Анпин, т.е. был у нее свет Хохма, все же Хохма не светила в ней из-за отсутствия света хасадим. Поэтому «не могла успокоиться луна рядом с солнцем», потому что не могла Нуква вынести этого состояния. И требовала, чтобы Зеир Анпин притянул к ней свет хасадим. Как сказано: «Где пасти ты будешь стада свои, где приляжешь на отдых в полдень?»[136], что означает – где ты притянешь свет хасадим, называемый «пастбище» и «лежбище». «В полдень» – в то время, когда светит свет Хохма, потому что желала получить Хохму и хасадим вместе.

И сказано: «Почему я должна скрываться рядом со стадами товарищей твоих?»[136], что означает – как мне вынести этот позор? Потому что стыдилась находится в таком состоянии.

---
[136] Писания, Песнь песней, 1:7.
[137] Писания, Песнь песней, 1:8.
[138] Вавилонский Талмуд, трактат Хулин, лист 60:2.

Тогда она уменьшила себя, чтобы быть началом (рош) для нижних. Тогда сказал ей Творец: «Ступай и уменьши себя!»[138] И она уменьшила себя и вышла за пределы мира Ацилут, став началом (рош) для нижних миров, БЕА. А ее внутренние свойства поднялись в МАН и в новое перерождение к парцуфу Аба ве-Има. И она получила новое строение, чтобы быть достойной получения мохин состояния гадлут от Зеир Анпина, мужа ее.

И тогда просьба ее, с одной стороны, была исполнена, поскольку она постигла Хохму и хасадим вместе, как она и желала. Однако, с другой стороны, она во многом уменьшила себя, поскольку в силу этого нового строения нет у нее больше никаких своих светов, и должна она все получать теперь от Зеир Анпина, мужа своего.

114) Оттуда и далее нет у нее собственного света, а только получаемый ею от солнца. Потому что вначале они были слиты как одно целое на равной ступени, а затем она лишила себя всех своих ступеней, т.е. оставила все свои ступени и вышла за пределы мира Ацилут. И хотя она является рош над нижними мирами БЕА, всё же считается, что оставила все свои ступени, потому что нет для женщины ничего более важного, чем находиться вместе со своим мужем.

Иначе говоря, поскольку Нуква отделилась от Зеир Анпина, мужа своего, и вышла из мира Ацилут в мир Брия, это считается потерей всех ее ступеней, и то, что она стала рош в мире Брия, является совершенно неважным для нее, поскольку там она отделена от Зеир Анпина, мужа своего, находящегося в мире Ацилут.

Сказано: «Большое светило для правления днем, и малое светило для правления ночью»[129]. «Большое светило» – это Зеир Анпин, называемый именем АВАЯ. «Малое светило» – Нуква, называемая теперь Элоким, потому что она стала окончанием всех ступеней, концом мысли – концом мира Ацилут, называемого «мысль». То есть, хотя Зеир Анпин и Нуква его были сначала на равной ступени, «два великих светила», однако теперь, после этого сокращения, Зеир Анпин стал именем АВАЯ, а Нуква сократилась и стала окончанием мира Ацилут, т.е. она называется точкой под Есодом Зеир Анпина, находящейся в окончании Ацилута. И она называется теперь именем Элоким, означающим суд.

Вначале Нуква была записана наверху, в Зеир Анпине, в буквах святого имени АВАЯ, четвертой буквой этого имени, т.е. Нуква была нижней «хэй ה» имени АВАЯ (הויה) в то время, когда была на одной ступени с Зеир Анпином, а затем она уменьшила себя, чтобы называться именем Элоким.

115) Вместе с тем, Нуква светит от всех сторон. Светит свыше, до сокращения, когда она еще была нижней «хэй ה», относящейся к сочетанию букв святого имени АВАЯ (הויה), а затем, когда она сократилась, распространились эти ступени от одной и от другой стороны. То есть она светит от той стороны, где она раньше была нижней «хэй ה» имени АВАЯ (הויה), и светит от той стороны, где она является сейчас именем Элоким. Ступени, которые распространились от той стороны, где она была наверху, т.е. нижняя «хэй» имени АВАЯ, называются «правление днем»[129]. А ступени, которые распространились от той стороны, где она теперь внизу и является именем Элоким, называются «правление ночью»[129].

116) Сказано: «И звезды»[129] – это указывает на остальные воинства и станы ангелов, которым нет числа. И все они, как те, у которых есть число, так и те, у которых нет числа, зависят от «свода небесного» – Есода Зеир Анпина, называемого «Оживляющий миры». Как сказано: «И поместил их Всесильный на своде небесном, чтобы светить над землей»[139].

117) Малхут (правление) дома Давида установилась в четвертый день, являющийся свойством «четвертое подножие» и свойством «четвертое основание» престола, и тогда установились буквы и укрепились на своих местах, как подобает. Объяснение. Четыре сфиры НЕХИМ выявляются и поднимаются для того, чтобы восполнить десять сфирот Малхут в момент ее гадлута, и это – четыре существа, возносящие престол, ибо они восполняют десять сфирот этого престола, т.е. Малхут, и поднимают ее к зивугу с Зеир Анпином. Поэтому они называются также «четыре подножия престола». Нецах – это лик льва. Ход – лик быка. Есод – лик орла. Малхут – лик человека.

---

[139] Тора, Берешит, 1:17.

Лик человека является совершенным в Малхут только от хазе Малхут и выше, однако от хазе Малхут и ниже – нет лика человека[140].

И это два свойства в Малхут – Малхут дома Давида, являющееся четвертым днем, и Малхут дома Йосефа, являющееся седьмым днем. И это два свойства Малхут, которая является четвертой по отношению к праотцам, т.е. к ХАГАТ, и седьмой по отношению к сыновьям, ТАНХИ, которая находится в конце всех сфирот. Дом Давида – свойство «четвертого дня», дом Йосефа – свойство «седьмого дня». Потому что свойство «от хазе и выше» в ней, где лик человека находится в совершенстве, называется Малхут дома Давида и четвертым днем, а свойство «от хазе и ниже» в ней, где отсутствует лик человека, считается свойством Малхут дома Йосефа и седьмым днем.

В четвертый день действия начала творения установилась только Малхут дома Давида, от хазе Малхут и выше, где лик человека находится во всем совершенстве, однако Малхут Йосефа еще не установилась, и поэтому считается Малхут Давида четвертым подножием и четвертым основанием престола, потому что лик человека – это четвертое подножие престола, являющееся общим для всех них, и без него нет зивуга состояния гадлут в ЗОН.

Поэтому установились буквы, т.е. первое исправление Малхут, в состоянии «два великих светила», и тогда сказано ей: «Ступай и уменьши себя!»[138], а после этого уменьшения она получает от Зеир Анпина мохин состояния гадлут, и возвращаются буквы ее в состояние прямого алфавитного порядка, т.е. она получила мохин от АВАЯ напрямую. И всё это установилось только лишь для Малхут Давида.

Но вместе с тем, до шестого дня, когда произошло полное исправлениие образа лика человека как подобает, Малхут еще не установилась на своем месте. И тогда в шестой день исправляется высший престол и нижний престол, и все миры устанавливаются на своих местах. И все буквы следуют в их порядке, когда упрощается сложная форма связи между буквами, которая была раньше.

---

[140] См. выше, п. 82.

Объяснение. Хотя основа совершенства заключена в Малхут Давида, поскольку он пребывает в совершенстве, в свойстве «лик человека», называемом четвертым подножием и исправлением четвертого дня, всё же это совершенство не достигает полной меры прежде чем включается в Малхут дома Йосефа, называемую седьмым днем. То есть Малхут дома Давида называется четвертым днем действия начала творения, а Йосефа – седьмым днем. Однако, когда Малхут дома Давида включается в Йосефа, и Йосеф дает ему дополнительное наслаждение от царского дома, называется также Малхут дома Давида седьмым днем.

Потому что основа исправления и совершенства Малхут заключена в совершенстве нижних, находящихся в трех мирах БЕА. И нижние берут свое начало в ее свойстве от хазе и ниже. Поэтому они не могут получить наполнение от свойства хазе Малхут и выше, поскольку нет у них корня там, но только от хазе Малхут и ниже, где находится их корень. И потому прежде чем Малхут дома Давида, относящаяся к свойству от хазе и выше, включится в дом Йосефа, свойство от хазе и ниже, она не может восполнить нижних, и это включение происходит в шестой день, когда восполняется Малхут дома Давида всем необходимым.

В шестой день соединилась Малхут Давида, расположенная от хазе и выше, с Малхут Йосефа, находящейся от хазе и ниже, и тогда вышел из Малхут образ нижнего человека, т.е. его НАРАН де-Ацилут, в подобающем виде. И тогда установились два престола Малхут: высший престол, расположенный от ее хазе и выше, и нижний престол – от ее хазе и ниже. Потому что они включились друг в друга, и все миры устанавливаются на своем месте. Три нижних мира БЕА поднялись и облачили три парцуфа Ацилута, где находится их настоящее место, и все буквы следуют в своем порядке и сочетаниях, когда упрощается сложная форма связи между буквами, которая была раньше.

Ибо всё то время, пока суды были связаны с буквами и замешаны в них, в буквах не было порядка, и они следовали в обратном порядке, и имя АВАЯ светило только в свойстве МАЦПАЦ. Однако после того, как были устранены суды из них, буквы установились в своем порядке, т.е. начали светить буквы имени АВАЯ в своем прямом порядке, и также все буквы в ней. И это определяется как устранение запутанности в них.

118) Четвертый день, Малхут Давида, – это день, который стал отвратителен «строителям», как сказано: «Камень, отвергнутый строителями»[141], и также сказано: «Сыновья матери моей разгневались на меня»[142]. «Камнем» называется Малхут в состоянии катнут. «Строители» – это праведники, исправляющие Малхут и строящие ее парцуф, чтобы она была достойна зивуга с Зеир Анпином. Вначале Малхут Давида внушала отвращение строителям, поскольку это светило, Малхут, уменьшило себя и свой свет, и вместо них установились клипот. И вследствие того, что было предоставлено место для появления клипот и власти их, она вначале была отвратительной в глазах праведников, строящих ее.

Однако после того, как она установилась в строении «паним бе-паним (лицом к лицу)» с Зеир Анпином, сказано о ней: «Лег (этот камень) в основу здания»[141]. Все те светила, которые светят на протяжении шести тысяч лет, зависят от этого «свода небесного», чтобы исправить с их помощью престол Давида, т.е. Малхут Давида. Объяснение. Потому что «свод небесный» – это новое окончание, образовавшееся во время второго сокращения[143], и благодаря этому нисходят все мохин гадлута, выходящие в течение шести тысяч лет. Ибо в силу этого окончания упали буквы ЭЛЕ из ИШСУТ в ЗОН, а в гадлуте восходят вместе с ними и ЗОН в место Бины и получают свои мохин от места Бины. И без этого у ЗОН не было бы никакой возможности получить мохин состояния гадлут[144].

Таким образом, все мохин, которые вышли на экран второго сокращения, называемый «свод небесный», нужны были только для того, чтобы исправить Малхут. Потому что сфирот, находящиеся над Малхут, могут получить все света также и от первого сокращения, и не нуждаются в «своде небесном». Это означает сказанное: «Все те светила, которые светят на протяжении шести тысяч лет, зависят от этого "свода небесного",

---

[141] Писания, Псалмы, 118:22. «Камень, отвергнутый строителями, лег в основу здания».
[142] Писания, Песнь песней, 1:6.
[143] См. п. 63.
[144] См. п. 3, со слов: «В свойстве суда...»

чтобы исправить с их помощью престол Давида». Потому что сфирот, находящиеся выше Малхут, вовсе не нуждаются в «своде небесном».

119) Света Малхут Давида создают образ ступеней, находящихся от хазе Малхут и ниже, в которых нет лика человека. То есть эти ступени от хазе и ниже поднимаются и включаются в Малхут Давида, называемую «лик человека» и расположенную от хазе и выше[145]. «Образ» означает величину уровня какой-либо ступени. «Создают» – словно производят зивуг, поскольку благодаря зивугу выходят ступени в своем истинном образе, согласно свойствам этого зивуга, чтобы исправить образ всех тех, кто включается в лик человека с помощью внутреннего образа.

Любой внутренний образ называется ликом человека. «Внутренний» означает – исходящий от зивуга выше хазе, где находится Малхут Давида, называемая «лик человека». Однако, благодаря подъему ступеней, находящихся ниже хазе, к Малхут Давида, три лика бык-орел-лев включаются во внутренний образ, в лик человека, раскрывающийся в высшем зивуге от хазе и выше, и это включение в лик человека символизируется распрямленной (конечной) буквой «нун ן» в имени ШНАН[146].

Распрямленная (конечная) буква «нун ן» – это включение трех этих ликов в лик человека, но не настоящий лик человека. Это исправление происходит благодаря их соединению с внутренним образом, с ликом человека, раскрывающимся во внутреннем зивуге с Малхут Давида. И отсюда следует, что любой из образов, включающийся в это распространение распрямленной (конечной) буквы «нун ן», называется именем «человек», хотя и нет в них настоящего лика человека.

Как сказано: «Вы – человек»[147] – несмотря на то, что души людей исходят от свойства ниже хазе Малхут, в котором нет «лика человека», все же, поскольку свойства, находящиеся ниже хазе, поднимаются и включаются в лик человека, находящийся выше хазе, в распрямленную (конечную) букву «нун»,

---

[145] См. п. 82, со слов: «Однако три мира БЕА...»
[146] См. п. 83.
[147] Пророки, Йехезкель, 34:31.

называются также и души именем «человек (адам)». Как мы изучаем: «Вы называетесь "человек (адам)", но идолопоклонники не называются "человек"»[148] – и это происходит только лишь в силу включения.

120) И любой дух (руах) называется именем «человек (адам)». Иначе говоря, только свет руах, облаченный в гуф, называется именем «человек (адам)». Гуф свойства руах, находящегося на стороне святости, является только лишь облачением. То есть дух (руах) – это суть человека, а тело (гуф) второстепенно по отношению к нему, всего лишь его облачение. Однако у ситра ахра – наоборот. Поэтому о святости сказано: «Кожей и плотью Ты облек меня»[149] – отсюда ясно, что плоть человека является только облачением для его сути, то есть духа. Везде, где сказано: «Плоть человека», имеется в виду, что суть человека заключена внутри нее. Однако сама плоть является всего лишь облачением сути человека, и является телом (гуф) по отношению к сути человека, а суть человека – это дух в нем.

121) Свойства, находящиеся в месте от хазе Малхут и ниже, выделились вследствие расплавления из этого духа. То есть от лика человека были созданы образы, иначе говоря, образовались и родились меры ступеней духа, которые облеклись в другие облачения, но не в облачения человека. Образы чистых животных: «Бык, агнец, козленок, овен, олень, яхмур, и козерог, и лань, и зубр, и газель»[150] – эти свойства должны были включиться в облачение лика человека, и не включились в него, но стали другими облачениями – ликов быка-орла-льва.

Объяснение сказанного. Человек называется малым миром, потому что все элементы мира включены в него. Таким образом, взаимосвязь души человека со всеми видами животных такая же, как и взаимосвязь общего со всеми его элементами. То есть, души людей исходят от трех ликов, находящихся ниже хазе, однако они достигли включения лика человека в виде распрямленной буквы «нун» после того, как поднялись

---

[148] Вавилонский Талмуд, трактат Бава меция, часть 9, лист 109:1.
[149] Писания, Йов, 10:11.
[150] Тора, Дварим, 14:4,5. «Вот животные, которых можете есть: бык, агнец, козленок, овен, олень, яхмур, и козерог, и лань, и зубр, и газель».

три лика бык-орел-лев в место выше хазе Нуквы и включились в лик человека, раскрывающийся там.

Однако и прежде чем поднялись три лика бык-орел-лев, чтобы включиться в лик человека от хазе и выше, они тоже произвели порождения в БЕА следующим образом: от свечений, которые исходили от лика быка, происходят все животные; от свечений, которые исходили от лика орла, происходят все птицы; а от свечений, которые нисходят от лика льва, происходят все звери. Однако во время подъемов трех ликов быка-орла-льва к высшему зивугу в лик человека, поднялись и включились в высший зивуг все животные, птицы и звери, которые уже произошли от них. И все они включились в лик человека, находящийся выше хазе, и от общности их родилась душа Адама Ришона.

Таким образом, душа Адама включает все виды живых существ, которые образовались от трех ликов бык-орел-лев, так как она является их общностью. Поэтому лик человека включает все формы. И поскольку не бывает исчезновения в духовном объекте, и любое изменение в духовном является лишь дополнением к начальной форме, то и после того, как вышла душа Адама благодаря общности всех видов, имеющихся в трех ликах бык-орел-лев (**ш**ор-**н**ешер-**а**рье ШНА), т.е. когда уже включились все эти формы в лик человека, опять вернулась сила левой линии и светом своим снова разделила всё на те же виды живых существ, в котором каждый из них был произведен по роду своему от трех ликов бык-орел-лев (**ш**ор-**н**ешер-**а**рье ШНА) до зивуга.

И каждый из них опустился на свое место. Таким образом, после подъема трех ликов бык-орел-лев (**ш**ор-**н**ешер-**а**рье ШНА) в зивуг выше хазе, родилась от них единая общность – душа Адама, а затем снова возродились все элементы в том же виде, в каком они были до зивуга – т.е. все виды живых существ. Однако, поскольку они уже были однажды включены в святую душу Адама, то считаются чистыми видами, несмотря на то, что они снова разделились.

Свойства, находящиеся в месте от хазе Малхут и ниже, выделившиеся вследствие расплавления из этого духа, являются всеми видами живых существ, которые произошли от трех ликов бык-орел-лев (**ш**ор-**н**ешер-**а**рье ШНА), находящихся в месте от хазе и ниже, до их подъема к зивугу. А после того, как поднялись три лика бык-орел-лев (**ш**ор-**н**ешер-**а**рье ШНА) к высшему зивугу и включились в лик человека, и породили из своей общности дух Адама, вернулась сила левой линии, т.е. огня, и расплавила дух Адама, и снова выделила из него все элементы, т.е. всех живых существ по роду своему, в том же виде, в каком они вышли от трех ликов бык-орел-лев (**ш**ор-**н**ешер-**а**рье ШНА) до включения в высший зивуг. Это сравнивается со сплавом металла, включающим в себя несколько основ, и связующая сила делает их всех единой общностью в виде сплава металла. А затем, когда этот металл предают огню, он теряет связывающую силу в нем и расплавляется, принимая жидкую форму, у которой каждая основа отделилась сама по себе и не связывается больше с другой основой.

И так же действует сила левой линии на дух Адама, включающий все живые существа, т.е. расплавляет его до состояния, когда каждый из элементов, включенных в него, приходит к тому, что отделяется сам по себе, как это было до включения его в дух Адама. Ибо они потеряли силу, связывающую их, – т.е. взаимосвязь с ликом человека, имеющимся там, которая соединяла их всех в единую общность. И сказано: «Выделились вследствие расплавления из этого духа» – поскольку под воздействием силы левой линии расплавляется дух Адама и разделяется на все элементы бык-орел-лев (ШНА), которые были включены в него.

Однако оба они остаются – остается и общее, как сказано: «Дух сынов человеческих, который возносится ввысь»[151], и частное, как сказано: «Дух животного, который нисходит вниз, в землю»[151] – поскольку нет исчезновения в духовном. Поэтому сказано, что они должны были включиться в облачение духа Адама и тогда находились бы в его свойстве, однако под воздействием силы левой линии они потеряли включение человека, которое является связывающей силой в них. И поэтому выплавились из него, разделившись по своим видам «бык, агнец, козленок, овен, олень, яхмур, и козерог, и лань, и зубр,

---

[151] Писания, Коэлет, 3:21. «Кто знает дух сынов человеческих, который возносится ввысь, и дух животного, который нисходит вниз, в землю».

и газель» – так же, как они были до своего подъема в высший зивуг для рождения души Адама.

Внутренний дух свойств «бык, агнец...» называется тем же именем, что и тело, в котором находится этот дух. Потому что тело является облачением для этого имени, а не обладателем самого имени. Тело – это плоть «быка», а «бык» – внутренний дух этого тела, плоть которого является его облачением. И также у всех живых существ тело называется именем внутреннего духа, облаченного в каждый из них.

122) И таким же образом, как выяснилось с духом святости человека и чистыми видами животных, происходит в другой стороне, не являющейся святостью. Дух, распространяющийся в остальных народах-идолопоклонниках, выходит со стороны, не являющейся святой и не являющейся свойством «человек». Поэтому он не называется человек. Потому что лик человека не находится в месте ниже хазе Малхут, из которого рождается дух людей, но для рождения святой души поднимаются три лика бык-орел-лев (**ш**ор-**н**ешер-**а**рье ШНА), находящиеся ниже хазе, и включаются в высший зивуг в месте от хазе и выше – в лик человека, раскрывающийся там.

Но когда Адам Ришон нарушил запрет Древа познания, распространилась нечистота змея в мир, и оттуда исходит строение скверны, называемое «человек негодный»[152], который не желает подниматься к лику человека, находящемуся выше хазе Малхут, потому что «негодный (блия́аль בליעל)» – это буквы слова «бесполезный (баль я́аль בל יעל), однако он желает притянуть зивуг в место от Малхут ниже хазе, что и является нечистотой змея. И это – прегрешение первородного змея, который произвел соединение в месте ниже хазе Малхут и произвел разъединение с ликом человека, находящимся выше хазе. И от свойства «человек негодный» происходят духи идолопоклонников, нечистые духи людей, исходящие от нечистоты змея.

Этот дух называется нечистым, и не называется «человек (адам)», потому что исходит от «человека негодного», который не желает подниматься к высшему лику человека, и поэтому

---
[152] Писания, Притчи, 6:12. «Человек негодный, человек лживый ходит с извращенными устами...»

нет у него никакой части в нем. Его тело является облачением нечистого духа, и это – нечистая плоть. Нечистый дух – внутренняя суть, а эта плоть – облачение его. Поэтому до тех пор, пока этот дух пребывает в теле, оно называется нечистым. Если же этот дух вышел из своего одеяния, из тела, оно больше не называется нечистым. И облачение больше не называется нечистым, потому что нечистота, т.е. дух, уже устранилась, выйдя из него.

123) Из нижних свойств, т.е. животных, зверей и птиц, которые вследствие расплавления отделились от этого духа, создались образы, отдельные духи, облачившиеся в другое одеяние – в образы нечистых животных. Как сказано: «А это будет нечистым для вас»[153], и это – свинья, птицы и животные ситра ахра. Этот дух называется нечистым, а тело – одеянием его. И это тело называется свиной плотью, потому что свинья находится во внутренней сути его, т.е. духе, а плоть – это одеяние духа, называемого свиньёй.

Объяснение. Как уже выяснилось относительно человека святости – там все частные виды, относящиеся к свойствам бык-орел-лев (**ш**ор-**н**ешер-**а**рье ШНА), предшествуют общему, т.е. духу человека. А после того, как появился дух человека, включились в него все живые существа. Но затем они снова отделились по своим видам, как и в начале. И благодаря тому, что включились в лик человека, раскрывающийся в этом святом зивуге, достигли благодаря этому свойства чистоты и после того, как отделились. И они называются чистыми животными.

И точно так же после того, как дух человека осквернился нечистотой змея вследствие того, что притянул высший зивуг в место ниже хазе, – когда затем проходит сила левой линии над этим нечистым духом человека и отделяет все виды в нем, возвращая их к тем формам, в которых они вышли до включения их в зивуг, все они становятся духом нечистых животных. И это потому, что они являются элементами расплавления нечистого духа.

И поэтому эти две стороны отделяются друг от друга, и противостоят друг другу: принадлежащие одной стороне

---
[153] Тора, Ваикра, 11:29.

включились в лик человека, а принадлежащие другой включились в нечистоту. Со стороны святости находится дух человека – как общее свойство, а дух чистых животных, зверей и птиц – как отделившиеся от него элементы. И также со стороны «человека негодного» находится дух «человека негодного» – как общее свойство, а дух нечистых животных, зверей и птиц – как отделившиеся от него элементы. И это два порядка, расположенные друг против друга. Каждое из живых существ расположено соответственно своему виду и не смешивается с противоположной ему стороной. И даже если случится так, что смешается, то в конце концов вернется к своему виду. Это относится как к стороне святости, так и к стороне нечистоты.

124) Все высшие света, которые светят, светят в этом «своде небесном» для того, чтобы создались внизу образы, как подобает. «Образы» – это величина ступеней сфирот БЕА, а также НАРАН людей и ангелов. Сказано: «И поместил их Всесильный (Элоким) на своде небесном, чтобы светить над землей и править днем и ночью»[154], и чтобы эти образы создались, как подобает, потому что правление двух светил – это такое правление, каким ему надлежит быть.

125) «Большое светило»[129], т.е. Зеир Анпин, называется «правление днем»[129], а «малое светило»[129], его Нуква, называется «правление ночью»[129]. Власть захара осуществляется днем, чтобы наполнить дом всем необходимым и дать ему пищу и питание. Когда наступает ночь и всем завладевает Нуква, нет иной власти в доме, кроме власти Нуквы. И тогда наступает ее правление, как сказано: «Встает она еще ночью, раздает пищу в доме своем»[68]. «Она, а не он» – т.е. Нуква раздает тогда, а не Зеир Анпин, потому что «правление днем» – это правление захара, Зеир Анпина, а «правление ночью» – Нуквы, а не Зеир Анпина.

126) «Большое светило» – это солнце. У него есть двенадцать входов и двенадцать часов, и солнце властвует над днем. «Малое светило» имеет двенадцать входов, и это – луна, Нуква Зеир Анпина, которая властвует над ночью, и есть в ночи двенадцать часов. И поэтому сказано: «В тот день будет Творец (АВАЯ) един и имя Его едино»[75]. Слово «един» сказано дважды,

---

[154] Тора, Берешит, 1:17, 18.

одно – это имя АВАЯ, Зеир Анпин, «большое светило», а другое – «имя Его», Нуква, «малое светило».

Солнце и двенадцать входов в нем образуют тринадцать свойств милосердия. Ночь, т.е. луна, и двенадцать входов в ней образуют также тринадцать. И становятся солнце единым и луна единой. И тогда сказано: «В тот день будет Творец (АВАЯ) един и имя Его едино»[75] – потому что слово «один (эхад אחד)» имеет числовое значение тринадцать. И поскольку есть в АВАЯ, т.е. в солнце, тринадцать, поэтому сказано: «Творец (АВАЯ) един»[75]. И также о тринадцати Нуквы, т.е. луны, называемой «имя Его», сказано: «И имя Его едино»[75].

И становятся солнце и луна едины. И также день и ночь становятся едины. И сказано: «И был вечер, и было утро – день один»[46]. И это единство образовалось только наверху, т.е. выше хазе Нуквы, где раскрывается это совершенное единство, а не от хазе и ниже.

Зоар выясняет сказанное: «И был вечер, и было утро – день один (эхад)»[46], которое означает, что также и «вечер» возвращается к тому, чтобы быть днем. И также отличие единства в отрывке «и был вечер»[46], приводимом здесь, от единства в отрывке: «В тот день будет Творец (АВАЯ) един и имя Его едино»[75], состоит в том, что слово «един (эхад)» сказано в нем дважды. «Един» означает большие мохин свечения Хохма, при свечении которых в мирах раскрывается единство Творца в мире. И поэтому слово «один (эхад אחד)» имеет числовое значение тринадцать, указывающее на тринадцать свойств милосердия. Потому что число тринадцать, которое образовалось в десяти сфирот, указывает, что они притягивают свечение Хохма от тринадцати свойств милосердия, раскрывающихся в Арих Анпине.

И «правление днем» нисходит от двенадцати входов, имеющихся в солнце к двенадцати часам в этом дне. Вместе с сущностью самого солнца, светящего из этих двенадцати входов, они образуют вместе число тринадцать, означающее состояние «Творец (АВАЯ) един»[75]. Ибо солнце, Зеир Анпин, притягивает от тринадцати свойств милосердия большие мохин свечения Хохма, и тогда Творец (АВАЯ) называется «единым». И таким же образом установились двенадцать входов в луне, Нукве, когда вместе с самой сущностью луны, в которой эти входы открыты, чтобы принимать от солнца, они составляют числовое значение слова «един (эхад)», т.е. тринадцать, означающее состояние «и имя Его едино»[75].

Однако это произойдет в конце исправления, когда свет луны будет как свет солнца. Как сказано: «В тот день будет Творец (АВАЯ) един и имя Его едино»[75]. Однако в течение шести тысяч лет, после того, как уменьшилась луна, суть луны не раскрывается для того, чтобы восполнить число слова «един (эхад)». Ведь она не светит со стороны своей сути, а только от того, что получает от солнца. И поэтому не сказано здесь: «И был один вечер и было одно утро», но оба они включаются в один день. Ибо свойство «один (эхад)» не раскрывается иначе как в правлении их обоих как одно целое. И тогда ночь, соединившись, входит в правление дня. Поэтому сказано: «И был вечер, и было утро – день один (эхад)»[46].

127) Когда Нуква присоединилась к дому и вошла к мужу своему, нет иного правления в доме, кроме правления служанок, которые остались в доме. Служанки, прислуживающие Нукве, называются «звездами», как сказано: «И звезды»[129]. Нуква передает им управление ее домом в тот момент, когда она входит в зивуг (соединение) с Зеир Анпином, перед утренней зарей, ибо это – время правления служанок, называемых «звездами», являющееся слабым управлением, и поэтому умножается тогда тьма в мире, как сказано: «И урок служанкам своим»[68]. Однако это является подготовкой к зивугу, чтобы произвести все исправления в доме, т.е. подготовить ее к зивугу с солнцем для установления света дня. А после зивуга, производимого пред утренней зарей, возвращается дом к правлению захара днем. И всё происходит так, как и должно быть. То есть, Нуква включается под управление захара вследствие этого зивуга. И тогда она наполняет утренним светом мир, как и должно быть.

Сияющие светила и огненные светила

128) «И создал Всесильный (Элоким) два светила»¹²⁹. Одно называется «светилом», и так же – другое. То есть солнце является светилом, и также луна, сама по себе, является светилом. Поэтому те света, которые поднимаются наверх, называются «сияющие светила», а те света, которые опускаются вниз, называются «огненными светилами». Ибо эти «огненные светила» являются нижними ступенями и властвуют во все будние дни.

Объяснение. После того, как выясняются катнут и гадлут, и то, что луна не может находиться на равной ступени в состоянии «два больших светила», обозначаемом именами МАЦПАЦ МАЦПАЦ, она сократила себя и вернулась в состояние ибур, и достигла мохин «паним бе-паним». Согласно этому, можно подумать, что состояние «два больших светила» окончательно отменилось после уменьшения луны. И как раз это выясняется в отрывке, находящемся перед нами. Потому что также осталось и состояние, когда «два больших светила» продолжают светить в мирах, однако как «огненные светила». И это потому, что изменение в духовном не означает, что исчезает первое состояние, а второе занимает его место, но любое изменение в духовном означает только дополнение к прежнему состоянию, но прежнее состояние тоже не исчезает. Поэтому также и после того, как уменьшилась луна, не исчезло ее прежнее состояние, в котором она была на равной ступени с Зеир Анпином, обозначаемое МАЦПАЦ МАЦПАЦ.

«Два больших светила» означают, что солнце было светилом и луна была светилом. То есть, не так, как после уменьшения, когда сама луна вообще не является светилом, а только получает свет от солнца. Но тогда была также и сама луна сущностью, которая светит сама, как и солнце. Поэтому те света, которые поднимаются наверх, называются «сияющие светила». И поскольку луна была однажды в состоянии светящей сущности, у нее это состояние не исчезло также и после сокращения, однако также и в этом свойстве существует большое различие

Сияющие светила и огненные светила

между ними, потому что свет солнца – это свойство «сияющие светила», а свет луны – «огненные светила».

Мы уже выяснили[155], что вся сила подъема Нуквы к Зеир Анпину на равную ступень возникает вследствие того, что во время катнута были три его сфиры Бина, Тиферет и Малхут в состоянии падения на ступень Нуквы, и стали вместе с ней одной ступенью. Поэтому, когда Зеир Анпин снова поднял свои упавшие Бину, Тиферет и Малхут с места Нуквы и вернул их на свою ступень, также и Нуква поднялась вместе с ними, поскольку считается с ними одной ступенью. И поэтому стала Нуква, как сущность ступени Зеир Анпин, т.е., как его Бина, Тиферет и Малхут.

Однако они считаются тогда правой и левой линиями одной ступени, так, что келим Кетер и Хохма Зеир Анпина, которые никогда не были у него в состоянии падения, остались теперь свойством правой линии и называются «сияющие светила», а Бина, Тиферет и Малхут, которые упали в Нукву, а сейчас вернулись к нему, стали свойством левой линии и называются «огненными светилами». И поэтому света, поднимающиеся наверх, называются «сияющими светилами» – т.е. это света, светящие наверху, в Кетере и Хохме до хазе, у которых никогда не было падения со ступени Зеир Анпина. И они стали правой линией, свойством «свет солнца», и называются «сияющие светила». А те света, которые опускались вниз, т.е. его Бина, Тиферет и Малхут, которые опускались в свойство Нуквы, а теперь Зеир Анпин их поднял обратно к себе вместе с Нуквой, называются «огненные светила», потому что они находятся в нем в «левой линии», в которой действует сила огня. И это ступени, расположенные ниже хазе и называемые «келим де-ахораим (обратной стороны)», властвующие в будние дни.

Это не означает, что Зеир Анпин остался только со сфирот Кетер и Хохма, а Нуква – только с его Биной, Тиферет и Малхут, но они включают в себя друг друга, и есть КАХАБ (Кетер-Хохма-Бина) ТУМ (Тиферет и Малхут) у Зеир Анпина и КАХАБ ТУМ у Нуквы. Однако все пять сфирот Зеир Анпина считаются в основе своей его Кетером и Хохмой, и они преобладают в нем. А

---

[155] См. п. 112, со слов: «В таком же состоянии...»

все пять сфирот Нуквы считаются в основе своей Биной, Тиферет и Малхут Зеир Анпина, поскольку они преобладают в ней.

И поэтому на исходе субботнего дня произносят благословение на свечу, так как в это время «огненным светилам» предоставлено право властвовать. Потому что в субботний день ЗОН находятся в зивуге состояния гадлут «паним бе-паним (лицом к лицу)», и тогда Нуква зависима от Зеир Анпина, и нет у нее ничего своего, а только то, что дает ей Зеир Анпин, муж ее. Таким образом, нет тогда права у Нуквы раскрыть это свечение в ней, называемое «огненные светила», поскольку в это время она должна находиться в сокращении, чтобы раскрыть света состояния гадлут в зивуге «паним бе-паним», которые могут светить в ней только при сокращении. Однако на исходе субботы, после того, как уже прекратился большой зивуг ЗОН (Зеир Анпина и Нуквы) «паним бе-паним», тогда есть право у Нуквы раскрыть свое свечение, называемое «огненные светила».

129) Пальцы человека являются скрытыми свойствами ступеней и являются высшими свойствами. И есть в них «паним (лицевая сторона) и ахораим (обратная сторона)». Руки – это Хесед и Гвура Зеир Анпина, и во время гадлута они становятся Хохмой и Биной, потому что во время гадлута, когда он поднимает НЕХИМ (Нецах-Ход-Есод-Малхут) и восполняет свои десять сфирот, ХАГАТ (Хесед-Гвура-Тиферет) поднимаются к свойству ХАБАД (Хохма-Бина-Даат), а НЕХИ (Нецах-Ход-Есод) – к свойству ХАГАТ. И тогда считаются три части правой руки свойствами ХАБАД Хохмы, а три части левой руки – свойствами ХАБАД Бины.

При произнесении слов: «Вознесите руки к святыне»[156], когда он возносит руки к свойству рош, т.е. когда ХАГАТ становятся ХАБАД, считается часть руки вместе с пальцами первой частью, т.е. Хохмой, потому что при подъеме рук наверх пальцы находятся в верхней части, а остальные части руки находятся под ними. А второй частью является предплечье, считающееся Биной. А третьей частью – плечо, соединенное с плечевым суставом, считающееся свойством Даат.

---

[156] Писания, Псалмы, 134:2.

Таким образом, пальцы – это свойство Хохма сфирот Хохма и Бина Зеир Анпина, потому что пальцы правой – это Хохма сфиры Хохма, а пальцы левой – это Хохма сфиры Бина. И отсюда можно понять сказанное мудрецами: «В будущем Творец соберет в круг праведников, и Он пребывает среди них в Эденском саду, и каждый из них указывает пальцем своим и говорит: "Это наш Творец"[157]»[158]. Потому что пальцы – это мохин Хохмы, а мохин Хохмы – это «видение» и «свет глаз». Поэтому говорят: «Указывает пальцем своим».

«Пальцы человека являются скрытыми свойствами ступеней и являются высшими свойствами». Потому что человек должен быть строением для Зеир Анпина, как учат нас мудрецы, что праотцы и являются этим строением. И также учат тому, что человек должен сказать: «Когда мои действия достигнут деяний отцов моих». И тогда свойство «пальцы человека» становится свойством Хохма Хохмы в правой стороне и Хохма Бины в левой, которые являются самыми скрытыми мохин из всех ступеней и высших свойств.

Нет такой ступени, у которой не было бы «паним и ахораим (лицевой и обратной стороны)»[159]. Ибо у каждой ступени есть десять сфирот КАХАБ ТУМ, и Кетер и Хохма в ней считаются келим де-паним, а Бина и ТУМ – келим де-ахораим. Таким образом у ступени, называемой «пальцы», т.е. у свойств Хохмы, сфирот Кетер и Хохма – это келим де-паним (лицевой стороны) этих «пальцев», а Бина и ТУМ – это келим де-ахораим (обратной стороны) «пальцев».

Свойства «ахораим (обратной стороны)» «пальцев» – это их внешняя сторона, и они указывают на «ногти» «пальцев». Объяснение. Поскольку между келим де-паним и келим де-ахораим проходит парса, называемая «небосвод, разделяющий между высшими водами» – т.е. Кетером и Хохмой, «и нижними водами» – т.е. Биной и ТУМ. И это имеет место как в общем, т.е. в парсе между мирами Ацилут и БЕА, так и на каждой частной ступени. То есть нет такой ступени, в которой не было бы

---

[157] Пророки, Йешаяу, 25:9.
[158] Вавилонский Талмуд, трактат Таанит, лист 31:1.
[159] См. «Введение в науку Каббала», п. 77.

десяти сфирот КАХАБ ТУМ. И между сфирот Кетер и Хохма в ней, и сфирот Бина, Тиферет и Малхут, пролегает парса.

«Ногти» символизируют частную парсу ступени Хохма парцуфа «пальцы», разделяющую между келим де-паним, Кетером и Хохмой в нем, и келим де-ахораим, Биной и ТУМ в нем, таким образом, что внутренняя часть парцуфа «пальцы» – это сфирот Кетер и Хохма свойства Хохма, «ногти пальцев» – это парса, находящаяся под ними, а сфирот Бина и ТУМ свойства Хохма включены в «ногти», потому что парса включает всё, что находится ниже нее.

И поэтому человеку можно на исходе субботы смотреть на ногти, потому что они тогда светятся от этой свечи и от этого огня, чтобы обладать силой в будние дни. Объяснение. Состояние Нуквы и ее величие, которые были до ее сокращения, не отменяются даже после того, как она сократилась, чтобы достичь мохин «паним бе-паним». Однако нет у нее права пользоваться ими, так как она должна отменить себя по отношению к Зеир Анпину, поскольку светят они лишь тогда, когда она подчиняется ему. Однако после того, как уходят от Нуквы мохин «паним де-паним», т.е. на исходе субботы, есть право у Нуквы снова светить в своем свойстве «огненные светила», так же, как это было в состоянии «два больших светила».

В состоянии «два больших светила» Нуква считается свойствами Бина и ТУМ Зеир Анпина, т.е. его келим де-ахораим. Таким образом, на исходе субботы начинают светить келим де-ахораим парцуфа «пальцы», и это – свойство «ногти (ципорнаим)», так как они получают от «огненных светил» Нуквы, являющихся свойством «ахораим» Зеир Анпина, которые обретают силу в этот момент. Ведь они светят тогда от этой свечи, т.е. «ногти (ципорнаим)» светят от того, что они получают от Нуквы, от состояния до ее сокращения, когда она называется «огненные светила», т.е. свеча.

130) «Ногти» видны, однако не позволяется видеть внутреннюю сторону «пальцев» в свете этой свечи, потому что внутренняя сторона «пальцев» – это келим де-паним, Кетер и Хохма, и они не могут получать от Нуквы Зеир Анпина, поскольку у нее вообще нет келим де-паним, Кетера и Хохмы. И таково правило,

Сияющие светила и огненные светила

что любое свойство должно получать от соответствующего ему свойства в высшем.

И поэтому они обязаны получать только от Зеир Анпина, у которого есть келим Кетер и Хохма. Поэтому свойства внутренней стороны «пальцев» вообще не светят от «огненных светил», и могут светить только лишь от «сияющих светил», т.е. от Зеир Анпина, у которого есть келим Кетер и Хохма, ведь они светят только от высших свойств, от келим де-паним, считающихся свойством от хазе и выше и имеющихся только у Зеир Анпина.

Внутренние свойства «пальцев» называются «внутренним ликом», поскольку это келим де-паним (лицевой части), Кетер и Хохма, как сказано: «И увидишь ты Меня сзади, но лик Мой не будет виден»[160]. То есть, человеку нельзя смотреть на внутреннюю часть «пальцев», когда на исходе субботы он произносит благословение: «Создающий огненные светила»[161]. Потому что они считаются «внутренним ликом», и о них сказано: «Но лик Мой не будет виден». А сказанное: «И увидишь ты Меня сзади» означает «внешний лик» парцуфа «пальцы», т.е. свойство «ногти», светящие на исходе субботы. «Но лик Мой не будет виден» – это свойство «внутренний лик» парцуфа «пальцы», который не может получить от «огненных светил».

Внутренние свойства «пальцев» приобретают силу в субботу, ибо тогда они получают от соответствующего им свойства в Зеир Анпине. А внешние свойства «пальцев» обретают силу в будни, когда они получают от соответствующего им свойства в Нукве.

131) А в субботу Творец является единственным властителем в этом «внутреннем лике» на престоле величия Своего. И все они включаются в Него, и это – Его правление. Объяснение. В субботний день Нуква отменяет себя по отношению к Зеир Анпину, находясь в состоянии «малое светило». Ибо потому она и сократила себя, чтобы быть способной получить мохин состояния «паним бе-паним (лицом к лицу)», которые светят

---
[160] Тора, Шмот, 33:23.
[161] Вечерняя молитва на исходе субботы (аравит). «Благословен Ты, Творец Всесильный наш, Царь Вселенной, создающий огненные светила».

в субботу. Таким образом, Зеир Анпин господствует один. И тогда светят его келим де-паним, Кетер и Хохма.

Творец является единственным властителем в этом «внутреннем лике» на престоле величия Своего. Потому что Нуква находится в свойстве «престол» и этих келим де-паним, и она отменяет себя по отношению к ним, и все свойства, находящиеся ниже Зеир Анпина, включаются в Зеир Анпин, и это – Его правление. И поэтому Творец дарует покой всем мирам, и святой народ, являющийся единым народом на земле, перенимают наследие этого дня.

В субботний день правит один лишь Творец, и поэтому полностью отсутствуют суды и обвинения в этот день, и Он дарует покой всем мирам, и сыновья Исраэля, являющиеся единым народом на земле, могут перенять эти возвышенные мохин субботнего дня от Зеир Анпина. Потому что нет страха проникновения клипот. И большие мохин субботы называются наследием потому, что получение Исраэлем всех мохин от их Отца, пребывающего в небесных высях, происходит посредством пробуждения свыше. Как сказано: «Приложил усилия и нашел – верь!»[162]

Это подобно тому, как люди совершают приобретения в этом мире. И самое большое приобретение требует соответственно и самых больших усилий за него. Однако света субботы не требуют никаких усилий после себя, и никакое пробуждение снизу ничего не добавляет к ним, но наполнение приходит к Исраэлю только лишь в силу высшего правления. И поэтому называется субботнее наполнение наследием, потому что сыну даруются сокровища Отца, пребывающего в небесных высях, и он удостаивается их без всякого усилия со своей стороны.

Но на самом деле «тот, кто не трудился в канун субботы, чем будет питаться в субботу?»[163] Потому что и субботние света требуют приложения усилий в канун субботы. Однако имеется в виду пробуждение снизу, необходимое в час получения наполнения, т.е. непосредственно в субботний день, в час, когда получают эти большие света, и тогда уже не происходит

---

[162] Вавилонский Талмуд, трактат Мегила, лист 6:2.
[163] Вавилонский Талмуд, трактат Авода Зара, лист 3:1.

Сияющие светила и огненные светила

у них никакого пробуждения снизу, но это приходит к ним, как наследство. «Сияющие светила» приходят с правой стороны, и это – первый свет, который был в первый день семи дней начала творения, т.е. свет, о котором сказано в первый день: «Да будет свет!»[10]. Потому что в субботний день светят только эти «сияющие светила», и они господствуют, а от них получают и светят все миры, находящиеся ниже Ацилута.

132) На исходе субботы прячутся «сияющие светила», чтобы не раскрывались, а «огненные светила» властвуют в мирах, каждое – на своем месте. То есть в субботний день предоставляется место для господства «сияющих светил», а в будние дни – место для господства «огненных светил», время власти которых от исхода субботы до кануна субботы. И поэтому они должны получать свое свечение от той самой свечи на исходе субботы.

133) «И животные эти исчезают и появляются»[164]. Глаз не успевает уловить их, потому что они «исчезают и появляются». И это – раскрывающиеся животные, т.е. нижние животные, о которых сказано: «И увидишь Меня сзади»[160], и хотя они – раскрывающиеся животные, всё же они «исчезают и появляются».

Этот офан (образ) находится внутри них, и это – Матат, включающий этих нижних животных. Когда он исчезает, называется Нуриэль, а когда появляется, называется Матат. И он больше и важнее, чем остальные эти животные, и выше них на пятьсот парсаот.

Потому что Матат – это лик человека, нисходящий к нижним животным вследствие их включения в высший зивуг, совершаемый над хазе, и это – конечная «нун» слова ШНАН, потому что Матат – это малый Адам, так как «лик человека (адам)» находится выше хазе, и к нижним животным приходит от него лишь включение свыше. И поэтому он называется малый Адам. И поскольку «лик человека» включает все образы, то Матат включает всех животных нижнего строения (мерκава), так как является «ликом человека», относящимся к ним. И поскольку он исходит от включения «лика человека» выше хазе, считается, что он выше этих животных на пятьсот парсаот.

---

[164] Пророки, Йехезкель, 1:14.

Потому что от хазе и выше светят мохин Бины, сфирот которой исчисляются в сотнях. И пять сфирот КАХАБ (Кетер-Хохма-Бина) ТУМ (Тиферет и Малхут) в ней – это пятьсот. И поскольку Матат принимает их только от парсы, расположенной в месте хазе, но не выше хазе, ибо там – место зивуга и включения, называются эти мохин «парсаот», так как принимаются от парсы. И сказано, что «он выше на пятьсот парсаот» – т.е. он получает мохин КАХАБ (Кетер-Хохма-Бина) ЗОН (Зеир Анпин и Нуква) от парсы, расположенной в хазе, а у остальных животных нет доли там, ведь они – только лев-бык-орел, находящиеся ниже хазе.

134) Скрытые животные находятся под скрытыми высшими буквами «йуд-хэй יה» имени АВАЯ (הויה), которые властвуют над «вав-хэй וה» имени АВАЯ. Скрытые животные находятся в месте от хазе ЗОН и выше, в котором находится свойство ГАР, обозначаемое двумя буквами «йуд-хэй יה», о которых сказано: «Скрытое – Творцу Всесильному нашему»[165], и невозможно постигнуть их. Поэтому и животные, находящиеся там, также скрыты и исчезают, и невозможно постигнуть их. А относительно животных, находящихся ниже хазе, о буквах «вав-хэй וה» имени АВАЯ (הו), говорится: «А открытое – нам и сынам нашим»[165] – поскольку там место раскрытых хасадим, и там происходит «видение» и «постижение», как сказано: «И увидишь Меня сзади»[160].

Эти буквы «вав-хэй וה» являются строением (меркава) для букв «йуд-хэй יה», т.е. они раскрывают их свечение, подобно всаднику, показавшемуся на своей колеснице (меркава). И также нижние животные являются строением (меркава) для высших животных, т.е. они раскрывают их свечение. А самая скрытая из всего скрытого, которая вообще непознаваема, т.е. Бесконечность, обозначаемая кончиком буквы «йуд י» имени АВАЯ (הויה), властвует над всеми и восседает над всеми. То есть, все эти ступени раскрывают ее власть в мирах.

Нижние раскрывающиеся животные находятся под этими скрытыми животными, получают от них свое свечение и возносятся благодаря их силе. Иными словами, у нижних животных

---

[165] Тора, Дварим, 29:28. «Скрытое – Творцу Всесильному нашему, а открытое – нам и сынам нашим навечно, чтобы исполнять все слова закона этого».

нет никаких собственных сил и действий, но только то, что они получают от высших животных.

135) Все высшие скрытые животные включены в «свод небесный». О них сказано: «Да будут светила на своде небесном»[113], и это говорит о том, что все светила висят на «своде небесном». О небосводе, находящемся над этими животными, сказано: «А над головами этих живых существ – образ небосвода наподобие страшного льда»[27], и это – первый небосвод.

Объяснение. В общем есть два небосвода, как сказано: «От края неба до края неба»[21]. «Небосвод» означает окончание второго сокращения, которое вывело Бину, Тиферет и Малхут каждой ступени на ступень под ней. И он называется парсой, стоящей в месте хазе каждого парцуфа. И начало его раскрытия – в середине парцуфа Бины мира Ацилут, называемого ИШСУТ. То есть, между ГАР ИШСУТ, которые находятся выше хазе Арих Анпина, и между их ЗАТ, т.е. Биной, Тиферет и Малхут, находящихся ниже хазе Арих Анпина.

Поэтому называется этот «небосвод», находящийся в Бине, первым «небосводом», и также называется высшим «краем неба»[21]. Потому что этот «небосвод» опускает край парцуфа Бины, ее сфирот Бина, Тиферет и Малхут, в «небо», в Зеир Анпин. И есть второй «небосвод», стоящий в хазе Зеир Анпина, опускающий край парцуфа Зеир Анпина, его сфирот Бина, Тиферет и Малхут, в Нукву, оканчивающую мир Ацилут. И поэтому называется этот небосвод нижним «краем неба».

Все высшие животные, находящиеся выше хазе ЗОН, включены в первый небосвод, находящийся в месте хазе парцуфа Бина, в отличие от нижних животных, находящихся под хазе ЗОН, которые не включены в этот первый небосвод, потому что все ахораим высшего, находящиеся ниже его хазе, облачены в келим де-паним нижнего, в его келим Кетер и Хохма, находящиеся выше хазе. Однако ахораим высшего никогда не облачаются в келим де-ахораим нижнего, находящиеся под его хазе, так как причиной этого облачения является подъем Малхут в Бину, происходящий во время состояния катнут парцуфов[166].

---
[166] См. «Введение в науку Каббала», п. 77.

И тогда, в силу этого подъема, в каждом парцуфе совершенно отсутствуют его келим от хазе и ниже, и как же могут ахораим высшего облачиться в ахораим нижнего, в то время, когда их недостает ему? Таким образом, у нижних животных де-ЗОН, находящихся от его хазе и ниже, нет никакой связи с высшим небосводом и включения в него, поскольку это – ахораим Бины, и они никогда не облачатся в них[167].

136) Начиная от этого места первого «небосвода» и выше, нет того, кто бы мог постичь и познать его, поскольку оно скрыто в мысли, так как выше первого небосвода, выше хазе парцуфа Бины мира Ацилут, находятся ГАР этой Бины, называемые «мыслью», а ГАР совершенно невозможно постичь. Нет никого в мире, кто бы мог постичь и познать мысль человека, и тем более нет того, кто мог бы постичь вещи, зависящие от высшей мысли. А саму мысль уж тем более невозможно постичь.

Объяснение. Сфира Бина – это свойство ГАР и «мысль», однако она состоит из десяти сфирот. И ГАР в ней – это ее собственное свойство, а семь нижних сфирот (ЗАТ) в ней не являются ее собственным свойством, а свойством ЗОН, включенных в нее. Даже ЗАТ Бины, которые только включены и зависят от «мысли», т.е. Бины, недоступны для постижения, т.е. на своем собственном месте, а только в месте ЗОН. И тем более – ГАР Бины, являющиеся сущностью Бины, совершенно недоступны для постижения. Еще более внутренняя суть, чем мысль, т.е. Бина, – кто приводит там в действие какую-то идею, мы ведь даже не знаем, как спросить об этом, и уж тем более – узнать. Выше Бины находится Арих Анпин, являющийся Кетером для всех парцуфов Ацилута, и он является свойством Бесконечности, которое совершенно недоступно постижению.

---

[167] См. выше, п. 16.

Три света

137) По отношению к Бесконечности нет вообще никакого ощущения для восприятия ее, и нельзя задать о ней никакого вопроса или связать с ней какую-либо идею, чтобы мысленно представить ее. От самого скрытого из всех скрытых, в начале нисхождения Бесконечности с целью раскрытия, начал светить тонкий непостижимый свет, и скрытый в ощущении настолько тонком, как отверстие игольного ушка. То есть открывается лишь очень узкое отверстие, недостаточное для его восприятия. И это понятие – «скрытая мысль», т.е. ГАР парцуфа Бины, который называется самой «мыслью». Объяснение. По отношению к Бесконечности, т.е. к Арих Анпину, нет вообще никакого ощущения для восприятия его. И в начале нисхождения Бесконечности с целью достичь места раскрытия, т.е. ГАР парцуфа Бины, называемого высшими Аба ве-Има мира Ацилут, она запечатлелась в виде тонкого ощущения, пока еще недостаточного для восприятия.

И она была непостижима до тех пор, пока не распространилось свечение от нее в то место, где есть записи букв, т.е. в парцуф ЗАТ Бины, называемый ИШСУТ мира Ацилут. Потому что ЗОН мира Ацилут называются буквами, а ЗАТ Бины не являются сущностью самой Бины, а только свойством включения ЗОН. И поэтому они определяются как запись букв, т.е. ЗОН. И поскольку они близки к свойству ЗОН, поэтому от них начинается постижение и раскрытие. И все они вышли оттуда, т.е. все мохин состояния гадлут парцуфа ЗОН и миров БЕА исходят оттуда, от ЗАТ парцуфа Бины, и называются ИШСУТ.

138) В начале всего вышла запись буквы «алеф», являющейся началом (рош) и концом (соф) всех ступеней. И это запись (решимо), в которой были записаны все ступени. И называется она «один», т.е. «алеф» в числовом значении «один». Это означает, что хотя она имеет много форм, поскольку включена во все ступени, все же называется только «один», т.е., что все ступени становятся в ней одним целым.

Конечно же, «алеф» – это буква, от которой зависят высшие и нижние. Потому что форма буквы «алеф א» указывает на второе сокращение, т.е. на подъем Малхут в место Бины.

И новое окончание – это линия посередине буквы «алеф א». Верхняя «йуд י» – это Кетер и Хохма, которые остались на ступени. Нижняя «йуд י» – это Бина и ТУМ, которые вышли с этой ступени и упали на ступень, находящуюся под ней. И также это указывает на состояние гадлут, когда они снова поднялись на одну ступень с верхней «йуд י» с помощью средней линии буквы «алеф א». И тогда раскрылись от нее все мохин парцуфов АБЕА.

После первого сокращения нет никакой возможности раскрытия мохин прямого света даже для высших ЗОН, и тем более, для НАРАН праведников. Поэтому Зоар называет первое сокращение «скрытым в ощущении настолько тонком, как отверстие игольного ушка». И это ощущение остается скрытым, подобно отверстию, образуемому в игольном ушке, когда неразличима форма этого отверстия, и это отверстие непригодно для раскрытия мохин. И эта запись (решимо) первого сокращения является свойством Малхут высших Аба ве-Има, являющихся свойством ГАР Бины. И запись формы буквы «алеф א», т.е. второго сокращения, начинает раскрываться только в парцуфе ЗАТ Бины, называемом ИШСУТ.

Таким образом, форма буквы «алеф א» включена во все ступени мира Ацилут, потому что форма высшей «йуд י», предшествующей диагональной линии, указывает на высшие Аба ве-Има мира Ацилут, а кончик высшей «йуд י» – это Арих Анпин мира Ацилут, и в них еще светит первое сокращение. И они называются «высшими водами», прежде чем раскрывается диагональная линия буквы «алеф», называемая «небосвод», т.е. новое окончание, образованное вторым сокращением. А сама диагональная линия, являющаяся «небосводом», оканчивающим парцуфы Аба ве-Има и Арих Анпин, – это парцуф ЗАТ Бины, называемый ИШСУТ. И нижняя «йуд י» – это ЗОН, слитые со сфирот Бина, Тиферет и Малхут, упавшими со ступени ИШСУТ, как в состоянии катнут, так и в гадлут.

И поэтому «от самого скрытого из всех скрытых, в начале нисхождения Бесконечности с целью раскрытия, начал светить тонкий непостижимый свет, и скрытый в ощущении настолько тонком, как отверстие игольного ушка» – т.е. в начале раскрытия свечения Бесконечности он светил светом тонким, как отверстие игольного ушка, и это первое сокращение, которое ЗОН и миры БЕА не могли получить через это отверстие вообще. И он нисходил до Малхут парцуфа высшие Аба ве-Има, расположенной в месте хазе Арих Анпина, до тех пор, пока не распространилось это свечение от него к месту, в котором есть запись букв, до ЗАТ Бины, называемых ИШСУТ, и стоящих ниже хазе Арих Анпина, в которых находится решимо букв, т.е. ЗОН.

Формой записи букв, которая вышла в начале всего, была форма буквы «алеф א», т.е. второго сокращения. И в нем начало (рош) и конец (соф) всех ступеней. Рош – это высшая «йуд» буквы «алеф א», означающая парцуфы Арих Анпин и высшие Аба ве-Има, являющиеся рош (началом) всех ступеней. Соф – это нижняя «йуд» буквы «алеф א», означающая ЗОН, которые являются концом всех ступеней.

И буква «алеф א» – это запись (решимо), которой были записаны все ступени, т.е. диагональная линия, являющаяся разделяющим «небосводом», самим окончанием второго сокращения, парцуфом ИШСУТ, т.е. этой записью разделяющего «небосвода» были записаны абсолютно все ступени парцуфов ЗОН и БЕА. «И называется она "один"» – ибо этот небосвод, ИШСУТ, делает все парцуфы Ацилута одним целым, так как в состоянии гадлута он распространяется до окончания мира Ацилут и благодаря этому поднимается вместе с ЗОН в рош Арих Анпина, и становятся там все парцуфы одним целым.

139) Рош буквы «алеф א», т.е. верхняя «йуд י» в ней, – это скрытие высшей мысли, что указывает на подъем Малхут в место Бины де-Аба ве-Има, называемых высшей мыслью, вследствие которого опустились сфирот Бина, Тиферет и Малхут парцуфа Аба ве-Има вниз, в ИШСУТ. И осталось в Аба ве-Има только лишь два кли – Кетер и Хохма. Таким образом, верхняя «йуд י» буквы «алеф א» указывает на Аба ве-Има в то время, когда у них есть только Кетер и Хохма, т.е. во время скрытия высшей мысли.

И это распространение высшего небосвода, т.е. распространение времени гадлута, когда высший небосвод распространяется в место Малхут и снова поднимает Бину, Тиферет и Малхут, пока еще он полностью скрыт в этом рош буквы «алеф א», в ее верхней «йуд י», чтобы в момент появления формы буквы «алеф א» из этого небосвода, т.е. мохин состояния гадлут, она появилась в виде начала (рош) мысли.

Верхняя «йуд י» буквы «алеф א» указывает на парцуфы Арих Анпин и Аба ве-Има. И эта «йуд י» указывает на катнут, создавшийся в парцуфах Арих Анпин и Аба ве-Има по причине подъема Малхут, и у них остались на ступени только лишь сфирот Кетер и Хохма, а Бина и ТУМ Арих Анпина опустились в Аба ве-Има, а также Бина и ТУМ Аба ве-Има опустились в ИШСУТ. И смысл того, что Арих Анпин и Аба ве-Има приняли в себе второе сокращение и катнут, исходящий от него, заключается в том, чтобы произошло затем распространение небосвода во время гадлута в форме буквы «алеф א», и света тогда выйдут в виде начала (рош) мысли, т.е. раскроются света Арих Анпина, называемого рош (началом) Аба ве-Има, т.е мысли.

Ибо эти Бина и ТУМ Арих Анпина, которые упали по причине второго сокращения и соединились с парцуфом Аба ве-Има, вызывают раскрытие его мохин. Потому что во время гадлута, когда этот «небосвод» распространяется вниз и снова поднимает Бину, Тиферет и Малхут в его рош, поднимается вместе с ними также парцуф Аба ве-Има, слитый с ними, в рош Арих Анпина. И также Бина и ТУМ парцуфа Аба ве-Има поднимают вместе с собой ИШСУТ в рош Арих Анпина, а Бина и ТУМ парцуфа ИШСУТ поднимают вместе с собой также и ЗОН в рош Арих Анпина. Таким образом, все они выходят в виде начала (рош) мысли, т.е. Арих Анпина, и благодаря ему все они светят свечением Хохма. Однако, если бы Арих Анпин и Аба ве-Има не приняли на себя уменьшение второго сокращения и не опустили их сфирот Бина и ТУМ в ИШСУТ, у мохин Арих Анпина не было бы никакой реальной возможности раскрыться в мирах[168].

В среднюю линию буквы «алеф א» включены шесть ступеней ХАГАТ НЕХИ, потому что они являются свойством ВАК парцуфа Бина, называемым ИШСУТ. В этот «небосвод», находящийся внутри буквы «алеф א», включены все скрытые высшие животные, соединенные с этой «мыслью», т.е. Биной.

---

[168] См. п. 3, со слов: «Свойство суда...»

Три света

Объяснение. После того, как Зоар выяснил верхнюю «йуд י» буквы «алеф א», означающую высшие Аба ве-Има, и линию посередине ее, означающую ИШСУТ, он выясняет теперь нижнюю «йуд» буквы «алеф א», и говорит, что это – свойство «животных», т.е. ЗОН, «соединенных с небосводом» так же, как нижняя «йуд» соединена с диагональной линией буквы «алеф א». Однако он уточняет, что только «скрытые высшие животные», т.е. ХАГАТ, находящиеся выше хазе парцуфа ЗОН, соединены с этой «мыслью» – с этой линией, являющейся свойством ВАК «мысли». И это не относится к «нижним раскрытым животным», т.е. к свойствам НЕХИ, находящимся ниже хазе ЗОН, которые не соединены с этой «мыслью», т.е. «небосводом» внутри буквы «алеф א».

И мы уже выяснили[169], что ахораим высшего облачаются только в келим де-паним нижнего, до хазе, но вовсе не в келим де-ахораим нижнего, расположенные ниже хазе. Поэтому высшие животные, т.е. келим де-паним ЗОН, слиты и соединены со сфирот Бина и ТУМ небосвода, называемого ВАК «мысли». Однако раскрытые «животные», относящиеся к свойству от хазе и ниже, никогда не смогут соединиться с ними. Таким образом выяснилось, как форма буквы «алеф א» включает полностью все ступени, и в ней верхняя «йуд י» – это Аба ве-Има и Ариx Анпин, «небосвод» посередине – это ИШСУТ, с которым слита и соединена нижняя «йуд י», т.е. ЗОН.

140) Один свет, который светил и скрылся, это свет буквы «бэт ב» слова «берешит (בראשית вначале)». «Под палящим зноем дня»[170] Авраам «сидел у входа в шатер»[170]. Это вход снизу вверх, «палящий зной дня», светит над этим входом и светит там.

После того, как Зоар выяснил начало (рош), середину и конец (соф) формы буквы «алеф א», и выяснил, что конец (соф) буквы «алеф א», т.е. нижняя «йуд», связанная с ней, это свойство скрытых высших «животных», т.е. сфирот ХАГАТ, находящихся выше хазе ЗОН, он возвращается к выяснению частных свойств трех этих скрытых животных и называет их тремя светами:

---

[169] См. п. 135.
[170] Тора, Берешит, 18:1.

один свет – это Хесед, правая линия, свойство Авраама;
второй свет – это Гвура, левая линия, свойство Ицхака;
третий свет – это Тиферет, средняя линия, свойство Яакова.

Эти три линии Зеир Анпина исходят от трех точек холам-шурук-хирик, выходящих в таком порядке в мохин парцуфа ИШСУТ. Потому что мохин Бины выходят только в последовательности этих трех точек. В начале, во время выхода Бины, т.е. ИШСУТ, из рош Арих Анпина, вследствие подъема Малхут в место Бины, установилась Бина в виде точки в ее чертоге, т.е. в виде мохин де-хасадим, где отсутствует ГАР. Потому что точка, т.е. Малхут, поднялась в чертог Арих Анпина, т.е. в Бину, вследствие чего сфирот Бина и ТУМ чертога опустились в ЗОН, находящиеся под ними, и в чертоге остались только света нефеш-руах в келим Кетер и Хохма. И поэтому называется этот свет точкой в ее чертоге.

И это – точка, которая находится внутри буквы «бэт ב» слова «берешит (בראשית вначале)», и эта «бэт ב» является Биной, называемой «чертог», а точка внутри нее – это Малхут, которая поднялась в нее. И эта точка является точкой «холам», расположенной над буквами.

Поэтому «один свет, который светил и скрылся, это свет буквы "бэт ב" в слове "берешит (בראשית вначале)"[6]» – это первый свет, который светил, а затем скрылся, т.е. Бина Арих Анпина, которая была вначале в ГАР де-рош Арих Анпина, а затем поднялась к ней эта точка, т.е. Малхут, и в силу этого вышла Бина из ГАР де-рош Арих Анпина, и скрылся свет ГАР от Бины, и осталась она в свойстве ВАК без ГАР. Таким образом, вначале свет Бины светил в совершенстве, а затем скрылся. И это свет, который обозначается буквой "бэт ב" в слове "берешит (בראשית вначале)"», т.е. точка в чертоге ее.

И эта точка, которая поднялась в чертог и из-за которой чертог сократился до свойства ВАК, называется «палящим зноем» и судами. И на нее указывает отрывок: «Под палящим зноем дня». «Под палящим зноем дня» Авраам «сидел у входа в шатер» – т.е. эта точка называется «палящим зноем дня», и она же называется «входом в шатер». И о ней говорится, что Авраам «сидел у входа в шатер под палящим зноем дня».

«Это вход снизу вверх» – т.е. точка, Малхут, которая поднялась в чертог Бины, является входом снизу вверх. И с помощью нее поднимаются нижние, т.е. ЗОН, находящиеся внизу, в Бину, находящуюся наверху, в то время, когда эта точка возвращается на свое место, и Бина и ТУМ, упавшие в место ЗОН, возвращаются в Бину. И тогда ЗОН, слитые с ними, тоже поднимаются вместе с ними в Бину.

Таким образом, эта точка является входом снизу вверх, когда те, что находятся внизу, поднимаются через нее наверх. И «палящий зной дня» светит над этим входом и светит там. «Палящий зной дня», являющийся судами и экраном, установившимся в точке с тем, чтобы отталкивать от нее высший свет, светит в этом входе, называемом точкой, снизу вверх, и оттуда светит также вниз, благодаря зивугу де-акаа с высшим светом[171], т.е. поднимает отраженный свет и притягивает прямой свет. И это – точка холам[172], называемая светом Хесед, правой линией и свойством Авраама. И отсюда – лик льва, скрытых высших «животных», находящихся от хазе и выше, как сказано: «И лик льва – справа»[100].

141) Второй свет – это свет, который все больше меркнет при наступлении вечера, и это – молитва Ицхака. Для того чтобы исправить эту ступень, сказано: «И вышел Ицхак при наступлении вечера помолиться в поле»[173] – вечернее созерцание и всякого рода темнота были у него в качестве послеполуденной молитвы (минха). При наступлении этого вечера Яаков созерцал покровителя Эсава, о котором сказано: «И боролся человек с ним»[174].

Второй свет, левая линия Зеир Анпина выше его хазе, исходящая от точки шурук Бины. Ведь в тот момент, когда эта точка, опустившаяся из чертога, из места Бины, вернулась на свое место, место Малхут, и три кли, Бина и ТУМ, которые упали из чертога Бины в ЗОН, вернулись к ней, Бина, восполнившись десятью сфирот, вернулась на свое место в рош Арих Анпина, и свет Арих Анпина вернулся в Бину, как и до ее сокращения.

---

[171] См. «Введение в науку Каббала», п. 21.
[172] См. выше, п. 9.
[173] Тора, Берешит, 24:63.
[174] Тора, Берешит, 32:25.

И тогда определяется, что семь нижних сфирот (ЗАТ) Бины померкли, вследствие этого подъема в рош Арих Анпина, потому что ЗАТ не могут получить свет Хохмы, не получив облачения от света хасадим. И поскольку рош Арих Анпина полностью является только светом Хохмы, только ГАР Бины могут получить этот свет, но ЗАТ Бины остается во тьме, без света хасадим и без света Хохмы. И это – действие точки шурук.

Второй свет, левая линия – это свет, который все больше меркнет при наступлении вечера. Потому что вследствие возвращения Бины в рош Арих Анпина все больше меркнут ЗАТ Бины. Как сказано: «При наступлении вечера». И молитва Ицхака нужна для того, чтобы исправить эту ступень, ибо посредством его молитвы, на которую указывает отрывок: «И вышел Ицхак при наступлении вечера помолиться в поле», он исправил и притянул эту ступень точки шурук и получил оттуда левую линию Зеир Анпина, восполняющую только ГАР, а ЗАТ оставляющую во тьме.

Поэтому «вечернее созерцание и всякая тьма были у него» – т.е. благодаря послеполуденной молитве (минха) он притянул левую линию от точки шурук, включающую в себя все виды тьмы в мире, и исправил их подобающим образом. Поэтому этот второй свет называется «тьмой Ицхака» и светом Гвуры Зеир Анпина. Отсюда – «лик быка» у высших скрытых животных. И об этом сказано: «Лик быка – слева»[100].

142) Третий свет – это свет, включающий два этих света, правой и левой линии, свет, который приносит исцеление. Этот свет является средней линией, исходящей от точки хирик в Бине, т.е. новая ступень хасадим, которую получила Бина вследствие ее облачения в экран де-ЗОН, поднявшихся к ней. И этот свет добавляется к хасадим правой линии и становится облачением хасадим для света Хохма. И тогда включились две линии друг в друга, правая линия включила в себя свет Хохмы, и есть у нее Хохма и хасадим. А левая линия включила в себя хасадим, и есть у нее Хохма и хасадим. Поэтому говорится о ней: «Свет, включающий два эти света» – потому что этот свет включает две линии, так как он восполняет их обе.

Поэтому он сам тоже удостаивается получить свечение их обеих. Ведь той меры, которую нижний восполняет в высшем, удостаивается также и нижний, поскольку он вызвал ее. И это свет, который приносит исцеление, потому что с помощью его ступени хасадим исцеляется левая линия, так как благодаря ей получает свечение хасадим правой линии.

И об этом третьем свете сказано в отрывке об Яакове: «И засияло ему солнце»[175] – т.е. после того, как включил в себя Яаков «при наступлении вечера»[173] тьму левой линии и нуждался в излечении, сказано: «И засияло ему солнце» – чтобы излечить его от тьмы левой линии. И этот третий свет называется средней линией, устанавливающей согласие над двумя линиями, правой и левой. И это – свет Тиферет и свойство Яакова. Отсюда исходит «лик орла» у высших скрытых животных, расположенных от хазе и выше.

Отсюда и далее, после того как Яаков притянул свет средней линии с помощью экрана точки хирик, сказано о нем: «А он хромает на бедро свое»[175]. «Бедро свое» означает – сфира Нецах Зеир Анпина, называемого Исраэль. Потому что две его сфиры, Нецах и Ход, называются двумя бёдрами (ерехáим). И объясняется, что отрывок: «И засияло ему солнце, когда он проходил Пнуэль, а он хромает на бедро свое»[175] означает, что сияние солнца, третий свет, является прямой причиной того, что «он хромает на бедро свое».

И это происходит потому, что экран точки хирик притягивает ступень первой стадии, т.е. ВАК, которым недостает ГАР. И хотя он уже постиг ГАР благодаря точке шурук и притянул эту ступень хасадим только ради исцеления, все же ГАР его сократились в некоторой мере вследствие этого зивуга на экран точки хирик. И нам уже известна обратная зависимость между келим и светами, когда отсутствие НЕХИ келим вызывает отсутствие ГАР светов, и наоборот, при сокращении ГАР светов, происходящем в силу экрана точки хирик, определяется, что келим «хромают на бёдра», а бёдра – это Нецах и Ход. Таким образом, «сияние солнца», являющееся ступенью хасадим, которую он притянул в свете, приносящем исцеление, является прямой причиной того, что «он хромает на свое бедро», т.е. причиной сокращения ГАР.

---

[175] Тора, Берешит, 32:32.

143) «На бедро своё» – сказано в единственном числе, но не сказано во множественном: «На бёдра свои», что указывает на четвертую ступень, Нецах. Ни один человек не удостоился получения оттуда ступени пророчества, пока не пришел Шмуэль, и о нем сказано: «И также Вечный (Нецах) Исраэля не обманет»[176] – тогда устанавливается Нецах, который был слабым с того времени, как Яаков подвергся опасности со стороны ангела, покровителя Эсава.

Состояние «хромает на бедро своё» исходит от сокращения ГАР. Но ведь это касается двух бедер, поэтому следовало сказать: «Хромает на бёдра свои», что означало бы – Нецах и Ход, называемые два бедра (ерехаим). Но говорится об одном бедре, Нецахе, четвертой ступени, однако она включает два бедра – Нецах и Ход. Потому что до этого времени он произвел еще исправление линий только лишь от хазе Зеир Анпина и выше, в сфирот ХАГАТ, но еще не было исправлено ничего от хазе и ниже, т.е. НЕХИ, потому что ему недоставало там лика человека.

Поэтому считается, что у них нет еще ничего от правой линии. И Нецах и Ход считаются свойствами левой линии и одной ступенью. И поэтому не сказано: «И он хромает на бёдра свои», так как оба они являются одним бедром и одной сфирой. Это сфира Нецах, а не Ход, по той причине, что верхние келим определяются, как растущие первыми. Поэтому все то время, пока два бедра считаются одним, они называются сфирой Нецах, так как она выше сфиры Ход. И поэтому она растет и выявляется раньше сфиры Ход.

Эта ступень является четвертой потому, что там еще не раскрылась пятая ступень, Ход. В таком случае, понятно, что это сфира Нецах. А исправление свойств от хазе и ниже состоит в подъеме и включении в «лик человека», раскрывающийся в высшем зивуге, и это исправление было произведено в дни Шмуэля, поэтому сказано, что «ни один человек не удостоился получения оттуда ступени пророчества, пока не пришел Шмуэль». И о нем сказано: «И также Вечный (Нецах) Исраэля не обманет»[176] – потому что Нецах был проявлен, как правая

---
[176] Пророки, Шмуэль 1, 15:29.

линия и как четвертая ступень, а Ход – как левая линия и как ступень, отличающаяся от Нецаха, – пятая ступень келим, Ход.

144) «И затронул сустав бедра его»[177] означает, что когда пришел правитель Эсава к Яакову, укрепился против него Яаков при наступлении вечера, и это – точка шурук и левая линия в исправлении Ицхака, когда действует сила суда. И Яаков был включен в его левую линию, поэтому тот не мог одолеть его. «И увидел тот, что не одолевает его, и затронул сустав бедра его» – тогда получил Яаков укрепление оттуда. То есть, когда ангел затронул сустав бедра его, в противоборстве его с Яаковом с тем, чтобы повергнуть его, Яаков взял силу и стойкость от этого бедра, чтобы отогнать оттуда ангела, с помощью силы суда, имеющегося в левой линии выше хазе. Поэтому «и затронул сустав бедра» Яакова – т.е. ангел одолел его.

Дело в том, что бедро находится вне гуф (туловища). Ведь Яаков – это сфира Тиферет, называемая гуф, и гуф его включал две ступени, захар и нуква, называемые человек. Потому что человек включает свойства захар и нуква, так как от хазе и выше «лик человека» находится в совершенстве, и ангел не может одолеть его. Но поскольку Яаков получил поддержку в свойстве от хазе и ниже, находящемся вне его гуф, тотчас: «И затронул сустав бедра» Яакова.

Объяснение. После того, как ангел коснулся свойства ниже хазе, поскольку не мог получить исправление в высшем зивуге, так как недостает ему лика человека, и всё его исправление было тогда, как сказано: «И все их обратные стороны обращены внутрь»[178]. Однако после того, как Яаков захотел притянуть оттуда силы против ангела, сразу же раскрылся недостаток лика человека, имеющийся там, и в силу раскрытия этого недостатка ухватился за него ангел, «и затронул сустав бедра» Яакова.

145) «И ни один человек не удостоился получения оттуда ступени пророчества, пока не пришел Шмуэль», и не исправил Нецах. Поэтому сказано о нем: «И также Вечный (Нецах) Исраэля не обманет, потому что не человек Он»[176]. Потому что,

---

[177] Тора, Берешит, 32:26.
[178] Пророки, Мелахим 1, 7:25.

хотя Нецах находится вне гуф, ниже хазе, где нет свойства «лик человека», и поэтому не исправил его человек до этого момента, вместе с тем исправил его Шмуэль благодаря тому, что поднял и включил его в «лик человека», находящийся выше хазе. Поэтому: «Вечный (Нецах) Исраэля не обманет». И сказано, что «не человек Он» – т.е., хотя он (Нецах) не такой, как «лик человека», всё же он исправил его.

Однако свойство Ход остается в слабости своей, потому что даже Шмуэль не может исправить его, и он будет исправлен в будущем, в конце исправления. И поэтому сказано дальше о свойстве Ход, т.е. левой «голени»: «А он хромает на бедро свое»¹⁷⁵ – т.е. даже после того, как исправил Шмуэль свойство Нецах и вернул его к правой, осталась слабость в левой «голени» – сфире Ход.

Йеошуа получил пророчество от величия (ход) Моше, как сказано: «И дай ему от величия (ход) твоего»¹⁷⁹. Это значит, что Йеошуа был до прихода пророка Шмуэля, поэтому он не мог получать пророчество до Нецаха, из-за слабости вследствие прикосновения ангела. Поэтому сказано о нем: «И дай ему от величия твоего». И отсюда видно, что он получил пророчество от величия (ход) Моше, и это – пятая ступень, Ход.

Объяснение. Потому что Моше относится к внутренним свойствам Зеир Анпина, и он полностью находится от хазе Зеир Анпина и выше. Однако от хазе и выше есть в нем полный парцуф ХАГАТ НЕХИ. И эти Нецах и Ход, находящиеся от хазе и выше, отделены друг от друга, поэтому есть там пять ступеней ХАГАТ Нецах Ход, соответствующие КАХАБ ТУМ, и Йеошуа получил пророчество от пятой ступени. Тогда как в свойстве от хазе Зеир Анпина и ниже отсутствует «лик человека» – сфирот Малхут и Ход, и там есть только четыре ступени – до сфиры Нецах, а сфира Ход отсутствует. А после того, как Нецах ослабляется вследствие касания ангела, ни один человек не получает оттуда пророчества.

Нецах – это левое бедро Яакова, и поэтому пришел Давид и включил его в правую линию. Не сказано: «Блаженство десницы Твоей вечно (нецах)», а сказано: «Блаженство в деснице

---
¹⁷⁹ Тора, Бемидбар, 27:20.

Твоей вечно (нецах)»¹⁸⁰, и это указывает на то, что до Давида Нецах не был в правой линии, и только Давид вернул его в правую линию, т.е. со времени Яакова до Шмуэля и Давида Нецах считался левой линией.

146) Что означает – ослабло бедро Яакова? В результате того, что сторона скверны приблизилась к нему, и взяла у него стойкость, раскрылся недостаток «лика человека». А в любом месте, где есть недостаток в святости, удерживается ситра ахра. И приостановилось исправление до Шмуэля. И поэтому Шмуэль приходит, чтобы напомнить, что это свойство «бедро (ерех)» Исраэля, как сказано: «И также Вечный (Нецах) Исраэля не обманет»¹⁷⁶.

Объяснение. У Зеир Анпина есть два имени, в состоянии катнут он называется Яаков, а в состоянии гадлут – Исраэль. Сказано: «Затронул сустав бедра Яакова»¹⁷⁷ – в то время, когда он называется Яаков, и тогда две сфиры, Нецах и Ход, они как одно «бедро», потому что являются свойством левой линии. Но когда Зеир Анпин называется именем Исраэль, т.е. во время гадлута, Нецах и Ход считаются двумя ступенями, правой и левой, и поэтому, когда Шмуэль снова исправил Нецах, он упомянул его именем Исраэль, что указывает на гадлут, и тогда Нецах относится к правой линии, а Ход – к левой. И тогда сказано: «И также Вечный (Нецах) Исраэля не обманет».

Поэтому все слова Шмуэля были в свойстве суда, в начале и в конце. Объяснение. Поскольку самым важным для него было очистить Нецах от слабости, которую вызвал в нем покровитель Эсава, пророчество его было в свойствах Гвура (мужество) и дин (суд), потому что они необходимы для исправлений чистоты. И сразу же в начале его пророчества он предвестил суды дому Эли, и также в конце предвестил суды Шаулю.

147) И кроме того, включил его Творец также и в сфиру Ход, в то время, когда он совершал помазание царей Шауля и Давида. Поэтому Шмуэль так же важен, как Моше и Аарон. Так же как Моше и Аарон были разделены на две стороны, правую и левую, выше хазе, так же Шмуэль от хазе Зеир Анпина и ниже был, как и они, разделен на две стороны, правую и левую,

---
¹⁸⁰ Писания, Псалмы, 16:11.

Нецах и Ход. И хотя они были здесь только левой стороной, всё же, благодаря Шмуэлю, разделились на две стороны, как Моше и Аарон, относящиеся к высшим свойствам. Поэтому, хотя Шмуэль и относится к свойствам от хазе и ниже, он так же важен, как Моше и Аарон, относящиеся к свойствам от хазе и выше. Потому что Шмуэль поднял НЕХИ, расположенные ниже хазе ЗОН, чтобы включить их в зивуг «лика человека», раскрывающийся в сфирот ХАГАТ де-ЗОН выше хазе[181]. И тогда произошло разделение между Нецах и Ход, находящимися ниже хазе, и они стали двумя сторонами так же, как Хесед и Гвура, расположенные выше хазе.

Благодаря Шмуэлю все ступени включились друг в друга, ведь поэтому он стал так же важен, как Моше и Аарон, как сказано: «Моше и Аарон – священники Его, а Шмуэль среди призывающих имя Его»[182], поскольку шесть окончаний (ВАК) включились друг в друга. Ибо вследствие исправления, произведенного им, когда он поднял сфирот НЕХИ, расположенные ниже хазе ЗОН, и включил их в ХАГАТ выше хазе, то есть притянул наполнение из точки холам в Нецах, из точки шурук – в Ход, а из точки хирик – в Есод, все шесть окончаний становятся включенными друг в друга: Нецах соединился с Хеседом, Ход – с Гвурой, а Есод – с Тиферет. И все они находятся в «лике человека», т.е. Малхут.

---

181 См. выше, п. 82, со слов: «Однако три мира БЕА...»
182 Писания, Псалмы, 99:6.

Моше и Яаков

148) Так же, как правая и левая линия, находящиеся выше хазе, Моше и Аарон, связаны и объединяются с правой и левой линиями ниже хазе, Шмуэлем, так же связаны и объединяются высшая средняя линия, Тиферет, т.е. свойства Яакова и Моше, со средней линией ниже хазе, Есодом, свойством Йосефа. Таким образом, все шесть сторон включились и соединились друг с другом. Четыре стороны – Моше, Аарона и Шмуэля, и две стороны – Яаков и Моше с Йосефом. Яаков и Моше, оба являются свойством Тиферет Зеир Анпина, внутренняя часть Тиферет – это Моше, внешняя часть Тиферет – Яаков. Раньше говорилось, что Моше и Аарон – это правая и левая линия высших свойств, а здесь сказано, что Моше – это Тиферет. Потому что есть много свойств, относящихся к Моше.

Яаков был хозяином дома. Когда умер Яаков, Моше перенял дом и управлял им в течение своей жизни. Ибо нет ничего, в чем не было бы внутренней и внешней связи. Поскольку любая ступень делится на келим свойства паним, Кетер и Хохма и верхняя треть Бины до хазе, где находится парса, и на келим свойства ахораим и внешней сути, Бину, Тиферет и Малхут, расположенные от парсы и ниже[183]. Однако келим свойства паним и келим свойства ахораим включены друг в друга. И даже в келим только свойства паним любой ступени необходимо различать внутреннюю и внешнюю суть, где внутренняя суть является основой их ступени, и это – келим де-паним, Кетер и Хохма, или ХАГАТ, а внешняя их суть – это только включение со стороны келим де-ахораим, Бины, Тиферет и Малхут, или ТАНХИМ.

И таким же образом в келим только свойства ахораим тоже есть внутренняя и внешняя суть, где их включение со стороны высших келим де-паним считается их внутренней сутью, Кетером и Хохмой до хазе, а их собственные свойства, Бина, Тиферет и Малхут, находящиеся ниже хазе, это их внешняя суть. Таким же образом – на любой ступени и в любой сфере.

---

[183] См. п. 129, со слов: «Нет такой ступени, у которой...»

Моше и Яаков, оба являются строением (меркавой) для Зеир Анпина мира Ацилут, только Моше – строение (меркава) для внутренней сути Зеир Анпина, келим де-паним, расположенные от хазе Зеир Анпина и выше, а Яаков – строение (меркава) для внешней сути Зеир Анпина, келим де-паним, включенные в келим де-ахораим Зеир Анпина, расположенные от хазе и ниже.

Нуква Зеир Анпина полностью состоит из ахораим, расположенных от хазе Зеир Анпина и ниже, и называется «домом». Таким образом Моше, строение для внутренней сути Зеир Анпина от хазе и выше, не находится в одном свойстве с Нуквой Зеир Анпина, полностью находящейся ниже хазе Зеир Анпина. Поэтому только Яаков, внешняя суть Зеир Анпина, т.е. келим де-паним, включенные в свойство Зеир Анпина от хазе и ниже, стоит на одном уровне с Нуквой Зеир Анпина, с келим де-ахораим от хазе и ниже. Поэтому хозяином дома считается Яаков, а не Моше, так как он (Моше) является более высокой ступенью, чем Нуква Зеир Анпина, а захар и нуква должны принадлежать одному свойству, потому что зивуг означает сравнение по форме.

Поэтому сказано, что хозяин дома – Яаков, так как он является строением для внешней сути Зеир Анпина, у него есть сравнение с Нуквой Зеир Анпина, называемой «домом». И Яаков называется ее мужем. «Когда умер Яаков, Моше перенял дом» – Нукву Зеир Анпина, «и управлял им в течение своей жизни» – в этом мире. И хотя по духу своему он является строением для внутренней сути Зеир Анпина, и нет у него сравнения с Нуквой, все же до тех пор, пока дух его был облачен в тело в этом мире, а всё тело его полностью состоит из келим де-ахораим, было у него сравнение с Нуквой Зеир Анпина со стороны его тела, и он приводил к зивугу Зеир Анпина с Нуквой в течение дней своей жизни в этом мире, после того, как умер Яаков.

Йосеф был праведником благодаря Яакову и благодаря Моше. Потому что Яаков и Моше, оба были строением (меркавой) для келим де-паним Зеир Анпина, Кетера и Хохмы, или ХАГАТ, только один – выше хазе, а другой – ниже хазе. Известно, что зивуг может производиться только с помощью средней линии сфирот НЕХИ, т.е. Есода праведника. И поэтому Яаков и Моше не могли сами привести к зивугу Зеир Анпина с Нуквой, но только когда объединялись в Йосефе, являющемся строением (меркавой) для Есода Зеир Анпина. И тогда они могли привести к зивугу ЗОН. Таким образом, Йосеф был Есодом праведника как для Моше, так и для Яакова.

149) Яаков взял дом, Нукву Зеир Анпина, благодаря Йосефу. Как сказано: «Вот родословие Яакова: Йосеф»[184]. Это указывает на то, что они включены друг в друга. И также Моше не мог привести к зивугу с Нуквой до тех пор, пока не объединился с Йосефом. Ибо в то время, когда Шхина вышла из Египетского изгнания, Моше, внутренняя суть Зеир Анпина, не мог произвести зивуг со Шхиной, но только с помощью Йосефа. Как сказано: «И взял Моше кости Йосефа с собою»[185]. Сказано: «Взял с собою», потому что гуф не способен к зивугу, но только если гуф сначала производит зивуг (соединение) с союзом, Есодом.

Моше является строением для гуф Зеир Анпина от хазе и выше, и нет у него сравнения, называемого зивугом, с Нуквой, и он сначала обязан произвести зивуг (соединение) с Йосефом, строением (меркавой) для Есода Зеир Анпина, называемым союз (брит). И поэтому взял Моше с собой Йосефа. Поскольку Йосеф был соединен с ним. Зеир Анпин произвел слияние со своей Нуквой, как подобает. И поэтому считается, что Яаков, Моше, Йосеф словно являются одним целым. Потому что как Яаков, так и Моше должны соединиться с Йосефом.

150) Яаков умер, и его тело было вынесено в святую землю. Йосеф умер, и его тело не было похоронено в святой земле, а только лишь кости. Моше – ни то, ни другое. Потому что как тело его, так и кости его были похоронены за пределами святой земли.

Яаков был первым мужем Нуквы. Потому что Яаков является строением (меркавой) для внешней сущности Зеир Анпина – келим де-паним его от хазе и ниже. И у него есть сравнение с Нуквой, которая полностью относится к свойству Зеир Анпина от хазе и ниже. И поэтому он является подлинным и первым мужем Нуквы. Но после того, как умер Яаков, Нуква произвела зивуг (соединение) с внутренней сутью Зеир Анпина – Моше. И всё то время, когда Моше был облачен в тело (гуф) в этом

---

[184] Тора, Берешит, 37:2.
[185] Тора, Шмот, 13:19.

мире, и поэтому было у него сравнение с ней[186], он сочетался с нею, как подобает, и он был вторым мужем Нуквы.

151) Поэтому Яаков был перенесен в святую землю со всем телом (гуф), ведь он сам относится к свойству гуф. Поскольку он является строением (меркава) для свойства гуф Зеир Анпина, сфиры Тиферет, включенной в его свойства от хазе и ниже, так как является свойством келим де-паним, включенных в келим де-ахораим. У Йосефа только кости его были перенесены в святую землю, но не тело, потому что кости его – это высшие воинства и станы.

Нет ничего, в чем не было бы внутренней и внешней сути. И даже свойство Йосефа, хотя и находится полностью ниже хазе Зеир Анпина, есть в нем тоже внутренняя и внешняя суть. Включение в него келим де-паним от хазе и выше – это его внутренняя суть, а его собственное свойство – внешняя его суть. Десять сфирот КАХАБ ТУМ тела называются: мозг, кости, жилы, плоть и кожа (мо́ха, ацамо́т, гиди́м, баса́р ве-ор). Мозг (моха) и кости (ацамот), Кетер и Хохма, – это внутренняя суть тела (гуф) Йосефа, где он включает свойства Зеир Анпина от хазе и выше. Жилы (гидим), плоть (басар) и кожа (ор) – это внешняя суть тела (гуф) Йосефа, его собственные свойства, относящиеся к свойствам Зеир Анпина от хазе и ниже.

До завершения исправления есть удержание клипот в келим от хазе Зеир Анпина и ниже. Вместе с тем, в тех келим де-паним, которые включены в келим де-ахораим, нет этого удержания. Поэтому у Яакова, который всецело является строением для гуф Зеир Анпина, т.е. келим де-паним, включенными в ахораим, в ХАГАТ, относящиеся к месту от хазе Зеир Анпина и ниже, а от самих ахораим есть у него только включение. Во всем теле (гуф) его нет никакого удержания клипот, и даже во включенных в него ахораим, и все его тело похоронено в святой земле.

Тогда как Йосеф, являющийся строением для Зеир Анпина от хазе и ниже, т.е. только для Есода, защищен от удержания (клипот) только лишь в его внутренних келим – мозг (моах) и кости (ацамот). Однако во внешних его келим, жилы (гидим),

---
[186] См. п. 148, со слов: «Поэтому сказано...»

плоть (басар) и кожа (ор), есть удержание клипот. Поэтому только кости его были захоронены в земле святости, потому что они защищены от укрепления в них нечистоты клипот, но его жилы, плоть и кожа, не были захоронены там, потому что есть в них удержание нечистоты.

У Йосефа кости были захоронены в земле (святости), но не тело, потому что его кости являются высшими воинствами и станами, так как мозг (моах) и кости (ацамот) относятся к включению в келим Зеир Анпина от хазе и выше, в которых нет никакого удержания скверны. Поэтому они были захоронены в земле святости. Тогда как внешние свойства тела, жилы (гидим), плоть (басар) и кожа (ор), в которых имеется удержание нечистоты, не могли быть там захоронены.

Все они исходят от этого праведника, т.е. даже свойства Зеир Анпина от хазе и выше включаются и выходят из Йосефа, т.е. Есода праведника Зеир Анпина. Йосеф-праведник называется «воинства», потому что воинства и станы, расположенные выше хазе Зеир Анпина, выходят от него. Таким образом, также и свойства выше хазе включены в Йосефа. И они называются его свойствами мозг (моах) и кости (ацамот). Поэтому кости Йосефа, т.е. воинства от хазе и выше, были перенесены в землю святости, так как это – свойства мозг (моах) и кости (ацамот), в которых нет удержания нечистоты. В то время, как жилы (гидим), плоть (басар) и кожа (ор), в которых есть удержание нечистоты, не могут быть захоронены там.

152) Моше находился за пределами этой земли, и в нее не вошли ни тело, ни кости его. Однако Шхина вошла в эту землю после того, как умер Моше, и вернулась к своему первому мужу, Яакову. Ведь поскольку Моше относится к внутренней сути Зеир Анпина, у него было сравнение с Нуквой только при жизни его, но не после кончины. Отсюда ясно, что если женщина в этом мире была дважды замужем, она возвращается после своей кончины первому мужу. Поэтому Моше был похоронен вне пределов святой земли, потому что первый ее муж, Яаков находился в этой земле, а Нуква относится только к первому мужу.

153) Моше удостоился в своей жизни того, чего Яаков не удостоился при жизни своей. Потому что Яаков вызывает зивуг

Зеир Анпина с Нуквой в высшем мире только после ухода из жизни. Однако Моше вызывает зивуг Зеир Анпина с Нуквой при жизни в этом мире, но не после ухода из нее. Было ли недостатком Моше то, что он не мог вызвать зивуг ЗОН после своего ухода? Но это не так, поскольку, когда Исраэль вышли из Египта, их избавление было со стороны юбилейного года (йовель), т.е. Бины.

И все эти шестьсот тысяч, относящиеся к поколению пустыни, относились к высшему миру, Бине. И благодаря этой форме, благодаря Бине, они шли по пустыне. И ни один из этого поколения не вошел в землю Исраэля. Но только их сыновья, родившиеся от них, вошли в землю Исраэля, поскольку они находились в исправлении луны, Нуквы. И все обрабатывающие землю, производящие вспашку и посев, относятся к исправлению луны.

Объяснение. Души Исраэля исходят от ЗОН, и благодаря тому, что Нуква Зеир Анпина подслащена в Бине и считается высшим миром, у душ Исраэля есть корень также и там, в Бине. И для того, чтобы вывести сыновей Исраэля из страны Египта, которые не были достойны избавления обычным путем, со стороны ЗОН, привлек Творец во всё это поколение возвышенные души из высшего мира, только из Бины. И благодаря их высокому корню спас их Творец, как сказано: «И спас его от руки того, кто сильнее его»[187]. Потому что со стороны непосредственного корня душ Исраэля египетская скверна была сильнее святости Исраэля, однако светил им свет возвышенных душ из Бины и спас их.

Поэтому, когда вышли Исраэль из Египта, это произошло со стороны свечения Бины, называемой «йовель (юбилейный год)». И все эти шестьсот тысяч Исраэля, относящиеся к этому поколению, относились к высшему миру, Бине. И поэтому была у них сила одолеть египетскую скверну и спастись от них. И благодаря этой форме, благодаря свечению Бины, они шли по пустыне. И ни один из них не вошел в землю Исраэля, потому что земля Исраэля – это свойство Нуквы Зеир Анпина, и поскольку не было у них свечения нижней Нуквы, они не могли войти в эту землю.

---

[187] Пророки, Йермияу, 31:10.

Но только сыновья поколения пустыни, родившиеся от них, поскольку они находились в исправлении луны, Нуквы Зеир Анпина, вошли в землю Исраэля и питались ее урожаем. И все обрабатывающие землю относятся к исправлению луны. Потому что поколение пустыни, те, кто происходят от высшего мира, не были «обрабатывающими землю», но получали «питание от небес»[188], однако сыновья их, происходящие от Нуквы, занимались земледельческими работами, потому что земледельческие работы – это исправление Нуквы Зеир Анпина, к которой не относится поколение пустыни.

154) Моше продолжил зивуг (соединение) Зеир Анпина с луной, Нуквой, когда он находился в теле в этом мире и сочетался с нею по своему желанию, и поэтому называется мужем госпожи (матрониты). Однако, когда он ушел из этого мира, его святой дух совершил высшее восхождение, и вернулся этот дух в высший «йовель», Бину. И там, в мире Бина, Моше слился с шестьюстами тысячами душ поколения пустыни, относящихся к нему, т.е. к его свойству.

У Яакова это происходило иначе. Он не поднялся после своей кончины в Бину, в «йовель (пятидесятый год)», как Моше, но дух его вернулся вниз, к Нукве Зеир Анпина, к «шмите (седьмому году)». И этого не было, когда он был жив. При жизни своей он не был слит с Нуквой Зеир Анпина так, как после своей кончины, потому что при его жизни был у него другой дом, т.е. другая Нуква. Иначе говоря, у него была жена в этом мире, при жизни его, и поэтому не мог окончательно слиться с Нуквой Зеир Анпина так, как после своей смерти.

155) И земля святости, в ее нижнем исправлении, была исправлена силой высшей Нуквы. То есть высшая Нуква, Има, пребывает над землей святости, нижней Нуквой, благодаря исправлениям нижних праведников, и поэтому все они не могут находиться вместе, т.е. не могут свойства Моше и поколения пустыни находиться вместе со свойствами Яакова и вступающих в эту землю. Потому что те, кто происходит от высшего мира, Бины, все они относятся к свойству «дух (руах), пребывающий в единстве». А те, кто происходит от нижнего мира,

---

[188] Тора, Шмот, 16:4.

Нуквы Зеир Анпина, все они относятся к свойству «тело (гуф), пребывающее в единстве».

Объяснение. Потому что Нуква по сравнению с Биной – то же, что и тело по сравнению с духом. И точно так же – души, происходящие от них. И как одним, так и другим не подобает находиться в свойстве «луна», т.е. в свойстве Нуквы, но одним – в свойстве Нуква, а другим – вне ее, чтобы получать свечение друг от друга. То есть те, кто происходит от Нуквы, должны получать свечение от тех, кто происходит от Бины, так же, как телу требуется свечение духа. Поэтому те, кто происходит от Нуквы, т.е. Яаков и вступающие в землю, они находятся в Нукве, т.е. в земле святости. А те, кто происходит от Бины, т.е. Моше и поколение пустыни, находятся вне земли святости и светят душам, пребывающим в земле святости.

156) И все те, кто вступил в землю святости, были лишь подобием первых, поколения пустыни, но не были на высшей ступени, как они. Поскольку не будет больше такого поколения, и также не было поколения до них, как эти первые, как поколение пустыни, которым открылось сияние величия Господина их «лицом к лицу (паним бе-паним)».

157) Яаков совершал слияние с женами своими при жизни, находясь в теле. А после его кончины возвысился дух его и слился с духом Нуквы. Моше отделился в этом мире от своей жены, Ципоры, и слился, находясь в теле, с этим духом святости – Нуквой Зеир Анпина, а после его кончины слился дух Моше со скрытым высшим духом, пребывающим наверху, – с Биной.

И все ступени сливались вместе, чтобы светить как одна, т.е. они светят одна другой. То есть те, которые происходят от Бины и оцениваются как свойство «дух (руах)», (светят) тем, которые происходят от Нуквы и оцениваются как свойство «тело (гуф)». Дух (руах) Моше – от «пятидесятого года (йовель)», т.е. Бины, а тело (гуф) его – от «седьмого года (шмита)», Нуквы. Дух Яакова призван слиться с «седьмым годом (шмита)», т.е. с Нуквой Зеир Анпина, а тело (гуф) принадлежало его женам в этом мире. Поэтому при жизни своей он не мог слиться с Нуквой Зеир Анпина, а только после кончины. А Моше – наоборот, ибо тело его находилось на одном уровне с Нуквой Зеир Анпина, поэтому он был слит с Нуквой Зеир Анпина при жизни своей. Но не после смерти, потому что дух его слит с Биной, и нет у него никакого сравнения с Нуквой Зеир Анпина.

158) Все эти высшие света находятся в форме своей на земле, внизу, и все они привязаны к своду небесному, т.е. с помощью его они светят земле внизу, как сказано: «И поместил их Всесильный на своде небесном, чтобы светить над землей»[139].

«Великие светила» – это состояние, когда два имени соединены как одно целое, а завершение их – в трех, и они возвращаются к одному, одно в соответствии другому. «Два имени соединены как одно целое» – это МАЦПАЦ МАЦПАЦ, потому что имя Нуквы скрыто в то время, когда она соединена с Зеир Анпином на равной ступени и не должна получать свои света от Зеир Анпина. «А завершение их – в трех» – потому что она не светит, когда находится на равной ступени с Зеир Анпином, из-за отсутствия облачения хасадим. Поскольку еще не раскрылся зивуг ступени хасадим, производимый на экран точки хирик, третьей линии, согласующей над двумя линиями, правой и левой, и облачающей их друг в друга.

Таким образом, «завершение их – в трех» – в трех линиях. А после того, как они включились в три линии, обе они возвращаются к одному, одно в соответствии другому, как сказано: «Творец един (эхад) и имя Его едино (эхад)»[75]. Поскольку тогда выходит солнце и двенадцать часов дня, образующие тринадцать свойств милосердия и означающие первое слово «един (эхад)», и также луна и двенадцать часов ночи, образующие тринадцать свойств милосердия и означающие второе слово «един (эхад)». И это имя, начертанное и запечатленное, и они включены в веру. Объяснение. Имя один (эхад) запечатлелось и включилось благодаря этим исправлениям также и в Нукву, называемую «вера». И это – только подготовка к тому, чтобы в конце исправления имя «един (эхад)» раскрылось также и в самой Нукве. Потому что в течение шести тысяч лет это не раскрывается еще в самой Нукве, а только включено в нее – то есть должно раскрыться в будущем, но пока еще не раскрылось.

Создадим человека

159) В речении: «И сказал Всесильный (Элоким): "Создадим человека"»[189] заключена тайна, которая не раскрывается никому, кроме боящихся Его. Заговорил старейший из старцев, сказав: «Шимон, Шимон! Кто это говорит: "Создадим человека"? Написано о нем: "И сказал Всесильный (Элоким)". Кто здесь под именем Всесильный (Элоким)?» И как только услышал рабби Шимон, что назвал Он его Шимон, а не рабби Шимон, сказал друзьям своим: «Конечно же, это Творец, о котором сказано: "И старец в годах (Атик Йомин) сидит". Ведь настал уже час раскрыть эту тайну, потому что скрыта здесь тайна, которую не позволено раскрывать, а теперь, значит, позволено раскрыть ее».

Объяснение. Известно, что тайны раскрывались мудрецам Зоара благодаря постижению светов высших ступеней путем озарения. И есть в них «паним (лицевая сторона) и ахораим (обратная сторона)», что означает «скрытие и раскрытие». И в соответствии с величиной уровня свойства «паним» ступени, такова же и величина уровня свойства ее «ахораим». А озарение «ахораим» является воззванием и призывом к озарению «паним». И поэтому они знали, в зависимости от меры скрытия «ахораим», которую они постигали, ту меру раскрытия, которую им предстоит постигнуть.

«Как только услышал рабби Шимон, что назвал Он его Шимон, а не рабби Шимон» – т.е. озарение «ахораим», являющееся воззванием, было настолько сильным, что он лишился всех ступеней и стал простым человеком, Шимоном с рынка. И узнал благодаря этому, что это воззвание и призыв к очень возвышенному постижению «паним».

Поэтому сразу же сказал друзьям своим: «Конечно же, это Творец, о котором сказано: "И старец в годах (Атик Йомин) сидит"»[190] – т.е. нет ступени более высокой, чем Он. И сказал: «А теперь, значит, позволено раскрытие» – т.е. теперь, видно,

---

[189] Тора, Берешит, 1:26. «И сказал Всесильный: "Создадим человека по образу Нашему и подобию Нашему"».
[190] Писания, Даниэль, 7:9.

Создадим человека

он достиг права раскрыть эту возвышенную тайну. Именно это подразумевается в двух вопросах – кто произнес: «Создадим человека»? И о каком имени Элоким говорится здесь – имени Элоким Бины или имени Элоким Малхут?

160) Заговорил рабби Шимон, сказав: «Так же, как царь, которому нужно было построить много зданий, и был у него зодчий, и этот зодчий не делал ничего иначе, как с разрешения Царя. И об этом сказано: "Была я у Него питомицею"[191]. Царь – это, конечно, высшая Хохма, Аба. Средний столб, т.е. Зеир Анпин, – это Царь внизу. Имя Элоким, которым называют высшего зодчего, – это высшая Има. Имя Элоким, которым называют зодчего внизу, – это нижняя Шхина. Поскольку так же, как есть два свойства Царя, есть два свойства зодчего, т.е. имени Элоким. Потому что зодчий свойства Хохма, высшего Царя, – это Има, называемая Элоким, а зодчий свойства Тиферет, нижнего Царя, – это нижняя Шхина, Нуква, тоже называемая Элоким.

Необходимо как следует понять эти два вопроса. Первый вопрос был следующим: если во всех речениях действия начала творения речение: «И сказал Всесильный (Элоким)» считается свойством Аба ве-Има, где Аба говорит, а Има выполняет, то почему здесь говорится: «И сказал Всесильный (Элоким): "Создадим человека"»? Ведь получается, что также и Аба, который говорит, участвовал в этом создании, а такого быть не может. Поэтому Он спросил его: «Кто это говорит: "Создадим человека"?» То есть нельзя сказать, что Аба тоже говорит: «Создадим» – ведь со стороны Абы не производится никакого действия, потому что Аба считается потенциальной силой, а Има – претворением в действие.

Второй вопрос был таким: все имена Элоким, изреченные в действии начала творения, означают свойство Има. И известно, что души людей – это порождения Зеир Анпина и Нуквы. И поэтому Он спросил: «Кто здесь под именем Элоким?» И поскольку имя Элоким здесь упоминается в создании человека, нельзя сказать, что это Има, потому что душа человека происходит только от Нуквы, а не от Имы.

---

[191] Писания, Притчи, 8:30.

И это – то, что объясняет (рабби Шимон), говоря: «Так же, как царь, которому нужно было построить много зданий, и был у него зодчий». Потому что он уподобляет свойства Абы и Имы царю и зодчему, от которых исходит все действие начала творения. Однако так же, как Аба ве-Има уподобляются царю и зодчему наверху, т.е. по отношению ко всем ступеням ЗОН мира Ацилут, так же и Зеир Анпин с Нуквой уподобляются царю и зодчему внизу, по отношению к НАРАН людей и к мирам БЕА.

Потому что Зеир Анпин и Нуква могут создать души людей только если они поднимаются и облачают свойства Аба ве-Има. А нижний, поднимающийся к высшему, становится таким же, как и он. Таким образом, Нуква в момент создания души Адама Ришона находилась на ступени Има, т.е. находилась в свойстве имени Элоким, и также Зеир Анпин – на ступени Аба. И проясняется второй заданный им вопрос: «Кто здесь под именем Элоким?» Ведь, на самом деле, это Нуква Зеир Анпина, но поскольку она поднялась и облачила свойства Имы, она стала как Има. И далее он продолжает выяснять первый вопрос.

161) Но у женщины нет права что-либо делать без позволения мужа. И обо всех строениях, возводимых через Ацилут, т.е. в мире Ацилут, рассказывал Аба, только сообщая Име, что одно будет в таком виде, а другое – в таком, и это тотчас выполнялось Имой. Как мы видим в речении: «И сказал Всесильный (Элоким): "Да будет свет!" И появился свет»[10]. «И сказал» – т.е. владелец строения, Аба, сказал свойству Элоким: «Да будет свет». Владелец строения, Аба, сказал, а зодчий-Има сразу же исполнила. И так происходило со всеми строениями, т.е. ступенями, которые вышли в мире Ацилут, – Аба говорил: «Да будет свод»[8], «Да будут светила»[113], и все исполнялось сразу же, без промедления.

Объяснение. Потому что Аба – это мысль, а Има – действие. И во всем мире Ацилут не существует никакой преграды. И сообщение подобно мысли, так же, как мысль человека передается его органам, – как только он решил действовать, органы действуют. И потому сказано: «И все исполнялось сразу же, без промедления» – т.е. нет преграды между сообщением и выполнением, способной воспрепятствовать каким-либо разделением. В то же время (при переходе) из мира Ацилут в миры БЕА, существует задержка и препятствие между сообщением и выполнением, в зависимости от толщи преграды, разъединяющей и разделяющей между ними. И здесь сказанное на самом деле определяется как сообщаемое, что означает зивуг де-акаа (ударное соединение). Как повеление царя своим слугам, то есть – два объекта, потому что есть экран (масах), разделяющий между миром Ацилут и миром Брия, и зивуг де-акаа (ударное соединение) на этот экран определяется как разговор или сообщение.

162) Когда он пришел к ступеням мира разделения, – и это мир отделенных, чтобы создать душу Адама, находящуюся в мире Брия, и этот мир уже отделен от принадлежности к свойствам Творца, и там свойства келим уже не являются свойствами Творца, – сказал зодчий владельцу строения: «Создадим человека по образу и подобию нашему». То есть, в противоположность всему действию начала творения до создания человека, где говорил владелец строения, здесь уже сказал зодчий. Ответил владелец строения: «Конечно же, хорошо создать человека, но в будущем он согрешит пред тобой, потому что он неразумный». Как сказано: «Сын мудрый порадует отца, а сын неразумный – огорчение матери его»[192]. То есть, Аба сказал, что прегрешение человека касается только Имы, ведь «сын неразумный – огорчение матери (имы) его».

Пояснение сказанного. В мире Ацилут нет никакого экрана, поэтому сам он, его свет и его экраны являются одним целым. И хотя мы видим, что зивуги на экраны совершаются также и в мире Ацилут, однако выясняется, что есть два вида Малхут[193]:
1. Малхут десяти сфирот рош, определяемая как Малхут, производящая соединение с высшим светом в зивуге де-акаа, и определяемая как создатель этого парцуфа.
2. Малхут, оканчивающая свечение, – Малхут десяти сфирот свойства гуф.

Во время второго сокращения, вследствие подъема Малхут в место Бины, образовалось новое окончание посередине каждой ступени, и производящая зивуг Малхут поднялась в свойство «никвей эйнаим (досл. зрачки глаз)», а оканчивающая Малхут – в место хазе десяти сфирот гуф. И тогда нет в

---

[192] Писания, Притчи, 10:1.
[193] См. «Введение в науку Каббала», п. 59.

окончании Малхут, расположенной в никвей эйнаим, никакого суда и авиюта, так как эта Малхут является производящей зивуг и создателем. И только оканчивающая Малхут, установившаяся в хазе, считается законченным экраном, потому что сила сокращения, имеющаяся в точке этого мира, поднялась там в хазе и остановила свет этой ступени. И этот оканчивающий экран, который поднялся в хазе, является парсой между миром Ацилут и миром Брия, оканчивающей все парцуфы в мире Ацилут[194].

Таким образом, все экраны, находящиеся в мире Ацилут до парсы, относятся только к свойству Малхут, совершающей зивуг, которая вовсе не считается экраном, а наоборот, она создает благодаря ее зивугу с высшим светом находящуюся в ней ступень. Поэтому во всем мире Ацилут нет на самом деле никакого (разделяющего) экрана, а только в парсе, находящейся под ним и являющейся свойством Малхут, которая оканчивает все ступени мира Ацилут. И поэтому все зивуги де-акаа, производимые на экраны мира Ацилут, не являются тем разговором, который происходит между двумя отдельными объектами. И таким образом, не являются тем экраном, который может разделить между ними, но относятся к свойству мысль, поскольку разговор бывает также и в мысли, как говорится: «И сказал он в сердце своем»[195].

И поэтому Аба, относящийся к свойству мысль, говорит, а зодчий-Има приводит эту мысль к исполнению сразу же, без промедления. Потому что захар и некева – как свет и кли, и Аба считается свойством высшего света, а Има считается носителем экрана, на который высший свет производит зивуг. И хотя Аба, т.е. высший свет, совершает соударение с экраном Имы для того, чтобы произвести любую из ступеней мира Ацилут, всё же это соударение не является соударением, называемым «произнесение устами», происходящим между двумя отдельными объектами, но так же, как в случае с мыслью человека, как только он решил действовать, органы действуют. Потому что нет такого экрана, который может разъединить эти ступени, разделив их на два объекта.

---

[194] См. «Введение в науку Каббала», п. 67.
[195] Тора, Берешит, 17:17.

Поэтому, «когда он пришел к ступеням мира разделения, и это мир отделенных, сказал зодчий владельцу строения: "Создадим человека"». Потому что сказанное Абой, т.е. высшим светом мира Ацилут, уже прервалось в оканчивающей парсе мира Ацилут, отделяющей три мира БЕА и делающей их объектами, отделенными от мира Ацилут. Поэтому здесь не может быть действенной мысль, относящаяся к сказанному Абой, а только свойство действующего здесь зивуга де-акаа, который называется «произносимое Имой», что происходит между двумя объектами, как при соударении двух губ, что является настоящим речением, отделенным и слышимым одним объектом от другого.

Поэтому Има сказала Абе: «Создадим человека», так как свет Имы, являющийся светом хасадим, может отделиться и войти в мир отделенных, т.е. в душу Адама мира Брия, но не свет Аба, являющийся светом Хохмы, который светит в одном только мире Ацилут, и свечение его прекращается над парсой. Но в таком случае, почему она сказала Абе: «Создадим человека», если его свет не передается в мир Брия? И ответ: поскольку «у женщины нет права что-либо делать без позволения мужа». Поэтому сказала Има: «Создадим человека», так как получила позволение от Аба светить ему (Адаму) и поднять его из Брия в мир Ацилут.

И это то, что сказал владелец строения: «Конечно же, хорошо создать человека, но в будущем он согрешит пред тобой, потому что он неразумный». Потому что Адам свойства «клипа» называется «неразумным», и он соблазнит Адама привлечь к себе свет Ацилута в БЕА, в клипот, и тогда называется Адам «сыном неразумного», так как связался с неразумным. И необходимо знать, что высшие Аба ве-Има оба называются Аба, а ИШСУТ (Исраэль Саба и Твуна) – оба называются Има. Поэтому сказал Аба: «Он совершит грех перед тобой» – потому что у сыновей Адама нет никакого корня в Абе ве-Име, а только лишь в ИШСУТ, т.е. в Име. И поэтому прегрешения человека вовсе не касаются Абы, а только лишь Имы.

163) Има сказала: «Если прегрешения его зависят от Имы, а не от Абы, я хочу создать его по образу моему». И об этом сказано: «И создал Всесильный (Элоким) человека по образу

Своему»¹². Не сказано: «По образу Нашему», потому что Има не хотела привлекать к нему Абу.

Объяснение. Высшие Аба ве-Има установились в свойстве «манула», т.е. в Малхут первого сокращения, на которую не происходит зивуг. А ИШСУТ установились в свойстве «мифтеха» – в Малхут, подслащенной в Бине. Именно об этом говорит Има: «Я хочу создать его по образу моему» – в свойстве «мифтеха», и у него не будет ничего от Малхут свойства суда, относящейся к первому сокращению и являющейся свойством Абы. Ведь в таком случае он будет совершенно отделен от клипот и не прегрешит. Поэтому сказано¹⁹⁶, что у Адама Ришона не было ничего от этого мира, так как он полностью относился к свойству Имы, т.е. Бины, а от Малхут первого сокращения, являющейся свойством этого мира, включенного в Абу, не было у Адама Ришона ничего, потому что Има не хотела привлекать свойство Малхут первого сокращения, имеющееся в Абе.

164) В час, когда согрешил Адам, сказано: «И за преступления ваши изгнана была мать ваша»¹⁹⁷. Сказал Царь, т.е. Аба, Име: «Разве не говорил Я тебе, что он прегрешит в будущем? Зачем ты сотворила его?» В сей же час изгнал Он его и изгнал мать его вместе с ним. Поэтому сказано: «Сын мудрый порадует отца, а сын неразумный – огорчение матери его»¹⁹². «Сын мудрый» – Адам мира Ацилут, т.е. Зеир Анпин, а «сын неразумный» – это Адам мира Брия, Адам Ришон, душа которого относится к миру Брия.

165) Встали все товарищи и с удивлением обратились к рабби Шимону: «Рабби, рабби! Разве разделение между свойствами Абы и Имы настолько большое, что со стороны Абы происходит Адам мира Ацилут, а со стороны Имы – Адам мира Брия? Ведь Аба и Има оба являются ступенью Бина мира Ацилут?»

Сказал им рабби Шимон: «Друзья, друзья! Это объясняется не так, ведь Адам мира Ацилут является свойством захар и некева со стороны Абы и Имы, захар – со стороны Абы, а нуква – со стороны Имы». Об этом говорится в речении: «И сказал

---

¹⁹⁶ Зоар, глава Кдошим, п. 62.
¹⁹⁷ Пророки, Йешаяу, 50:1. «Ведь за грехи ваши проданы были вы, и и за преступления ваши изгнана была мать ваша».

Создадим человека

Всесильный (Элоким): "Да будет свет!" И появился свет»[10]. «Да будет свет!» – сказанное со стороны Абы, «и появился свет» – исполненное со стороны Имы. И Адам этот был создан в свойстве двух парцуфов, когда оба они были слиты друг с другом на одной ступени. Таким образом, захар и некева, созданные от Абы и Имы, оба были равнозначны, и это указывает на то, что Аба ве-Има тоже находились на одной ступени.

166) Однако у Адама мира Брия нет образа и подобия от Аба ве-Има, потому что он в корне своем никак не относится к Аба ве-Има, чтобы получать от них мохин (разум) образа и подобия. Но у высшей Имы было особое название, равное по числовому значению «пэй-вав (86)», имени Элоким. И это название является светом и тьмой.

Объяснение. Есть имя собственное, и это имя относится к существу данной ступени. А есть название, означающее, что это имя заимствовано у другой ступени. И это означает сказанное, что «у высшей Имы», т.е. Бины, «было особое название». И это Малхут, которая по числовому значению равна имени Элоким, т.е. она поднялась в Бину и взяла у нее имя Элоким, так как Нуква по своей сущности не имеет этого имени, но взяла его у Имы[198]. И поэтому имя Элоким Нуквы – это название от Имы.

И в этом названии, т.е. в Нукве, имеется свет и тьма. И из-за тьмы, содержащейся в этом названии, сказал Аба, что Адам мира Брия должен согрешить. Адам мира Брия – это свет высшего облачения, т.е. свет Адама происходит от облачения, находящегося выше него, от Нуквы, в которой есть свет и тьма, и ему предстоит согрешить в будущем из-за этой тьмы в ней.

Объяснение. Хотя Нуква получила подслащение у Имы, и постигла имя Элоким, как и она, все же окончательно не исчезло ее собственное свойство, т.е. свойство суда, но ее собственное свойство скрылось в ее внутренней сути и не видно в ней, а только лишь свойство милосердия Имы. Таким образом, есть у нее свет и тьма, и если он не удостаивается, то раскрывается тьма. И по этой причине сказал Аба, что «Адам должен согрешить», потому что Адам сотворен силой света высшего

---

[198] См. «Предисловие книги Зоар», статья «Мать одалживает свои одежды дочери», п. 17.

облачения. Ибо келим Бина, Тиферет и Малхут Нуквы, которые опустились во время катнута в душу Адама Ришона, стали облачением для Нуквы во время ее гадлута, и душа Адама Ришона поднимается вместе с ними и получает мохин де-гадлут с помощью них. Поэтому он может оступиться из-за имеющейся в ней тьмы.

167) И свет, который Адам получает в высшем облачении, это свет, который Творец создал в первый день начала творения. И Адам видел благодаря ему от края мира и до края. А затем Он скрыл его для праведников, и сказано о нем: «Да будет свет!»[10] А тьма, которая скрыта в Нукве, это тьма, которая создана в первый день для грешников. И о ней сказано: «А нечестивые во тьме погибнут». И из-за этой тьмы, которая в будущем приведет свет души Адама к прегрешению, Аба не хотел принимать участие в нем – в тот момент, когда Има сказала ему: «Создадим человека!»[189]

Поэтому сказала Има: «Создадим человека по образу Нашему и подобию Нашему»[189]. «По образу нашему» – посредством нашего света. «И подобию нашему» – посредством нашей тьмы, являющейся облачением света, в отличие от той тьмы, которая была сотворена в первый день и о которой сказано: «А нечестивые во тьме погибнут»[199], потому что она не является облачением света и вводит в грех Адама. А тьма Имы является облачением света, так же как тело является облачением души. Как сказано: «Кожей и плотью Ты облек меня»[149]. Поскольку тьма Имы образовалась в силу подъема к ней Малхут с целью получения свойства милосердия, содержащегося в ней, и тогда опустились Бина, Тиферет и Малхут Имы в ЗОН, и скрылось ее свойство ГАР.

И это Има сделала специально для того, чтобы притянуть мохин и свет в ЗОН. Таким образом, эта тьма является подготовкой и облачением для света. Ведь эти келим Бина, Тиферет и Малхут, которые опустились от Имы в ЗОН, стали облачением для Имы затем, во время гадлута. И ЗОН слиты с этим облачением и получают свет посредством его. Это означает сказанное, что «тьма Имы является облачением для света».

---

[199] Пророки, Шмуэль 1, 2:9.

Обрадовались все, воскликнув: «Благословенна наша участь, ибо удостоились мы услышать слова, которые до сего дня еще не были услышаны!»

И теперь прояснился также и первый вопрос, который он задал – кто это сказал: «Создадим человека»? Ибо все речения: «И сказал», приводимые в действии начала творения, относятся к Абе, и в таком случае, как может быть, чтобы Аба сказал: «Создадим», ведь само действие относится только к Име? И ответил рабби Шимон, что это на самом деле относится к Име, так как Има сказала Абе: «Создадим».

Я – это Я

168) Кто сказал: «Смотрите же ныне, что Я – это Я, и нет Всесильного, кроме Меня»[200]? Тот, кто сказал это, является причиной над всеми причинами, а тот, кто называется «причиной причин», не находится выше всех причин, но является причиной среди остальных причин.

Объяснение. Ступени выходят друг из друга, в виде «причина и следствие», так, что каждый нижний последовал и вышел от своего высшего. Причина означает – действующий. Следствие означает – приводимый в действие. Это говорит о том, что нижний вообще не существует, но только в той мере, в какой получает от своего высшего.

И товарищи, которые слышали это, поняли слова рабби Шимона так, что «причиной над всеми причинами» называет рабби Шимон парцуф Адам Кадмон (АК), находящийся выше миров АБЕА, а «причиной причин» называет рабби Шимон парцуф Атик мира Ацилут, являющийся следствием АК, и это – «причина всех парцуфов АБЕА». Но рабби Шимон опроверг их, что любая из этих причин не сделает ничего, пока не получит подтверждения от высшей причины, находящейся над ним, так же, как выяснилось в сказанном: «Создадим человека»[189], и Има не может сделать что-либо без разрешения со стороны Абы. И так же с любыми причиной и следствием – нет у нижнего силы сделать что-либо иначе, как посредством получения силы от высшего.

169) Слова: «Создадим человека»[189], конечно же, указывают на двоих, поскольку каждый нижний сказал высшему, стоящему над ним: «Создадим человека». И нижний не делает ничего без получения разрешения и указания этого вышестоящего парцуфа. И также высший его не делает ничего без получения совета от своего вышестоящего парцуфа. Таким образом, каждый парцуф из парцуфов мира Ацилут сказал: «Создадим человека» своему высшему, а этот высший – еще более высшему.

---

[200] Тора, Дварим, 32:39. «Смотрите же ныне, что Я – это Я, и нет Всесильного, кроме Меня. Я умерщвляю и оживляю, Я поражаю и исцеляю, и нет спасителя от руки Моей».

Поскольку любое обновление и создание исходит от Бесконечности и проходит через ступени, пока не достигнет своего места. И действие нисхождения определяется здесь как обращение нижнего к своему высшему: «Создадим человека» в то время, когда получает от него душу Адама, чтобы передать ее нижестоящим. Однако парцуф, называемый «причина над всеми причинами», подобного которому нет ни наверху, ни внизу, как сказано: «Кому уподобите вы Меня, чтобы Я сравним был с ним, говорит Святой»[201], произнес слова: «Смотрите же ныне, что Я – это Я, и нет Всесильного, кроме Меня»[200], чтобы получить совет от него – так же, как сказал каждый нижний своему высшему: «Создадим человека».

170) Встали все товарищи и обратились к рабби Шимону: «Рабби, позволь нам сказать в этом месте». Сказали ему: «Разве ты не объяснил раньше, что Причина причин сказал Кетеру: "Создадим человека"?» Товарищи поняли из сказанного рабби Шимоном, что «причина над всеми причинами» – это АК, и что он является Кетером над всеми мирами, и нет ни одной ступени выше него, потому что он является первой ступенью, созданной Бесконечностью. И думали, что «причиной причин» называется Атик мира Ацилут. А после того, как сказал, что каждая из ступеней сказала своей высшей ступени: «Создадим человека», получается, что «причина причин», Атик, сказал парцуфу АК, Кетеру: «Создадим человека».

И также знали товарищи, что речение: «Смотрите же ныне, что Я – это Я» относится к Атику. И поэтому спросили: «Как же Атик сказал, что "нет Всесильного, кроме Меня", чтобы получить совет от него – ведь он может получить совет от Кетера, т.е. парцуфа АК? Так же, как сказал рабби Шимон, что каждое следствие сказало своей причине: "Создадим человека"». Сказал им рабби Шимон: «Послушайте сами, что вы говорите. Ведь только что говорил я вам, что есть тот, кто называется "причиной причин", и это не тот, кто зовется "причина над всеми причинами", и у "причины над всеми причинами" нет другого, чтобы можно было взять у него совет, потому что он единственный, предшествующий всему, и нет у него совместного действия».

---

[201] Пророки, Йешаяу, 40:25.

171) И поэтому сказал: «Смотрите же ныне, что Я – это Я, и нет Всесильного, кроме Меня»²⁰⁰, чтобы получить совет от него, потому что у него нет другого и нет совместного действия, и нет расчета. Ведь есть один в соединении, как например, захар и некева, о которых сказано: «Ибо его одного призвал Я»²⁰². Но Он – один, без расчета и без совместного действия, и поэтому сказано: «Нет Всесильного, кроме Меня».

Пояснение сказаного. Он научил их мудрости, чтобы понять, что он говорит со стороны первого дающего мирам, выше которого нет. И с этой точки зрения Атик является причиной над всеми причинами, потому что АК, находящийся выше Атика, не считается дающим, поскольку он установился с Малхут первого сокращения, и эта Малхут скрыта в рош Атика, и на нее не совершается никакой зивуг, и миры ничего не получают от нее до завершения исправления. Поэтому Атик установился в свойстве «разделенный и неразделенный», и он является связующим между АК и АБЕА²⁰³, поэтому Атик считается первым дающим мирам, выше которого нет, потому что от АК миры не могут получить ничего.

Однако в конце исправления раскроется Малхут первого сокращения, которая скрыта в рош Атика, и получит зивуг от Атика, и сможет наполнять миры АБЕА. И тогда говорится о ней: «Камень, отвергнутый строителями, лег в основу угла»¹⁴¹ – потому что Малхут называется «камнем», и ее свойство скрыто в Атике без зивуга, поэтому в любом месте, где эта Малхут раскрывается, исходят от нее суды и наказания, и поэтому отвергли ее строители. Однако в конце исправления, когда она получит зивуг из рош Атика, раскроется и станет очевидным для всех, что она была «основой угла».

Тогда произнес Атик это речение: «Смотрите же ныне, что Я – это Я, и нет Всесильного, кроме Меня»²⁰⁰. И объяснил рабби Шимон: «И нет Всесильного, кроме Меня», чтобы получить совет от Него, потому что нет у Него другого, и нет совместного действия, и нет расчета. Ведь Арих Анпин в течение шести тысяч лет считается Кетером мира Ацилут, а Атик совершенно скрыт, по причине скрытия Малхут первого сокращения, на

---

²⁰² Пророки, Йешаяу, 51:2.
²⁰³ См. выше, п. 2, со слов: «Когда Малхут мира АК...»

которую не происходит зивуг, и зивуг происходит только в виде разделения, и это – Малхут, совмещенная со свойством милосердия. И первый парцуф, который вышел из этой совмещенной Малхут, – это Арих Анпин, в котором отсутствует Малхут первого сокращения, и вместо нее он получил совмещенную Малхут, и поэтому он является дающим всем парцуфам мира Ацилут, т.е. получает от Атика и передает в Ацилут, а сам Атик непознаваем до окончательного исправления.

А в конце исправления, когда раскроется сказанное: «Лег в основу угла»[141], тогда сказано: «Смотрите же ныне, что Я – это Я». Малхут называется «Я». И после того, как Малхут первого сокращения получит большой зивуг, раскроется в мире, что «Я», которая на протяжении шести тысяч лет была совмещена с мерой милосердия, а ее сущность была скрыта, «это Я» – т.е. «Я» первого сокращения, являющаяся раскрытием сущности Малхут. «И нет Всесильного, кроме Меня» – потому что нет у Него другого, чтобы получить совет от него, так как «Я», раскрытая в течение шести тысяч лет, нуждалась в другой ступени, в Бине, чтобы получить от нее совет, т.е. исправление.

Тогда как теперь «Я» не должна получать совет от другого, потому что «Я» сама восполнена всем необходимым. И «нет совместного действия» – т.е. нет у меня совместного действия со свойством милосердия, потому что суд во мне подслащен наслаждением совершенства, «и нет расчета» – экрана, совмещенного со свойством милосердия Бины, называемым «расчет», потому что «расчет» связан с «мыслью» – названием Бины, подслащающей экран. И она говорит, что с этого момента не нуждается больше в этом «расчете», т.е. подслащенном экране.

Поэтому сказано: «Ведь есть один в соединении, как например, захар и некева, о которых сказано: "Ибо его одного призвал Я"[202]». Потому что до исправления Малхут была в сочетании со свойством милосердия, подобно Зеир Анпину и Нукве, называемым солнце и луна, которые в сочетании со свойством милосердия получали мохин тринадцати свойств милосердия, называемых «един (эхад)». И тогда сказано о ЗОН: «Ибо его одного (эхад) призвал Я», как сказано: «Он един и имя Его едино (эхад)»[75]. «Но "Он един" – без расчета и без совмещения». Но теперь Малхут сама «едина», без «расчета» – подслащенного экрана, «и без совместного действия» – со свойством милосердия, как сказано: «В этот день будет Творец един и имя Его едино»[75]. Потому что луна не должна включаться в Зеир Анпин в состоянии «Он и имя Его едины», но луна сама станет сущностью, светящей в свойстве единства. И поэтому «Он един»[75] – это солнце, «и имя Его едино»[75] – луна. Потому что свет луны будет таким же, как свет солнца.

Встали все товарищи и преклонились перед ним, сказав: «Счастлив муж, чей Господин соглашается с ним, чтобы раскрыть скрытые тайны, которые не были открыты даже святым ангелам!»

172) Сказал он им: «Друзья! Мы должны восполнить это речение, потому что множество скрытых тайн есть в этом речении: "Я умерщвляю и оживляю"[200]» – т.е. с помощью сфирот, когда от правой линии исходит жизнь, а от левой линии исходит смерть. И если они обе не приходят к согласию в средней линии, то суд не может осуществиться, пока все три не соберутся вместе. То есть, суд может осуществиться только в то время, когда три линии находятся вместе.

Объяснение. Хотя от правой линии исходит жизнь для праведников, а от левой линии исходит смерть для грешников, т.е. только после того, как приходит средняя линия и согласует между ними, облачая эти линии друг в друга, все же до согласования средней линии не может быть ни жизни, исходящей к праведникам от правой линии, ни смерти, исходящей к грешникам от левой линии. И эти линии находятся в разногласии – иногда перевешивает левая к суду, а иногда перевешивает правая к милости (хесед), и нет ни постоянства, ни воплощения.

173) А иногда соглашаются все три совершить суд, и тогда будет простерта десница (яд), чтобы принять всех возвращающихся. Эта десница (яд יד) – это четырнадцать (йуд-далет יד) букв. Четыре буквы, имеющихся в простом имени АВАЯ, и десять букв, имеющихся в АВАЯ с наполнением. Четыре буквы простого имени АВАЯ (הויה) «йуд-хэй-вав-хэй יהוה» указывают на сфиру Кетер. Десять букв имени АВАЯ с наполнением, «**йуд**-вав-далет יוד» «**хэй**-алеф הא» «**вав**-алеф-вав ואו» «**хэй**-алеф הא», указывают на сфиру Хохма.

В состоянии катнут опускаются три сфиры Бина, Тиферет и Малхут из Нуквы в миры БЕА и в клипот, и она остается только лишь с двумя сфирот Кетер и Хохма де-келим, и тогда Нуква символизируется именем «йуд-далет (яд יד)», указывающим на две сфиры Кетер и Хохма, в которых содержится четырнадцать (йуд-далет יד) букв, четыре – в Кетере, десять – в Хохме. И тогда соглашаются все трое произвести суд так, что даже правая линия соглашается на суд, поскольку в каждой линии есть только лишь четырнадцать букв от Кетера и Хохмы, а Бина и ТУМ ее упали в клипот.

И тогда приобретают клипот двадцать восемь (каф-хэт כח) букв наполнения самого наполнения, указывающих на келим Бина и ТУМ, включенных в них, и это – сила (коах כח), чтобы вводить в грех нижних и также наказывать их. И эти два действия являются одним, как говорят мудрецы: «Это – сатан, это – злое начало, это – ангел смерти, который вводит в грех, и он же – поднимается и обвиняет, и он же – опускается и забирает душу человека»[204]. Таким образом, грех и наказание за него являются одним целым.

А с помощью МАН, возвращения и добрых деяний Нуква снова поднимает ее Бину и ТУМ из клипот, и они облачены в души нижних, которые совершили возвращение. А затем она опускает экран из «никвей эйнаим (досл. зрачков глаз)» в «пэ (уста)», и поднимает Бину, Тиферет и Малхут в Ацилут вместе с этими душами. И она восполняется в десяти сфирот и получает мохин состояния гадлут для душ нижних, которые слиты с келим Бина и ТУМ, поднявшимися к ней.

«И тогда будет простерта десница (яд), чтобы принять всех возвращающихся». И выясняется, что с самого начала Нуква уменьшилась, оставшись с этими четырнадцатью буквами, т.е. Кетером и Хохмой, в каждой из ее линий, лишь для того, чтобы принять затем совершающих возвращение и поднять их в Ацилут. Поскольку, в любом случае, невозможно было передать мохин де-гадлут нижним[205].

---

[204] Вавилонский Талмуд, трактат Бава Батра, лист 16:1.
[205] См. п. 3, со слов: «В свойстве суда...»

И это Шхина, которая называется «правой рукой» со стороны линии Хесед, и называется «левой рукой» со стороны линии суда, и называется «рукой Творца» со стороны средней линии, являющейся линией милосердия. То есть осталось в каждой из линий Нуквы во время катнута только лишь четырнадцать букв, составляющих сфирот Кетер и Хохма каждой линии, а Бина и ТУМ каждой из них упали в БЕА. А при совершении возвращения эти четырнадцать букв спасают его (человека) от суда. То есть после того, как Нуква опускает экран, находящийся под Хохмой, на свое место, как и вначале, и снова поднимает Бину и ТУМ к себе, поднимаются вместе с ними также и они, совершив возвращение, и получают мохин де-гадлут, являющиеся светом милосердия.

Однако, когда судит «причина над всеми причинами», рука не простерта, чтобы принять возвращающихся, а наоборот, как сказано: «И нет спасителя от руки Моей»[200]. Объяснение. Всё это сказано о тьме Имы. Однако о тьме первого сокращения, скрытой в Атике, называемом «причина над всеми причинами», сказано: «А нечестивые во тьме погибнут»[199]. И тогда «нет спасителя от руки Моей»[200].

174) «Смотрите же ныне, что Я – это Я, и нет Всесильного, кроме Меня, Я умерщвляю и оживляю»[200]. В этом отрывке трижды сказано «Я (אני)», и есть в начале этого слова трижды буква «алеф א», и три буквы «йуд (י)» в конце слова, потому что начало слова «Я (אני)» – это «алеф א», а конец слова – «йуд י». Три буквы «йуд י» указывают на имя САГ, являющееся наполнением имени АВАЯ (הויה) **йуд**-вав-далет יו״ד» «**хэй**-йуд ה״י» «**вав**-алеф-вав וא״ו» «**хэй**-йуд ה״י», которое в числовом значении составляет САГ (סג 63)». И есть в нем три буквы «йуд י». А три буквы «алеф א» указывают на наполнение имени АВАЯ с числом МА (מה 45), **йуд**-вав-далет יו״ד» «**хэй**-алеф ה״א» «**вав**-алеф-вав וא״ו» «**хэй**-алеф ה״א», в числовом значении составляющее МА, и есть в нем три буквы «алеф א».

Ибо надо еще выяснить сказанное: «Смотрите же ныне, что Я – это Я», потому что в конце исправления имя БОН, Нуква, снова станет как имя САГ. Как сказано: «Смотрите же ныне, что Я», когда был включен и получал до сих пор только от имени АВАЯ с наполнением «алеф א», «**йуд**-вав-далет יו״ד» «**хэй**-алеф ה״א» «**вав**-алеф-вав וא״ו» «**хэй**-алеф ה״א», в котором есть три буквы «алеф א», указывающие на Зеир Анпин. И вот теперь, в конце исправления – «это Я», с АВАЯ в наполнении САГ, в котором есть трижды буква «йуд י», указывающая на высшую Иму. И на это указывает трижды сказанное «Я», в которых есть наполнения двух имен АВАЯ. Три буквы «йуд י» де-САГ и три буквы «алеф א» де-МА, как сказано: «И будет свет луны, как свет солнца»[206].

В этом отрывке есть также три буквы «вав ו», в словах «и оживляю (ва-ахайе ואחייה)», «и Я (ва-ани ואני)», «и нет (ве-эйн ואין)», тоже указывающие на эти два имени – САГ, «**йуд**-вав-далет» «**хэй**-йуд» «**вав**-алеф-вав» «**хэй**-йуд», и МА, «**йуд**-вав-далет» «**хэй**-алеф» «**вав**-алеф-вав» «**хэй**-алеф», в каждом из которых есть три буквы «вав». «Вав» указывает на Зеир Анпин, и это учит тому, что и он включен в те подъемы, которые символизируются этими двумя именами. Однако он поднимается в имя АВАЯ с наполнением АБ, «**йуд**-вав-далет יו״ד» «**хэй**-йуд הי» «**вав**-йуд-вав ויו» «**хэй**-йуд הי», являющееся свойством «высший Аба».

175) «Смотрите же ныне, что Я – это Я (досл. Я Он)»[200] указывает на Творца и Шхину, Зеир Анпина и его Нукву. «Я» – это Шхина, «Он» – это Творец, называемый именем «вав-хэй-вав וה״ו». И в будущем, в конце исправления, скажет Нуква: «Смотрите же, что Я и имя "вав-хэй-вав וה״ו " – это одно целое». Как сказано: «И будет свет луны, как свет солнца»[206] – т.е. Нуква будет равна Зеир Анпину.

«И нет Всесильного, кроме Меня»[200] – имеются в виду «иные божества», Сам и змей. Потому что раскроется тогда, что Сам и змей никогда не разъединяли Творца и Шхину. Как сказано: «По слову двух свидетелей будет предан смерти мертвый»[207] – это Сам, который с первых дней своих является мертвым, и был он всего лишь рабом, ускоряющим искупление нашей души.

И это означает: «Я умерщвляю и оживляю»[200], т.е. «Я умерщвляю» с помощью Моей Шхины того, кто виновен, и «Я оживляю» с помощью Моей Шхины того, кто достоин. То есть откроется управление Творца, с самого его начала, сразу во всем

---

[206] Пророки, Йешаяу, 30:26.
[207] Тора, Дварим, 17:6.

мире. Тогда сказано: «Исчезнут грешники со всей земли, и нечестивых не будет больше» – т.е. в сравнении с тем, что представляется нам на протяжении шести тысяч лет, что есть управление, противостоящее святости, и это – Сам и змей. Как сказано: «Когда властвовал человек над человеком во зло ему». Но тогда раскроется воочию всем, что «Я умерщвляю», с помощью Моей Шхины, «и оживляю» с помощью Моей Шхины, и «нет никого кроме Него»[208].

Сказанное: «И нет спасителя от руки Моей»[200] – это четырнадцать (йуд-далет יד) букв имени АВАЯ, четыре буквы, имеющиеся в простом имени АВАЯ (הויה), и десять букв, имеющиеся в АВАЯ с наполнением «алеф א», **йуд**-вав-далет יוד» «**хэй**-алеф הא» «**вав**-алеф-вав ואו» «**хэй**-алеф הא», и четырнадцать букв «КОЗО (каф-вав-зайн-вав כוזו) БАМОКСАЗ (бэт-мэм-вав-каф-самэх-зайн במוכסז) КОЗО (каф-вав-зайн-вав כוזו)», т.е. три линии, называемые «три руки (ядаим)», потому что есть в каждой линии четырнадцать (йуд-далет яд) букв имени. В правой линии – четырнадцать букв, «АВАЯ Элокейну АВАЯ (הויה אלקינו הויה)», в левой линии – четырнадцать букв, «КОЗО БАМОКСАЗ КОЗО (כוזו במוכסז כוזו)», в средней линии – четырнадцать букв, от простой АВАЯ и АВАЯ с наполнением.

Эти имена, «АВАЯ Элокейну АВАЯ (הויה אלקינו הויה)» и «КОЗО БАМОКСАЗ КОЗО (כוזו במוכסז כוזו)», – это две линии, исходящие от холама и шурука, и это ГАР. Однако средняя линия, исходящая от хирика, это ВАК без рош, который выходит на экран первой стадии, и на них указывает имя из четырнадцати букв, простое имя АВАЯ и имя АВАЯ с наполнением, указывающее на Кетер и Хохма келим и руах-нефеш светов. И отсутствуют Бина и ТУМ келим, представляющие собой двадцать восемь букв наполнения самого наполнения имени АВАЯ, «**йуд**-вав-далет יוד» «**вав**-алеф-вав ואו» «**далет**-ламэд-тав דלת», «**хэй**-алеф הא» «**алеф**-ламэд-фэй אלף», «**вав**-алеф-вав ואו», «**хэй**-алеф הא» «**алеф**-ламэд-фэй אלף».

Потому что наполнение с наполнением «йуд י» – это «**йуд**-вав-далет יוד» «**вав**-алеф-вав ואו» «**далет**-ламэд-тав דלת», а наполнение с наполнением «хэй ה» – это «**хэй**-алеф הא»

---
[208] Тора, Дварим, 4:35. «Творец – Он Всесильный, нет никого кроме Него».

«**алеф**-ламэд-фэй אלף». А наполнение с наполнением «вав ו» – это «**вав**-алеф-вав ואו» «**алеф**-ламэд-фэй אלף» «**вав**-алеф-вав ואו», а нижняя «хэй ה» – это «**хэй**-алеф הא» «**алеф**-ламэд-фэй אלף». Как сказано: «Вот рука на престоле Творца, что война у Творца против Амалека из поколения в поколение»[209]. Потому что в средней линии есть только лишь четырнадцать букв, и поэтому там есть только «йуд-хэй יה», и недостает «вав-хэй וה», и это – двадцать восемь букв наполнения самого наполнения. И всё это – потому, что «война у Творца против Амалека». И об этом молился Моше: «Пусть же теперь возвеличится сила (коах כח) Творца»[210], т.е., чтобы притянулись двадцать восемь (каф-хэт כח) букв к четырнадцати буквам, и тогда имя АВАЯ станет полным, в десять сфирот келим и НАРАНХАЙ светов.

«И нет спасителя от руки Моей»[200] – это четырнадцать букв имени АВАЯ, указывающие на две руки (ядаим): четырнадцать (йуд-далет яд) букв, имеющиеся в средней линии, которой недостает ГАР, и поэтому она воздает грешникам; и четырнадцать букв в левой линии, «КОЗО БАМОКСАЗ КОЗО (כוזו במוכסז כוזו)», тоже являющиеся свойством судов, и она воздает грешникам. И они раскрывают полное единство. А в будущем увидят все, что «нет спасителя от руки Моей», потому что они привели к завершению исправления.

И все является истиной – как первое объяснение, так и второе, и так же то, что сказали товарищи в выяснении сказанного. Однако наверху сказано, что высшая причина, «причина над всеми причинами», которая сказала: «Я – это Я»[200], это Атик мира Ацилут в состоянии, когда откроется зивуг скрытой Малхут, как «основа угла»[141]. И эта тайна не передается всем мудрецам и пророкам, то есть вверяется лишь избранным среди них.

176) Множество причин, т.е. ступеней, которые скрыты и непознаны, но они облачаются и состоят из сфирот, и эти сфирот являются строениями (меркавот) для них. Подобно тому, как колесница (меркава) открывает присутствие всадника в ней, так же сфирот раскрывают ступени, облачающиеся в них.

---

[209] Тора, Шмот, 17:16.
[210] Тора, Бемидбар, 14:17.

Ступени нисходят, выходя одна из другой, путем причина-следствие, и каждая нижняя приводится в действие высшей по отношению к ней ступенью, и существует благодаря ей. Есть причины, которые скрыты от нижних, и это три первые парцуфа Арих Анпин и Аба ве-Има. Поскольку начало раскрытия происходит, начиная с парцуфа ИШСУТ и далее. А об этих трех первых сказано: «Множество причин, т.е. ступеней, которые скрыты и не познаны». Однако они облачаются в сфирот, и это ИШСУТ и ЗОН, становящиеся строением (меркава) по отношению к ним, и они раскрываются в них, подобно тому, как всадник открывается только в своей колеснице (меркава).

Три эти первые ступени скрыты от мыслей людей. Как сказано: «Над высшим находится страж, а над ними – те, кто выше их»[211] – одни света чистотой своей превосходят другие, и каждый, кто находится выше другого, чистотой своей превосходит его. И те, которые получают, темнее тех других, что находятся над ними и от которых они получают. Иначе говоря, находящийся ниже другого – темнее него. И хотя он по отношению к нижнему считается чистым светом, по отношению к высшему он считается словно тьма. Потому что ступени все время уменьшаются одна относительно другой. И нет света, который мог бы противостоять Причине причин, поскольку все света по сравнению с Ним кажутся темными и угасшими.

---

[211] Писания, Коэлет, 5:7.

Создадим человека

177) «Создадим человека по образу Нашему и подобию Нашему»[189]. Товарищи объяснили, что здесь говорится об ангелах-служителях, которые обратились с этими словами к Творцу. Спросил их рабби Шимон: «Если эти ангели знают, что произойдет в настоящем и будущем, и знали о предстоящем грехе человека, почему же они хотели создать человека, ведь они сказали: "Создадим человека"?»

178) Мало того, ангелы Аза и Азаэль выступали против сотворения человека. Ведь когда Шхина сказала Творцу: «Создадим человека», они возразили: «Кто такой человек, чтобы Ты признавал его?»[212] – зачем Тебе создавать человека, если известно, что согрешит он пред Тобой с женой своей, названной тьмой? Потому что свет – это захар (мужская часть), а тьма – это нуква (женская часть), происходящая от левой линии, называемой тьмой творения.

После того, как ЗОН достигли большого состояния (гадлут) в первые шесть дней творения, поднявшись и облачив высшие Аба ве-Има, они произвели Адама Ришона (досл. первого человека). И он создавался в таком порядке – сначала в малом состоянии (катнут), а затем в большом состоянии (гадлут), таким же путем, как было осуществлено всё действие начала творения. В результате речений «да будет свет»[10], «да будет свод»[8], «да будут светила»[113] произошли сокращения, принесшие катнут, а с речениями «и появился свет»[10], «и создал Всесильный (Элоким) небосвод»[48], «и создал Всесильный (Элоким) два светила»[129] приходит гадлут, и они возвращают буквы ЭЛЕ. И таким же образом здесь, вследствие речения: «Создадим человека» произошло сокращение, когда Нуква опустила свои буквы ЭЛЕ в миры БЕА, и уменьшилась Нуква вследствие этого до состояния ВАК без рош. А вместе с ней и ангелы, все до одного, являющиеся воинствами ее. А с речением: «И создал Всесильный (Элоким) человека»[12] приходит гадлут.

Сказали товарищи: «Призвал Он к Себе группы высших ангелов по их рангам, усадив их перед Собой, и сказал им: "Я

---

[212] Писания, Псалмы, 144:3.

хочу создать человека"». Это означает, что ЗОН уменьшились до состояния ВАК, и вместе с ними все высшие ангелы, в тот момент, когда Он хотел создать человека. И они намекнули на это словами: «Усадив их перед Собой». Потому что находиться в состоянии «сидя» означает уменьшение величины ступени. Поскольку ступень достигает совершенства только лишь когда находится в состоянии «стоя». Но в состоянии «сидя» ступень сокращается. То есть все ангелы уменьшились до состояния ВАК без рош.

Поэтому встревожились все ангелы, пытаясь выяснить: «В чем достоинство этого человека, ради создания которого Ты уменьшил нас?» Ответил Он им: «Человек, который создан по образу Нашему, постигнет мудрость, превышающую вашу мудрость». Это значит, что после того, как ЗОН вернут буквы ЭЛЕ на свою ступень, поднимутся вместе с ними также и миры БЕА в Ацилут, и человек постигнет НАРАН мира Ацилут, который несравнимо выше свойства ангелов. И тогда все ангелы благодаря ему поднимутся в Ацилут, как и произошло на самом деле в шестой день, перед прегрешением. Как только услышали это ангелы, сразу же согласились на создание его.

Поэтому сказали товарищи, что ангелы, согласившись, сами произнесли слова «создадим человека» в этом речении, поскольку Творец сказал им, что с его помощью все они достигнут подъема в мир Ацилут. И об этом спросил их рабби Шимон: «Если эти ангелы знают, что произойдет в будущем, и знали о предстоящем грехе человека, и об утрате им всех мохин Ацилута, и о его падении снова в БЕА, а вместе с ним и всех ангелов, то почему же они хотели создать человека, ведь они потеряют больше своего временного выигрыша?»

«Мало того, ангелы Аза и Азаэль выступали против сотворения человека. То есть ангелы знали, что будут введены в грех, ведь Аза и Азаэль сразу же выступили против, сообщив о том, что прегрешит человек, но несмотря на это все ангелы согласились?» «В этот момент сказала им Шхина: "Из-за того, что вы выступили против него, быть вам низринутыми"». Как сказано: «И увидели ангелы Всесильного дочерей человеческих,

Создадим человека

что хороши они, и брали себе жен из тех, что выбирали»[213], и тогда Шхина низвергла их с высоты их святости.

Почему выступали против и не соглашались Аза и Азаэль с созданием человека, как это сделали все высшие ангелы? Все мохин состояния гадлут, выходящие в течение шести тысяч, не принадлежат свойству ГАР де-АБ, а только свойству ВАК де-АБ. И надо знать, что эти ангелы, Аза и Азаэль, происходят от ахораим (обратной стороны) внутренних Аба ве-Има, которые действовали в мире Некудим и относятся к свойству ГАР де-АБ, и они скрылись и не раскрываются на протяжении шести тысяч лет.

Таким образом мы видим, что ответ, данный Творцом всем высшим ангелам, что «человек, который создан по образу Нашему, постигнет мудрость, превышающую вашу мудрость», и ради этого все они были согласны на сокращение во время произнесения: «Создадим человека»[189], является ответом совершенно недостаточным для Азы и Азаэля. Ведь поскольку они относятся к свойству ГАР де-АБ, все большие мохин Адама Ришона, и даже мохин, полученные перед самым грехопадением, никак не относятся к их собственному свойству, так как все они относились лишь к свойству ВАК де-АБ. В таком случае, они ничего не выигрывают от создания человека. Поэтому, в отличие от всех ангелов, они выступали против содания человека, поскольку не хотели сокращаться из-за создания его.

Их сопротивление еще больше усилилось после его прегрешения. После того, как Творец создал Адама и он прегрешил, явились Аза и Азаэль, обратившись к Творцу: «Мы обязаны сообщить Тебе о том, что человек, созданный Тобой, уже прегрешил пред Тобой». И вследствие их жалобы, Адам задержался в совершении возвращения. Поэтому сказано: «Из-за того, что вы выступили против него, быть вам низринутыми», ибо по причине их доноса Адам был лишен возможности совершить возвращение сразу после прегрешения, и вышли дочери Адама неисправленными, и в результате (Аза и Азаэль) будут вынуждены предаться распутству с ними.

---

[213] Тора, Берешит, 6:2.

179) Сказали ему товарищи: «Рабби! Ведь в конце концов, Аза и Азаэль были искренни в своих словах» – т.е. Шхина должна была ответить им с пониманием на их обвинение, потому что на самом деле Адам должен был согрешить из-за Нуквы, как и сказали Аза и Азаэль. И поэтому сказано: «Жена, которую Ты мне назначил, дала мне от древа того, и съел я»[214].

Ответил он им: «Шхина сказала так: "Вы, Аза и Азаэль, выступили передо мной с бо́льшими обвинениями, чем все высшие воинства. Если бы вы в своих деяниях были лучше человека, то были бы правы, выступая против него. Однако человеку (Адаму) предстоит согрешить только с одной женщиной, а вам – со многими. Таким образом, ваши грехи многочисленнее грехов человеческих, как сказано: "И увидели ангелы Всесильного дочерей человеческих, что хороши они"[213] – не сказано: "Дочь человеческую", а "дочерей человеческих", т.е. много дочерей. И, кроме того, человеку, который прегрешил, я сама уготовила возвращение, чтобы исправить то, в чем он прегрешил. Ведь возвращение было создано прежде, чем мир. Но ангелам никакое возвращение не поможет"».

Шхина дает им два ответа:
1. «Вовсе не вам выступать против, потому что вы хуже Адама».
2. «Если согрешит человек, то я уже заранее уготовила для него исправление возвращения, и он исправит всё, в чем прегрешил»[215].

180) Сказали ему товарищи: «В таком случае, зачем всё это?» Иначе говоря, если всё объяснение о необходимости создания человека заключается в том, чтобы он мог совершить возвращение и исправить всё испорченное им, то зачем всё это нужно? Ведь лучше было не создавать тьму в Нукве, и тогда человек изначально не был бы вовлечен в грех?

Ответил рабби Шимон товарищам: «Если бы не было так, что Творец создал доброе начало и злое начало, свет и тьму, то не было бы заповедей и нарушений у Адама мира Брия. Однако

---

[214] Тора, Берешит, 3:12.
[215] См. причину прегрешения ангелов Азы и Азаэля в «Предисловии книги Зоар», статья «Небо и земля», п. 157, со слов: «И необходимо понять...»

человек создан из них обоих, из света и тьмы. И поэтому сказано в Торе: «Смотри, предоставил Я тебе сегодня жизнь и добро, и смерть и зло»[216]. То есть, человеку поэтому и нужны заповеди и нарушения, и подготовлена для него возможность выбора, чтобы выбирать между добром и злом.

Спросили они у него: «Зачем всё это? Разве не лучше было не создавать тьму, и тогда не было бы у человека ни наказания, ни награды, – по сравнению с тем, что создан и прегрешил и вызвал все эти многочисленные испорченности своим прегрешением».

181) Ответил им: «Выясняется, что его необходимо было создать в свойствах света и тьмы, поскольку Тора создана для человека, и сказано о ней, что она является наказанием для грешников и наградой для праведников, а награда и наказание возможны только лишь для Адама мира Брия, состоящего из света и тьмы, как сказано: "Не пустынной сотворил Он ее, но создал Он ее, чтобы населить"[217]. Это значит, что мир создан не для того, чтобы пребывать в пустынности, т.е. быть тьмой для грешников, "но создал Он ее (землю), чтобы населить" – т.е. дать хорошую награду праведникам».

«И этой наградой является постижение Торы, как сказано: "Ибо наполнится земля знанием Творца"[218], потому что Тора и Творец едины. А если бы человек не был создан в свойствах света и тьмы, благодаря которым имеется возможность выбора между добром и злом и есть понятия награда и наказание, то не было бы возможности раскрыть добрую награду для праведников, получаемую в виде Торы, созданной для него».

Сказали товарищи: «Несомненно, что мы услышали сейчас то, чего не слышали до сего дня, и теперь ясно, что не создает Творец то, в чем не нуждается».

182) И кроме того, Тора мира Брия, в которой имеются свет и тьма, награда и наказание, является облачением Шхины, и если бы человеку не предстояло быть созданным, то Шхина

---

[216] Тора, Дварим, 30:15.
[217] Пророки, Йешаяу, 45:18.
[218] Пророки, Йешаяу, 11:9.

была бы без облачения, как нищий, у которого нет одежды. Поэтому каждый грешащий словно снимает облачения со Шхины, и это является наказанием человека, который согрешил.

183) А каждый, кто выполняет заповеди Торы, он словно облачает Шхину в одеяние ее, и поэтому говорит о нем отрывок, сказанный о талите и цицит: «Ибо она – покров его, она – одеяние тела его, в чем будет покоиться?»[219] – это указывает на изгнание, когда, вследствие прегрешений Исраэля, сняла Шхина облачения свои, и сказано о ней: «В чем будет покоиться?»

Потому что тьма мира Брия – это тьма Имы, т.е. семи нижних сфирот (ЗАТ) Бины, облачающих Арих Анпин от его хазе до табура. И они называются «нижние Аба ве-Има», и сказано выше[220], что у высшей Имы было одно название, равное по числовому значению, «пэй-вав (86)», имени Элоким, и в этом названии содержится свет и тьма. Из-за этой тьмы в названии сказал Аба, что Адам мира Брия должен будет согрешить. Адам мира Брия – это свет облачения высшего.

Тьма мира Брия, вводящая в грех Адама мира Брия, – это название высшей Имы, а тьма Имы является облачением на высший свет, так как эта тьма образовалась вследствие подъема сокращенной Малхут в место Бины, в Иму, и опустились буквы ЭЛЕ (אלה), Бина и ТУМ Имы, в место Нуквы. И также Бина и ТУМ Нуквы опускаются в НАРАН людей, и тогда остается Има с буквами МИ (מי) имени Элоким (אלהים), Кетером и Хохмой де-келим и ВАК без рош светов. И также Нуква стала темной, в состоянии ВАК без рош. И это тьма, которая была создана в этом названии Имы.

Однако Има сделала это специально. Потому что с помощью подъема МАН вследствие занятий Торой и добрых деяний нижних Има возвращает затем свои буквы ЭЛЕ, и восполняется в ней имя Элоким. И также Нуква, которая облачала буквы ЭЛЕ, поднимается вместе с ними в Иму и возвращает свои буквы ЭЛЕ, и в ней тоже восполняется имя Элоким. И тогда поднимаются также НАРАН людей вместе с буквами ЭЛЕ Нуквы в место Имы и получают там мохин, раскрывающиеся в Име.

---

[219] Тора, Шмот, 22:26.
[220] См. п. 166.

Создадим человека

Поэтому считаются эти буквы ЭЛЕ высшим облачением, так как они поднимаются из места нижнего к высшему и снова облачаются на высшего, так же, как это было до их падения на место нижнего. Поэтому мохин, которые нижний получает во время своего подъема вместе с ними к высшему, называются светом облачения высшего, так как он получает свет через эти буквы ЭЛЕ, которые снова стали облачением для высшего.

Сказано выше[221], что люди не могут получить высший свет иначе, как через облачение. И сказано, что Адаму мира Брия предстоит прегрешить, так как он является светом облачения высшего – ведь если нижние портят свои деяния, прекращается высший зивуг, и буквы ЭЛЕ де-ЗОН снова падают в БЕА, в место клипот. И также буквы ЭЛЕ Имы падают в место ЗОН, и снова устанавливается тьма у высших, так как они возвращаются в состояние ВАК без рош. Таким образом, человек вызывает сокращение и ущерб в Адаме мира Брия, поскольку он получает свет облачения высшего, а вследствие прегрешения это облачение, т.е. буквы ЭЛЕ, снова падают в клипот.

Тора мира Брия – это облачение Шхины, потому что Тора и добрые деяния, которыми занимается Адам мира Брия, вызывают подъем букв ЭЛЕ Шхины из БЕА в Ацилут, и они становятся облачением ее. И также Има возвращает свои буквы ЭЛЕ вместе с Нуквой и поднимает их на свое место, и тогда Нуква получает большие мохин, раскрывающиеся в месте Имы. Таким образом, Тора мира Брия становится облачением Шхины.

И сказано[222], что возвращение создано прежде, чем мир, поскольку мир должен был быть создан во тьме мира Брия. То есть для того, чтобы опустить буквы ЭЛЕ со ступеней, что вызывает тьму в мире, и по причине этой тьмы Адам совершает прегрешение, и уготовано ему возвращение, когда с помощью этого возвращения он возвращает буквы ЭЛЕ, и свет, являющийся целью творения, нисходит в миры.

Если бы человек не был создан и не произошел подъем букв ЭЛЕ из БЕА в Ацилут, то Шхина пребывала бы без одеяний, подобно нищему, т.е. без больших мохин Имы. Потому что в

---

[221] См. п. 94.
[222] См. п. 179.

силу подъема ее букв ЭЛЕ из БЕА, она может подняться к Име вместе с буквами ЭЛЕ Имы и получить от нее мохин. И если бы не был создан человек (Адам), не было бы у Нуквы мохин, и она была бы подобна нищему. Ведь все облачения Нуквы она получает лишь благодаря тьме Имы, и это – тьма мира Брия.

Тьма – это черный цвет в Торе, чернила в ее буквах. Свет – это белый цвет в Торе, пергамент, на котором написаны буквы. И когда свет облачается во тьму, сказано о Торе: «Черна я, но прекрасна»[223], а когда свет уходит оттуда, т.е. белый цвет в Торе, то говорит Тора: «Не смотрите, что темна я»[224].

Объяснение. Зеир Анпин называется Торой, его мохин – светом Торы, и это белый цвет в ней. И облачения мохин, являющиеся тьмой Имы, т.е. буквы ЭЛЕ Имы, это черный цвет Торы. И в то время, когда мохин Имы облачены во тьму, т.е. в буквы ЭЛЕ в ней, то говорит Зеир Анпин: «Черна я, но прекрасна»[223] – потому что эти облачения являются причиной всех его мохин. Однако, когда уходит свет из этих облачений, и облачения опять падают со ступени Имы, и также облачения ЗОН, их буквы ЭЛЕ, снова падают в БЕА, то говорит Зеир Анпин, т.е. Тора: «Не смотрите, что темна я»[224], потому что клипот удерживаются тогда в его черном цвете, поскольку он находится в БЕА и опустошен от света.

Удостоился – становится она для него эликсиром жизни, потому что все мохин занимающегося Торой нисходят к нему в черном свете Торы, и черный свет становится облачением на белый.

Не удостоился – становится она для него смертельным ядом, поскольку мохин тогда уходят из своих облачений, и эти облачения падают в клипот, становясь для него смертельным ядом.

---

[223] Писания, Песнь песней, 1:5. «Черна я, но прекрасна, дочери Йерушалаима, как шатры Кедара, как завесы Шломо».
[224] Писания, Песнь песней, 1:6. «Не смотрите, что темна я, солнце опалило меня».

Молитва для бедного

184) Если молитва несовершенна, сколько ангелов-губителей преследует ее, как сказано: «Все преследователи настигли ее в беде»[225]. И поэтому произносят молитву: «А Он, милостивый, прощает грех и не губит, многократно отвращает гнев Свой и не пробуждает всей ярости Своей»[226], которая направлена против четырех клипот:

1. «Прощает грех» – против Сáма, змея.
2. «И не губит» – против клипы, называемой «губитель».
3. «Многократно отвращает гнев Свой» – против клипы, называемой «гнев».
4. «И не пробуждает всей ярости Своей» – против клипы, называемой «ярость».

Мы просим о том, чтобы четыре эти клипы не преследовали эту молитву. И множество ангелов-губителей связаны с этими четырьмя клипот. Это семь правителей, и семьдесят зависят от них. И эти семьдесят правителей провозглашают обвинения на каждом из небосводов, когда молитва проходит через него, и тогда связываются с ними семьдесят тысяч десятков тысяч (700 000 000) ангелов-губителей.

185) А если молитва восходит в совершенстве, когда она произносится с талитом заповеди, с головными и ручными тфилин, то сказано о них: «И увидят все народы земли, что имя Творца наречено над тобою»[227]. «Имя Творца» – это головные тфилин. И всякий, кто видит имя АВАЯ на голове при вознесении молитвы, являющейся именем Адни, сразу же убегает. Как сказано: «Падет слева от тебя тысяча, и десять тысяч, справа от тебя»[57].

186) И поскольку Яаков, пребывая в духе святости, увидел притеснения, которые будут в последнем изгнании на исходе дней, сказано о нем: «И устрашился Яаков очень, и тяжко

---

[225] Писания, Эйха, 1:3.
[226] Писания, Псалмы, 78:38.
[227] Тора, Дварим, 28:10.

стало ему»²²⁸. И разделил Он святой народ в изгнании по трем признакам, как сказано: «И поставил он рабынь и их детей первыми»²²⁹ – т.е. вначале, в эдомском изгнании, «а Лею и ее детей позади, и Рахель с Йосефом позади»²²⁹.

Пояснение сказанного. В парцуфе Нуквы Зеир Анпина различают три свойства:
1. ХАБАД ХАГАТ ее, от хазе и выше, и это – Лея.
2. Ее ТАНХИ, от хазе и ниже, и это – Рахель.
3. Ее Малхут, и это – свойство «рабыни». Потому что Малхут Нуквы называется «исходом дней», т.е. окончанием сфирот, так как сфирот называются «днями». И для того, чтобы исправить ее, Исраэль терпят страдания эдомского изгнания.

И также сыновья Исраэля делятся согласно трем этим свойствам, имеющимся в Нукве: сыновья Леи, сыновья Рахель и сыновья рабынь. «И поставил он рабынь и их детей первыми» – ибо они являются первыми в эдомском изгнании, потому что в них – основное удержание клипот, так как они относятся к Малхут де-Малхут. Однако два первых свойства, сыновья Леи и сыновья Рахель, сами по себе исправлены, но терпят страдания из-за изъяна в третьем свойстве, в Малхут де-Малхут, так как все три свойства являются десятью сфирот одного парцуфа.

И эти три свойства равнозначны свойствам НАРАН (нефеш-руах-нешама). Потому что сыновья рабынь являются свойством нефеш. А сыновья Леи – это ХАБАД ХАГАТ де-келим с нефеш-руах светов, являющиеся свойством руах. И сыновья Рахель, в той мере, в какой они восполняют десять сфирот в келим ТАНХИ, от хазе и ниже, являются свойством нешама.

И поскольку затем он видел их бедность и притеснения, он просил в молитве за них: «И возвращусь с миром в дом отца моего»²³⁰ – то есть, чтобы они удостоились избавления и прихода в Храм. И он молился о них, чтобы (Творец) дал им «хлеб для еды, и одежду для облачения»²³¹ – то есть, чтобы не укрепились над ними клипот и не прекратили их наполнение.

---

[228] Тора, Берешит, 32:8.
[229] Тора, Берешит, 33:2.
[230] Тора, Берешит, 28:21.
[231] Тора, Берешит, 28:20.

Молитва для бедного

187) И, говоря об этом изгнании, сказал Давид о Шхине: «(Народ) голоден и утомлен и измучен жаждой в пустыне»[232]. И поскольку он видел ее иссушенной и безводной, он принял участие в страданиях Шхины. И хотя свойство самого Давида относится к месту выше хазе, так как он относится к потомству Леи, а понятие эдомского изгнания относится к Малхут де-Малхут, расположенной от хазе и ниже, т.е., хотя она и не относится к его свойству, он принимал участие в страданиях ее и молился за нее.

После того, как он увидел Исраэль, совершающих возвращение в радости, он установил десять видов псалмов, и в последнем из них произнес: «Молитва Давиду. Приклони, Всесильный, ухо Свое, ответь мне, ибо несчастен я и беден»[233]. Он видел, что все молитвы, которые сопровождались мелодией, задерживались и не могли предстать перед Царем, и не входили к Нему до тех пор, пока не входила молитва бедного. И поэтому он предварил молитву бедного всем остальным молитвам.

Объяснение. После того, как Исраэль совершили возвращение и подняли МАН благодаря изучению Торы и добрым деяниям, и вернули ЗОН в состояние «паним бе-паним (лицом к лицу)», так как восполнилось строение парцуфа Нуквы, Давид установил десять видов псалмов, которые соответствуют десяти сфирот Нуквы.

Уже говорилось, что в десяти сфирот парцуфа Нуква есть три свойства: Лея, Рахель и рабыни. И в течение шести тысяч лет только Лея и Рахель, являющиеся ее девятью первыми сфирот, могут исправиться полностью. Однако свойство «рабыни», т.е. ее Малхут, может быть исправлена во всей своей полноте только в конце исправления. И поэтому называется эта Малхут «исходом дней». Таким образом, только девять видов псалмов, соответствующие Лее и Рахель, он установил в подобающем совершенстве, однако десятый вид, соответствующий Малхут, Давид не мог установить как подобает ей.

И поэтому он в конце их всех сказал: «Молитва Давиду ... ибо несчастен я и беден»[233]. Потому что в конце их всех, в

---

[232] Пророки, Шмуэль 2, 17:29.
[233] Писания, Псалмы, 86:1.

соответствии Малхут, он не мог исправить ее и произнести псалмы в сопровождении мелодии как подобает, и поэтому произнес молитву без мелодии и сказал, что относительно нее он «несчастен и беден» и не может притянуть к ней никакого наполнения. И это потому, что ей предстоит исправиться только в конце исправления, но не раньше.

Но вместе с тем, есть у нее исправление в незначительной мере также и в течение шести тысяч лет, до окончательного исправления, благодаря облачению заповеди. Но прежде чем это последнее свойство получит это исправление первым, не произойдет никакого исправления также и в девяти первых сфирот Малхут. И он видел, что совершенные молитвы, сопровождаемые мелодией, т.е. девять видов псалмов, соответствующие двум первым свойствам Нуквы, Лее и Рахель, которые достойны получить все исправления также и в течение шести тысяч лет, вместе с тем задерживаются и не могут войти, представ перед Царем, и не смогут войти, чтобы получить свое исправление, до тех пор, пока третье, последнее свойство, ее Малхут, называемая молитвой для бедного, не войдет вначале, чтобы получить первой свое исправление в облачении заповеди.

И сказано: «Молитва для бедного, когда ослабевает он»[234] – потому что бедный ослабевает и задерживает все предыдущие молитвы до тех пор, пока не войдет его молитва, молитва бедного. «Ослабевает» – означает «задержит», как сказано: «Слабые – Лавану»[235]. И поэтому он предваряет молитву бедного всем остальным молитвам. Поэтому сказано: «Молитва для бедного, когда ослабевает» – из-за того, что он должен войти первым, он ослабляет других.

188) «Молитва для бедного»[234] – это вечерняя молитва (аравит), т.е. Нуква в то время, когда она – в своей собственной власти, ибо тогда Нуква находится без мужа. И поскольку она – без мужа, она бедная и иссохшая, без наполнения, и она находится в распоряжении каждого человека. То есть, каждый подчиняет ее своим путям и действиям. И это – потомки Яакова,

---

[234] Писания, Псалмы, 102:1. «Молитва для бедного, когда ослабевает он, и перед Творцом изливает душу в жалобе своей».
[235] Тора, Берешит, 30:42.

Молитва для бедного

когда они находятся во власти всех народов мира, и все народы подчиняют их своей власти. И это подобно вечерней молитве (аравит), т.е. так же, как Нуква в состоянии молитвы «аравит» находится в распоряжении всякого человека, так же и потомки Яакова находятся в изгнании во власти народов мира.

Есть три молитвы, утренняя (шахарит), послеполуденная (минха) и вечерняя (аравит). Первые две молитвы исправляют два первых свойства Нуквы, т.е. девять ее первых сфирот, которые могут получить свои полные исправления, и поэтому они являются заповедью, а вечерняя молитва (аравит) – свободное действие, поскольку она является исправлением третьего свойства Нуквы, ее Малхут, которая не может исправиться в течение шести тысяч лет. Поэтому считается, что она – в своей собственной власти, без мужа, потому что нет у нее зивуга (соединения) с мужем ее до конца исправления.

189) А субботняя молитва – это подаяние бедному, как сказали мудрецы: «Солнце в субботу – милость для бедных»[236]. Зеир Анпин называется «солнцем», и в субботу он совершает зивуг с Нуквой «паним бе-паним», так же, как высшие Аба ве-Има. И тогда третье свойство Нуквы, т.е. Малхут ее, тоже получает наполнение. Но не потому, что она становится совершенной в своем собственном свойстве, поскольку она не получает совершенства до окончательного исправления, и только благодаря совершенным светам высших Аба ве-Има, которые светят в субботний день, приходит наполнение также и к ее третьему свойству, хотя она еще не достойна.

Поэтому наполнение, которое она получает, называется «милостью», и это указывает на то, что сама по себе она недостойна наполнения, но получает питание от других. И это означают слова: «Солнце в субботу – милость для бедных». И всё, что третье свойство Нуквы получает в субботу от солнца, Зеир Анпина, относится только лишь к понятию «милость». Ибо до окончания исправления она недостойна получить это большое наполнение.

Поэтому человек должен признать себя бедным во вратах Царя, в молитве «Амида» всех шести будних дней, ради Шхины,

---

[236] Вавилонский Талмуд, трактат Таанит, лист 8:2.

принимая участие в страданиях Шхины так же, как Давид. И он закутывается в облачение заповеди – в талит с прикрепленными к нему цицит, подобно бедному. И должен возложить тфилин, словно нищий, во вратах Царя, и она (молитва) – это имя Адни (אדני), которое равно по числовому значению слову «чертог (эйхаль (היכל)», потому что Адни в гематрии «самэх-хэй (65)», так же, как и «чертог (эйхаль)».

Нуква называется именем Адни, и она делится на три свойства. Со стороны двух первых свойств она относится к чертогу Царя, поскольку Адни в гематрии – «чертог (эйхаль)». А третье свойство считается «вратами Царя», поскольку невозможно войти в чертог Царя, Зеир Анпин, иначе как через врата Царя. Также человек должен облачиться в цицит, подобно бедному, и в тфилин, словно нищий, для того, чтобы прежде всего вызвать начало исправления в третьем свойстве Нуквы, называемым молитвой бедного, ослабляющей все молитвы и все исправления.

И поэтому она как врата, позволяющие войти в чертог. Как сказано: «Господин (Адни), открой уста мои»[237] – поскольку, благодаря исправлению третьего свойства, открываются уста, и тогда можно возносить остальные молитвы, но не раньше. Затем он привлечет в Нукву все исправления ее, необходимые для первых двух ее свойств, являющихся сущностью этого чертога.

190) И когда человек открывает уста свои в будние дни в вечерней молитве (аравит), опускается орел, чтобы принять на крылья свои ночную молитву. И этот орел называется Нуриэль. Потому что со стороны Хеседа он называется Уриэль, а со стороны Гвуры – Нуриэль, так как он «огонь пылающий», как сказано у Даниэля: «Река Динур (огненная) протекает перед ним»[61].

191) А во время утренней молитвы (шахарит) опускается лев, чтобы принять молитву в лапы свои и на крылья свои. Потому что четыре крыла есть у каждого животного. И это – ангел Михаэль. А во время послеполуденной молитвы (минха) опускается бык, чтобы принять молитву на рога и крылья свои, и это – ангел Гавриэль.

---

[237] Писания, Псалмы, 51:17.

Молитва для бедного

Пояснение сказанного. Молитва – это Нуква, и благодаря нашим молитвам мы приближаем ее к зивугу (соединению) с Зеир Анпином, мужем ее. И три этих молитвы соответствуют трем ее линиям: утренняя молитва (шахарит) – правой линии, Хеседу, послеполуденная молитва (минха) – левой линии, Гвуре, вечерняя молитва (аравит) – средней линии, Тиферет. Авраам установил молитву шахарит, Хесед. Ицхак – молитву минха, Гвуру. Яаков – молитву аравит, Тиферет.

И мы уже выяснили[238], что Нуква сама не поднимается в зивуг, но есть четыре существа, возносящие престол, т.е. Нукву, к зивугу с Зеир Анпином: лев-бык-орел-человек. И это – выше хазе ЗОН. А ниже хазе ЗОН они называются ШНАН[239]. В трех молитвах будних дней есть нижние существа ШНАН, которые возносят Нукву к зивугу, а в субботний день высшие существа, находящиеся выше хазе, возносят ее к зивугу. И эти три нижних существа лев-бык-орел называются Михаэль-Гавриэль-Уриэль-Нуриэль.

Во время утренней молитвы опускается лев, чтобы принять молитву, и это – ангел Михаэль. Потому что во время утренней молитвы зивуг происходит в правой линии, Хесед. Поэтому опускается лев, чтобы принять молитву и вознести ее к зивугу, ибо лев – это свойство Хесед и ангел Михаэль. А в молитве минха опускается бык, чтобы принять молитву, и это – ангел Гавриэль, потому что в молитве минха зивуг происходит в левой линии, в Гвуре. Поэтому опускается бык, чтобы принять молитву и вознести ее к зивугу, потому что бык – это Гвура и ангел Гавриэль.

Во время молитвы аравит зивуг происходит в средней линии, Тиферет, т.е. только в свойстве Гвуры средней линии, называемом Нуриэль. И поэтому орел спускается, чтобы принять молитву и вознести ее к зивугу, поскольку он является средней линией, Тиферет, но только в свойстве Нуриэль, имеющемся в этом орле, а не в свойстве Уриэль, имеющемся в этом орле, потому что ночью наступает время судов, действующих в свойстве «орел», и ограничений (гвурот), приходящих в силу третьего свойства Нуквы, называемого молитвой для бедного,

---

[238] См. выше, п. 81, со слов: «В лике человека содержатся все формы...»
[239] См. выше, п. 82, со слов: «Пояснение сказанного...»

и она находится в своей собственной власти, без мужа. И эти ограничения (гвурот) подслащаются для того, чтобы она была достойной зивуга, только лишь посредством высших ограничений (гвурот), исходящих от точки хирик Бины, левой стороны Тиферет, т.е. экрана точки хирик, на который выходит ступень хасадим, согласующая между двумя линиями, правой и левой.

От свойства ступени хасадим в нем исходит ангел Уриэль, а от свойства силы суда в экране исходит ангел Нуриэль. И поэтому вечерняя молитва (аравит) подслащается, чтобы она была достойной зивуга, только с помощью ангела Нуриэля, потому что его ограничения (гвурот) уже подсластились в Бине, в свойстве милосердия, и о нем сказано: «Как орел стережет гнездо свое»[240].

192) И в субботу опускается Творец в свойство трех праотцев, ХАГАТ, находящихся от хазе ЗОН и выше, чтобы принять в них единственную дочь, т.е. молитву, Нукву. И в субботний день эти высшие существа, ХАГАТ, находящиеся выше хазе, возносят Нукву к зивугу, поскольку Творец, т.е. Зеир Анпин, принимает единственную дочь с тремя праотцами, т.е. ХАГАТ, высшими существами. И это – значение слова «шаббат (שבת суббота)», и это – начальные буквы «шин ש» «бат (בת дочь)». Три линии в букве «шин ש» указывают на праотцев, ХАГАТ, потому что в свойстве трех праотцев принимает Творец молитву, т.е. субботу (шаббат), единственную Его дочь (бат בת). То есть, (принимает ее) в свойстве трех высших существ, от хазе и выше, называемых «высшее строение (меркава)».

В это время высшие животные, называемые именем АВАЯ, начинают провозглашать: «Вознесите, врата, главы ваши! И войдет Царь славы»[241]. Третье свойство Нуквы называется «врата Царя», и оно получает в субботний день всё свое совершенство[242], как мы изучали: «Солнце в субботу – милость для бедных»[236]. Поэтому животные, которые возносят престол к зивугу, произносят в этот момент: «Вознесите, врата, главы ваши!» – т.е. они возвышаются благодаря совершенству

---

[240] Тора, Дварим, 32:11.
[241] Писания, Псалмы, 24:7.
[242] См. п. 189.

третьего свойства, называемого «врата», и свечения, нисходящие от него, называются «врата».

193) В это время раскрываются семь чертогов: первый чертог – это чертог любви; второй – чертог трепета; третий – чертог милосердия; четвертый – чертог пророчества со стороны «светящего зеркала»; пятый – чертог пророчества со стороны «зеркала, которое не светит»; шестой – чертог справедливости; седьмой – чертог суда.

И они соответствуют семи сфирот ХАГАТ НЕХИМ: чертог любви – Хеседу; трепета – Гвуре; милосердия – Тиферет; «светящего зеркала» – Нецаху; «зеркала, которое не светит» – сфире Ход; справедливости – Есоду; чертог суда – сфире Малхут.

Пояснение сказанного. У Нуквы Зеир Анпина есть семь сфирот ХАГАТ НЕХИМ, каждая из них включает их все, и в каждой из них есть ХАГАТ НЕХИМ. Сфира Малхут каждой из них называется «чертогом», и поэтому у Нуквы имеется семь чертогов. И только два первых свойства Малхут называются «чертогом», однако третье ее свойство называется вратами чертога. Поэтому в будни, во время которых нет никакого исправления третьего свойства Малхут, во всех семи чертогах врата закрыты и заперты, и только в субботу, когда третье свойство тоже достигает исправления, исправляются все врата, и чертоги открываются.

194) И о них сказано, что слово «берешит (בראשית вначале)» состоит из слов «бара (ברא создал)» «шит (שית шесть)», т.е. шесть чертогов. «Всесильный (Элоким)» – это седьмой чертог. Объяснение. Поскольку любое исправление субботы происходит вследствие подъема Нуквы в Бину, когда она получает ее света. И для исправления семи чертогов Нуквы Бина тоже установилась в семи чертогах, на которые указывает отрывок «вначале создал Всесильный (берешит бара Элоким)»[6], и в субботу они светят семи чертогам Нуквы.

И это семь чертогов от хазе и ниже, и семь чертогов от хазе и выше. Эти семь чертогов Бины, на которые указывает отрывок «вначале создал Всесильный», установились в ней дважды, семь чертогов выше хазе и семь чертогов ниже хазе. И так – в каждом парцуфе. Эти семь двойных чертогов находятся в совокупности пяти парцуфов Ацилута – т.е. в Арих Анпине, включающем их так, что есть семь чертогов выше хазе Арих Анпина, т.е. в Аба ве-Има, облачающих его там, и также семь чертогов от хазе Арих Анпина и ниже, т.е. в ЗОН, облачающих его там. И всё, что имеется в общем, имеется также во всех его частных особенностях. И поэтому в каждом парцуфе есть эти семь двойных чертогов, семь – от хазе и выше, и семь – от хазе и ниже.

И им соответствует слово «голос», (т.е. голос Творца), семь раз сказанное в псалме «Воздайте Творцу, сыны сильных»[243], и восемнадцать упоминаний имени Творца, т.е. восемнадцать имен АВАЯ, имеющихся в нем, с помощью которых Творец проходит по восемнадцати мирам. Как сказано: «Колесницы Творца – это множество тысяч ШНАН»[96]. И это – восемнадцать десятков тысяч миров. Объяснение. В соответствии семи чертогам внизу и семи чертогам наверху, которые имеются в Бине, т.е. в парцуфе высшие Аба ве-Има, и на которые указывает отрывок «вначале создал Всесильный»[6], есть в соответствии им также и в ЗОН, и на них указывают семь раз сказанное слово «голос» и восемнадцать упоминаний имени Творца в псалме «Воздайте Творцу, сыны сильных». Семь раз сказанное слово «голос» указывает на семь чертогов от хазе ЗОН и выше, а имя Творца, упомянутое восемнадцать раз, указывает на семь чертогов, расположенных от хазе ЗОН и ниже.

Сфирот от хазе и выше называются ХАГАТ, и основной в них является средняя линия, т.е. сфира Тиферет. А сфирот от хазе и ниже называются НЕХИ, и основной в них является средняя линия в них, т.е. сфира Есод. Поэтому считается, что семь чертогов от хазе и выше находятся в Тиферет, а семь чертогов от хазе и ниже находятся в Есоде, называемом «Оживляющий (хай) миры». А слово «голос», семь раз упомянутое в псалме «Воздайте Творцу», указывает на семь чертогов, имеющихся наверху, в Тиферет, потому что Тиферет называется «голос». А «восемнадцать (хэт-йуд, хай)» упоминаний имени Творца указывают на Есод, называемый «Оживляющий (хай) миры». Поэтому говорится, что восемнадцать (хай) упоминаний имени Творца указывают на семь чертогов внизу, в Есоде, называемом «Оживляющий (хай)».

---

[243] Писания, Псалмы, 29:1.

Поэтому сказано: «Восемнадцать упоминаний имени Творца, т.е. восемнадцать имен АВАЯ, имеющихся в нем, с помощью которых Творец проходит по восемнадцати мирам» – т.е. в семь чертогов, расположенных ниже хазе, Зеир Анпин передает наполнение посредством своего Есода, называемого «Оживляющий (хай) миры». Поскольку семь чертогов внизу находятся в Есоде ЗОН. Поэтому об отрывке: «Колесницы Творца – множество тысяч ШНАН»[96], сказано, что это «восемнадцать десятков тысяч миров». Потому что все свойства от хазе и ниже являются строением (меркавой) для свойств от хазе и выше[244]. И поэтому называются семь чертогов «колесницей Творца»[96], потому что они – строение (меркава) для Бины, называемой Элоким, которая находится в семи верхних чертогах, «йуд-хэй».

«Множество тысяч ШНАН»[96] указывает на восемнадцать тысяч, потому что «множество (риботаим)» – это двадцать тысяч. «Тысяч (альфей)» – это две тысячи (альпаим). «ШНАН» – то есть, «что их нет (ше-эйнан)». Это значит – «двадцать тысяч без двух тысяч, которых нет», т.е. восемнадцать тысяч. Таким образом, «колесница Творца»[96], являющаяся семью чертогами ниже хазе, это восемнадцать (хай) тысяч, т.е. число, указывающее на Есод, называемый «Оживляющий (хай) миры». И это – восемнадцать десятков тысяч миров.

И многочисленные стражи ворот находятся возле чертогов, и они принимают молитву. И каждая молитва может войти только согласно мере и весу. «Мера» – это ВАК, свет хасадим, в совершенстве. «Вес (мишкаль)» – это ГАР, поскольку притягиваются они в соответствии со «священным шекелем», и молитва принимается лишь посредством притяжения мохин в состоянии ВАК и ГАР. И если «мера» и «вес» не находятся во всем совершенстве, то молитва не принимается.

195) И нет того, кто бы мог, стоя пред вратами молитвы, воспрепятствовать ей быть принятой. И о нем сказано: «Не будут опозорены, ибо уничтожат врагов во вратах»[245]. «Во вратах» – во вратах Царя, вратах чертога. Потому что основное удержание клипот – во вратах, т.е. в третьем свойстве, и поэтому, если он притягивает мохин «меры» и «веса», тогда

---

[244] См. выше, п. 134.
[245] Писания, Псалмы, 127:5.

сказано о нем: «Падет слева от тебя тысяча, и десять тысяч, справа от тебя, к тебе не подступятся»[57]. То есть все клипот и обвинители убегают и удаляются прочь от врат молитвы. И тогда молитва принимается.

И праведник, притягивающий эти мохин, называется воюющим с клипот и прогоняющим их прочь от ворот Царя. И поэтому говорится о нем в отрывке: «Не будут опозорены, ибо уничтожат врагов во вратах». Потому что нельзя допустить возникновения разрыва между молитвой, являющейся заповедью, то есть Шхиной, Нуквой Зеир Анпина, и Торой, т.е. Творцом, Зеир Анпином. То есть, надо прогнать клипот, которые приводят к разрыву между Творцом и Шхиной, как сказано: «Ропщущий отторгает Господина»[246]. И это совершается с помощью притяжения мохин в «мере» и «весе».

Нужно возвысить Тору и заповедь с помощью страха и любви, потому что все исполнительные и запретительные заповеди связаны с именем АВАЯ. Как объясняют мудрецы, слова «имя Мое (шми)», в числовом значении триста пятьдесят (шин-нун), вместе с буквами «йуд-хэй», числовое значение которых пятнадцать (тэт-вав), составляют в гематрии триста шестьдесят пять (ШАСА, шин-самэх-хэй), и это – триста шестьдесят пять запретительных заповедей. А слова «память обо Мне (зихри)», в числовом значении двести тридцать семь (рэйш-ламэд-зайн), вместе с буквами «вав-хэй», числовое значение которых одиннадцать (йуд-алеф), составляют в гематрии двести сорок восемь (РАМАХ, рэйш-мэм-хэт), и это – двести сорок восемь исполнительных заповедей. Таким образом, в имени АВАЯ (йуд-хэй-вав-хэй) имеются ШАСА (365) и РАМАХ (248), ШАСА – в «йуд-хэй», РАМАХ – в «вав-хэй». И все 613 (ТАРЬЯГ) заповедей связаны с именем АВАЯ.

Пояснение сказанного. Высшие Аба ве-Има, являющиеся буквой «йуд» имени АВАЯ и свойством ГАР Бины, называются «страх». А ИШСУТ, являющиеся буквой «хэй» имени АВАЯ и свойством ЗАТ Бины, называются «любовь»[247]. Поэтому в то время, когда мохин ЗОН приходят только от парцуфа ИШСУТ, буквы «хэй» имени АВАЯ, то определяется, что любовь пред-

---

[246] Писания, Притчи, 16:28.
[247] См. «Предисловие книги Зоар», статья «Вторая заповедь», п. 198.

шествует страху. А когда они приходят также и от парцуфа высшие Аба ве-Има, буквы «йуд» имени АВАЯ, то определяется, что страх предшествует любви. Потому что «йуд» – это страх, а «хэй» – это любовь. Таким образом, страх предшествует любви.

Необходимо поднять Зеир Анпин, Тору, и Нукву, заповедь, в страхе и любви, до высших Абы ве-Имы, когда страх предшествует любви, и тогда исполнительные и запретительные заповеди включаются в имя АВАЯ, как сказано: «Это имя Мое навеки, и это – память обо Мне из поколения в поколение»[248]. «Имя Мое (шми)» вместе с «йуд-хэй» – это триста шестьдесят пять (ШАСА) запретительных заповедей, а «память обо Мне» вместе с «вав-хэй וה» – это двести сорок восемь (РАМАХ) исполнительных заповедей. Таким образом, под тремястами шестьюдесятью пятью запретительными заповедями, относящимися к страху, подразумевается ГАР, «йуд-хэй יה», а под двумястами сорока восемью исполнительными заповедями, относящимися к любви, подразумевается ВАК, «вав-хэй».

Но если не поднять ЗОН в АБА ве-Има, а только в ИШСУТ, свойство любви, то триста шестьдесят пять запретительных заповедей еще не включены в ЗОН, так как они находятся наверху, в высших Аба ве-Има, и он включает в себя только лишь двести сорок восемь исполнительных заповедей. А когда триста шестьдесят пять (ШАСА) и двести сорок восемь (РАМАХ) поднимаются в Абу ве-Иму, то имеется у них все шестьсот тринадцать (ТАРЬЯГ): триста шестьдесят пять (ШАСА) – от высших Абы ве-Имы, двести сорок восемь (РАМАХ) – от ИШСУТ.

196) В произнесении «Шма» есть двести сорок восемь слов. И они даны со стороны любви и страха, имеющихся в букве «хэй ה» имени АВАЯ (הויה). Это значит, что при произнесении «Шма» мы притягиваем только мохин де-ВАК, исходящие только от ИШСУТ, обозначаемых буквой «хэй» имени АВАЯ, и в них любовь предшествует страху. Поэтому там есть только двести сорок восемь слов, соответствующие лишь двумстам сорока восьми (РАМАХ) исполнительным заповедям, относящимся к любви. А триста шестьдесят пять (ШАСА) запретительных заповедей не светят в них, поскольку относятся к букве «йуд י». Поэтому перед произнесением «Шма» установили

---
[248] Тора, Шмот, 3:15.

благословение: «Избирающий Свой народ, Исраэль, с любовью», указывающее, что мы притягиваем при произнесении «Шма» одно только свойство любви, к которому относятся двести сорок восемь исполнительных заповедей. Эти двести сорок восемь исполнительных (РАМАХ) заповедей включены в Авраама, потому что числовое значение имени Авраам (אברהם) – РАМАХ (248) (רמח), и ему свойственна любовь, как сказано о нем: «Семя Авраама, возлюбившего меня»[249].

197) Тфилин называются «сила», потому что даны от свойства «страх», находящегося в левой стороне. И это – понятие «страх Ицхака»[250]. Потому что все обвинители поднимаются туда, чтобы потребовать все суды, имеющиеся в мирах. Поэтому отрывок «и мышцей силы Своей»[251] указывает на тфилин. Потому что «йуд-хэй יה» – это свойство страха, а «вав-хэй וה» – любви. Сказано: «Любите Творца, все преданные Ему»[252] – что означает притяжение мохин де-ВАК, т.е. «вав-хэй וה».

Произнесение «Шма» относится к свойству любви и указывает на двести сорок восемь исполнительных заповедей, включенные в буквы «вав-хэй וה», и также имя Авраам указывает на РАМАХ (248) заповедей, включенные в буквы «вав-хэй וה». Однако тфилин – это свойство ГАР, т.е. трехсот шестидесяти пяти запретительных заповедей, содержащихся в буквах «йуд-хэй», т.е. свойство страха, относящееся к буквам «йуд-хэй יה», левая линия, называемая «страх Ицхака». И у всех обвинителей и судов в мире есть укрепление только лишь в левой линии.

Таким образом, свойство Авраама – это буквы «вав-хэй וה», а Ицхак – «йуд-хэй יה». Однако Тиферет – это имя АВАЯ (הויה), включающее всё, средняя линия, включающая две линии, свойство Авраама, «вав-хэй וה», и Ицхака, «йуд-хэй יה». Поэтому сказано о Яакове: «И вот, Творец стоит над ним»[253], и это не сказано об Аврааме и Ицхаке, поскольку Яаков – это свойство Тиферет, включающее всё, так как он – средний столб. И

---

[249] Пророки, Йешаяу, 41:8.
[250] Тора, Берешит, 31:42.
[251] Пророки, Йешаяу, 62:8.
[252] Писания, Псалмы, 31:24.
[253] Тора, Берешит, 28:13. «И вот, Творец стоит над ним и говорит: "Я Творец – Всесильный Авраама, отца твоего, и Всесильный Ицхака. Землю, на которой ты лежишь, – тебе отдам ее и потомству твоему"».

в то время, когда он называется Яаков, он включает свойство Авраама, «вав-хэй וה», и двести сорок восемь исполнительных заповедей. А затем, когда он называется именем Исраэль, которое указывает на то, что он поднялся и облачил также и буквы «йуд-хэй יה» и содержит всё имя АВАЯ, ГАР и ВАК, определяется тогда, что имя АВАЯ – с наполнением буквы «алеф א», поскольку, если бы не было бы в нем наполнения буквы «алеф א», не мог бы Исраэль облачить буквы «йуд-хэй יה».

Везде говорится в Зоар, что правая линия исходит от точки холам, от свойства букв МИ (מי) имени Элоким (אלהים), т.е. ГАР, а левая линия исходит от точки шурук, от свойства букв ЭЛЕ (אלה) имени Элоким (אלהים), ВАК. А здесь говорится, что правая линия, Авраам, – это ВАК, т.е. «вав-хэй וה» имени АВАЯ (הויה), а левая линия, Ицхак, – это ГАР и «йуд-хэй יה» имени АВАЯ (הויה). И дело в том, что есть большое различие между тем, когда мохин находятся на своем месте, и когда они притягиваются благодаря выполнению заповедей. Потому что здесь говорится только лишь о выполнении шестисот тринадцати заповедей для притяжения совершенных мохин в ЗОН, ГАР и ВАК. И говорится, что благодаря выполнению двухсот сорока восьми исполнительных заповедей мы притягиваем любовь к милосердию (хесед) от правой линии, и это – свойство Авраама. И есть у них достоинство, что никакие суды не удерживаются в них, и поэтому мы также можем их притянуть и прежде чем они дополнятся тремястами шестьюдесятью пятью запретительными заповедями.

И хотя эти мохин де-хасадим, во время пребывания хасадим в Бине, являются свойством ГАР Бины, всё же, во время своего нисхождения вниз, к душам праведников, всё совершенство которых зависит от свечения Хохма, эти мохин хасадим считаются по отношению к ним только свойством ВАК, буквами «вав-хэй וה» имени АВАЯ (הויה) без рош, когда недостает им «йуд-хэй יה» имени АВАЯ (הויה).

Однако, благодаря строгому соблюдению трехсот шестидесяти пяти запретительных заповедей, притягивается свечение Хохма от левой линии, называемой страх Ицхака[250], которая исходит от точки шурук, восходящей к свойству ГАР и к буквам «йуд-хэй יה» имени АВАЯ (הויה). И эти мохин – это свойства тфилин, называемые «сила», и о них сказано: «Могучая башня – имя Творца (АВАЯ)»²⁵⁴. И также: «И увидят все народы земли, что имя Творца наречено на тебе, и устрашатся тебя»²²⁷.

И теперь восполнились мохин для этих душ свечением Хохма, т.е. свойством ГАР. И вместе с тем, не смогут души получить эти мохин всё то время, пока они находятся в правой и левой линиях, потому что нижние получают только от средней линии, Тиферет, свойства Яаков, в то время, когда есть у него только мохин де-ВАК, и он называется Исраэль в то время, когда постигает также и ГАР, и тогда нисходят мохин от него к душам праведников. И только о Яакове сказано: «И вот, Творец стоит над ним»²⁵³ – но не об Аврааме и Ицхаке.

Имя АВАЯ (הויה) с наполнением «алеф א», как сказано: «Исраэль поднялся в мысль (махшава), чтобы быть созданным». Слово «махшава (מחשבה мысль)» состоит из слов хашав (חשב задумал) МА (מה), и числовое значение МА (45) равняется числовому значению имени АВАЯ (הויה) с наполнением «алеф א», содержится в нем святое имя. Объяснение. Бина называется мыслью, и о ней сказано, что Исраэль, Зеир Анпин с мохин состояния гадлут, поднялся в мысль, Бину, чтобы быть созданным, т.е. получить свои мохин. И Бина называется «махшава (מחשבה мысль)», поскольку она состоит из слов хашав (חשב задумал) МА (מה), указывающих на имя АВАЯ (הויה) с наполнением «алеф א», составляющее в гематрии МА (45 מה). Наполнение «алеф א» указывает на исправления, произведенные у ЗОН во втором сокращении, благодаря которым Зеир Анпин может подняться в Бину, чтобы получить ее мохин. И без них он бы не мог подняться туда. Поэтому Бина получила название «мысль (махшава)».

О Яакове, который в гадлуте называется Исраэль, сказано: «И создал Всесильный человека по образу Своему»¹². Потому что после того, как Зеир Анпин получил мохин большого состояния (гадлут) и стал называться Исраэль, и эти мохин называются ЦЕЛЕМ (цади-ламэд-мэм, образ), о нем сказано: «И создал»¹². Ведь поскольку он является средней линией, от него передаются мохин душам нижних, потому что от правой и левой стороны, свойств Авраам и Ицхак, он не может получить.

---

²⁵⁴ Писания, Притчи, 18:10.

198) Сыновья, жизнь и питание нисходят к нижним только со стороны среднего столба, называемого «сын Мой, первенец Мой – Исраэль»[255], который называется Древом жизни и также Писание называет его деревом, «и пища на нем – для всех»[256]. И именем Шхины, находящейся только среди нижних, называются Исраэль внизу «жизнью Шхины», Тора называется «питанием ее», а молитва считается жертвоприношением и приближает Шхину к зивугу с Зеир Анпином, и сказано о Шхине в изгнании, что говорит она Зеир Анпину, мужу своему: «Дай мне детей»[257].

Здесь выясняются понятия «сыновья», «жизнь» и «питание», которые средний столб, Исраэль, передает Шхине для нижних. И говорится, что наполнение «жизнью» Шхины зависит от сыновей Исраэля, находящихся внизу и притягивающих жизнь свою от Шхины. Наполнение тайнами Торы ради нижних считается «питанием» Шхины. А молитва приводит ее к зивугу с Зеир Анпином и приносит «сыновей», т.е. души для нижних, и о ней говорится в отрывке: «И сказала Яакову: "Дай мне детей"»[257].

199) Шхина является пожертвованием Творцу, в то время, когда принимает ее в правой и левой и в гуф. И Его единство с ней устанавливается с помощью праведника, Есода, называемого знак. И это знак тфилин и знак субботы и праздника.

Выясняются два вида зивуга Зеир Анпина со Шхиной для получения сыновей, жизни и питания: первый – для наполнения жизнью и питанием с помощью правой и левой и гуф, т.е. с помощью трех линий ХАГАТ; второй – для порождения сыновей, т.е. душ нижних, и это происходит только в единстве с ней благодаря Есоду праведника, называемому «знак».

Первый зивуг происходит в то время, когда Зеир Анпину недостает новых НЕХИ де-гадлут, поэтому он считается зивугом

---

[255] Тора, Шмот, 4:22.
[256] Писания, Даниэль, 4:8-9. «Дерево это разрослось и окрепло, и высота его достигла небес, и видно было оно до всех краев земли. Листья его прекрасны, плоды обильны, и пища на нем – для всех; в тени его укрывались звери полевые, в ветвях его жили птицы небесные, и от него питалось всё живое».
[257] Тора, Берешит, 30:1. «И увидела Рахель, что она не родила Яакову, и позавидовала Рахель сестре своей, и сказала Яакову: "Дай мне детей; а если нет, я умираю"».

от сфирот ХАГАТ, и тогда он не может давать души, но только жизнь и питание. Второй зивуг происходит во время достижения им новых НЕХИ де-гадлут, и тогда зивуг совершается с помощью сфирот НЕХИ, основной из которых считается Есод, и тогда он способен производить сыновей, то есть давать души.

И когда молитва, т.е. Шхина, поднимается к Зеир Анпину, необходимо соединить ее с ним во всех десяти сфирот, поскольку меньше десяти – это не святость. И она – его святость, благословение и единство. Объяснение. Существует три зивуга Нуквы с Зеир Анпином:
1. Зивуг НЕХИ, называемый единством.
2. Зивуг ХАГАТ, называемый благословением.
3. Зивуг ХАБАД, называемый святостью.

И когда он соединяется с ней в трех этих зивугах, она получает от всех десяти сфирот, ХАБАД ХАГАТ НЕХИ Зеир Анпина. И поэтому мы возносим молитву Творцу на многочисленных ступенях и в множестве сфирот, поскольку мы должны соединить Шхину в трех видах зивугов, чтобы она получила от каждой из десяти сфирот Зеир Анпина.

Когда человек желает вознести молитву наверх, он должен возносить ее так, чтобы соединить ее в трех этих зивугах, во всех изменяющихся состояниях, которые имеются в таамим и некудот. Потому что буквы (отиёт) – это кони, огласовки (некудот) – это всадники, восседающие на них, а тона (таамим) – это военное оружие. И если змей желает выступить против молитвы, необходимо метнуть в него камнем из пращи. И понятие тонов (таамим) зарка, макаф шофар, олех сэгольта выяснится в следующей статье рабби Шимона.

Пращевой камень

200) Провозгласил рабби Шимон, сказав: «Внимайте, высшие, соберитесь, нижние, члены высшего и нижнего собрания. Элияу, я заклинаю тебя – получи разрешение Творца и спускайся сюда, ибо предстоит тебе великая битва. Ханох Матат, спускайся сюда, ты и все люди собрания, подчиняющиеся тебе, потому что не ради себя я совершаю все это, а ради Шхины».

Объяснение. Мысли и речи этих праведников, авторов Зоар, и тем более рабби Шимона, относились к самой стадии действия, т.е. в соответствии со свойством обновления Торы, которое они раскрывали, тут же, вслед за ними, устанавливались именно так и все высшие ступени. Иными словами, праведники строят миры согласно их обновлениям в Торе. Ввиду этого, рабби Шимон подготовил себя здесь к тому, чтобы воевать с первородным змеем и подчинить его с помощью единства пращевого камня, с целью проторить путь для являющихся в мир, чтобы они тоже знали, как подчинить первородного змея.

Известно, что человек не может произвести исправление в месте, в котором он не находится. И рабби Шимон должен был находиться в этот момент в месте пребывания этого змея, для того, чтобы он смог подчинить его. Но чтобы быть уверенным, что не подвергнется опасности во время пребывания в этом низменном месте, он попросил помощи у Элияу, у Матата и у членов высшего и нижнего собрания.

201) Рабби Шимон начал объяснять с тона (таам), называемого «зарка». И сказал, что необходимо вознести молитву в известное место, боясь промахнуться, если не направить ее к цели, как при выстреле пращевым камнем, точно так же надо возносить мысль и намерение молитвы в Кетер, и это камень цельный и украшенный. Кетер означает «цельный», и также украшение – это Кетер. Имеются в виду два подъема Нуквы Зеир Анпина, называемой «камень»:

1. Подъем на равную ступень с Кетером Зеир Анпина, и в этом отношении она называется цельным камнем.
2. Подъем в Бесконечность. И она приобретает благодаря этому свойство «украшение на голове праведника» и становится

способной получить мохин состояния «паним бе-паним». И в этом отношении она называется украшенным камнем.

Необходимо удерживать эти два намерения, на которые указывает тон (таам) зарка. То есть, необходимо поднять мысль и намерение молитвы в Кетер, называемый «камень цельный и украшенный», и сказано о нем, о Нукве: «Каждый выпрямляющийся – выпрямляется при произнесении имени» – т.е. необходимо поднять Нукву к тому месту, откуда она взята.

Вначале Нуква была на равной ступени с Зеир Анпином, и ступень ее достигала Кетера Зеир Анпина, и оба они пользовались одним Кетером, как сказано: «И создал Всесильный (Элоким) два светила великих»[129] – и это состояние сдвоенности парцуфов[258]. А затем, когда уменьшилась луна, т.е. Нуква, вследствие жалобы своей: «Как два царя могут пользоваться одной короной?» – и тогда она вернулась в состояние точки, находящейся под Есодом Зеир Анпина, и поднялась для зарождения (ибур) в Абу ве-Иму, и Аба ве-Има выстроили ее заново в состояниях ибур, еника, мохин (зарождения, вскармливания, приобретения разума) де-паним (лицевой стороны), как сказано: «И взял Он одну из сторон его, ...и отстроил Творец Всесильный ту сторону, которую взял у Адама»[259].

И необходимо поднять Нукву к тому месту, откуда она взята, потому что после уменьшения луны ее нужно исправлять с помощью молитвы. И в первом ее исправлении надо снова поднять ее на равную ступень с Зеир Анпином, чтобы оба они пользовались одним Кетером, как это было прежде чем взяли ее Аба ве-Има во время уменьшения луны, как сказано: «И взял Он одну из сторон его», т.е. сделал ее подчиненной Зеир Анпину.

Потому что каждый день в намерении молитвы необходимо притянуть мохин и заново выстроить Нукву Зеир Анпина, так как каждый день она снова становится «девственницей, которую не познал мужчина», и порядок построения такой, что

---

[258] См. п. 112,
[259] Тора, Берешит, 2:21-22. «И навел Творец Всесильный на Адама крепкий сон, и он уснул. И взял Он одну из его сторон, и закрыл плотью место ее. И отстроил Творец Всесильный ту сторону, которую взял у Адама, чтобы быть ему женой, и привел ее к Адаму».

необходимо притянуть к ней два вида мохин: ибур-еника-мохин де-ахор (обратной стороны), и ибур-еника-мохин де-паним (лицевой стороны). И вначале необходимо притянуть к ней три состояния ибур, еника, мохин в свойстве ахораим Зеир Анпина:

1. Ибур означает мохин де-НЕХИ.
2. Еника – мохин де-ХАГАТ.
3. Мохин означает мохин де-ГАР на равной ступени, достигающей Кетера Зеир Анпина.

Затем нужно притянуть к ней в намерении три состояния ибур-еника-мохин де-паним, приходящие к ней от строения Абы ве-Имы. И поэтому сказано, что надо поднять Нукву к тому же месту, откуда она взята. То есть, притянуть к ней состояния ибур-еника-мохин де-ахораим Зеир Анпина, вследствие чего ступень ее возрастает до Кетера, какой была она прежде чем взяли ее оттуда Аба ве-Има. И сказано о ней: «Каждый выпрямляющийся – выпрямляется при произнесении имени», поскольку Малхут достигает распрямления ступени, чтобы быть равной Зеир Анпину, но лишь в состоянии мохин свойства ахораим (обратной стороны) Зеир Анпина до ее уменьшения. А затем, с помощью молитвы, притягиваются к ней ибур-еника-мохин де-паним.

202) И в том месте, где он возносит ее (в молитве) к мужу ее, на равную ступень с Кетером ее мужа, «даже если змей обовьет пяту его, не прекратит (молитву)»[260]. И хотя сказано о нем: «А ты будешь жалить его в пяту»[261], вместе с тем этот камень, на который указывает буква «йуд י» в слове Яаков, потому что Яаков (יעקב) – это буквы слов «йуд י» «акев (עקב) пята)». И об этом камне сказано: «Оттуда оберегает камень Исраэля»[262] – и благодаря силе его не прекратит он поднимать ее к тому месту, откуда она взята.

Хотя у змея есть удержание в Нукве, что следует из слов: «А ты будешь жалить его в пяту»[261], сказанных Творцом змею, как сказано: «Которым бесчестят шаги (пяты) помазанника

---

[260] Книга «Шульхан арух», раздел «Правила молитвы», п. 104, «Как не прерывать молитву», указание 3.
[261] Тора, Берешит, 3:15.
[262] Тора, Берешит, 49:24. «Но тверд остался лук его, и распространилась сила его при поддержке Могучего Яакова; оттуда оберегает камень Исраэля».

Твоего»²⁶³. И сказано: «Нечестие стоп моих (акевай עקבי)»²⁶⁴ – буквы слов «акев (עקב пята)» «йуд י». Однако праотец Яаков исправил ее, т.е. возложил ее в место своего изголовья. Как сказано: «И взял он из камней этого места»²⁶⁵, т.е. «йуд י», которая была в конце слова «акев (עקב пята)», и «возложил его в изголовье (мерашотав מראשותיו)»²⁶⁵. Из рош (ראש) акев (עקב), т.е. в Бину, которая является свойством рош сфиры Тиферет, называемой Яаков, потому что имя Яаков (יעקב) состоит из слов «йуд י» «акев (עקב пята)». И с помощью этого она подсластилась до свойства Нуква для Исраэля (ישראל), содержащего в себе буквы слов «ли рош (לי ראש мне начало)». И сказано о ней: «Оттуда оберегает камень Исраэля»²⁶². И благодаря этому подъему он стал уверен, что не прекратит (молитвы), если даже змей опутает его, и может поднять ее к месту, откуда она взята, к Кетеру Зеир Анпина.

После того, как он вернул ее к ступени Кетер Зеир Анпина, к среднему столбу, он должен поднять ее от среднего столба до Бесконечности. И когда он опускает ее к себе из Бесконечности, сказано о Нукве: «Каждый, совершающий преклонение, должен склониться при слове "благословен"». Когда вознес намерение в молитве своей притянуть к Нукве состояния ибур-еника-мохин де-ахораим, и ступень ее стала равной Кетеру Зеир Анпина, он должен сосредоточиться в своем намерении на том, чтобы снова поднять ее к ибуру и привлечь к ней состояние ибур-еника-мохин де-паним, чтобы поднять ее до Бесконечности. И тогда она выстраивается с помощью парцуфа Аба ве-Има, как сказано: «И перестроил Творец Всесильный ту сторону... и привел ее к Адаму»²⁵⁹, к Зеир Анпину.

Когда он опускает ее к себе из Бесконечности, и она возвращается снова к Зеир Анпину, как сказано: «И привел ее к Адаму», сказано о Нукве: «Каждый, совершающий преклонение, должен склониться при слове "благословен"» – т.е. ступень ее уменьшается из-за того, что она вновь строится из Бесконечности, так как преклонение указывает на склонение

---

²⁶³ Писания, Псалмы, 89:51-52. «Вспомни, Господин мой, о поругании рабов Твоих, что сносим мы от всех народов многочисленных, которым бесчестят враги Твои, Творец, которым бесчестят шаги помазанника Твоего!»
²⁶⁴ Писания, Псалмы, 49:6. «Нечестие стоп моих окружает меня».
²⁶⁵ Тора, Берешит, 28:11.

головы и малое состояние ступени. Потому что сейчас Нуква стала подчиненной Зеир Анпину, и нет у нее ничего своего, а только то, что ей дает муж ее. Однако вначале, когда она была в состоянии мохин де-ахораим, хотя она и не нуждалась в Зеир Анпине и была такой же большой, как и он, всё же она не могла находиться в этом состоянии из-за отсутствия благословения, света хасадим, и в этом заключена сущность ее жалобы.

Однако теперь, после построения ее снова из Бесконечности, «перестроил Творец Всесильный ту сторону»[259], хотя и уменьшилась ее ступень в преклонении, однако она благословилась ступенью хасадим, в которую облачился также свет Хохма. И это означает: «Каждый, совершающий преклонение». То есть всё состояние преклонения Нуквы вызвано тем, что он склоняется при слове «благословен», и благодаря этому склонению она достигает благословения от высшего преклонения. И благодаря этому она получает мохин состояния «паним бе-паним» и становится достойной зивуга с Зеир Анпином «паним бе-паним (лицом к лицу)».

Поэтому сказано, что необходимо поднять ее до Бесконечности и до безграничности и не отделять ее от Зеир Анпина ни наверху, ни внизу, и с помощью притягивания состояний ибур-еника-мохин де-ахор Нуква соединяется с Зеир Анпином внизу, а с помощью притягивания состояний ибур-еника-мохин де-паним она соединяется с ним наверху.

203) Иногда он – муж ее, что обозначается буквой «вав», указывающей на Есод праведника, включающий шесть частей двух «шока́им (голеней)», Нецах и Ход, и тогда нисходит Нуква к нему для зивуга в свойстве двух голеней, Нецах и Ход. Объяснение. Есть три части рош-тох-соф в сфире Нецах, правой голени, и три части рош-тох-соф в сфире Ход, и Есод-праведник согласует над ними посередине и включает их обе. И называется «вав» по причине содержания в них шести частей.

Зоар выясняет здесь последовательность состояний ибур-еника-мохин де-ахор, которые необходимо притянуть, ведь так она все время растет, шаг за шагом. И первый зивуг называется ступенью НЕХИ, ибуром (зарождением). А иногда он – муж ее, что обозначается буквой «вав», указывающей на Тиферет, включающую шесть частей двух рук: рош-тох-соф сфиры Хесед и рош-тох-соф сфиры Гвура. И тогда Нуква вырастает и поднимается в свойство «две руки», на ступень еника (вскармливание). А иногда Зеир Анпин – муж ее, в то время, когда он стоит между Аба ве-Има и называется тогда порождением (бен) «йуд-хэй». И необходимо поднять туда Нукву для зивуга с ним, для получения ступени мохин от Зеир Анпина. И тогда она вырастает и возвышается до его рош.

А иногда он – муж ее на ступени Кетер, в форме буквы «алеф א», и она – «вав ו» между двумя буквами «йуд י», т.е. «вав ו» посередине, «йуд י» наверху и «йуд י» внизу. Потому что «алеф א» включает десять сфирот: Кетер и Хохма – наверху, Бина, Тиферет и Малхут – внизу[266]. И необходимо поднять Нукву к нему, и она растет вместе с ним, на абсолютно равной ступени, до Кетера. И это является пределом роста Нуквы, однако эту ступень она постигает лишь в состоянии ахораим. И когда Нуква возвышается и растет до Кетера, сказано о ней: «Камень, который отвергли строители, лег в основу угла»[141]. Ибо она достигла ступени Кетер, называемой «основа угла». Итак, выяснилась последовательность состояний ибур-еника-мохин де-ахораим.

204) Когда она поднимается наверх, в рош всех рошим, называемую РАДЛА, в свойство Бесконечности, ангелы вопрошают о ней: «Где место величия Его для превознесения Его?»[267] – т.е. ее подъем от среднего столба к Бесконечности, чтобы получить ибур-еника-мохин состояния «паним бе-паним», как сказано: «И перестроил Творец Всесильный ту сторону»[259].

Итак, выяснилось два вида ибур-еника-мохин, которые надо привлечь к Нукве во время молитвы: ибур-еника-мохин де-ахор и ибур-еника-мохин де-паним. И когда Нуква поднимается к Зеир Анпину, в то время, когда она в форме буквы «алеф א», она становится там Кетером в рош буквы «алеф א». А когда она опускается оттуда, то она опускается в него, т.е. в букву «алеф א», и становится точкой под «вав ו», которая находится внутри «алеф א», в таком виде: א. Потому что «алеф א» включает десять сфирот: «вав ו» посередине – это парса, верхняя «йуд י» – Кетер и Хохма, нижняя «йуд י» – Бина и ЗОН, расположенные от хазе Зеир Анпина и ниже, т.е. НЕХИ[266].

---

[266] См. выше, п. 138.
[267] Кдуша (освящение) из молитвы «Мусаф» в шаббат.

Когда она поднимается в «алеф א» с помощью мохин де-ахораим, она становится Кетером в рош «алеф א», поскольку поднимается до верхней «йуд י», где находится Кетер Зеир Анпина. Когда она опускается посредством ибур-еника-мохин де-паним, становится א. А когда она уменьшается, она опускается в место от хазе и ниже Зеир Анпина и не может больше подняться выше парсы Зеир Анпина, и быть равной с ним на ступени Кетер. И это определяется как то, что она опускается под «вав ו», символизирующую парсу, и становится нижней «йуд י», и всё, что она получает, получает с помощью Зеир Анпина, мужа своего. Когда Нуква поднимается, она называется Кетером в таамим, а когда опускается, называется «точкой». А когда соединяется с Зеир Анпином, то обозначается буквой «вав» с точкой, ו, т.е. шурук.

Зоар описывает, как Нуква поднимается и опускается и соединяется в виде буквы «алеф א». Вначале она соединяется с ним в виде «вав» с точкой, ו, т.е. шурук, и тогда получает от него левую линию – ибур-еника-мохин де-ахораим, потому что Нуква в собственном свойстве выстраивается только от левой линии Зеир Анпина[268]. И тогда она растет и возвышается до ступени Кетер, находящейся над Зеир Анпином, и получает там от свойства «таамим» Зеир Анпина.

А затем она получает ибур-еника-мохин де-паним от Бесконечности с помощью строения Абы ве-Имы, и опускается в свойство «некудот» Зеир Анпина, и тогда опускается под «вав ו» буквы «алеф א», поскольку она становится тогда нижней Хохмой. Потому что «таамим» – это Кетер, «некудот» – Хохма, а когда она соединяется с ним в виде «вав» с точкой, ו, т.е. шурук, то становится в нем «вав ו» в букве «алеф א», в таком виде – «א». А в то время, когда она поднимается до Кетера, становится высшей «йуд י» – «א», а когда опускается, становится нижней «йуд י» – «א». Мохин де-ахораим называются «таамим (тона)», а мохин де-паним называются «некудот (огласовки)». Потому что «таамим (тона)» называются движением относительно точки (некуда) единства.

---
[268] См. выше, п. 39.

А когда она Кетер на рош Зеир Анпина, она называется буквой «зайн ז», потому что форма буквы «вав ו» – это Зеир Анпин, а Нуква – это Кетер над его рош, буква «зайн ז». А знак союза, Есод Зеир Анпина, включает в себя букву «зайн», потому что она является седьмой по отношению ко всему, т.е. у Есода Зеир Анпина есть тоже «атара» над его рош, так же, как буква «зайн» является украшением (атара) для головы (рош) праведника. И это – вследствие включения его в Нукву, с того времени, как она поднялась в рош буквы «алеф א», чтобы быть ступенью Кетер Зеир Анпина. И в этом свойстве буквы «зайн ז» называется Малхут именем «седьмая», т.е. субботним днем. И так же она является свойством «зайн» для семи нижних сфирот, поскольку является седьмой по отношению ко всем, как выше хазе, в свойстве Кетер для Зеир Анпина, о котором сказано: «Жена радетельная – венец мужу своему»[269], так и ниже хазе, в свойстве «атара» Есода.

205) Этот камень, Малхут, Нуква, является строением всех миров, и поэтому сказано о ней: «Весовой камень полный и верный пусть будет у тебя»[270] – и это мера внутри каждой сферы, и каждая сфира поднимается с ней, чтобы стать десятью сфирот, величина ее – «вав».

Потому что свет нисходит из Бесконечности только благодаря ударному соединению (зивуг де-акаа) со стороны высшего света, производимому на экран, имеющийся в кли Малхут. Поэтому Нуква называется «строением всех миров». Потому что без экрана, который устанавливается в ней, все миры «пустынны и хаотичны»[29]. И она – окончание любого свечения, ибо после того, как свечение распространяется в десять сфирот сверху вниз, до ее свойства, сокращенного от получения света, она становится прекращающей и оканчивающей это свечение. Таким образом, Малхут становится мерой внутри каждой сферы, так как она оканчивает свечение каждой сферы и разделяет таким образом между одной сферой и другой, и она является десятой сфирой, имеющейся в каждой сфире.

Величина, которую Малхут отмеряет в каждой сфире посредством зивуга де-акаа, производимого на пять свойств

---

[269] Писания, Притчи, 12:4.
[270] Тора, Дварим, 25:15.

ее экрана, – это «вав», т.е. она притягивает свет в мере буквы «вав ו» имени АВАЯ (הויה), символизирующей Зеир Анпин. Величина указывает на сущность измеряемого света. Мера – это только граница.

Благодаря Малхут каждый локоть (амá) становится десятью локтями длины в каждой сфире, как сказано: «Десять локтей – длина бруса»[271]. И в целом она создает сто сфирот, десять – в каждой сфире, и десять раз по десять составляет сто. Потому что нет ступени, в которой бы не было десять сфирот, и они включены друг в друга, и таким образом есть в каждой ступени сто сфирот. И каждая сфира отделяется от соседней в силу окончания этой Малхут. Таким образом, на каждой ступени обязательно присутствуют сто свойств Малхут. И если поменять порядок букв в слове «сто (мéа מאה)», то буквы образуют слово «локоть (амá אמה)». И это указывает, что все сто свойств этих границ относятся только к одному локтю, т.е. Малхут.

206) Каждая из мер, отмеряемых Малхут, называется «мир» и означает – ступень сама по себе, и каждая из них – это «йуд י» и «вав ו», указывающие на величину и меру. «Вав ו» – это вес света, а «йуд י» – это мера света. «Вав ו» указывает на сущность света, который оценивается или измеряется с помощью экрана, имеющегося в Малхут. «Йуд י» указывает только на границу этого света, но не на сущность его. И величина этой меры – это пять локтей в длину и пять локтей в ширину, соответствующие величине каждого небосвода, простирающегося на пятьсот парсаот в длину и пятьсот парсаот в ширину.

Иными словами, сфирот включают в себя друг друга, и поэтому, когда выходят десять сфирот КАХАБ ТУМ в результате зивуга де-акаа, они включают в себя друг друга, и распространяются пятикратно КАХАБ ТУМ от одной стороны к другой, и становятся пятью свойствами, распространяющимися в длину, т.е. КАХАБ ТУМ сверху вниз, и пятью свойствами, распространяющимися в ширину, т.е. пять дополнительных распространений свойств КАХАБ ТУМ от одной стороны к другой в ширину. Пять распространяются в длину, и пять – в ширину.

---

[271] Тора, Шмот, 36:21.

И они соответствуют небосводу, у которого точно по той же причине есть пятьсот парсаот в длину и пятьсот парсаот в ширину. Потому что со стороны Бины каждое свойство определяется как «сто», а пять свойств – как «пятьсот». И они включают в себя друг друга. И поэтому в нем имеется пятьсот парсаот в длину и пятьсот парсаот в ширину. И это – две буквы «хэй ה», содержащиеся в имени АВАЯ (הויה), в котором первая «хэй ה» указывает на ширину, а нижняя «хэй ה» – на длину.

207) Величина ступени парцуфа Зеир Анпин выясняется с помощью букв имени АВАЯ. «Вав ו» имени АВАЯ (הויה) указывает на великолепие (тиферет) небес, т.е. на сфиру Тиферет Зеир Анпина. Пять его небосводов – это последняя «хэй ה» имени АВАЯ (הויה), они называются словом «небеса (**а**-шамаим השמיים)», имеющим дополнительную «хэй ה», указывающую на пять этих небосводов, включенных в Зеир Анпин, называемый «небеса (шамаим שמיים). Пять высших небосводов называются «небеса небес»²⁷². То есть имеется пять небосводов выше хазе Зеир Анпина, и пять небосводов ниже его хазе. И это – две буквы «хэй ה», содержащиеся в имени АВАЯ (הויה). Первая «хэй ה» указывает на пять высших небосводов, а последняя «хэй ה» указывает на пять нижних небосводов.

«Вав ו» имени АВАЯ (הויה), сфира Тиферет, включающая пять небосводов, сама считается по отношению к ним шестым небосводом – шестым по отношению к пяти небосводам выше хазе и шестым по отношению к пяти небосводам ниже хазе. Однако выше хазе он называется Тиферет, а ниже хазе называется Есод.

«Йуд י» имени АВАЯ (הויה) – это Малхут, которая становится седьмым небосводом по отношению к ним, Кетером над рош «вав ו». И это – буква «зайн ז», которая поднялась в Кетер на голове его, и стала «йуд י» над «вав ו», т.е. седьмым небосводом, как для небосводов выше хазе Зеир Анпина, так и для небосводов ниже его хазе. Однако наверху – это Кетер на его голове (рош), «йуд י» имени АВАЯ, указывающая на величину ступени Зеир Анпина. А внизу – это украшение (атара) на голове праведника. И это – семь в семи. Семь небосводов выше хазе Зеир Анпина, и семь небосводов – ниже его хазе. И они

---

²⁷² Писания, Псалмы, 148:4.

представляют собой четырнадцать небосводов, составляющих величину его ступени.

И это – величина ступени парцуфа Зеир Анпин в четырех буквах имени АВАЯ (הויה). Потому что пять его сфирот ХАГАТ Нецах Ход – это пять небосводов. И его собственное свойство делится в хазе на два парцуфа. Таким образом, есть у него дважды по пять небосводов. Пять небосводов выше хазе – это первая «хэй ה» имени АВАЯ (הויה). А сам Зеир Анпин, включающий их – это шестой небосвод, «вав ו» имени АВАЯ (הויה). И Малхут, которая поднялась и стала венцом (атара) на голове его, как сказано: «Жена радетельная – венец мужу своему»[269], это – «йуд י» имени АВАЯ (הויה) и седьмой небосвод, расположенный выше хазе.

Пять небосводов ниже хазе – это последняя «хэй ה» имени АВАЯ (הויה), а Есод, включающий их, – это вторая «вав ו», которая указана в наполнении «**вав**-вав וו». И это – шестой небосвод, находящийся ниже хазе. Та Малхут, которая находится выше хазе, в виде седьмого небосвода и буквы «йуд י» имени АВАЯ (הויה), становится также здесь седьмым небосводом и «атарой» Есода в свойстве «украшение (атара)» на голове праведника. И она является свойством «йуд י» в начале всего и свойством «йуд י» в конце всего. И это – две буквы «йуд י», содержащиеся в сочетании имен АВАЯАДНИ (יאהדונהי). Семь небосводов наверху и семь небосводов внизу, и каждый, находящийся внизу, получает от свойства, соответствующего ему наверху.

И это также земли. Семь земель над семью землями, которые находятся одна над другой, подобно шелухе лука, слои которой со всех сторон охватывают друг друга. Объяснение. Зеир Анпин и Нуква его называются небом и землей. И так же, как на уровне ступени небес, т.е. Зеир Анпина, семь небосводов находятся над семью другими, так и на уровне ступени парцуфа Нуквы, называемой «земля», есть у нее семь земель, соответствующих семи небосводам Зеир Анпина. И по той же причине, которая выяснилась относительно Зеир Анпина, они находятся как выше ее хазе, так и ниже ее хазе. И те семь, которые находятся выше ее хазе, получают от семи небосводов Зеир Анпина, находящихся выше хазе. А те семь, которые находятся ниже хазе, получают от семи небосводов, находящихся ниже хазе Зеир Анпина.

И все эти небосводы, семь выше хазе и семь ниже хазе, указывают на свойства двух глаз. Потому что три цвета, белый-красный-зеленый, содержащиеся в глазу, – это три сфиры ХАГАТ. Белый цвет – это сфира Хесед. Красный цвет, т.е. красные прожилки в нем, – это Гвура. Зеленый цвет в нем – это Тиферет. Два века – это Нецах и Ход, верхнее веко – Нецах, нижнее – Ход. А сам глаз, включающий их, – это Есод. Черная центральная точка в глазу – это Малхут. И это семь сфирот ХАГАТ НЕХИМ, содержащиеся в свойстве «глаз». Семь в свойстве правого глаза – это семь сфирот, находящиеся выше хазе, а семь в свойстве левого – это семь сфирот, находящиеся ниже хазе.

208) Буква «йуд י» имени АВАЯ (הויה), т.е. Малхут, которая поднялась в Кетер над рош Зеир Анпина, называется малым миром. Буква «вав ו» имени АВАЯ (הויה), Тиферет, называется долговечным миром, и каждый, кто хочет попросить желаемое у долговечного мира, должен продлить свою молитву, а каждый, кто возносит свою молитву к недолговечному миру, должен сокращать свою молитву. Поэтому говорится, что в том месте, где следует сокращать (молитву), человек не вправе продлевать ее. Нужно сокращать молитву, как Моше, который вознес краткую молитву: «Творец, умоляю, исцели ее»[273] – потому что его молитва возносилась в точке «йуд י» имени АВАЯ (הויה), которая называется «недолговечным миром».

Объяснение. Потому что «йуд י» имени АВАЯ (הויה), т.е. Малхут, которая поднялась в Кетер над его рош, полностью строится от левой линии Зеир Анпина, точки шурук[274]. И не может свет Хохма, содержащийся в «йуд», светить в ней из-за отсутствия возможности облачиться в хасадим. Поэтому эта «йуд י» называется недолговечным миром, потому что свет Хохма в ней слишком короткий для того, чтобы распространиться вниз. «Вав ו» имени АВАЯ (הויה), сфира Тиферет – это линия, согласующая между двумя линиями, правой и левой, облачающая их друг в друга и поддерживающая свечение их обеих. Правая

---

[273] Тора, Бемидбар, 12:13.
[274] См. выше, п. 39.

Пращевой камень

линия светит сверху вниз, а левая линия светит снизу вверх[275]. Поэтому «вав ו» считается долговечным миром, так как свечение ее распространяется к нижним. Это имеется в виду, когда говорится, что буква «йуд י» укоротила ножку, а ножка буквы «вав ו» длинная.

И приводится подтверждение этому в двух молитвах, вознесенных Моше, одна из которых была очень короткой: «Творец, умоляю, исцели ее»[273], а вторая была очень продолжительной, и длилась она сорок дней и сорок ночей[276]. Поскольку Моше сократил свою молитву именно потому, что она была в точке «йуд», т.е. Малхут была в состоянии Кетер над его рош, и это – левая линия перед согласованием «вав», и поэтому Моше сократил свою молитву, так как Хохма не распространяется в «йуд י» прежде чем включится в «вав ו» имени АВАЯ (הויה). И он удлинял (молитву) только в букве «вав» имени АВАЯ.

209) Место, в котором говорится о необходимости удлинять (молитву) и в котором человек не вправе сокращать (ее), – это буква «вав ו». А молитва Моше была в свойстве буквы «пэй פ», то есть сорок (мэм) дней и сорок (мэм) ночей, вместе составляющие число восемьдесят (пэй). И всё находится в свойстве этих двух букв – «пэй פ» и «вав ו», содержащихся в словах «и повергся (**ва**-этна**пэ́**ль ואתנפל)» из отрывка: «И повергся я пред Творцом, как прежде: сорок дней и сорок ночей»[276]. И все находится в свойстве двух «мэм מם», одна из которых – простая, а другая – закрытая. И точка «йуд» нисходит посередине их, и образуется сочетание «маим (מים воды)».

После того, как Зоар выяснил притяжение мохин Нуквы в свойстве «ахораим» и «паним» в общем виде, он выясняет три линии Нуквы в четырех отношениях: в отношении тонов (таамим), огласовок (некудот), букв (отиёт) и времени (зман). Вначале он выясняет их в отношении букв (отиёт) и говорит, что это свойства букв «пэй פ» и «вав ו», содержащихся в словах «и повергся (**ва**-этна**пэ́**ль ואתנפל)», и свойство буквы «йуд י», находящейся посреди двух букв «мэм מם» слова «маим (מים воды)».

---

[275] См. выше, п. 50.
[276] Тора, Дварим, 9:18. «И повергся я пред Творцом, как прежде: сорок дней и сорок ночей, хлеба не ел и воды не пил, за весь ваш грех, который вы совершили, делая злое в глазах Творца, чтобы гневить Его».

Когда Нуква в своем катнуте, без мохин, она называется буквой «бэт ב», которая с северной стороны открыта, чтобы указать, что ей недостает мохин северной стороны, т.е. Бины. И когда Зеир Анпин начинает строить ее, он сначала привлекает к ней мохин своей левой линии, т.е. мохин, исходящие от точки шурук. И тогда говорится, что «вав ו» исходит от левой линии Зеир Анпина к Нукве, которая находится в форме буквы «бэт ב», и он ограждает северную ее сторону.

И теперь она принимает форму буквы «мэм ם», закрытой со всех ее сторон. Буква «бэт ב» слова «берешит (вначале)» – это точка в чертоге ее, т.е. Нуква Зеир Анпина[277]. О ней сказано: «Запертый сад – сестра моя, невеста, источник запертый, родник запечатанный»[278]. И запечатана она буквой «вав ו». Когда эта «вав ו» нисходит к Нукве, букве «бэт ב», то она превращается из буквы «бэт ב», которой была прежде, в закрытую букву «мэм ם», и это – свойство «вино, выдержанное в виноградинах».

Притяжение мохин левой линии Зеир Анпина обозначается буквой «вав ו», закрывающей открытую северную сторону буквы «бэт ב», которая становится закрытой «мэм ם». Поскольку эти мохин нисходят от точки шурук, представляющей собой скрытый свет, прежде чем получает светящее облачение величия[279]. Поэтому закрывается Нуква и не может больше светить нижним. Но поскольку нет исчезновения в духовном, считается, что и прежняя форма Нуквы, буква «бэт ב», остается также и теперь, после того, как она стала закрытой «мэм ם», и она становится правой линией в ней, потому что через нее нисходят хасадим от правой линии Зеир Анпина. Однако, в силу мохин левой линии, имеющих форму «мэм ם», получила буква «бэт ב» в правой линии форму буквы «мэм מ», однако не закрытой (буквы «мэм ם»), а лишь форму открытой «мэм מ».

Таким образом, у нее теперь есть две линии. Правая линия – это «мэм מ», открытая благодаря свойству хасадим. Левая линия – это «мэм ם», закрытая и не светящая. Правая линия, открытая «мэм מ», означает «сорок дней», а левая линия,

---

[277] См. выше, п. 4, со слов: «И создает…»
[278] Писания, Песнь песней, 4:12.
[279] См. выше, п. 33.

закрытая «мэм ם» – «сорок ночей». И пока эти линии не объединяются вместе, считается, что в них обеих отсутствует совершенство, что называется падением[280]. Поэтому в то время, когда Моше притянул эти две линии, правую и левую, к Нукве, он сказал о них: «И повергся я пред Творцом, как прежде: сорок дней и сорок ночей»[276]. И поскольку в них отсутствует совершенство, он сказал о них: «И повергся», что означает «падение».

И «падение» – в букве «пэй», т.е. в двух буквах «мэм», открытой и закрытой, которые в числовом значении составляют «пэй (80)», и в них – «падение». И всё находится в свойстве этих двух букв – «пэй פ» и «вав ו», которые употребил Моше в словах «и повергся (ва-этнапэ́ль ואתנפל)». Ведь две линии, являющиеся буквой «вав ו» левой линии Зеир Анпина, образующие две буквы «мэм», «сорок (мэм מ) дней» и «сорок (мэм ם) ночей», итого восемьдесят (пэй פ), находятся еще в свойстве «падение», потому что им недостает единства правой и левой линии. «Мэм מ» и «мэм ם» с «йуд י», точкой посередине, образуют слово «маим (מים воды)». Поэтому посреди двух букв «мэм» необходимо протянуть точку «йуд י», т.е. среднюю линию, выходящую на экран точки хирик[279].

И образуется сочетание «маим (מים воды)», указывающее на свет хасадим, раскрывающий мохин, чтобы они светили нижним сверху вниз. И со стороны Хеседа, для того чтобы раскрылись света хасадим в Нукве, необходимо продолжать молитву «сорок дней и сорок ночей», а затем притянуть «йуд י» посередине между ними. И тогда светят и раскрываются хасадим в правой линии Нуквы. Таким образом, выяснились три линии Нуквы в свойстве букв, поскольку открытая «мэм מ» – это правая линия, закрытая «мэм ם» – левая линия, а буква «йуд י» посередине между ними – это средняя линия.

210) И в святое имя поднимается АВАЯ вместе с тоном «ревии», относящимся к таамим. И необходимо протяжное произнесение этого гласного звука в «ревии», находящемся над именем АВАЯ, и это называется «ткия (протяжный звук шофара)». А место для сокращения – со стороны Гвуры при звуке

---
[280] См. «Предисловие книги Зоар», п. 14, со слов: «Сказано, что оно "стоит и не стоит"...»

«шварим (короткий звук)», и там произносится звук «твир», относящийся к таамим. Средний звук, который не продлевают и не сокращают, это «труа», и это средний столб, средняя линия, произнесение звука «шальшелет», относящегося к таамим.

Объяснение. Объясняются три линии Нуквы, каким образом они выражаются в таамим, и говорится, что «ревии» в таамим – это правая линия, свет хасадим. И поэтому необходимо произносить продолжительно имя АВАЯ, которое огласовано этим знаком. А при трублении в шофар «ткия» указывает на правую линию, хасадим, потому что свет хасадим – это то место, которое требует продолжительности. А «твир» в таамим – это левая линия, т.е. Гвура, и поэтому необходимо произносить его коротко. А в трублении в шофар «шварим» указывают на Гвуру.

А «шальшелет» в таамим – это средняя линия, согласующая и объединяющая две линии, правую и левую, т.е. длинную и короткую, друг с другом. И поэтому они становятся средней, включающей их обе. Поэтому она не длинная и не короткая. И это – средний столб, т.е. средняя линия. А при трублении в шофар – это «труа», которая указывает на среднюю линию, знак «шальшелет» в таамим. Поэтому называется средняя линия «шальшелет (досл. цепочка)», так как она – словно охватывающая их обе, правую и левую линии. Поскольку связывает их и объединяет их в свойстве «священный шекель».

211) Знаку «ревии» в таамим, тон которого возрастает, соответствует точка «холам» в некудот (огласовках), поскольку она является свойством Хесед. А «шварим», знаку «твир» в таамим, соответствует огласовка «шва» в некудот. В «ревии» необходимо возвысить голос, а в «твире» следует понизить голос, так как он является свойством Гвура. «Твир» на арамейском языке и на языке святости называется «шварим». Поскольку необходимо понизить голос, то считается, словно голос «ломается», и называется это «шварим» или «твир».

«Труа» – это средняя линия, называемая «шальшелет», и это буква «йуд ׳», которая нисходит между двумя буквами «мэм (40)», между «сорока днями» и «сорока ночами». И это – знак «сэгольта» в таамим. И благодаря средней линии, т.е. «труа» и «шальшелет» и «йуд ׳», раскрывается правая линия во всем совершенстве, и в таамим она называется «сэгольта».

213)²⁸¹ Зарка, макаф шофар, олех сэгольта. Зарка означает, что Нукву бросают (зорким) в то же место, откуда она взята, и это – ибур-еника-мохин де-ахораим, прежде чем Аба ве-Има построили ее. Макаф шофар – притяжение ибур-еника-мохин де-паним посредством того, что ее поднимают в Иму, называемую «шофар». Потому что макаф (соединительная черточка) означает «сочетание». Свойство «шофар» – это Има. Олех сэгольта – раскрытие света хасадим в правой линии Нуквы, так как мохин свойства «паним» направлены на раскрытие знака «сэгольта» в таамим во всем его совершенстве. Этот зивуг свойства «олех сэгольта» производится в скрытии²⁸², когда о нижней Шхине сказано: «И голос ее не слышен»²⁸³.

Точка правой линии, т.е. точка холам и линия Хеседа – это «Творец (АВАЯ) – Царь»²⁸⁴. Точка левой линии, т.е. шурук, или шва и линия Гвуры – это «Творец (АВАЯ) царствовал»²⁸⁵. Точка средней линии, т.е. точка «хирик» и согласующая линия – это «Творец будет царствовать»²⁸⁶.

Выясняются три линии в отношении времени – прошлого, будущего и настоящего:

Правая линия в словах «Творец – Царь (мэлех מֶלֶךְ)», со знаком «сэголь», означает настоящее время. Потому что свечение правой линии – это то место, о котором сказано, что «его необходимо продлевать». То есть, притягивать вниз, в этот мир. И поэтому на него указывает слово «Царь (мэлех מֶלֶךְ)» со знаком «сэголь», которое означает настоящее время. Потому что материальные создания не соприкасаются ни с прошлым, ни с будущим, а только лишь с настоящим мгновением.

Левая линия, о которой сказано, что ее необходимо сокращать, ибо свечение ее закрыто и не приходит вниз, в этот мир, символизируется словом «царствовал (малах מָלַךְ)» со знаком «камац», которое означает, что «царствовал» в прошлом, а нижние не могут касаться прошлого, и поэтому необходимо ее сокращать.

---

²⁸¹ Пункт 212 в комментарии «Сулам» не приводится.
²⁸² См. «Предисловие книги Зоар», статья «Кто она», п. 170.
²⁸³ Пророки, Шмуэль 1, 1:13.
²⁸⁴ Писания, Псалмы, 10:16.
²⁸⁵ Писания, Псалмы, 93:1.
²⁸⁶ Тора, Шмот, 15:18.

Точка средней линии, т.е. согласующей линии, означает, что «будет царствовать» в будущем, и это средняя продолжительность, и обещано, что она достигнет этого мира в конце исправления.

При произнесении знака «ревии» в таамим необходимо возвысить голос.

При произнесении знака «твир» в таамим необходимо понизить голос.

Знак «шальшелет» в таамим охватывает две линии, словно цепью (шальшелет), и объединяет их друг с другом. И тогда она притягивает их свечение вниз так же, как знак «ревии» в таамим, с помощью которого продлевают звучание слова. И это одна точка, как и «холам». То есть, поскольку «шальшелет» объединяет две линии друг с другом, она притягивает сверху вниз в этот мир свечение знака «ревии», относящегося к таамим, т.е. раскрытие свечения хасадим в правой линии.

Нет такого знака в огласовках (некудот), у которого не было бы соответствующего ему знака в тонах (таамим): знаку «сэголь» в огласовках (некудот) соответствует знак «сэгольта» в тонах (таамим), знаку «шва» соответствует знак «закеф гадоль» в тонах (таамим). И каждый, постигающий скрытые тайны, обнаружит соответствие всех знаков огласовок (некудот) знакам тонов (таамим). Отсюда видно, что при сравнении огласовок и тонов, они соотносятся между собой по разному, поэтому не каждый сможет сравнить между ними, а только знающий скрытые тайны.

Создающий миры и разрушающий их

214) «Вот порождения неба и земли»²⁸⁷. «Вот (эле)», сказанное в любом месте, отменяет предшествующее ему. «Вот (эле)», сказанное здесь, отменяет порожденное «пустынностью», т.е. свойством Малхут меры суда, называемой «пустынность (тóу)», на которую указывают слова: «Земля же была пустынна»²⁹. И об этих порождениях пустынности сказано, что Творец создает миры и разрушает их. И поэтому сказано, что «земля была пустынна и хаотична»²⁹ – т.е. была пустынна из-за того, что Он разрушил их, однако порождения ЭЛЕ, являющихся свойствами Малхут, подслащенной мерой милосердия, смогли утвердиться.

215) Зачем Творец с самого начала создал миры с тем, чтобы разрушить их? Ведь лучше было бы не создавать их? Но, конечно же, в этом заключен глубокий смысл. Что может означать «разрушил» – ведь не губит же Творец деяние рук Своих? Но мало того, сказано еще об этих небесах: «Небеса, как дым, рассеются»²⁸⁸. Но в таком случае, получается, что Творец делает, а затем перечеркивает содеянное Им – такое можно сказать лишь о людях, но не о Творце.

216) Но дело в том, что Творец создал мир, и создал его с помощью Торы. И «берешит (вначале)» – это Тора, о которой сказано: «Творец создал меня в начале (решит) пути Своего»²⁸⁹. Таким образом, Тора называет себя «началом (решит)». И с помощью этого «начала (решит)», т.е. Торы, Он «создал небо и землю» – высшие небо и землю, и это высшие шесть окончаний (ВАК), расположенные в Бине, и на них указывает слово «берешит (בראשית вначале)», состоящее из слов «бара (ברא создал) шит (שית шесть)».

И Он поставил их рядом в Торе. Ведь о «берешит» сказано, что это союз, ибо в слове «берешит (בראשית вначале)» – те же буквы, что и в словах «брит эш (ברית אש союз огня)». И о ней сказано: «Если бы не Мой союз днем и ночью, законов неба

---

²⁸⁷ Тора, Берешит, 2:4. «Вот порождения неба и земли при сотворении их, в день созидания Творцом Всесильным земли и неба».
²⁸⁸ Пророки, Йешаяу, 51:6.
²⁸⁹ Писания, Притчи, 8:22.

и земли не установил бы Я»²⁹⁰. Таким образом, небо и земля создаются благодаря Торе, так как небо и земля зависят от соблюдения союза (брит), скрытого в «берешит», т.е. в Торе.

И об этих небесах, которые созданы и установились благодаря Торе, сказано: «Небеса – небеса Творцу»²⁹¹. А «земля», которая создана и установилась благодаря Торе, называется землей жизни. И она состоит из семи земель, о которых сказал царь Давид: «И буду ходить я пред Творцом в землях жизни»²⁹². И они называются землями жизни, чтобы указать на их принадлежность к Бине, называемой «Творец (Элоким) жизни», поскольку эти небо и земля происходят от Бины.

217) А после них Он создал небо и землю с помощью «пустынности (то́у)», нет там основы, называемой «союз», чтобы установить их на ней. И это – нижние небо и земля, т.е. ЗОН, ибо прежде чем Малхут подсластилась в Бине, Нуква находилась в состоянии «пустынности». И именно о ней сказано, что «земля была пустынна»²⁹. И поэтому Творец хотел дать Тору народам мира, то есть установить на деле «союз обрезания (брит мила)», иными словами, с помощью исправления «брит мила» подсластили Малхут в Бине, и тогда раскрылись бы им мохин, называемые Торой. Однако народы не желали принимать ее, и земля осталась иссушенной и безводной.

218) Сказано: «Да соберутся воды под небесами в единое место»⁷⁰. «Да соберутся воды» – это Тора, называемая водами, «в единое место» – это Исраэль, поскольку души Исраэля исходят от этого места. И сказано о нем: «Благословенно величие Творца с места Его»²⁹³. «Величие Творца» означает – нижняя Шхина, Малхут. «С места Его» означает – высшая Шхина, Бина. Таким образом, Бина называется «место». И поскольку их души исходят от Бины, называемой местом, то, конечно же, пребывает над ними имя АВАЯ, и сказано о них: «Ибо удел Творца – народ Его». И об этом сказано в отрывке: «Да соберутся воды под небесами в единое место»⁷⁰, где «воды» – это Тора, «единое место» – это Исраэль, принимающие Тору. И отличаются от

---

²⁹⁰ Пророки, Йермияу, 33:25.
²⁹¹ Писания, Псалмы, 115:16.
²⁹² Писания, Псалмы, 116:9.
²⁹³ Пророки, Йехезкель, 3:12.

них народы мира, которые не захотели принять Тору, и потому земля осталась иссушенной и безводной.

219) Тора – это поселение мира, ибо ею он создан и благодаря ей существует. А свойства «народы мира», не получившие ее, остались иссушенными и безводными. И это означает, что Творец создает миры и разрушает их. Из-за тех, кто не соблюдал заповедей Торы и не возвышал Малхут, чтобы подсластить ее в свойстве милосердия Бины, мир был разрушен. И не потому, что Творец уничтожил и погубил деяние рук Своих, небо и землю и всё, что находится в них, как думают люди, объясняя себе смысл сказанного: «Творец создает миры и разрушает их». Так зачем же Творцу уничтожать сыновей Своих, Исраэль, о которых сказано: «При сотворении их (бе-ибарам בהבראם)», что означает – с помощью "хэй ה" сотворил их (бэ-хэй барам בה בראם), с помощью Малхут, исправленной в свойстве милосердия, в Бине? Ведь если они исправлены в Бине, то они соответствуют желанию Творца, зачем же Ему уничтожать их?

220) И из-за тех, которые перешли от народов мира, падает «малая хэй» имени Авраам в пятом тысячелетии, на которое указывает буква «хэй (5)». То есть, пятое тысячелетие иссушено и безводно, как сказано: «Река иссякает и высыхает»[294]. «Иссушена» – это разрушение первого Храма. «И безводна» – разрушение второго Храма.

Малхут, подслащенная мерой милосердия, Биной, называется «малая хэй». И корень ее – это Малхут де-АК, т.е. десять сфирот от табура АК и ниже. И эти десять сфирот простирались до точки этого мира, а затем, для того, чтобы получить подслащение в свойстве милосердия, поднялась Малхут де-Малхут, точка этого мира, являющаяся оканчивающей, в место Бины де-Малхут, образовав там окончание парцуфа Малхут мира АК. И в ней остались только две сфиры, Кетер и Хохма, а также половина Бины. А под ними простерлась парса. И эта парса образовала окончание мира Ацилут[295]. Таким образом, по причине подслащения Малхут де-АК в Бине сократились ее десять сфирот до двух с половиной сфирот, т.е. она стала «малой хэй». И по этой причине Малхут, подслащенная в Бине,

---

[294] Писания, Йов, 14:11.
[295] См. «Введение в науку Каббала», п. 67.

в любом месте, где бы она ни находилась, называется «малой хэй». И это – «малая хэй» в слове Авраам (אברהם), та «хэй», которую добавил Творец к имени Аврам (אברם).

И в этом – всё различие между душами Исраэля и народами мира. Души Исраэля происходят от этой «малой хэй», и уже говорилось, что души Исраэля исходят от того места, о котором сказано: «Благословенно величие Творца с места Его»[293]. Однако народы мира исходят от Малхут свойства суда, которая не подсластилась в свойстве милосердия, поэтому сказано: «И из-за тех, которые перешли от народов мира, падает "малая хэй" имени Авраам». И это означает сказанное, что пришельцы, источник которых исходит от Малхут свойства суда, приводят к падению Малхут из места Бины, т.е. к падению «малой хэй» в слове Авраам, поскольку они пробуждают свойство суда в ней, и по этой причине были разрушены два Храма. Поэтому сказано: «Тяжки пришельцы Исраэлю, словно лишай»[296].

221) И поскольку Моше хотел ввести этих пришельцев под крылья Шхины, думая, что они тоже исходят от Малхут, подслащенной в свойстве милосердия, от «малой хэй», и притянул для них мохин «малой хэй» свойства Авраам, эти пришельцы привели его к падению, как сказано: «Отправляйся вниз, ибо развратился народ твой»[297]. То есть, они вызвали в Исраэле прегрешение литого тельца, и поэтому сказал Творец Моше: «Отправляйся вниз». И поскольку они не приняли мохин «малой хэй» в свойстве страха буквы «йуд י» имени АВАЯ (הויה), и в свойстве любви буквы «хэй ה» имени, Моше опустился со своей ступени – «вав ו» имени АВАЯ.

Моше – муж Матрониты, «вав ו» имени АВАЯ (הויה), который поднял «хэй ה» имени АВАЯ (הויה), т.е. «малую хэй», в место Бины, первой «хэй ה» имени АВАЯ. А «вав ו» поднялась в место Хохмы – в «йуд י» имени АВАЯ. И тогда опустились мохин буквы «йуд י», свойства страх, и мохин буквы «хэй ה», свойства любовь, к нижней «хэй ה» имени АВАЯ, которая устанавливается и облачает первую «хэй ה» имени АВАЯ (הויה). Однако пришельцы, источник которых исходит от Малхут свойства суда, не подслащенной в Бине, не могли получить мохин

---

[296] Вавилонский Талмуд, трактат Явамот, лист 47:2.
[297] Тора, Шмот, 32:7.

нижней «хэй», так как она находилась наверху, в месте «йуд-хэй יה» имени АВАЯ (הויה), в свойстве страха и любви. И тогда они притянули ее вниз, и раскрылось свойство суда в ней, и все света ушли из нее.

Ведь Малхут достойна получать света, только если она облачает место Бины, первую «хэй ה» имени АВАЯ (הויה). И слова: «Отправляйся вниз», сказанные Моше, т.е. букве «вав», вышли из уст первой «хэй», Бины, потому что во время прегрешения, когда они желали притянуть света вниз, тотчас отделились буквы «йуд-хэй» имени АВАЯ, чтобы прекратить наполнение нижней «хэй», и тогда Бина, первая «хэй», опустила вниз три своих буквы ЭЛЕ, оставшись в свойстве ВАК без рош. И это неизбежно привело к тому, что также и Моше, «вав» имени АВАЯ, Тиферет, сократился до свойства ВАК без рош, т.е. опустил вниз свои буквы ЭЛЕ. Ибо после того, как сокращается высший, вынуждены сократиться вместе с ним все те, кто ниже него.

222) А буква «вав» имени АВАЯ опустилась вместе с Моше с целью оберегать его, чтобы он не потерялся среди них, потому что Моше предстоит кругооборот, где он должен будет смешаться с великим сбродом, души которых исходят со стороны тех, о ком сказано: «Небеса, как дым, рассеются»[298]. Это те, к которым Ноах не просил проявлять милосердия. Сказано о них: «И были стерты с лица земли»[298], потому что они относились к тем, о которых сказано: «Сотри память об Амалеке»[299]. А Моше не оберегся их, и привел к падению малой «хэй» в их среду. И поэтому не сможет войти в землю Исраэля, пока не вернет «хэй» на свое место. Поэтому опустился Моше со своей ступени, и вместе с ним опустилась «вав» имени АВАЯ.

Поэтому «хэй» упала, а «вав» восстановит ее, т.е. «вав» Моше. Объяснение. Ступень Моше – это «вав» имени АВАЯ. Вследствие греха изготовления золотого тельца опустились буквы ЭЛЕ Бины, и из-за них опустились также буквы ЭЛЕ свойства «вав» имени АВАЯ в нижнюю «хэй». А буквы ЭЛЕ нижней «хэй» опустились в клипот. Поэтому было вынесено решение, что Моше не войдет в землю Исраэля до тех пор, пока не вернет нижнюю «хэй» на свое место в «йуд-хэй», как она

---

[298] Тора, Берешит, 7:23.
[299] Тора, Дварим, 25:19.

была до прегрешения тельца. Поэтому опустились «вав» имени АВАЯ и Моше со своей ступени с тем, чтобы «вав» подняла «хэй» из своего падения. Ибо вследствие того, что буквы ЭЛЕ свойства «вав» имени АВАЯ, т.е. Зеир Анпина, опустившись, упали в нижнюю «хэй», во время исправления снова вернет Зеир Анпин, «вав», свои буквы ЭЛЕ на его ступень. И поднимется вместе с ними также и нижняя «хэй», слившаяся с ними, на ступень «вав».

И также Бина, первая «хэй», вернет на ее ступень свои буквы ЭЛЕ, упавшие в место «вав». И тогда «вав-хэй», слившиеся с ними, поднимутся вместе с ними в Бину, в первую «хэй». Таким образом «вав-хэй» возвращаются к «йуд-хэй», как и до прегрешения. И ясно, что без опускания букв ЭЛЕ свойства «вав» в место нижней «хэй» не могла бы «вав» поднять нижнюю «хэй». То есть благодаря опусканию «вав», может свойство «вав» затем поднять нижнюю «хэй» и вернуть ее на свое место в первой «хэй» посредством возвращения его букв ЭЛЕ на свое место.

223) С помощью малой «хэй», «хэй ה» имени Авраам (אברהם), и это буква «хэй» в словах: «При создании их (бе-ибарам בהבראם), которая содействовала Моше, и сказано о нем: «Направлял Он десницу Моше прославленной мышцей Своей»[300]. И он вытянул ее из клипот с помощью «вав», и привел ее с собой. Ведь благодаря тому, что свойство «вав ו» вернуло свои буквы ЭЛЕ вместе с Нуквой, слившейся с ними, на свою ступень, он, пользуясь содействием Нуквы, поднялся и облачил «йуд י» имени АВАЯ (הויה), и привел Нукву вместе с собой наверх, и тогда она облачила первую «хэй ה» имени АВАЯ (הויה).

И тогда над нижней «хэй ה» сразу же воцаряется имя «йуд-хэй יה», поскольку она находится в первой «хэй ה», наверху, вместе с «вав ו». И тогда выполняется клятва, о которой сказано: «Вот рука (букв. клятва) на престоле (кэс כס) Творца (йуд-хэй יה), что война у Творца против Амалека из поколения в поколение»[301]. А до этого имя неполное, поскольку Ему недостает «вав-хэй וה». И также престол (кисэ כסא) не явля-

---

[300] Пророки, Йешаяу, 63:12.
[301] Тора, Шмот, 17:16.

ется полным, потому что недостает ему буквы «алеф א». Но сейчас имя (йуд-хэй יה) восполнилось буквами «вав-хэй וה», а престол (кэс כס) восполнился буквой «алеф א».

Что значит «из поколения в поколение»? Это Моше, о котором сказано: «Поколение уходит и поколение приходит»[302] – то есть нет поколения меньше, чем шестьдесят десятков тысяч (600 000). И это Моше, о котором сказано, что одна женщина родила в Египте шестьдесят десятков тысяч единоутробных.

«Из поколения в поколение»[301] – это Моше, о котором сказано: «Поколение уходит и поколение приходит»[302]. Это означает, что воплощение Моше происходит в каждом поколении, и приходит и уходит в каждом поколении. Потому что величина души Моше равняется шестидесяти десяткам тысяч, ведь Моше удостоился Бины, т.е. мохин Абы ве-Имы, облачающих ВАК Арих Анпина, сфирот которого исчисляются в десятках тысяч. Так как сфирот Нуквы исчисляются в единицах, Зеир Анпина – в десятках, ИШСУТа – в сотнях, Абы ве-Имы – в тысячах, Арих Анпина – в десятках тысяч. Таким образом, его ВАК, сфирот ХАГАТ НЕХИ, составляют в числовом значении шесть десятков тысяч. А когда каждая из них состоит из десяти, то их шестьдесят десятков тысяч.

Поэтому сказано, что одна женщина родила в Египте шестьдесят десятков тысяч единоутробных. Имеется в виду Моше, который оценивается как шестьдесят десятков тысяч. И отсюда понятно, что нет поколения, в котором не было бы свечения свойства мохин шестидесяти десятков тысяч, т.е. воплощения Моше. И сказано: «Война у Творца против Амалека из поколения в поколение»[301], поскольку свойство мохин шестидесяти десятков тысяч не пребывает постоянно, а воплощается в каждом поколении, из-за того, что «война у Творца против Амалека».

---

[302] Писания, Коэлет, 1:4.

Пять видов «великого сброда»

224) Есть пять видов великого сброда: нефилим (исполины), гиборим (могучие), анаким (великаны), рэфаим (призраки), амалеким (амалекитяне). Из-за них «малая хэй» упала со своего места, то есть из Бины. Сказано: «Одно против другого создал Творец»[303], и так же, как в святости имеются пять свойств КАХАБ ТУМ, имеется противоположность их в клипот. И это пять перечисленных видов великого сброда, начальные буквы которых образуют выражение НЭГА РА (пагубная язва) или ОНЭГ РА (пагубное наслаждение). Потому что вследствие пагубности превращается наслаждение в язву, а язва – в наслаждение. Пять этих видов великого сброда смешаны с Исраэль и вовлекают их в грех. И поэтому «малая хэй» падает со своего места, то есть с места своего подслащения в Бине.

Билам и Балак были со стороны Амалека. Поскольку, если взять буквы «айн-мэм עם» от имени Билам (בלעם) и буквы «ламэд-куф לק» от имени Балак (בלק), останутся буквы «бэт-бэт-ламэд (בבל Бавель)», то есть «бэт-ламэд בל» от Билам, «бэт ב» от Балак. И обнаруживается, что два вида клипот – Амалек и Вавилон (Бавель) – косвенно указаны в именах Билам и Балак. Отсюда следует, что Амалек является свойством рош клипот и Кетером, как и клипа Вавилона, о которой сказано: «Голова ее – из чистого золота»[304]. Ведь не будь они обе в одинаковых свойствах, они бы не могли связаться в одно целое в Биламе и Балаке.

225) Это те, что уцелели во время потопа, о котором сказано: «И стер Он всё сущее»[305]. А оставшиеся от клипы Амалек, в четвертом изгнании, то есть эдомском изгнании, главенствуют в этом мире силой могущества. Потому что эта клипа является главенствующим свойством (рош) и Кетером клипот. И они становятся разрушающими келим для Исраэль. О них сказано в

---

[303] Писания, Коэлет, 7:14.
[304] Писания, Даниэль, 2:32.
[305] Тора, Берешит, 7:23. «И стер Он все сущее, что на поверхности земли, от человека до скота, до гада ползучего и до птицы небесной: и были стерты они с земли. И остался лишь Ноах и то, что с ним в ковчеге».

описании потопа, что «переполнилась земля злодеянием»³⁰⁶. И это амалекитяне. Итак, выяснился первый из пяти видов великого сброда – амалекитяне, и это Кетер клипот.

226) **Нефили́м (исполины) великого сброда.** Сказано о них: «И увидели ангелы Всесильного дочерей человеческих, что хороши они»²¹³. Это – второй вид великого сброда, являющийся Хохмой клипот. Они происходят от высших нефилим (исполинов), то есть от Азы и Азаэля, которые были высшими ангелами. Творец низринул их с небес, и потому они называются «нефилим (досл. падшие)», а нефилим свойства «великий сброд» происходят от них.

Когда пожелал Творец сотворить человека, сказав ангелам: «Создадим человека по образу Нашему»¹⁸⁹, Он желал сделать его главой над всеми высшими ангелами – чтобы он стал правителем над всеми ангелами, а они стали распорядителями под его властью, как сказано о Йосефе: «Назначит он распорядителей над землею»³⁰⁷.

227) Поэтому ангелы хотели выступить против него и сказали Творцу: «Что есть человек, чтобы Ты помнил о нем?»³⁰⁸ – т.е. ему ведь предстоит согрешить перед Тобой, почему же Ты унижаешь нас перед ним? Ответил им Творец: «Если бы вы находились внизу, на земле, как человек, то грешили бы больше него». Сразу же: «И увидели ангелы Всесильного дочерей человеческих, что хороши они»²¹³ – загорелись к ним страстью. И Творец сбросил их вниз, закованных в цепи³⁰⁹.

228) «Ангелы Всесильного»²¹³ – это Аза и Азаэль. От них происходят души второго вида великого сброда, и они «нефилим» (досл. падшие), так как сами упали с уровня святости, чтобы влачиться за женщинами, поскольку «хороши они». Поэтому и Творец низринул этот «великий сброд» из будущего мира, чтобы не было у них там удела, и дал им их награду в этом мире, как сказано: «И воздающий Своим ненавистникам: в лицо

---

³⁰⁶ Тора, Берешит, 6:11. «И растлилась земля пред Всесильным, и переполнилась земля злодеянием».
³⁰⁷ Тора, Берешит, 41:34.
³⁰⁸ Писания, Псалмы, 8:5.
³⁰⁹ См. «Предисловие книги Зоар», статью «Небо и земля», п. 156, со слов: «Что сделал Творец?»

ему, чтобы погубить его»³¹⁰ – чтобы истребить их из будущего мира. Это второй вид великого сброда, нефилим, являющиеся Хохмой клипот.

229) Гиборим (могучие) – это третий вид великого сброда, смешавшийся с Исраэлем. Сказано о них: «Это люди могучие, издавна обладающие именем»³¹¹. Они исходят со стороны тех, о ком сказано: «Давайте построим себе город и башню, вершиной до небес, и создадим себе имя»³¹², то есть, со стороны «поколения раздора».

Относящиеся к этому виду великого сброда строят места молитвенных собраний и места обучения, ставят в них книгу Торы, венчая ее сверху украшениями, – словом, в точности, как сказано: «Город и башню, вершиной до небес»³¹². Строят места молитвенных собраний и места обучения – соответствует «городу», ставят в них книгу Торы – соответствует «башне», венчая ее сверху украшениями – «вершиной до небес». И не намереваются делать это во имя Творца, но чтобы создать себе имя, точно как сказано: «Создадим себе имя»³¹².

И порождения ситры ахра становятся многочисленнее Исраэля, получивших благословение быть «как прах земной»³¹³, и грабят их. И тогда работа срывается и разваливается – т.е. места молитвенных собраний и места обучения, которые они воздвигли. О них сказано: «И воды крепли всё больше и больше на земле»³¹⁴. Иначе говоря, клипот и ситра ахра, которые называются «воды», разрушили землю своим возрастающим могуществом. Итак, выяснился третий вид «великого сброда» – гиборим (могучие), соответствующие Бине клипы.

230) Рэфаим (призраки) – это четвертый вид великого сброда, смешавшийся с Исраэлем. Если они узнают о приближении беды к Исраэлю, то оставляют их одних, отделяясь от них. И

---

³¹⁰ Тора, Дварим, 7:10.
³¹¹ Тора, Берешит, 6:4.
³¹² Тора, Берешит, 11:4. «И сказали они: "Давайте построим себе город и башню, вершиной до небес, и создадим себе имя, чтобы мы не рассеялись по лицу всей земли"».
³¹³ Тора, Берешит, 28:14. «И будет потомство твое как прах земной, и распространишься ты на запад и на восток, на север и на юг, и благословляться будут тобою все семейства земли, и потомством твоим».
³¹⁴ Тора, Берешит, 7:19.

даже если есть у них силы спасти их, не желают спасать. Они отделяются от Торы, отстранившись от нее и от всех, кто занимается ею, ради оказания услуг идолопоклонникам. Иными словами, отдаляются от Торы и от Исраэля ради благополучия идолопоклонников.

И о них сказано: «Призраки (рэфаим) не встанут»[315] – т.е. они не восстанут при возрождении из мертвых. В тот момент, когда будет повеление Исраэлю и они будут спасены от бедствий своих, об этих сказано: «И уничтожил всякую память о них»[315]. Ибо, будучи порождением тьмы, они неизбежно исчезают с появлением света в Исраэле. Таким образом, выяснился четвертый вид великого сброда – рэфаим (призраки), соответствующие Зеир Анпину клипы.

231) Анаким (великаны) – это пятый вид великого сброда. Они пренебрежительно относятся к тем, о ком сказано: «Украшение она (Тора) для шеи твоей»[316], то есть к Исраэлю, соблюдающим Тору. И о них сказано: «Рэфаим считались тоже великанами»[317], потому что рэфаим и анаким стоят друг друга – что те, что эти. Это они снова ввергают мир в пустынность и хаотичность. Они вызвали разрушение Храма, и о нем сказано: «Земля же была пустынна и хаотична»[29], поскольку Храм является основой и обителью мира. Поэтому считается, словно вся земля «была пустынна и хаотична».

Эти два вида великого сброда, смешавшиеся с Исраэлем, приводят к разрушению Храма. И как только будет свет в Исраэле, то есть Творец, будут стерты они с лица земли и исчезнут. Но избавление Исраэля не зависит от их уничтожения, а только от уничтожения Амалека – до тех пор, пока Творец не уничтожит его, как сказано в клятве о нем: «Вот рука (букв. клятва) на престоле Творца, что война у Творца против Амалека из поколения в поколение»[209].

---

[315] Пророки, Йешаяу, 26:14. «Мертвые не оживут, призраки не встанут, для того Ты и наказал их и истребил их, и уничтожил всякую память о них».

[316] Писания, Притчи, 1:9. «Потому что это прекрасный венок для головы твоей и украшение для шеи твоей».

[317] Тора, Дварим, 2:11.

Моше и два Машиаха

232) «Вот порождения неба и земли»[287]. «Вот (эле)» отменяет предыдущие, те, о которых сказано: «Вот божества твои, Исраэль»[318] – т.е. грех изготовления золотого тельца. А в тот день, когда Творец сотрет прегрешение тельца, Он словно сотворит небо и землю, как сказано: «В день созидания Творцом Всесильным земли и неба»[287]. Потому что в этот момент будет находиться Творец в соединении (зивуге) со Шхиной Своей, и мир обновится, как сказано: «Поскольку так же, как новые небеса и новую землю, которые Я сотворю, упрочены будут предо Мной, так упрочено будет семя ваше»[319]. И это – «в день созидания», в день, когда обновится мир.

233) В это время сказано: «И произрастит Творец Всесильный из земли всякое дерево, прелестное на вид»[320]. Однако до этого, прежде чем будет стерто прегрешение тельца, не опустится дождь Торы, Зеир Анпина, чтобы посеять души Исраэля. И Исраэль, подобные полевой траве и деревьям, не произрастают. Как сказано: «Никакого кустарника полевого еще не было на земле, и никакая полевая трава еще не росла»[321], поскольку «не было человека, чтобы работать на земле»[321]. «Человек» – это Исраэль, «земля» – это Храм, «работать» – это работа жертвоприношений.

234) «Никакого кустарника полевого» – указывает на первого Машиаха, Машиаха бен Давида, «еще не было на земле». «И никакая полевая трава» – указывает на второго Машиаха, Машиаха бен Йосефа. Почему не было Машиахов

---

[318] Тора, Шмот, 32:4. «И взял он кольца из рук их, и обработал резцом, и сделал литого тельца; и воскликнули они: "Вот божества твои, Исраэль, выведшие тебя из страны египетской!"»

[319] Пророки, Йешаяу, 66:22.

[320] Тора, Берешит, 2:9. «И произрастит Творец Всесильный из земли всякое дерево, прелестное на вид и приятное на вкус, и Древо жизни посреди сада, и Древо познания добра и зла».

[321] Тора, Берешит, 2:5. «Никакого же кустарника полевого еще не было на земле, и никакая трава полевая еще не росла, ибо дождь не посылал Творец Всесильный на землю, и не было человека, чтобы работать на земле».

Моше и два Машиаха

на земле? Поскольку нет с ними Моше, о котором сказано: «Не было человека, чтобы работать на земле». «Не отойдет скипетр от Йегуды»³²² – это Машиах бен Давид, «и законодатель из среды потомков его»³²² – это Машиах бен Йосеф, «пока не придет в Шило»³²² – это Моше, потому что Моше (משה) в гематрии Шило (שילה). «И ему – собрание (ве-ло икъат ולו יקהת) народов»³²² – это буквы имен Леви, Кеат (ולוי קהת). То есть, что дойдет исправление от Моше до Кеата и Леви, являющихся праотцами его.

Что означают «два Машиаха» и каково различие между ними? И почему они не могут раскрыться иначе, как после явления души Моше? Поскольку, благодаря взаимодействию свойства милосердия с судом, вследствие чего Малхут включилась в Бину, недостает сущности Малхут, и в ней есть всего лишь девять первых сфирот самой Малхут, т.е. включение Малхут в них, однако ее собственное свойство спрятано в рош Атика. И по этой причине Малхут Зеир Анпина разделилась на два правления. От хазе и выше – это шатер Леи, «скрытый мир», и оттуда происходит Машиах бен Давид, потомок Леи. А от хазе и ниже – шатер Рахель, «открытый мир», и оттуда происходит Машиах бен Йосеф, потомок Рахель.

Таким образом, в Малхут, расположенной от хазе и выше, есть полные десять сфирот, однако в Малхут, расположенной от хазе и ниже, недостает ее сфиры Малхут, и она заканчивается на сфире Есод. Поэтому есть разногласия между Машиахом бен Давидом и Машиахом бен Йосефом, относительно цели конечного исправления. Потому что Машиах бен Давид хочет царствовать, т.е. управлять Исраэлем, в своем свойстве, из Малхут, находящейся выше хазе, где происходит полный зивуг от свойства «лик человека», и поэтому свечение его полное. Однако Машиах бен Йосеф недоволен управлением Машиаха бен Давида, так как тот относится к свойству скрытого мира, и свечение его – снизу вверх. Так как всё, что нисходит в свойстве от хазе и выше, светит не сверху вниз, а только снизу вверх.

---

³²² Тора, Берешит, 49:10. «Не отойдет скипетр от Йегуды и законодатель из среды потомков его, пока не придет в Шило. И ему – собрание народов».

И поэтому он желает царствовать и управлять Исраэлем, светя им из своего свойства, от Малхут ниже хазе, которая светит сверху вниз в открытом управлении, так как она является свойством «открытого мира». И в этом заключается разногласие, которое было между Шаулем и Давидом, потому что Шауль относился к потомкам Рахель, т.е. к Машиаху бен Йосефу, а Давид относился к потомкам Леи, т.е. к Машиаху бен Давиду. И так же – разногласие между Рехавамом и Яровамом. И так – в каждом поколении находятся оба они, выступая друг против друга.

И это – то, что сказал Йонатан, сын Шауля, Давиду: «А я выпущу три стрелы в ту сторону. Если скажу я, говоря отроку: "Вот видишь стрелы перед тобой, возьми их" – тогда приходи, ибо мир тебе»[323], «а если я скажу отроку: "Вот стрелы позади тебя" – то уходи, ибо отсылает тебя Творец»[324].

И необходимо понять, почему Йонатан выбрал именно эти знаки. Потому что три стрелы являются тремя ветвями буквы «шин ש», и это – три сфиры ХАГАТ, указывающие на три основания престола, и Давид по отношению к ним является четвертым основанием. И они также указывают на три ветви нижней «шин ש», т.е. три сфиры НЕХИ, и Малхут (правление) дома Йосефа является по отношению к ним четвертой и по отношению к сыновьям седьмой[325]. Поэтому называются они стрелы (хецим), поскольку были разъединены (нихцу) и поделены три эти ветви между Машиахом бен Давидом и Машиахом бен Йосефом. Три, находящиеся выше хазе, относятся к Машиаху бен Давиду, а три ниже хазе – к Машиаху бен Йосефу.

Это означает сказанное: «Если скажу я, говоря отроку: "Вот видишь стрелы перед тобой"»[323] – т.е. снизу вверх, что свойственно свечению трех ветвей выше хазе, относящихся к Машиаху бен Давиду, и тогда тебе будет ясно, что «мир тебе»[323]. И это знак того, что отец мой, Шауль, т.е. Машиах бен Йосеф, признаёт твое правление и не

---

[323] Пророки, Шмуэль 1, 20:20-21.
[324] Пророки, Шмуэль 1, 20:22.
[325] См. выше, п. 117.

задумал убить тебя. Но «если я скажу отроку: "Вот стрелы позади тебя"»[324], что означает «сверху вниз», в раскрытии, так же, как и три ветви, находящиеся ниже хазе, и это – свойство Машиах бен Йосеф, то «уходи, ибо отсылает тебя Творец»[324], так как это признак того, что он завидует тебе и желает, убив тебя, устранить твое правление, для того чтобы управлять Исраэлем посредством свечения Машиаха бен Йосефа, т.е. «сверху вниз», открыто.

Таким образом, выяснилось, что разделение Малхут на два правления, Лею и Рахель, от которых происходят два Машиаха, Машиах бен Давид и Машиах бен Йосеф, происходит из-за недостатка Малхут де-Малхут, которая не может быть включена до конца исправления. И поэтому, по крайней мере, установилась полная Малхут выше хазе, Лея, и благодаря ей Рахель, хотя ей и недостает Малхут де-Малхут, тоже получает свое исправление посредством своего подъема и включения в Лею.

Необходимо знать, что эта Малхут де-Малхут является буквой «хэй ה» в имени Моше (משה). И это – пятидесятые врата, называемые «тропа, неведомая ястребу»[326]. «Ястреб» – это Моше. Ведь в Малхут содержатся сфирот КАХАБ ТУМ, каждая из которых состоит из десяти, и они представляют собой пятьдесят ворот. И поскольку недостает Малхут де-Малхут, в ней содержится только сорок девять ворот, так как со стороны келим недостает Малхут де-Малхут, а со стороны светов недостает Кетера, так как есть обратное взаимоотношение келим и светов[327]. Ибо буква «хэй ה» в имени Моше (משה) – это недостающая Малхут, пятидесятые врата, и она является причиной разделения Машиаха бен Давида и Машиаха бен Йосефа.

И нет силы у двух этих Машиахов принести избавление Исраэлю, а только у Моше. И из-за него они задерживаются и не приносят избавление Исраэлю. То есть, пока не установилась «хэй ה» имени Моше (משה), должны быть две Малхут с тем, чтобы по крайней мере одна из них пребывала в полном совершенстве, та, что расположена от хазе и выше, а вторая получала свое совершенство с помощью первой. И поэтому также и Машиахи, происходящие от них, не пребывают в совершенстве,

---

[326] Писания, Йов, 28:7.
[327] См. «Введение в науку Каббала», п. 24.

поскольку свечение Машиаха бен Давида является неполным, так как представляет собой укрытые хасадим, а нижним требуются раскрытые хасадим. И свечение Машиаха бен Йосефа, исходящее от Рахель, является неполным, поскольку всё исправление Рахель зависит от Леи. Поэтому уменьшается ее свечение, так как она может светить своими открытыми хасадим лишь снизу вверх, как Лея.

Поэтому у Машиаха бен Йосефа есть разногласие с Машиахом бен Давидом, и она (Лея) желает исправить Рахель, чтобы та не должна была получать от Леи, и тогда Рахель тоже будет светить сверху вниз. Таким образом, обе они несовершенны, и поэтому сказано, что нет силы у двух Машиахов избавить Исраэль прежде чем будет исправлена «хэй ה» имени Моше (משה) и раскроются пятидесятые врата. И из-за нее они задерживаются, из-за «хэй ה» имени Моше (משה), которая не получает полного исправления.

«Хэй ה» имени Моше (משה) находится в залоге у Авраама, и от «хэй ה» имени Авраама (אברהם), поскольку благодаря ей имя его стало вечным, восполнилось имя Моше (משה). Потому что «хэй ה» имени Авраама (אברהם) – это «хэй ה», подслащенная в свойстве милосердия, малая «хэй» имени Авраам, и «хэй» в словах «при создании их (бе-ибарам בהבארם)». И без этого подслащения не было бы никаких мохин у ЗОН и у нижних. И эти мохин являются раскрытием Его святых имен, ради которых Творец создал мир. Таким образом, пока «хэй ה» имени Авраам (אברהם) не раскрыла все эти мохин, до полного раскрытия всех Его святых имен, невозможно отменить подслащение Малхут в Бине, и следовательно, не сможет раскрыться «хэй ה» имени Моше (משה).

Однако после того, как подслащенная «хэй ה», «хэй ה» имени Авраам (אברהם), раскроет все его святые имена, тогда отменится взаимодействие свойства милосердия с судом, т.е. с «хэй» имени Авраам (אברהם). И раскроется «хэй ה» имени Моше (משה) во всей своей полноте, ведь «хэй ה» имени Моше (משה) находится в залоге у Авраама, т.е. у «хэй ה» имени Авраам (אברהם). И пока «хэй ה» имени Авраам (אברהם) еще не раскрыла все необходимые мохин, она задерживает раскрытие «хэй ה» имени Моше (משה).

Поэтому в конце раскрытия всех Его святых имен отметится взаимодействие с Биной и раскроется «хэй ה» имени Моше (משה), скрытая в рош Атика. Об этом говорит речение: «Камень, который отвергли строители, лег в основу угла»[141]. И тогда две Малхут, Лея и Рахель, снова станут одним полным парцуфом, и тогда Машиах бен Давид и Машиах бен Йосеф снова станут одним целым в полном совершенстве и принесут избавление Исраэлю.

235) «Никакого же кустарника полевого»[321] – это души праведников, которые исходят от Есода Зеир Анпина, называемого «праведник», «оживляющий миры». Потому что слово «кустарник (сиах שיח)» состоит из букв «шин ש» и «хэт-йуд חי (хай, оживляющий)», где просто «шин ש» указывает на три ветви дерева, трех праотцев, ХАГАТ Зеир Анпина, называемого «деревом». Однако «шин ש» слова «кустарник (сиах שיח)» – не от Зеир Анпина, а от «оживляющего миры», т.е. Есода Зеир Анпина. Поэтому есть в слове «кустарник (сиах שיח)» буквы «хэт-йуд חי (хай, оживляющий)», указывающие, что эта «шин ש» – от «оживляющего», Есода Зеир Анпина. И поэтому «никакого же кустарника полевого» – указывает на души праведников, происходящие от Есода Зеир Анпина, который заключен в слове «кустарник (сиах שיח)».

236) «Никакая полевая трава»[321]. Слово «трава (эсев עשב)» состоит из букв АБ (айн-бэт עב) «шин ש». «Шин ש» указывает на «три листа», и это – имя АВАЯАДНИ, т.е. сочетание АВАЯ и Адни, указывающее на соединение (зивуг) имени АВАЯ, т.е. Зеир Анпина, с именем Адни, Нуквой. И они – АБ, т.е. АВАЯ с наполнением буквы «йуд י», в гематрии «айн-бэт 72) עב)», мохин свечения Хохмы, раскрывающейся в соединении (зивуге) двух имен АВАЯАДНИ. Объяснение. В ЗОН происходят три вида зивуга:

1. Зивуг де-ГАР – это сочетание АВАЯ Эке.
2. Зивуг сфирот ХАГАТ – это сочетание АВАЯ Элоким.
3. Зивуг сфирот НЕХИ – сочетание АВАЯ Адни.

Мохин парцуфа АБ, являющиеся свойством мохин де-хая, не опускаются, пока не восполнится зивуг также и в третьем сочетании, АВАЯАДНИ, и тогда рождаются души праведников от третьего зивуга АВАЯАДНИ, указывающего на зивуг сфирот НЕХИ парцуфа ЗОН. Однако от двух первых сочетаний не рождаются души праведников, потому что они нисходят только от мохин парцуфа АБ, представляющего собой свечение Хохма, которое не раскрывается ни в ХАБАД, ни в ХАГАТ, а только лишь в НЕХИ, в зивуге имен АВАЯАДНИ.

И на эти НЕХИ указывает буква «шин ש» слова «трава (эсев עשב)», где три линии буквы «шин ש» – это три сфиры НЕХИ, и они называются «тремя листьями», а не «тремя ветвями», как ХАГАТ. И они называются «листьями» с целью показать, что они «висят» на трех ветвях ХАГАТ и получают свое наполнение от них. А на мохин душ праведников, рождающиеся от них, указывают буквы «айн-бэт עב» слова «трава (эсев עשב)», т.е. АВАЯ с наполнением «йуд», составляющее в гематрии имя АБ (עב), указывающее на эти мохин.

А ветви, т.е. ХАГАТ, на которых висят «три листа», все они в исчислении – АБ, ибо каждая из трех ветвей ХАГАТ равняется в числовом значении имени АБ. Потому что у них в Хеседе есть имя АБ, а также в Гвуре, и также – в Тиферет, на что указывают три отрывка: «И двинулся»[328], «И вошел»[329], «И простер»[330].

Мохин имени АБ не соединяются со Шхиной до тех пор, пока не явится Адам, т.е. АВАЯ с наполнением «алеф א» – «**йуд**-вав-далет יוד» «**хэй**-алеф הא» «**вав**-алеф-вав ואו» «**хэй**-алеф הא», и это Моше. Сказано: «Как имя его и как имя сына его»[331], ибо он исправил Шхину и притянул совершенное единство АВАЯАДНИ. И сказано: «Не было человека (адам), чтобы работать на земле» – имеется в виду Моше, который еще не исправил Шхину, как подобает.

---

[328] Тора, Шмот, 14:19. «И двинулся ангел Всесильного, шедший перед станом Исраэля, и пошел позади них: столп облачный двинулся впереди них и встал позади них».

[329] Тора, Шмот, 14:20. «И вошел он между войском египетским и станом Исраэля, и было облако и мрак, и осветил ночь, и не сближались один с другим всю ночь».

[330] Тора, Шмот, 14:21. «И простер Моше руку свою над морем, и гнал Творец море сильным восточным ветром всю ночь, и сделал море сушею, и расступились воды».

[331] Писания, Притчи, 30:4.

237) Поэтому сказано о Моше: «Всякая трава полевая еще не росла»[321] – т.е. еще не вырос праведник, Моше, благодаря которому осуществится речение: «Истина из земли произрастет»[332], и поэтому сказано об истине: «Истина будет сброшена наземь»[333] – имеются в виду ученики мудрецов, которые, как растения, растущие на земле, не растут и не появляются из Шхины во время изгнания, пока не исполнится речение: «Истина из земли произрастет»[332]. И истина – это Моше, о котором сказано: «Тора истинная была в устах его»[334] – и не было того, кто добивался Шхины, подобно ему. Поэтому сказано о нем: «И не было человека, чтобы работать на земле»[321]. «Человек» – это Моше, «земля» – это Шхина, и прежде чем явился Моше, не было того, кто исправил бы Шхину подобающим образом.

238) И сразу же, как пришел Моше, осуществилось речение: «И пар поднимался с земли»[335]. Буквы «алеф-далет את (эд пар)» имени Адни (אדני) поднимает к себе «вав ו» и благодаря ей становится Господином (Адон אדון) всей земли. Зеир Анпин – это «вав ו», и когда придет Моше, Зеир Анпин поднимается и объединяется со Шхиной, называемой Адни (אדני), и тогда Шхина становится Господином (Адон אדון) всей земли.

«И пар поднимался с земли» – от Шхины, называемой Адни. Адни (אדני) – это имя некевы, и поэтому поднимаются только две буквы от этого имени, т.е. «алеф-далет את (эд пар)», и тогда поднимается Зеир Анпин, т.е. «вав ו», и соединяется с ней. И тогда она получает от него полные мохин и становится Господином (Адон אדון) всей земли. То есть, вместо того, чтобы называться Адни (אדני), именем некевы, называется теперь Адон (אדון Господин), именем захара.

Сразу же сказано: «И орошал всю поверхность земли»[335] – это означает, что Исраэль внизу наполнятся живительной влагой и получат от Шхины мохин де-ГАР, называемые «семьдесят ликов Торы». Потому что «паним (лик)» – это свойство ГАР, как сказано: «Мудрость человека озарит лик его»[336], а

---

[332] Писания, Псалмы, 85:12.
[333] Писания, Даниэль, 8:12.
[334] Пророки, Малахи, 2:6.
[335] Тора, Берешит, 2:6. «И пар поднимался с земли и орошал всю поверхность земли».
[336] Писания, Коэлет, 8:1.

«семьдесят» – это семь сфирот ХАГАТ НЕХИ, каждая из которых содержит в себе десять. А тридцать верхних – непостижимы.

239) Другое объяснение отрывка «и пар поднимался с земли» соответствует его толкованию «и облако поднималось с земли» – т.е. от Шхины, о которой сказано: «Было облако Творца над Скинией»[337]. Потому что во время окончания, когда явится Моше, поднимется Шхина, и ученики мудрецов на земле наполнятся живительной влагой и получат от нее мохин.

240) В это время сказано: «И создал Творец Всесильный Адама»[338] – т.е. Исраэль, которых Творец создал в образах этого мира и мира будущего. «Образы» означают величину ступеней мохин, т.е. Творец тогда наполнит их как мохин Малхут, называемой «этот мир», так и Бины, называемой «будущий мир».

«И создал (ва-ицéр וייצר)», написанное с двумя буквами «йуд י», указывает, что в это время Творец вносит Исраэль в имя Свое в образе двух букв «йуд י», между которыми находится буква «вав ו», составляющих в гематрии имя АВАЯ, «каф-вав (26)». И две буквы «йуд י» будут изображены в лике Его и в лике Исраэля, в двух «тапухей паним (скулы лица)» их, а в «хотем (нос)» их будет изображена буква «вав».

В словах «и создал (ва-ицéр וייצר)» идет вначале буква «вав ו», а затем две буквы «йуд י». Это указывает на мохин, нисходящие от единства имен АВАЯ (הויה) и Адни (אדני) – АВАЯАДНИ (יאהדונהי), у которого в начале есть «йуд י», указывающая на высшую Хохму, и «йуд י» в конце, указывающая на нижнюю Хохму. Шесть букв «Аадона (אהדונה)» между двумя буквами «йуд י» – это Зеир Анпин, получающий от высшей Хохмы, имеющейся в Бине, в будущем мире, и передающий нижней Хохме, Малхут, «этому миру», и также передающий их Исраэлю. И эти мохин проявляются в Исраэле в свойстве двух «паним» с «хотем», как сказано: «Мудрость (хохма) человека озарит лик (паним) его»[335]. Потому что мохин де-ГАР называются «паним», и два свойства «паним» – это две линии, правая и левая, а «хотем» – это линия, согласующая между ними.

---

[337] Тора, Шмот, 40:38.
[338] Тора, Берешит, 2:7. «И создал Творец Всесильный человека из праха земного, и вдохнул в ноздри его дыхание жизни, и стал человек существом живым».

241) Поэтому сказано: «С вершины скал вижу я его»[339]. Слово «скалы (цурим צורים)» указывает на эти «образы (циюрим ציורים)» святого имени, которые проявляются в свойствах их «паним», в двух величественных скрижалях, и это «йуд-йуд יי», на которых высечена «вав ו». Объяснение. «С вершины» – это мохин де-ГАР, «скалы» – величины ступени мохин, называемых «образы», т.е. наполнение мохин де-Хохма, называемое «видение». И эти мохин будут проявлены на двух «тапухей а-паним (скулы лица)», которые символизируют две скрижали, правую и левую, т.е. две буквы «йуд י» единства АВАЯАДНИ (יאהדונהי), и шесть букв «Аадона (אהדונה)», высеченных на них, и относящихся к свойству «хотем».

242) И еще – «сформировал Он для них во все поколения с помощью Его высшей супруги», «йуд-хэй יה», и это «вав ו», являющаяся единством их обоих. Объяснение. На самом деле существует передача мохин, происходящая с речением: «И создал (ва-ицéр וייצר)», также и во всех поколениях, а не обязательно во время завершения. И говорится, что Творец формирует и передает мохин Исраэлю во всех поколениях с помощью Его высшей супруги, Бины, и это «йуд-хэй», которые соединяются в «вав ו». Поэтому Бина (בינה) состоит из букв «бен (בן сын)» «йуд-хэй יה», что указывает на сына, Зеир Анпина, объединяющего «йуд-хэй יה».

Творец формирует и передает Исраэлю (мохин) посредством этих высших образов. Потому что Зеир Анпин, называемый Исраэль, средний столб, включающий высшую и нижнюю Шхину вместе. И это произнесение «Шма» вечерней молитвы (аравит) и произнесение «Шма» утренней молитвы (шахарит). Сказано о них: «Суть от сути моей (досл. кость от костей моих) и плоть от плоти моей»[340]. В то время, когда ЗОН достигают мохин де-хая, становятся две его Нуквы, Лея и Рахель, одним парцуфом. И он называется тогда по имени Исраэль (ישראל), состоящем из букв «ли рош (לי ראש)» – мне начало.

«Творец формирует и передает Исраэлю с помощью высших образов» мохин де-хая, и тогда называется Зеир Анпин по

---

[339] Тора, Бемидбар, 23:9.
[340] Тора, Берешит, 2:23. «Эта на сей раз – кость от костей моих и плоть от плоти моей. Эта наречена будет женой (иша), ибо от мужа (иш) взята она».

имени Исраэль, средний столб, включающий вместе высшую и нижнюю Шхину, Лею и Рахель, которые становятся одним парцуфом, и Исраэль включает их вместе. Высшая Шхина – это произнесение «Шма» утренней молитвы (шахарит), а нижняя Шхина – произнесение «Шма» вечерней молитвы (аравит). И это означает «суть от сути моей и плоть от плоти моей», потому что высшая Шхина, Лея, называется «сутью», а нижняя Шхина, Рахель, называется «плотью». И поскольку они являются строением Аба ве-Има, обе они становятся одним парцуфом. Поэтому сказано о ней: «Суть от сути моей и плоть от плоти моей».

243) Сразу же в это время, когда раскроется Моше в конце дней, поместит Исраэль в святом Эденском саду. То есть, Лея и Рахель стали одним парцуфом, называемым «Эденский сад», а Зеир Анпин включает их обе, и Исраэль считается находящимся в Эденском саду. Потому что «Эден» – это высшая Шхина, а «сад» – это нижняя Шхина, и когда они соединяются вместе, то называются Эденским садом. Объяснение. Во всех поколениях Творец наполняет Исраэль свойством мохин от Эденского сада, но они не пребывают постоянно, поскольку сами Исраэль находятся вне пределов Эденского сада. А в конце дней Творец поднимет Исраэль в Эденский сад, как и Адама Ришона до прегрешения. И тогда эти мохин установятся в постоянстве навеки.

Поэтому сказано: «И посадил Творец Всесильный (АВАЯ Элоким) сад в Эдене»[341] – это Аба ве-Има, строящие Нукву. «Сад» – это нижняя Шхина, «Эден» – это высшая Има. «И поместил Он там Адама, которого создал»[341]. «Адáма» – это средний столб, называемый Исраэль. И тогда, когда они обе станут одним парцуфом, называемым Эденский сад, Шхина будет насаждением Его, супругой Его, и не отойдет от него никогда, и станет раем (эден) его навсегда. И Творец посадил Исраэль насаждением святости в мире. Это значит, что когда Исраэль получают эти мохин, они становятся святым насаждением в мире. Как сказано: «Ветвь насаждения Моего, дело рук Моих для прославления»[342].

---

[341] Тора, Берешит, 2:8. «И посадил Творец Всесильный сад в Эдене с востока, и поместил Он там Адама, которого создал».
[342] Пророки, Йешаяу, 60:21. «И народ твой, все праведники, ветвь насаждения Моего, дело рук Моих для прославления, навеки унаследуют землю».

244) И тогда сказано: «И произрастит Творец Всесильный (АВАЯ Элоким)»[320] – Аба ве-Има, «всякое дерево, прелестное на вид»[320] – это праведник, Есод Зеир Анпина, называемый «дерево». И оно «прелестное на вид и приятное на вкус»[320] – это Зеир Анпин, называемый «срединный столб», в котором содержится пища и питание для всего. То есть Он дает мохин всем нижним, поскольку все содержится в нем, в Зеир Анпине. И праведник, Есод Зеир Анпина, питается только лишь от Него, от Зеир Анпина, а Шхина – от праведника. И они не нуждаются в нижних, т.е. не нуждаются в том, чтобы нижние поднимали МАН, но нижние питаются благодаря высшему Есоду и Шхине, без необходимости поднимать МАН.

Потому что в изгнании не было пищи у Шхины и Оживляющего миры – Есода Зеир Анпина, дающего Шхине, но только лишь благодаря подъему МАН с помощью восемнадцати благословений молитвы. Но в момент завершения, Есод станет наполняющим пищей всех – Шхину и нижних, без необходимости любого пробуждения со стороны нижнего.

245) Древо жизни, Зеир Анпин, будет посажено в саду, Шхине, и тогда сказано о нем: «И возьмет также от Древа жизни и отведает, и будет жить вечно»[343]. Потому что во время изгнания Зеир Анпин не был помещен в Шхине из-за того, что зивуг его был не постоянным, а случайным. Тогда как по завершении дней, будет Зеир Анпин посажен в саду навеки в непрекращающемся зивуге (соединении), что и означает: «И отведает, и будет жить вечно», всегда.

И над Шхиной больше не будет властвовать древо ситры ахра (иной стороны), т.е. «великий сброд», относящийся к свойству «Древо познания добра и зла». И она больше не примет к себе нечистоту, то есть не будет насыщать скверну. Поэтому устранится скверна из мира. И сказано об этом времени: «Один только Творец поведет его, и не будет с ним божества чужого»[344] – потому что будут искоренены всё зло и вся скверна в мире. Поэтому не принимают чужеземцев в дни Машиаха, и Шхина будет подобна виноградной лозе, которая не приемлет сочетания с другим видом.

---

[343] Тора, Берешит, 3:22.
[344] Тора, Дварим, 32:12.

246) И будут Исраэль в свойстве «всякое дерево, прелестное на вид»³²⁰, и снова достигнут того великолепия, которое утеряли с разрушением второго Храма, о котором сказано: «С неба на землю низринул красу Исраэля»³⁴⁵.

А Древо познания добра и зла будет отделено от Исраэля и отвергнуто им, и они больше не будут прилепляться к ним и смешиваться с ними. Ведь тогда будет сказано Исраэлю: «А от Древа познания добра и зла нельзя тебе есть»³⁴⁶ – потому что это «великий сброд». И тогда раскроет Творец Исраэлю, что в день, когда они отведали от Древа познания, вызвали тем самым две утраты – разрушение первого и второго Храмов. Как сказано: «В день, когда ты вкусишь от него, должен будешь умереть (досл. умирая умрешь)»³⁴⁶. Смерть упомянута дважды, соответственно двум Храмам. И открытие, которое делает Творец в это время Исраэлю, считается, словно Он говорит им не вкушать от Древа познания так же, как сказал Он Адаму Ришону.

И нарушением запрета Древа познания они привели к тому, что праведник, наполняющий Шхину, «иссушен и обезвожен» в первом Храме, в высшей Шхине, и во втором Храме, в нижней Шхине. И сказано: «Река иссушена и обезвожена»³⁴⁷. «Река» – Зеир Анпин, «иссушена» – в нижней «хэй», т.е. в его Нукве, потому что ушел из Зеир Анпина источник «йуд», который наполняет первую «хэй» свойством Бесконечности.

247) И как только вышли Исраэль из изгнания, отделившись сами по себе как святой народ, т.е. когда великий сброд отделились от них, то сразу же сказано о реке, которая была «иссушена и обезвожена»³⁴⁷ во время изгнания: «Река вытекает из Эдена»³⁴⁸ – т.е. «вав ו» имени АВАЯ (הויה), «чтобы орошать сад» – нижнюю «хэй ה». «Река» – средний столб, Зеир Анпин, «вытекает из Эдена» – из высшей Имы, от которой Зеир Анпин получает наполнение, «чтобы орошать сад»³⁴⁸ – нижнюю Шхину, называемую «сад».

---

³⁴⁵ Писания, Эйха, 2:1.
³⁴⁶ Тора, Берешит, 2:17.
³⁴⁷ Пророки, Йешаяу, 19:5.
³⁴⁸ Тора, Берешит, 2:10. «Река вытекает из Эдена, чтобы орошать сад, и оттуда разделяется и образует четыре главных реки».

248) В этот момент было сказано Моше и Исраэлю: «Тогда наслаждаться будешь в Творце»[349]. Слово «наслаждение (о́нег ענג)» состоит из начальных букв слов Эден (עדן), река (нахар נהר), сад (ган גן), потому что буква «айн ע» слова «наслаждение (о́нег ענג)» – это Эден (עדן), буква «нун נ» – река (нахар נהר), буква «гимель ג» – сад (ган גן). Это значит, что они будут наслаждаться тогда этими мохин, которые нисходят к ним по трем ступеням: Эден (עדן), река (нахар נהר), сад (ган גן). И это мохин высшей Хохмы, потому что Бина называется Эден только, когда получает наполнение от Хохмы.

В это время сбудется сказанное: «Тогда воспоет Моше»[350]. И не сказано: «Тогда воспел Моше», а «воспоет» – в будущем времени. Это указывает на выход сыновей Исраэля из изгнания, и воспоет тогда Моше новую песню. А для великого сброда и народов мира, поклоняющихся идолам, превратится наслаждение (о́нег ענג) в язву (нэ́га נגע) подобно тому, как были наказаны Фараон и египтяне, у которых расцвела гнойная язва. И лишь для Исраэля это теперь станет наслаждением (о́нег ענג), то есть те же самые мохин, относящиеся к свойствам Эден (עדן), река (нахар נהר), сад (ган גן), которые станут наслаждением (о́нег ענג) для Исраэля, накажут великий сброд и идолопоклонников ужасными язвами.

249) «Река вытекает из Эдена, чтобы орошать сад, а оттуда разделяется и образует четыре русла (досл. начала)»[348] – четыре сфиры, Хесед, Гвура, Нецах, Ход, соответствующие четырем знаменам колен. Четыре стана Шхины – это «четыре начала»: Михаэль, Гавриэль, Нуриэль, Рефаэль. И в каждом стане есть три свойства в соответствии четырем знаменам, вместе – двенадцать, и еще сам сад, т.е. Шхина, восполняющая их до тринадцати.

Хесед – это правая рука (зро́а), и в это время осуществится сказанное: «Желающий обрести мудрость обратится к южной стороне»[351] – т.е. всякий, кто желает обрести мудрость, должен обратить намерение молитвы к Хеседу, южной стороне, и привлечь Хохму, и тогда обретет мудрость. И стан ангела Михаэля

---

[349] Пророки, Йешаяу, 58:14.
[350] Тора, Шмот, 15:1.
[351] Вавилонский Талмуд, Бава Батра, лист 25:2.

будет напитан живительной влагой и получит свое наполнение от этого свойства Хесед, и вместе с ним – стан Йегуды и два колена.

Гвура – это левая рука (зроа), и в это время осуществится сказанное: «Желающий обрести богатство обратится к северной стороне»³⁵¹. Потому что всякий, кто желает обрести богатство, должен обратить намерение молитвы к Гвуре, северной стороне. И стан ангела Гавриэля получает от от Гвуры, а вместе с ним – стан Дана и два колена.

Сфира Нецах – это правая нога (шок), и от нее получает стан Нуриэля, а с ним – стан Реувена и два колена, находящиеся вместе с ним.

Ход – это левая нога (шок), и о ней упоминается в сказанном о Яакове: «А он хромает на бедро свое»¹⁷⁵. От него получает стан Рефаэля, отвечающий за исцеление в изгнании, и вместе с ним – стан Эфраима и два колена.

Итак, выяснилось, что «четыре начала» – это двенадцать, так же, как четыре знамени – это двенадцать колен, которые сад восполняет до тринадцати. Поэтому сказано, что только у Исраэля будет тогда наслаждение, и поэтому сказано, что «река вытекает»³⁴⁸, потому что только свойство «тринадцать» является наслаждением.

250) Другое объяснение сказанного: «А оттуда разделяется и образует четыре начала»³⁴⁸. Это четверо, которые вошли в Пардес, четыре мудреца – Бен Азай, Бен Зома, Ахер и рабби Акива. Слово Пардес (פרדס) состоит из начальных букв слов пшат (פשט простое толкование), ремез (רמז намек), друш (דרוש иносказание) и сод (סוד тайна), «а оттуда разделяется (ипарэ́д ייפרד)» – начальные буквы свойств пшат (פשט простое толкование), ремез (רמז намек), друш (דרוש иносказание), в которые проникли Бен Азай, Бен Зома и Ахер, являющиеся свойствами клипот (обличий) Торы по отношению к свойству сод (סוד тайна), являющемуся внутренней сутью, в которую проник рабби Акива. И говорится, что только рабби Акива, проникший в «моха (разум)», свойство сод (סוד тайна), внутреннюю

суть Торы, вошел с миром и вышел с миром. Однако трое остальных, вошедших в **Перэд** (разделение), пострадали.

Один из четырех мудрецов вошел в реку Пишон, имеется в виду часть пшат (простое толкование) Торы, которая светит в Пардесе, потому что название Пишон состоит из слов «пи шонэ алахот (досл. уста, изучающие законы)», то есть – простое толкование Торы.

Второй из них вошел в реку Гихон, а там похоронен тот, о котором сказано: «Всё, ползающее на чреве (гахо́н גחון)»[352], то есть Моше, на которого указывает буква «вав ו» слова «чрево (гахо́н גחון)», являющаяся большой буквой, и она находится посередине всех букв Торы, и она является свойством Гавриэля (גבריאל), имя которого состоит из букв «гавар эль (גבר אל досл. Творец одержал верх)», т.е. Гвура (сила) Творца (Эль). Объяснение. Потому что захоронение нужно для устранения ущерба, как сказано: «Искупит Он Свою землю, народ Свой»[353], и после того, как будет искуплен ущерб его, он восстанет к оживлению из мертвых навечно.

И говорится, что захоронение Моше не относится к свойству недостатка Моше, а к свойству Гавриэля, высшей Гвуры (силы), который возобладал над ним, не позволив ему произвести исправление и раскрыть совершенство при жизни, хотя сам по себе мог раскрыть все совершенство. О нем сказано: «Муж (гевер), чей путь был скрыт, ибо Творец создал преграду для него»[354], т.е. путь его был скрыт, и он не раскрыл своего совершенства, потому что «Творец создал преграду для него», но не из-за слабости Моше.

Поэтому сказано: «И никто не знает места погребения его до сего дня»[355], которое раскрылось там. Ведь место погребения – это место ущерба, а поскольку в нем не было ущерба, «никто не знает места погребения его».

---

[352] Тора, Ваикра, 11:42. «Всё, ползающее на чреве, и всё, ходящее на четырех, и всяких многоножек из всех гадов, пресмыкающихся на земле, их не ешьте, ибо мерзость они».
[353] Тора, Дварим, 32:43.
[354] Писания, Йов, 3:23.
[355] Тора, Дварим, 34:6.

Однако в конце исправления, после того, как раскроется совершенство Моше, уже проявится недостаток вследствие раскрывшегося совершенства, который и называется местом погребения его. Это относится к той части Торы, которая называется «намек», ведь мудрого уведомляют с помощью намека.

251) Третий из четырех мудрецов вошел в Хидекель (חדקל)[356]. Это название состоит из букв слов хад (חד отточенный), каль (קל легкий), что указывает на отточенность, в которой нет недостатка, на легкость в объяснении. Отточенный означает заостренный, как сказано: «И научи (досл. заостри внимание) сына своего»[357].

Четвертый из четырех мудрецов, вошел в Прат[358], и это разум (моах), который «плодится и умножается»[359], потому что начало семени исходит от разума (моах).

Пояснение сказанного. Мохин, передаваемые нижним, обычно делятся на три вида:
1. Свечение ВАК без рош, свойство мира Ецира. Эти мохин называются «намек (ремез)», и понимание их так же ограничено, как и понимание намеков вообще.
2. Мохин де-ГАР свойства хасадим, которые исходят от мира Брия и относятся к «иносказанию (друш)», потому что они привлекают человеческое сердце.
3. Мохин де-ГАР свойства Хохма, исходящие от мира Ацилут, относящиеся к «тайне (сод)».

А свойства келим исходят от мира Асия (досл действие) и называются «простым толкованием (пшат)», и они относятся к части, связанной с действием.

Софрим, которые подсчитывали буквы в Торе, говорили, что буквой «вав» слова «гахо́н (גחון чрево)»[352] делятся пополам все буквы в книге Торы. Словами «дрош дара́ш

---

[356] Река Тигр.
[357] Тора, Дварим, 6:7.
[358] Река Евфрат.
[359] Тора, Берешит, 1:22.

(דָּרֹשׁ דָּרַשׁ пытался найти)»³⁶⁰ делятся пополам все слова в Торе. Словами «ве-итгалеах (והתגלח должен обрить себя)»³⁶¹ делятся пополам все отрывки в Торе. Объяснение. В мире исправления ступени посредством парсы разделились на две части, и тогда половина, находящаяся выше парсы, считается свойством «паним (лицевой стороны)» ступени, а половина ниже парсы – свойством «ахор (обратной стороны)» ступени. И если бы не исправление этих парсаот, нижние не смогли бы получить никаких мохин. Потому что все мохин приходят благодаря опусканию и подъему этих парсаот. Как правило, в мирах АБЕА рассматриваются четыре парсы, потому что обычно они делятся на два парцуфа, когда все парцуфы Ацилута считаются одним парцуфом, и также три мира БЕА считаются одним парцуфом.

Две парсы есть в мире Ацилут: в середине Ацилута, расположенная в месте хазе Арих Анпина и разделяющая между «паним (лицевой стороной)» и «ахор (обратной стороной)»; и в окончании Ацилута, разделяющая между мирами Ацилут и Брия. И две парсы есть в парцуфе БЕА: в середине БЕА, расположенная в месте хазе мира Ецира, разделяющая между «паним (лицевой стороной)» и «ахор (обратной стороной)»; и в окончании парцуфа БЕА, расположенная в Бине сфиры Малхут мира Асия. И от этих четырех парсаот передаются все мохин нижним:

1. От нижней парсы, расположенной в мире Асия, передаются келим для мохин, называемые «пшат (простое толкование)».

2. От парсы, расположенной в середине БЕА, передаются ВАК без рош, называемые «ремез (намек)».

3. От парсы, расположенной между мирами Ацилут и Брия, передаются ГАР свойства хасадим, называемые «друш (иносказание)».

4. От парсы, расположенной в середине Ацилута, передаются ГАР де-Хохма, называемые «сод (тайна)».

---

[360] Тора, Ваикра, 10:16. «Козла же для жертвы грехоочистительной пытался найти Моше, но тот был сожжен. И разгневался он на Эльазара и на Итамара, оставшихся сыновей Аарона».

[361] Тора, Ваикра, 13:33. «Тогда должен обрить себя, но лишай пусть не бреет, и коэн изолирует лишай на семь дней во второй раз»

Три эти вида мохин являются буквами, словами и отрывками, содержащимися в книге Торы:

1. Состояние ВАК без рош является буквами еще до того, как они образовали слова, когда еще не раскрылось их понимание, и это – «ремез (намек)».

2. Когда они образовали слова, раскрылось в незначительной мере понимание их. И это – свойство ГАР де-хасадим, называемое «друш (иносказание)».

3. Когда слова соединились, образовав целые предложения в отрывках, их понимание становится полным. И это – свойство ГАР Хохмы, называемое «сод (тайна)».

Буквой «вав» слова «гахо́н (גחון чрево)»[352] делятся пополам буквы книги Торы. И это – парса, расположенная в хазе мира Ецира и разделяющая миры БЕА на две части. От этой парсы передаются мохин состояния «ремез (намек)», в котором буквы Торы еще не образовали своих сочетаний. А поскольку вторая часть, расположенная от хазе мира Ецира и ниже, стала местом клипот, сказано о ней: «Всё, ползающее на чреве»[352], и называется она нечистым змеем, место которого – от этой «вав» и ниже.

Словами «дрош дара́ш (דרש דרש пытался найти)»[360] делятся пополам слова (Торы). И это парса, расположенная в окончании мира Ацилут и разделяющая между мирами Ацилут и БЕА, и от нее передаются мохин ГАР свойства хасадим, называемые «друш (иносказание)». Поэтому сказано о ней «дрош дара́ш (דרש דרש пытался найти)», что указывает на «друш (иносказание)».

Словами «ве-итгале́ах (והתגלח должен обрить себя)»[361] делятся пополам отрывки. И это парса, расположенная в самом мире Ацилут, в месте хазе Арих Анпина, и от нее передаются мохин ГАР свечения Хохмы, называемого «сод (тайна)». Поэтому сказано о нем: «Должен обрить себя (ве-итгале́ах והתגלח)» – потому что волосы символизируют суды, а благодаря мохин свечения Хохмы, передаваемым от этой парсы, эти суды устраняются, подобно сбриванию волос, и нет судов там. Поэтому рабби Акива зовется безволосым, поскольку проник в моах (разум), называемый «сод (тайна)», и парса этого места определяется по свойству «ве-итгале́ах (והתגלח должен обрить себя)», и поэтому исчезли волосы его, т.е. суды.

И это – «река вытекает из Эдена»³⁴⁸, т.е. Бина, которая вышла по причине парсы, образовавшейся в хазе Арих Анпина, за пределы Хохмы, называемой Эден. И сделала она это с целью «оросить сад»³⁴⁸, т.е. передать мохин Нукве Зеир Анпина, называемой садом. «А оттуда разделяется и образует четыре русла (досл. начала)»³⁴⁸. И вследствие этой парсы, выведшей Бину из Эдена, отделились ступени и стали четырьмя началами, т.е. четырьмя реками, четырьмя видами свечения, нисходящими от четырех парсаот, называемых Пардес. Потому что река означает «свечение».

Эти четыре мудреца, вошедшие в Пардес, вошли в эти четыре реки, исходящие от четырех парсаот. От парсы мира Асия исходит река Пишон, представляющая собой часть, называемую «пшат (простое толкование)».

От парсы мира Ецира, т.е. «вав ו» слова «гахо́н (גחון чрево)»³⁵², исходит река Гихон, являющаяся частью, называемой «ремез (намек)», и недостающие ГАР в месте «вав ו» слова «гахо́н (גחון чрево)», это ГАР свойства Хохма. Сказано, что «мудрого уведомляют намеком», и намеком называется ВАК без ГАР, т.е. только мудрого, который нуждается в мохин свечения Хохмы. Однако в отношении мохин де-хасадим, там присутствуют ГАР, так же, как и в мире Брия. Однако миру Ецира требуется как раз свечение Хохмы, и ГАР де-хасадим являются недостаточными для него.

И эти ГАР свечения Хохмы, отсутствующие в месте «вав ו» слова «гахо́н (גחון чрево)»³⁵², являются совершенством души Моше, которое откроется лишь в конце исправления, в то время, когда Моше поднимется к возрождению из мертвых. И совершенство души Моше захоронено и скрыто в месте «вав ו» слова «гахо́н (גחון чрево)», и может раскрыться только лишь вследствие возрождения мертвых, и тогда вернется Моше в Исраэль. И вместе с ним – два Машиаха, т.е. раскроются ГАР в мире Ецира, потому что отменятся тогда все парсаот, и снова станут три мира БЕА миром Ацилут. И ГАР де-Хохма будут светить в мире

Ецира так же, как в Ацилуте, что означает «раскрытие души Моше».

Камни чистого мрамора

252) Сказал рабби Эльазар: «Однажды спросили товарищи: "Что означает сказанное рабби Акивой своим ученикам: "Когда достигнете вы камней чистого мрамора, не говорите: "Вода, вода", подвергая себя опасности, поскольку сказано: "Изрекающий ложь не утвердится пред глазами Моими"[362]».

Тем временем спустился туда старейший из старцев. Хохма и Бина называются старцами, а Кетер, находящийся выше Хохмы и Бины, называется «старейшим из старцев», и это – раскрытие души уровня ехида, которой предстоит раскрыться в мире при завершении исправления.

Сказал им: «Чем вы занимаетесь?» Ответили ему, что занимаются тем, что сказал рабби Акива своим ученикам, когда они придут к камням чистого мрамора. Сказал он им: «Ясно, что здесь содержится высшая тайна, однако в высшем собрании ее раскрыли. И для того, чтобы вы не ошибались в этой тайне, спустился я к вам объяснить ее, поскольку вам уже раскрылась эта тайна. И тайна эта скрыта от всего поколения» – т.е., поскольку вы между собой уже раскрыли в общем виде эту тайну, скрытую от всех людей вашего поколения, можно раскрыть ее вам во всей полноте.

253) Несомненно, что это те камни чистого мрамора, из которых выходят «чистые воды»[363]. И на них указывают две буквы «йуд י» в букве «алеф א», в начале ее и в конце. А «вав ו» в букве «алеф א», проходящая между двумя буквами «йуд י», это Древо жизни, и всякий, отведавший от него, будет жить вечно. И эти две буквы «йуд י» в букве «алеф א» указаны в словах «и создал (ва-ицер וייצר)»[338], в которых есть две буквы «йуд י». И это – два вида создания, создание высших и создание нижних. И это – две буквы «йуд י», стоящие в начале и в конце имени АВАЯАДНИ (יאהדונהי), которые означают Хохму в начале этого имени и Хохму в конце этого имени. И они называются «тайны

---

[362] Писания, Псалмы, 101:7.
[363] Пророки, Йехезкель, 36:25.

мудрости»³⁶⁴, потому что им неведома высшая Хохма, расположенная под высшим Кетером.

Кетер Арих Анпина называется высшим Кетером, а под ним – Хохма Арих Анпина, одно внутри другого. И она называется скрытой Хохмой (Хохма стимаа), потому что была скрыта и не наполняет парцуфы Ацилута. И Хохма, которая передается в мире Ацилут, – только от Бины, которая становится Хохмой вследствие своего подъема в рош Арих Анпина. Эта Бина называется высшей Хохмой. И когда Зеир Анпин получает от нее и передает Нукве, Нуква называется нижней Хохмой. Эти две Хохмы называются тайнами мудрости, поскольку им неведома Хохма, в сравнении с высшей Хохмой Арих Анпина, расположенной под его Кетером и называемой «скрытая Хохма (Хохма стимаа)», так как ничего не могут получить от нее.

Эти две Хохмы символизируются двумя буквами «йуд י», в начале и в конце имени АВАЯАДНИ (אהדונהי). И это – две буквы «йуд י» слов «и создал (ва-ицер (וייצר)»:
1. Создание высших, свойства будущего мира, которые исходят от высшей Хохмы, т.е. Бины.
2. Создание нижних, находящихся в «этом мире», которые исходят от нижней Хохмы, т.е. Малхут, Нуквы Зеир Анпина.

И это – две буквы «йуд י» в букве «алеф א». Верхняя «йуд י» – это высшая Хохма, нижняя «йуд י» – это нижняя Хохма, а линия, проходящая между ними, это Зеир Анпин, называемый «вав ו» и называемый Древом жизни, который получает от высшей Хохмы, от верхней «йуд י», находящейся над ним, и передает нижней Хохме, нижней «йуд י», находящейся под ним. И это камни чистого мрамора – Бина, называемая высшей Хохмой, и Малхут, называемая нижней Хохмой.

254) И они соответствуют двум «глазам (эйнаим)», из которых падают две слезы в великое море. Потому что Хохма называется «эйнаим (глаза)». Правый «глаз» соответствует высшей Хохме, а левый «глаз» – нижней Хохме. И падают эти слезы, потому что Моше опустил Тору Исраэлю посредством двух этих скрижалей, Бины и Малхут, правая скрижаль – это

---
³⁶⁴ Писания, Йов, 11:6. «А вот если бы заговорил Творец и отверз уста Свои для тебя, и возвестил тебе тайны мудрости, ведь мудрость разнообразна...»

Бина, левая – это Малхут, и они соответствуют двум «глазам (эйнаим)». И не удостоились их Исраэль, так как они разбились и упали вследствие прегрешения литого тельца, как сказано: «И разбил их у подножья горы»[365]. И это вызвало разрушение первого и второго Храмов, ибо они тоже происходят от двух скрижалей: первый Храм – от правой скрижали, высшей Хохмы, т.е. Бины, а второй Храм – от левой скрижали, нижней Хохмы, Малхут. И поэтому ущерб, вызванный разбиением скрижалей, привел к их разрушению.

И поэтому в великое море упали две слезы, которые указывают на разрушения, произошедшие вследствие разбиения первых скрижалей. И эти скрижали упали и разбились потому, что отстранилась от них «вав ו», и это – «вав ו» слов «и создал (ва-ицер וייצר)». Потому что две буквы «йуд י» в словах «и создал (ва-ицер וייצר)» – это две буквы «йуд י» в букве «алеф א», и это две скрижали. И эта «вав ו» слов «и создал (ва-ицер וייצר)» является линией, проходящей между ними и называемой Древо жизни. А после того, как Исраэль исправили прегрешение Древа познания и прекратила действовать в них нечистота змея, они удостоились скрижалей, т.е. двух букв «йуд י», высшей и нижней Хохмы, и удостоились Древа жизни, т.е. линии, проходящей между ними и называемой свободой от ангела смерти.

Однако прегрешением золотого тельца они испортили свое исправление, и поэтому отдалилось от них Древо жизни, потому что ущерб от Древа познания снова вернулся к ним, и они снова оказались под гнетом ангела смерти. А те скрижали, которые заключали в себе Древо жизни, разбились и упали. И дал Он им две другие скрижали, со стороны Древа познания добра и зла, от которых дарована им Тора в виде запретов и разрешений, и от правой исходит жизнь, а от левой – смерть, как сказали мудрецы: «Для придерживающихся правой стороны в ней – это эликсир жизни, а для придерживающихся левой – смертельный яд»[366].

255) И поэтому предостерег рабби Акива своих учеников: «Когда вы достигнете камней чистого мрамора, не говорите:

---
[365] Тора, Шмот, 32:19.
[366] Вавилонский Талмуд, трактат Шаббат, лист 88:2.

"Воды, воды", подвергая себя опасности» – т.е. не сравнивайте камни чистого мрамора с другими камнями, являющимися жизнью и смертью, и оттуда сказано: «Сердце мудрого влечет его вправо, а сердце глупца – влево»[367]. И кроме того, вы еще подвергнете себя опасности, потому что эти камни Древа познания добра и зла пребывают в разделении, а камни чистого мрамора пребывают в единстве, без всякого разделения.

И если вы скажете, что Древо жизни ведь отстранилось от них в час, когда был совершен грех золотого тельца, и они упали и разбились, и поэтому есть разделение между ними, – то «изрекающий ложь не утвердится пред глазами Моими»[362], ведь наверху между ними нет разделения. Поскольку те, которые разбились, относились к камням чистого мрамора, и в таком случае нет в них разделения, как и свойственно камням чистого мрамора, и поэтому считается, словно они никогда не разбивались.

Пояснение сказанного. Тора называется «водами», как сказали мудрецы: «Нет иных вод, кроме Торы»[368]. А источник Торы – это две скрижали свидетельства, Бина и Малхут. И называются они двумя каменными скрижалями потому, что от них исходит вода, называемая Торой. Первые скрижали Исраэль получили в совершенстве, какими они будут в конце исправления. Как сказано: «Высечено на скрижалях»[369] – читай не «высечено (хару́т)», а «свобода (херу́т)», поскольку они были свободой от ангела смерти так же, как это будет в конце исправления. Однако грехом золотого тельца они испортили это исправление, и опять ангел смерти стал властен над ними, и разбились скрижали. И были даны им вторые скрижали, со стороны жизни и смерти.

И всё исправление заключается лишь в притяжении света Торы. Ведь с помощью МАН, который Исраэль поднимают благодаря выполнению заповедей и добрых деяний, они вызывают высшие зивуги (соединения), постепенно раскрывающие свет Торы Исраэлю, пока не удостаиваются вследствие этого конца исправления. И открываются тогда две каменные скрижали,

---

[367] Писания, Коэлет, 10:2.
[368] Вавилонский Талмуд, трактат Бава Кама, лист 17:1.
[369] Тора, Шмот, 32:16.

два камня чистого мрамора. И нет там больше одних вод и других в разделении, т.е. воды справа – жизнь, а слева – смерть, ибо «уничтожит Он смерть навеки»[370], и все они чисты, и все они – жизнь. Таким образом, камни чистого мрамора являются следствием и порождением всей Торы, и они раскрываются с помощью вторых скрижалей как два вида вод.

И поэтому предостерег рабби Акива своих учеников: «Когда вы достигнете камней чистого мрамора, не говорите: "Воды, воды"» – то есть он опасался, чтобы не ошиблись, думая, что камни чистого мрамора являются результатом Торы, которая раскрылась в свойстве «воды-воды» в разделении, со стороны вторых скрижалей, поскольку принизят тогда достоинство камней чистого мрамора. И хотя сами по себе они являются «чистыми водами»[363], но поскольку вышли из свойства «воды-воды», «достаточно подвергнуться суду, чтобы думали, будто ты осужден». И поэтому сказал: «Не сравнивайте камни чистого мрамора с другими камнями, являющимися жизнью и смертью». Ибо если вы будете думать, что камни чистого мрамора являются порождением и следствием вторых скрижалей, в которых содержится жизнь и смерть, то значит, вы сравниваете их, ведь «достаточно подвергнуться суду, чтобы думали, будто ты осужден», и вы, тем самым, пренебрежительно относитесь к камням чистого мрамора.

И кроме пренебрежения, вы обманываете самих себя. Потому что до исправления, когда Тора исходила от вторых скрижалей, в свойстве Древа познания добра и зла, властвовала тогда сила разделения. А сейчас, когда открылись камни чистого мрамора, раскрылось единство без всякого разделения, то есть раскрылось, что с самого начала не было никакого разделения в мире. И как же думали, что разбились первые скрижали, и отстранилось Древо жизни от них, ведь это полная ложь, поскольку теперь раскрылось, что нет наверху никакого разделения в первых скрижалях, потому что те скрижали, которые разбились, были на самом деле камнями чистого мрамора, раскрывшимися сейчас. И вся власть, которая временно была у Древа познания добра и зла, со стороны разделения, «ушла, не оставив следа»[371], и кажется, словно ее никогда и не было в мире.

---

[370] Пророки, Йешаяу, 25:8.
[371] Писания, Песнь песней, 2:11.

Таким образом, первые скрижали вовсе не были разбиты, и вся Тора, которая раскрылась и привела к окончательному исправлению, исходила как раз от первых скрижалей, и не были примешаны к ней добро и зло, и жизнь и смерть, как представлялось вам до исправления, в начертаниях вторых скрижалей. То есть, в конце исправления, когда будет искоренен Сам, раскроется всем, что Сам никогда и не жил, но всегда правило только единство, как сказано: «Нет никого кроме Него»[208].

И река вытекает из Эдена

256) «И река вытекает из Эдена»[348]. Конечно же, в высшем Древе жизни, в Зеир Анпине Ацилута, нет чуждых клипот, как сказано о нем: «Не водворится у Тебя зло»[372], потому что клипот начинаются в мире Брия, расположенном под Ацилутом. Однако в Древе, находящемся внизу, т.е. в мире Брия, есть чуждые клипот. И это Древо посажено в Эденском саду Зеир Анпина, находящемся внизу, т.е. Зеир Анпина мира Брия. И Древо там называется Ханох или Матат.

Ведь в высшем Эденском саду Творца, т.е. в Эденском саду мира Ацилут, нет клипот, чтобы там могло возникнуть «искривление и извращение»[373]. И поэтому сказано о нем: «И река вытекает из Эдена»[348]. «Река» – это Матат, «вытекает из Эдена» – выходит из его блаженства, и это – мохин Имы. Потому что Бина называется Эден. «Чтобы оросить сад» – сад Матата, его Пардес, т.е. Малхут мира Брия. И туда вошли Бен Азай, Бен Зума и Элиша. И клипот Матата – это добро с одной стороны и зло с другой. И поэтому есть в Торе запрещенное и разрешенное, пригодное и непригодное, нечистое и чистое.

«Река» – это Зеир Анпин мира Ацилут, Эден – высшая Има. В таком случае, почему сказано: «Вытекает из Эдена», что означает – выходит от мохин высшей Имы? Ведь в Ацилуте нет клипот, препятствующих там свечению мохин настолько, что можно было бы сказать о Зеир Анпине, как о выходящем и отделяющемся от высшей Имы? Поэтому объяснил рабби Шимон, что «река» – это Матат, находящийся ниже парсы мира Ацилут, в котором могут быть уже клипот, чтобы отделить его от Ацилута, и он находится в Эденском саду мира Брия, чтобы орошать его. И поэтому сказано: «И река» – т.е. Матат, «вытекает из Эдена» – из высшего Эденского сада, Малхут мира Ацилут. Ибо эта река вышла и отделилась от нее и пришла в мир Брия для того, чтобы орошать сад, и это – Эденский сад мира Брия, Малхут мира

---

[372] Писания, Псалмы, 5:5. «Ибо Ты не божество, желающее беззакония, не водворится у Тебя зло».
[373] Писания, Притчи, 8:8.

Брия, называемая Пардес, в который вошли Бен Азай, Бен Зума и Элиша.

257) Поднялся один старец, обратившись к рабби Шимону: «Рабби, рабби! Правильно, конечно, что нет клипот в мире Ацилут, а только в мире Брия, но Матат не называется Древом жизни». То есть он усомнился в сказанном им, ведь если истолковывать, что сад в отрывке – это Эденский сад мира Брия, то как в таком случае истолковывается отрывок: «И Древо жизни посреди сада»[320]? Ведь в саду мира Брия нет Древа жизни, и Матат не является Древом жизни, поскольку есть в нем добро и зло.

Но смысл заключается в следующем. Слова «И создал (ва-ицер ויייצר)», написанные с двумя буквами «йуд י», указывают на два создания, создание добра и создание зла, и это – Древо познания добра и зла, в котором находятся эти два создания. Древо познания – это малый человек, в то время, когда есть у него мохин де-катнут. И тогда от него происходят сторона смерти и сторона жизни, запрещенное и разрешенное. То есть, запрещенное приносит смерть, а разрешенное является жизнью, так как оба они исходят от мохин де-катнут человека, и это – два создания в нем. И поэтому называется Древом познания добра и зла, и поэтому сказано о нем: «И создал (ва-ицер ויייצר)», с двумя буквами «йуд י». И об этом человеке в состоянии катнут сказано: «И создал Творец Всесильный человека из праха земного»[338].

258) «И вдохнул в ноздри его дыхание жизни»[338] – от высшей Шхины, называемой Эден и называемой «возвращение». В этом отрывке приводится два состояния:

1. Состояние мохин де-катнут, о котором сказано: «И создал Творец Всесильный человека из праха земного»[338]. И это – свойство Древа познания добра и зла, потому что «и создал (ва-ицер ויייצר)» указывает на два создания – добра и зла.

2. Состояние мохин де-гадлут, о котором сказано: «И вдохнул в ноздри его дыхание жизни». Потому что свет Бины, являющейся высшей Шхиной, называется «дыханием жизни». А свет Бины – это мохин де-гадлут, и он называется Эден. И поэтому о человеке, получившем мохин де-гадлут, сказано: «И Древо жизни посреди сада»[320], потому что в гадлуте он

называется Древом жизни, и он относится к свойству «средний столб», т.е. к Зеир Анпину мира Ацилут. А «сад» – это нижняя Шхина. Таким образом, у него есть три связи, называемые нешама, руах, нефеш:
1. От высшей Шхины есть у него нешама.
2. От Зеир Анпина мира Ацилут есть у него руах.
3. От сада, т.е. Малхут, нижней Шхины, есть у него нефеш.

И с помощью них, т.е. вместе с нешама, руах, нефеш, «стал человек существом живым»[338]. И это называется «из самих уст Его», по отношению к Шхине, называемой «дыханием (нешама) жизни»[338]. То есть теперь может сказанное: «И вдохнул в ноздри его»[338] означать, что Творец вдохнул своими устами в ноздри Адама Ришона. Потому что дыхание (нешама) жизни – это свет высшей Шхины, и это наполнение высшей Шхины тоже нисходит из уст (пэ) Зеир Анпина. То есть мохин де-ГАР всегда передаются от пэ свойства рош, т.е. Малхут де-рош. И поэтому сказано: «И вдохнул», т.е. через уста (пэ).

И этим объясняется вопрос рабби Шимона, спросившего: «Как может быть сказано о Зеир Анпине мира Ацилут "и река вытекает из Эдена, и оттуда разделяется"[348], после того, как нет никаких клипот в мире Ацилут, которые могли бы отделить Зеир Анпин от Бины, как сказано в отрывке "и оттуда разделяется"». И поэтому сказал старец, что отрывок указывает на Адама Ришона, у которого есть два состояния, катнут и гадлут. В катнуте сказано о нем: «И создал»[338], и это два создания – добра и зла. И тогда находится Адам в мирах БЕА среди клипот, и называется Древом познания добра и зла. И на это состояние указывает отрывок: «И река вытекает из Эдена»[348]. Поскольку в это время выходит река, т.е. Адам, из Ацилута, называемого Эденом, в миры разделения – в БЕА.

А сказанное: «И Древо жизни посреди сада»[320] указывает на состояние гадлут Адама (человека), который приобретает нешама, руах, нефеш от мира Ацилут, потому что в это время он поднимается в Ацилут и облачает Зеир Анпин, называемый Древом жизни, и тогда Адам тоже называется Древом жизни, как и он. Потому что нижний, облачающий высшего, становится, как и он. И в то время находился Адам в Эденском саду мира Ацилут.

Как только произнес старец эти слова, вознесся наверх. Сказал рабби Шимон: «Понятно, что это был ангел. И всё же, есть у нас подтверждение сказанному». Объяснение. Рабби Шимон истолковывал сказанное: «И Древо жизни посреди сада» по отношению к концу исправления. Поэтому старец не должен был возражать ему, что Матат не называется Древом жизни. Потому что отрывок «и река вытекает из Эдена»[348] относится к периоду шесть тысяч лет, когда Матат находится в свойстве добра и зла. А отрывок «и Древо жизни посреди сада»[320] относится к концу исправления, когда БЕА и Матат снова станут миром Ацилут. Тогда Матат будет в свойстве Древо жизни.

Поскольку рабби Шимон увидел, что старец не понял этого, стало понятно ему, что это ангел. Ибо у ангелов нет постижения того, что произойдет в будущем, в конце исправления. Как сказано: «В это время будет сказано Яакову и Исраэлю, что сделал Творец»[374]. То есть во время окончательного исправления постижение Исраэля превысит постижение ангелов, и ангелы будут спрашивать у Исраэля: «Что сделал Творец?» Потому что Создатель исправил четыре мира АБЕА во всём необходимом, чтобы Исраэль могли завершить это исправление.

Однако в отношении самого конца исправления Он ничего не сделал, как сказано: «Вместе с кем вы действуете?» «Я начал создавать миры, а вы завершаете их». И поэтому также и в ангелах нет ничего от свойства конца исправления, и они не постигают из этого ничего, и относительно этого вынуждены спрашивать Исраэль: «Что сделал Творец?» И рабби Шимон, увидев, что тот не знал, как истолковать речения о Древе жизни относительно конца исправления, понял, что это – ангел, который не постигает происходящего там.

Но вместе с тем сказал, что старец не только не противоречил его словам, но кроме того, в словах его есть подтверждение сказанному рабби Шимоном. Потому что, по словам старца, «и река вытекает из Эдена»[348] указывает на время катнута, а сказанное «и Древо жизни посреди сада»[320] – на время гадлута, и это соответствует словам рабби Шимона,

---
[374] Тора, Бемидбар, 23:23.

который истолковал, что «и река вытекает из Эдена» указывает на шесть тысяч лет, в течение которых миры БЕА находятся в катнуте и отделены от Ацилута, а сказанное «и Древо жизни посреди сада» – на состояние конца исправления, когда миры БЕА вернутся в мир Ацилут и в состояние гадлут. Таким образом, слова старца похожи на слова рабби Шимона и есть в них подтверждение сказанного им.

И поместил его в Эденском саду

259) После того, как старец истолковал, что «река вытекает из Эдена»[348] и «Древо жизни посреди сада»[320] указывают на катнут и гадлут Адама Ришона, рабби Шимон истолковал также, что сказанное «и взял Творец Всесильный человека (ада́ма)»[375] указывает на катнут и гадлут Адама Ришона. И он спрашивает: «Откуда Он взял человека? Где он был до того, как Творец поместил его в Эденском саду?» Взял Он его от этих четырех основ разделения, о которых говорит отрывок «а оттуда разделяется и образует четыре русла (досл. начала)»[320], указывающий на четыре основы. И Творец отделил человека от этих четырех основ разделения и «поместил его в Эденском саду»-[375]мира Ацилут.

Объяснение. Старец истолковал, что сказанное «и река вытекает из Эдена»[348] указывает на Адама Ришона в состоянии катнут, когда он вышел из мира Ацилут, т.е. Эдена, и пришел в миры БЕА разделения. А затем, в гадлуте, поднялся в Эденский сад мира Ацилут и получил там три связи нешама, руах, нефеш, называемые Эден, река, сад, где Эден – это свет Бины, называемый нешама, сад – это свет Малхут мира Ацилут, называемый нефеш, а сам человек стал свойством «река, орошающая сад», т.е. светом руах. И таким же путем рабби Шимон разъяснил сказанное «и взял Творец Всесильный человека и поместил его в Эденском саду»[375], поскольку до этого он находился в БЕА разделения, и тело его состояло из четырех основ разделения. А во время гадлута отделил его Творец от четырех основ разделения и поднял его в Эденский сад мира Ацилут, и он стал свойством «река мира Ацилут, получающая от Эдена и наполняющая сад».

260) И так же, как поступил Он с Адамом Ришоном во время его гадлута, подняв его из миров БЕА разделения в Эденский сад мира Ацилут, так же поступит Творец и с человеком, совершающим возвращение и занимающимся Торой. Тогда Творец берет совершившего возвращение из БЕА разделения, и о четырех основах разделения сказано: «А оттуда разделяется»[348],

---

[375] Тора, Берешит, 2:15. «И взял Творец Всесильный человека и поместил его в Эденском саду, чтобы возделывать и оберегать его».

поскольку Он отделил его от их желаний и поместил его в Своем саду[341], т.е. в Шхине, Малхут, чтобы служить Шхине посредством исполнительных заповедей и оберегать Шхину посредством запретительных заповедей, как сказано: «Чтобы возделывать (сад) и оберегать его», что означает – заниматься исполнительными заповедями и соблюдать запретительные заповеди.

Если удостоился оберегать Шхину, он станет головой (рош) над четырьмя основами его тела (гуф), и станет рекой, и они будут орошаться ею, а не иной стороной, т.е. ситрой ахра. И будут знать, что он – Господин, который царствует над ними, ведь, поскольку он находится в Эденском саду и выполняет заповеди, чтобы оберегать сад, т.е. Шхину, включаются четыре основы его тела (гуф) в этот сад. Потому что сад – это его душа (нефеш), а тело и душа всегда включены друг в друга. И поскольку сам человек, приобретая там свойства этой реки, получает наполнение от Эдена и орошает сад, он, таким образом, орошает четыре основы своего тела (гуф). И тогда он царствует над ними, чтобы они не желали ничего для себя и, где только можно, доставляли радость Создателю.

261) А если он нарушил заповеди Торы, будут орошаться четыре основы его тела (гуф) горечью Древа зла, т.е. злого начала, и обо всех его органах, происходящих от четырех основ в нем, сказано: «И делали горькою жизнь их»[376]. «И делали горькою» – горечью желчи, ибо три вредителя есть в клипот, соответствующие НАРАН Адама, называемые «печень», «селезенка» и «желчь». Печень противостоит нефеш, селезенка – руах, желчь – нешама. Как сказали мудрецы: «И капля желчи висит на острие меча ангела смерти»[377]. И это он имеет в виду, говоря здесь: «И делали горькою жизнь их» – горечью желчи, которая является самым большим вредителем, противостоящим нешама. И относительно органов святости тела (гуф), которые происходят от стороны добра, сказано тогда: «И пришли в Мару (досл. горькая) и не могли пить воду из-за горечи»[378].

---

[376] Тора, Шмот, 1:14. «И делали горькою жизнь их тяжким трудом над глиной и кирпичами, всяким трудом в поле, и всякой работою, какой жестоко принуждали их»

[377] Вавилонский Талмуд, трактат Авода зара, лист 20:2.

[378] Тора, Шмот, 15:23.

«И делали горькою жизнь их тяжким трудом»³⁷⁶ – ставя тяжелые вопросы, «над глиной (досл. материалом)»³⁷⁶ – заставляя их переходить от легких выводов к тяжелым, «кирпичами»³⁷⁶ – выяснением законов, «всяким трудом в поле»³⁷⁶ – в Брайте, «всякой работою»³⁷⁶ – Мишной. Потому что прегрешениями своими они привели к тому, что укрепилась ситра ахра во всех частях их Торы. И это означает высказывание: «А если не удостоился, становится для него Тора смертельным ядом»³⁷⁹.

262) Но если совершают возвращение, то сказано о них: «И указал ему Творец дерево»³⁸⁰ – Древо жизни, благодаря которому «и посластились воды»³⁸⁰. Потому что горечь и смертельный яд отстраняются тогда от Торы, и раскрывается ему содержащаяся в ней услада – эликсир жизни.

Древо жизни – это Моше Машиах, то есть душа Моше, которая раскроется с приходом Машиаха. И сказано о нем до прихода Машиаха: «И посох Всесильного в руке его»³⁸¹. «Посох Всесильного» – это Матат, от одной стороны которого исходит жизнь, а от другой – смерть, который превращается из змея в посох, а из посоха в змея. И когда он превращался в посох, то помогал Моше со стороны добра, и от него исходила жизнь. А когда превращался в змея, то противостоял Моше, ибо тогда действовал со стороны смерти, сразу же: «И бежал Моше от него»³⁸².

263) Творец отдал Матата во власть Моше, чтобы он пользовался им, как посохом (матé) Творца. Потому что в руках Моше – это посох, и он становится змеем только, когда не находится в руках Моше. И Матат – это устная Тора, в которой есть запрещенное и разрешенное, сторона добра и сторона зла, как и в Матате, являющемся свойством Торы мира Брия. Однако в Ацилуте, как сказано: «Не вселится в тебя зло», и вся Тора – это имена Творца.

Пояснение сказанного. Так же, как есть захар и нуква в мире Ацилут, называемые Зеир Анпин и Нуква, так же есть

---

[379] Вавилонский Талмуд, трактат Йома, лист 72:2.
[380] Тора, Шмот, 15:25.
[381] Тора, Шмот, 17:9.
[382] Тора, Шмот, 4:3.

захар и нуква в самой Нукве, потому что она состоит из десяти сфирот. Захар в ней, который светит снизу вверх, – это ее собственное свойство. Однако захар в ней, который светит от нее и ниже, в миры БЕА разделения, называется Матат. И две точки соединились в экране Нуквы – свойство суда и свойство милосердия[383]. Когда нижние удостаиваются, точка суда находится в скрытии и не познается, и она действует из точки свойства милосердия. И в это время исходит от нее только жизнь и добро. А если нижние совершают прегрешения, они раскрывают в результате прегрешений точку свойства суда в Нукве, а точка свойства милосердия скрывается, и тогда исходит от нее смерть и зло.

И известно, что суды в экране не действуют снизу вверх, а только сверху вниз. Поэтому ангел Матат, свойство «захар» в ней, расположенное от ее экрана и ниже, называется посохом (мате מטה), так как состоит из этих двух точек, имеющихся в Малхут. И когда нижние удостаиваются, он склоняется (мате מטה) к милости. А когда не удостаиваются, то склоняется (мате מטה) к наказанию. И также считается, что он превращается из змея в посох, когда нижние удостаиваются. А когда не удостаиваются, то превращается из посоха в змея.

Это значение слов «посох (мате) Всесильного»[381]. Потому что Моше пользовался им, Мататом, для знамений и чудес, которые совершал. И сказано, что Нуква – это устная Тора, и в ней содержатся две точки, от которых исходят запрещенное и разрешенное, и также Матат исходит от этих двух точек. А после того, как ударил им по скале, взял Творец посох в Свою руку. И сказано об этом: «И набросился на него с палкой»[384], чтобы ударить его ею. «Палка» – это злое начало, змей, и все беды в изгнании случаются из-за него, поскольку оно является источником всех страданий и наказаний, воцаряющихся в изгнании.

264) «И оттуда разделяется»[348]. Когда Творец забирает человека, занимающегося Торой, из этого тела, из четырех основ разделения в нем, и тогда он отделяется от них и становится рош (главой) у четырех существ строения (меркава). Сказано

---

[383] См. «Предисловие книги Зоар», статья «Две точки», п. 122.
[384] Пророки, Шмуэль 2, 23:21.

о них: «На руках они понесут тебя»[385]. И вместо состояния, в котором он был погружен в четыре основы разделяющего тела, он удостаивается благодаря занятиям Торой того, что Творец отделяет его от вожделений основ его тела, и поднимает его наверх, главой (рош) над четырьмя существами строения (меркава). И эти существа возносят его, как сказано: «На руках они понесут тебя, чтобы не преткнулась о камень нога твоя»[385].

---

[385] Писания, Псалмы, 91:12.

Идолопоклонство, кровопролитие и кровосмешение

265) «И повелел Творец Всесильный человеку, сказав: "От всякого дерева сада можешь есть, но от дерева познания добра и зла – не ешь"»[386]. «И повелел» – указывает на запрещение идолопоклонства, включённое в Древо познания, как сказано: «Повеление касается только идолопоклонства»[387], поскольку от Древа познания исходят чужие божества. Потому что три нарушения включены в Древо познания – идолопоклонство, кровосмешение и кровопролитие.

Клипа идолопоклонства обитает в печени, и из-за неё становится обременительной работа, называемая идолопоклонством. Печень гневается на идолопоклонство, однако вследствие гнева печень отдаётся для пребывания там клипы идолопоклонства. Сказано: «Всякий гневающийся словно поклоняется чужим божествам»[388]. И также сказанное «и повелел» указывает на нарушение запрета идолопоклонства, включённое в Древо познания.

266) Слово «человеку» указывает на запрещение кровопролития, включённое в Древо познания, как сказано: «Кто прольёт кровь человеческую, человеком кровь его пролита будет»[389]. И здесь, и в случае кровопролития говорится о человеке. Там говорится о кровопролитии, и также здесь говорится о кровопролитии. Клипот, проливающие кровь, обитают в желчи. И это – меч ангела смерти, которым он убивает людей. Сказано: «И капля желчи висит на острие меча ангела смерти, и от неё человек умирает»[390]. Также сказано: «Последствия от неё горьки, как полынь, остры, как меч обоюдоострый»[391].

«Сказав»[386] – это кровосмешение. Указывает на запрещение кровосмешения, включённое в Древо познания. И клипа

---

[386] Тора, Берешит, 2:16-17.
[387] Вавилонский Талмуд, трактат Санэдрин, лист 56:2.
[388] Вавилонский Талмуд, трактат Недарим, лист 22:1.
[389] Тора, Берешит, 9:6.
[390] Вавилонский Талмуд, трактат Авода зара, лист 20:2.
[391] Писания, Притчи, 5:4.

кровосмешения обитает в селезенке. О ней сказано: «Поела, обтерла рот (пэ) свой и говорит: "Не сделала я дурного"»[392]. Потому что в селезенке нет вводного отверстия (пэ) и протоков, чтобы питаться с помощью них, и она впитывает черную кровь от печени, хотя у нее самой нет вводного отверстия (пэ).

Все проливающие кровь происходят от клипы, находящейся в желчи. Поэтому кровь артерий сердца при виде капли желчи сразу же убегает от нее. Как сказано: «В печени пробуждается гнев, и желчь впускает в нее каплю»[393] – поскольку убегает тогда кровь, имеющаяся в печени, и гнев ее остывает. И это убегание происходит по причине того, что клипа проливающих кровь человека обитает в желчи, поэтому кровь боится и убегает от нее.

267) Всем нарушающим запрет кровосмешения свойственно скрываться во тьме, как сказано: «Око прелюбодея ждет темноты, ибо думает он: "Не увидит меня ничей глаз"»[394]. И черная кровь в селезенке указывает на то, что клипа кровосмешения присутствует в этой черной крови, подобной тьме.

У нарушившего запрет кровопролития, идолопоклонства и кровосмешения душа перевоплощается под воздействием сил трех клипот: печени, желчи и селезенки. И судят таких в преисподней три поставленных там над ними повелителя: пагуба, гнев и ярость.

268) Пятнадцать запретов кровосмешения соответствуют числовому значению «йуд-хэй יה (15)» имени АВАЯ (הויה). Другие шесть запретов кровосмешения, второго вида, соответствуют числовому значению «вав ו (6)» имени АВАЯ. Еще до того, как Исраэль оказались в изгнании, и Шхина еще находилась с ними, наказал Творец Исраэлю: «Наготы матери твоей не открывай»[395] – с тем, чтобы не причинили вреда Шхине, матери народа Исраэля. Это изгнание называется открытием наготы Шхины. За нарушения запрета кровосмешения были изгнаны Исраэль, и Шхина находится в изгании. И это – открытие наготы

---

[392] Писания, Притчи, 30:20.
[393] Мишна, Трактат Авот, глава 1.
[394] Писания, Йов, 24:15.
[395] Тора, Ваикра, 18:7.

Идолопоклонство, кровопролитие и кровосмешение

Шхины. Потому что пребывание Шхины в изгнании считается наготой ее, как сказано: «Все почитавшие ее презирают ее, ибо увидели позор ее»[396].

Этим позором Шхины является Лилит, прародительница великого сброда, и считается позором потому, что правление Шхины и изобилие ее, праматери Исраэля, перешло к Лилит, праматери великого сброда. И великий сброд, приходящий к власти во время изгнания, считается позором Шхины и позором высшего Исраэля, Зеир Анпина, мужа Шхины. О высшем Исраэле сказано: «Наготы отца твоего не открывай»[395]. Потому что когда Шхина находится в изгнании, Лилит и великий сброд получают его изобилие, которое он должен был передать Шхине. Поэтому изгнание считается позором для высшего Исраэля.

269) Нарушающие запрет кровосмешения разделяют первую «хэй ה» имени АВАЯ (הויה) и его нижнюю «хэй ה», и «вав ו» имени АВАЯ не может находиться между ними. Как сказано: «Наготы женщины и дочери ее не открывай»[397]. Потому что первая «хэй ה» – это мать, а нижняя «хэй ה» – дочь ее. И поскольку «вав ו» имени АВАЯ (הויה), Зеир Анпин, не находится между ними, чтобы получать от матери и передавать дочери ее, то причиняется вред «женщине и дочери ее», потому что препятствие наполнению первой «хэй ה» считается тоже позором для нее. «Женщина и дочь ее» – это высшая Шхина, мать, и нижняя Шхина, дочь ее.

В изгнании не дают пройти букве «вав ו» между буквами «хэй ה» по той причине, что во время изгнания, когда великий сброд, являющийся пятью видами злого недуга, могут прийти к получению наполнения от «вав ו», находящейся между двумя «хэй ה», и тогда не может Творец, т.е. «вав ו», входить между ними. Поэтому сказано: «Река иссушена и обезвожена»[347], потому что иссушено наполнение первой «хэй ה», называемой «река», и обезвожена нижняя «хэй ה» из-за отсутствия ее наполнения, для того, чтобы не питался великий сброд от «вав ו», Древа жизни. Поэтому «вав ו» не может войти между первой «хэй ה» и нижней «хэй ה» в то время, когда великий

---

[396] Писания, Эйха, 1:8.
[397] Тора, Ваикра, 18:17.

сброд находится между ними, то есть во время изгнания, когда они могут прийти и питаться от них.

270) И нет права у буквы «йуд י» имени АВАЯ (הויה) приближаться к нижней «хэй ה» из-за великого сброда, чтобы они не питались изобилием нижней «хэй ה». Как сказано: «Наготы невестки твоей не открывай»[398]. Потому что нижняя «хэй ה» называется невесткой «йуд י», т.е. отца, парцуфа высшие Аба ве-Има, «хэй ה» – это мать, ИШСУТ, «вав ו» – сын «йуд י», т.е. парцуфа Аба ве-Има, а нижняя «хэй ה» – дочь первой «хэй ה», т.е. ИШСУТ. Таким образом, нижняя «хэй ה» – это дочь первой «хэй ה», и она – невестка «йуд י», потому что является женой «вав ו», сына «йуд י». И если «йуд י» даст свое наполнение невестке, нижней «хэй ה», во время изгнания, то великий сброд получит это наполнение, и в результате этого откроется нагота невестки. Это является смыслом сказанного: «Наготы невестки твоей не открывай».

И они разделяют между «вав ו» и первой «хэй ה». Как сказано: «Наготы жены отца твоего не открывай»[399]. Потому что «йуд י» – это отец, «хэй ה» – мать, «вав ו» – сын, нижняя «хэй ה» – дочь. И поэтому по отношению к первой «хэй ה» заповедано ему: «Наготы жены отца твоего не открывай». Ибо первая «хэй ה» – это жена отца его. Поскольку, если приблизится «вав ו», чтобы получить от нее наполнение во время изгнания, великий сброд будет питаться этим наполнением, и откроется в результате этого нагота жены отца его, так как это ее наполнение.

«Наготу сестры твоей, дочери отца твоего»[400] – это нижняя «хэй ה». «Дочери сына ее или дочери ее дочери не бери, чтобы открыть наготу ее»[395]. «Дочери сына ее или дочери ее дочери» – это две буквы «хэй ה», порожденные нижней «хэй ה». Объяснение. Сестрой называется Хохма, как написано: «Скажи мудрости (хохма): "Ты сестра моя"»[401]. А в то время, когда нижняя «хэй ה» получает Хохму, она называется «сестра твоя, дочь отца твоего», потому что тогда она относится к Аба, и Аба называется высшей Хохмой, а Нуква – нижней Хохмой.

---

[398] Тора, Ваикра, 18:15.
[399] Тора, Ваикра, 18:8.
[400] Тора, Ваикра, 18:9.
[401] Писания, Притчи, 7:4.

Идолопоклонство, кровопролитие и кровосмешение

И тогда она порождает души Исраэля, в которых тоже есть полная АВАЯ, т.е. НАРАНХАЙ, и свет душ называется светом порождения, поскольку они не относятся к самому свету мира Ацилут по той причине, что проходят через экран Малхут.

Поэтому «дочь сына ее и дочь дочери ее» – это две буквы «хэй ה», порождения нижней «хэй ה», первая «хэй ה» и нижняя «хэй ה» света душ, являющихся порождениями нижней «хэй ה», Нуквы мира Ацилут. Первая «хэй ה» душ называется «дочь сына ее», так как она исходит от свойства «захар» нижней «хэй ה», поскольку Бина является свойством «захар». А нижняя «хэй ה» душ называется «дочь дочери ее», так как она исходит от свойства «нуква» нижней «хэй ה». И если Зеир Анпин даст наполнение первой «хэй ה» и нижней «хэй ה» душ во время изгнания, это наполнение придет к великому сброду, и в результате этого откроется ее нагота.

«Наготы брата отца твоего»[402] – указывает на «йуд י», т.е., что является порождением буквы «йуд י», братом буквы «вав ו». Это – буква «йуд י» душ, Хохма в них, являющаяся светом порождения, исходящим от «йуд י» имени АВАЯ (הויה), т.е. Абы. Потому что души получают Хохму только будучи включенными в Зеир Анпин в то время, когда Зеир Анпин облачает Абу, букву «йуд י» имени АВАЯ.

Эта «йуд י» является порождением «йуд י» имени АВАЯ (הויה), братом буквы «вав ו», потому что свойство «йуд י» душ и «вав ו» имени АВАЯ (הויה), т.е. Зеир Анпина, оба облачают Абу, и считаются братьями друг другу. Поскольку два свойства, находящиеся на одной ступени, называются братьями. И запрещено Исраэлю во время изгнания притягивать наполнение к свойству «йуд י» их душ, т.е. к брату Зеир Анпина, отца свойства Исраэль, потому что наполнение придет к великому сброду, и откроется тогда, в результате этого, нагота его.

271) Но, по крайней мере, в то время, когда великий сброд перемешаны с Исраэлем, нет сближения и единства с буквами имени АВАЯ. И как только будет искоренен великий сброд из мира, «в тот день будет Творец един, и имя Его едино»[75]. И поэтому, когда великий сброд не перемешаны с Исраэлем, т.е.

---
[402] Тора, Ваикра, 18:14.

человеком, обретшим свойство Исраэль, имеется у них (Исраэля) единство в Торе, о которой говорится: «Древо жизни она для держащихся ее»⁴⁰³. Эта Тора называется госпожой (Матронитой) и называется царицей (Малхут). И с ее стороны называются Исраэль потомками царей. И называется она Торой мира Ацилут, потому что вся она – имена Творца.

272) Поэтому сказал Творец: «Нехорошо человеку быть одному, создам для него подмогу, соразмерно ему»⁴⁰⁴, вторую после госпожи (Матрониты), и это – жена «юноши», Матата. Иными словами, «нехорошо человеку быть» с Торой мира Ацилут, «создам для него подмогу, соразмерно ему (досл. против него)» – посредством Торы мира Брия, жены Матата, не находящейся в свойстве «госпожа». Но она называется «сопутствующая Торе», поскольку следует за Торой мира Ацилут, называемой «госпожа (Матронита)». И она – служанка Шхины. И она иногда – помощница Шхины, а иногда – противница ее.

Если удостоились Исраэль, то она – помощь, в качестве «разрешенное, чистое, пригодное» в Торе, а если не удостоились, то она против Шхины, в качестве «нечистое, непригодное, запрещенное» в Торе. Часть этой Торы, «разрешенное, чистое, пригодное», относится к стороне доброго начала, а часть «нечистое, непригодное, запрещенное» – к стороне злого начала. И если бы не было злого начала в мире, то не было бы этой части в Торе. И смысл сказанного Творцом о Торе мира Ацилут: «Нехорошо человеку быть одному» – настолько, что должен был дать ему Тору мира Брия, жену Матата, в качестве «помощь» или «против него»⁴⁰⁵.

273) Женщина, у которой есть чистая и нечистая кровь, со второй стороны дана ему, и она не является его супругой, и не является его единством. Ибо всё то время, пока Малхут, жена Зеир Анпина, нуждается в подслащении Бины, и есть у нее две точки, и из одной исходит чистая кровь, а из другой – нечистая, то зивуг не является постоянным. Если не удостоились, то исходит нечистая кровь, и зивуг (соединение) ЗОН прекращается. Таким образом, нечистая кровь дана Нукве Зеир Анпина из-за

---

⁴⁰³ Писания, Притчи, 3:18.
⁴⁰⁴ Тора, Берешит, 2:18.
⁴⁰⁵ См. в п.181.

второй, т.е. жены Матата, происходящей от нее. И поэтому эта Нуква не является постоянной супругой Зеир Анпина и не является его полным единством, поскольку нет полного единства, прежде чем искоренится великий сброд из мира.

Из-за великого сброда похоронен Моше за пределами святой земли. И место захоронения его находится в свойстве «вторая», как сказано: «И никто не знает места погребения его до сего дня»[355]. «Погребение» означает – скрытие. А «возрождение из мертвых» – раскрытие. И скрытие Моше и его погребение вне пределов святой земли произошло вследствие власти свойства «второй» в мире. Поэтому «никто не знает места погребения его до сего дня» – до конца исправления, когда с возрождением мертвых раскроется Моше с двумя Машиахами.

Его погребение, т.е. скрытие души Моше, приходит в силу свойства «второй», которое властвует над госпожой (Матронитой), называемой «преданной Моше», т.е. Малхут. И госпожа (Матронита) отделена была от мужа своего, поэтому сказано: «Под тремя гневается земля»[406], т.е. Малхут, Нуква Зеир Анпина, называемая землей. «Под рабом, который правит»[407] – т.е. Мататом. «И служанкой»[408] – свойством второй. И сказанное: «Служанка, наследующая госпоже своей»[408] указывает на вторую, жену Матата. «И негодяй, который досыта ест хлеб»[407] – это великий сброд, «народ подлый и неразумный»[409]. То есть отрывок «и негодяй, который досыта ест хлеб»[407] указывает на великий сброд, называемый «народом подлым и неразумным»[409].

---

[406] Писания, Притчи, 30:21. "Под тремя гневается земля, четырех не может она выносить».
[407] Писания, Притчи, 30:22. «Под рабом, который правит, и негодяем, который досыта ест хлеб».
[408] Писания, Притчи, 30:23. «Под ненавистной женщиной, вышедшей замуж, и служанкой, наследующей госпоже своей».
[409] Тора, Дварим, 32:6.

И создал Творец Всесильный всякого зверя полевого

274) «И создал Творец Всесильный из земли всякого зверя полевого и всякую птицу небесную»[410]. Горе обитающим на земле, ибо жестокосердны они и слепы, поскольку не вглядываются в тайны Торы и не знают, что под зверем полевым и птицей небесной подразумеваются народы земли. Даже те, которые удостоились свойства «живая душа (нефеш ха́я)», и еще не удостоились свойства «живой дух (руах ха́я)», нет у Шхины поддержки в них во время изгнания, потому что нет поддержки от них Моше, который находится со Шхиной, потому что всё время изгнания Шхины не отходил Моше от нее.

275) Сказал рабби Эльазар: «Кто может деяния Адама переносить на Исраэль и Моше? Ведь эти отрывки говорят об Адаме, как же можно брать действия Адама Ришона и переносить их на Моше и Исраэль?» Ответил ему рабби Шимон: «Сын мой, ты ли говоришь это?! Разве не изучал ты сказанное: "Предвещаю от начала конец"[411] – что действия начала творения указывают на действия в конце дней, т.е. в конце исправления».

276) И поэтому Моше не умер, так как он находится вместе со Шхиной в изгнании, и он называется Адам. И о нем сказано в последнем изгнании: «А для человека не нашел он поддержки»[412] – но все они «против него»[412]. «А для человека не нашел он поддержки против него»[412] – это сказано о среднем столбе, Зеир Анпине, которого некому было поддержать, чтобы вывести Шхину из изгнания. Как сказано: «И оглянулся он по сторонам и увидел, что нет никого»[413]. И Моше находится именно в его свойстве, т.е. как средний столб, и сказано о нем: «А для человека не нашел он поддержки против него», и о среднем столбе сказано то же самое.

---

[410] Тора, Берешит, 2:19.
[411] Пророки, Йешаяу, 46:10.
[412] Тора, Берешит, 2:20.
[413] Тора, Шмот, 2:12.

277) В то время, когда Он не нашел «поддержки против него», сказано: «И навел Творец Всесильный на Адама крепкий сон, и уснул он»[414]. «Творец Всесильный (АВАЯ Элоким)» – это Аба ве-Има. «Крепкий сон» – это изгнание. Как сказано об изгнании: «И напал крепкий сон на Авраама»[415]. «Нагнал крепкий сон на Моше, и заснул он», и нет иного сна, кроме изгнания. Потому что во время сна уходят мохин (разум), и точно также в изгнании уходит знание (даат) от Исраэля. Поэтому нет иного сна, кроме изгнания. «И взял одну из сторон его»[414]. «Взял одну из сторон» – чью? Одну из служанок госпожи (Матрониты) взяли Аба ве-Има, и она представляет собой свойство «белый цвет (лаван)». И сказано о ней: «Прекрасная, как луна (левана)»[416].

Пояснение сказанного. Малхут со своей стороны недостойна получения мохин, ибо потому она и сократила себя во время первого сокращения, чтобы не получать в себя никакого прямого света, а всё ее исправление происходит посредством ее подъема и включения в свойство милосердия, т.е. в Бину, называемую Аба ве-Има. Однако в будущем, при завершении исправления, во время исправления Моше и двух Машиахов, она исправится сама и будет достойна получения прямого света, не нуждаясь в подслащении Бины. Поэтому есть два вида построения Шхины:

1. До конца исправления, посредством подслащения при подъеме в Абу ве-Иму, и оно – для среднего столба, для Зеир Анпина.

2. В конце исправления – в своем собственном свойстве, для исправления Моше.

И о ней сказано в последнем изгнании: «А для человека не нашел поддержки»[412] – для исправления Моше и двух Машиахов. Поскольку даже после ее включения в Бину, она получит от нее только девять первых сфирот, однако ее собственное свойство, Малхут ее, остается без исправления. И она является свойством последнего изгнания. Поэтому сказано о ней: «А для

---

[414] Тора, Берешит, 2:21. «И навел Творец Всесильный на Адама крепкий сон, и он уснул. И взял Он одну из его сторон, и закрыл плотью место ее».

[415] Тора, Берешит, 15:12.

[416] Писания, Песнь песней, 6:10. «Кто это выглядывает подобно заре, прекрасная как луна, ясная как солнце, грозная как войско со знаменами».

человека не нашел поддержки», но все они «против него». И сказано об этом времени: «И навел Творец Всесильный (АВАЯ Элоким) крепкий сон»[414], и нет иного сна, кроме изгнания, ведь из-за того, что Он не нашел поддержки для исправления его (изгнания), последнее изгнание скрыто в ней, и исправление его производится Моше.

А до конца исправления, совершаемого исправлением на Малхут, исправление производится посредством среднего столба. И не нашлось того, кто бы помог среднему столбу, Зеир Анпину, вывести Шхину из изгнания, – т.е. из трех первых изгнаний, происходящих перед последним изгнанием, потому что это исправление производится посредством среднего столба.

Зоар рассматривает здесь два исправления – исправление среднего столба и исправление Моше. Как сказано: «И взял одну из его сторон»[414], потому что семь сфирот Малхут, которые она получила от парцуфа Аба ве-Има во время своего катнута, называются служанками. И сказано, что Аба ве-Има взяли одну из них, называемую Хесед, потому что Хесед считается свойством «белый цвет (лаван)». И сказано о ней: «Прекрасна, как луна (левана́)», т.е. благодаря строению гадлута Абы ве-Имы, которые восполняют ею недостающую Малхут де-Малхут, она становится «прекрасной, как луна (левана)».

«И закрыл плотью место ее»[414] – плотью Моше, о котором сказано: «Потому что он (бешага́м בשגם) – плоть»[417]. Поскольку «бешага́м (345 בשגם)» в гематрии – Моше (345 משה). И поэтому также плоть, о которой сказано здесь, это плоть Моше, являющаяся свойством Гвуры. И Малхут, благодаря ему, восполнилась в своей левой линии. Свойство «плоть» Моше – красного цвета, и о нем сказано: «Лик Моше – как лик солнца»[418]. То есть, так же как цвет солнца близок к красному, так же и плоть Моше – красная, и это свойство высшей Гвуры Имы. Потому что гвурот Имы определяются как свойство «красный цвет». И поэтому сказано: «Прекрасная как луна (левана́)»[416], потому что ее правая линия со стороны скрытия находится в свойстве «белый

---

[417] Тора, Берешит, 6:3. «И сказал Творец: "Да не борется дух Мой в человеке вечно, потому что он плоть; пусть будут дни его сто двадцать лет"».
[418] Вавилонский Талмуд, трактат Бава Батра, лист 75:1.

цвет (лаван)». И сказано: «Ясная как солнце»[416] – т.е., это ее левая линия, относящаяся к стороне «красная плоть» Моше.

278) «И закрыл плотью»[414] – т.е. Он тем самым хотел защитить ее от внешних. Потому что «и закрыл» указывает на защиту, так как с помощью Гвуры святости, относящейся к свойству «красная плоть» Моше, прогоняют внешних.

Другое объяснение сказанного «и закрыл» – это «закрывание», т.е. образовалась закрытая форма, благодаря свойству «красная плоть» Моше, в которой госпожа (Матронита), Малхут, «закрыта шесть дней деяния»[419], и только «в субботний день открывается».

---

[419] Пророки, Йехезкель, 46:1.

И отстроил Творец Всесильный ту сторону

279) «И отстроил Творец Всесильный ту сторону»[420] – указывает на понятие «левиратный брак», о котором говорится, что «если он не отстроит, то больше не отстроится»[421]. Как сказано: «Который не отстроит дома брату своему»[422], и отсюда следует, что «если он не отстроит, то больше не отстроится»[421]. Однако Творец, хотя и не отстраивает Шхину в час изгнания, все же может вывести ее оттуда. Потому что сказано о Нем: «И отстроил Творец Всесильный (АВАЯ Элоким)»[420] – т.е. Аба ве-Има отстроили Шхину для него. И поскольку он сам не отстроил ее, не относится к нему сказанное: «Если он не отстроит, то больше не отстроится»[421].

Как сказано: «Творец (АВАЯ) отстраивает Йерушалаим»[423]. Из четырех букв АВАЯ (הויה) отстраивается Шхина, называемая Йерушалаим. Потому что «вав ו» имени АВАЯ, Зеир Анпин, является сыном «йуд-хэй יה» имени АВАЯ, т.е. Абы ве-Имы. И о них сказано: «И отстроил Творец Всесильный (АВАЯ Элоким) ту сторону, которую взял у человека»[420] – среднюю линию Зеир Анпина, «и привел ее к человеку»[420] – т.е. привел его к стороне, которую взял у нижней «хэй ה» имени АВАЯ, возлюбленной его, у Малхут самого Зеир Анпина, а не у Малхут де-Малхут. Таким образом, Йерушалаим отстраивается посредством четырех букв АВАЯ (הויה), и основные строители – это «йуд-хэй יה», Аба ве-Има. А отстроенная сторона – это нижняя «хэй ה», Малхут свойства «вав ו» имени АВАЯ, т.е. Зеир Анпина, (отстроенная) для «вав ו».

---

[420] Тора, Берешит, 2:22. «И отстроил Творец Всесильный ту сторону, которую взял у Адама, чтобы быть ему женой, и привел ее к Адаму».

[421] Вавилонский Талмуд, трактат Ябамот, лист 10:2.

[422] Тора, Дварим, 25:8,9. «И призовут его старейшины города, и будут говорить ему, и встанет он, и скажет: "Не желаю брать ее". Тогда приступит его невестка к нему на глазах у старейшин и снимет башмак с его ноги, и плюнет пред ним, и возгласит и скажет: "Так поступят с человеком, который не отстроит дома брату своему"».

[423] Писания, Псалмы, 147:2. «Творец отстраивает Йерушалаим, изгнанников Исраэля соберет».

280) И об этой Малхут де-Малхут, которая не входит в строение Йерушалаима, сказано: «А Я буду ему стеной огненной вокруг»[424], т.е. она становится «стеной огненной вокруг» Йерушалаима, для того чтобы защитить его от великого сброда. А в конце исправления опустит ее сверху Творец отстроенной, как сказано: «Отстроенный Йерушалаим»[425]. И поэтому на этой горе, на Малхут де-Малхут, когда Творцом будет отстроен на ней Храм, он будет стоять во все поколения навечно. И о нем сказано: «Величие этого последнего Храма превзойдет величие первого»[426]. Потому что первый Храм отстроен человеком, Шломо, а последний Храм отстраивается Творцом. Поэтому сказано: «Если Творец не отстроит Храм, напрасен труд строивших его»[427]. Потому что первый и второй Храмы, отстроенные не Творцом, не смогли существовать, и «напрасен труд строивших его».

Внутреннее содержание сказанного. Известно, что Создатель начал творение и устроил его таким образом, чтобы сыновья Исраэля смогли закончить его. Как сказали мудрецы: «С кем вы в сотрудничестве? Я начал творение, а вы довершаете его». Потому что Создатель исправил Малхут только в девяти ее первых сфирот, а исправление Малхут де-Малхут передал Исраэлю, чтобы они исправили ее посредством работы и хранения девяти первых сфирот. И поэтому вся работа Исраэля до завершения исправления относится только к девяти первым сфирот Малхут и определяется как выяснение двухсот восьмидесяти восьми (РАПАХ) искр, которые были исправлены Создателем.

И с этой стороны были отстроены два Храма наверху, первая «хэй» и нижняя «хэй», и также внизу. И поэтому считается, что они выстроены людьми, посредством работы людей, на которых возложено завершение творения. И поскольку тридцать две (ламед-бэт) последние искры, относящиеся к Малхут де-Малхут, еще не исправлены, от них происходят ситра ахра

---

[424] Пророки, Захария, 2:9. «А Я буду ему, – слово Творца, – стеной огненной вокруг».

[425] Писания, Псалмы, 122:3. «Йерушалаим отстроенный подобен городу, слитому воедино».

[426] Пророки, Хаггай, 2:9.

[427] Писания, Псалмы, 127:1. «Если Творец не отстроит Храм, напрасен труд строивших его, если Творец не охранит город, напрасно усердствует страж».

и великий сброд, вводящие в грех Исраэль. И поэтому были разрушены два Храма.

Однако после того, как сыновья Исраэля выявят все двести восемьдесят восемь (РАПАХ) искр, имеющихся вследствие разбиения келим, тогда Творец сам выявит тридцать две (ламэд-бэт) последние искры, относящиеся к Малхут де-Малхут и называемые «каменным сердцем (лев[428] а-эвен)». Как сказано: «И удалю Я из плоти вашей сердце каменное»[429]. И тогда осуществится исправление Малхут де-Малхут, называемое «последним Храмом». Как сказано: «Если Творец не отстроит Храм»[427], т.е. до конца исправления, когда работа передана людям и их трудом были отстроены два Храма, «напрасен труд строивших его»[427], поскольку они были разрушены. Однако после того, как завершат люди возложенное на них исправление, тогда Творец опустит сверху «отстроенный Йерушалаим»[425], т.е. Малхут де-Малхут, и отстроенный Храм, т.е. внутреннее наполнение Малхут де-Малхут. И тогда это станет строением на веки вечные.

281) И об исправлении, которое должны совершить Моше и два Машиаха, сказано: «И отстроил Творец Всесильный ту сторону»[420]. И подобно этому сказано: «И для другой стороны Скинии»[430]. Ибо две стороны являются основными в Скинии, т.е. в Малхут, которые исходят от двух точек в ней: одна сторона – от свойства милосердия, а другая сторона – от свойства суда. «И отстроил Творец Всесильный ту сторону»[420] – сказано об исправлении Моше, т.е. о другой стороне Скинии, исходящей от точки свойства суда и являющейся ее собственным свойством – Малхут де-Малхут. Однако сторона, о которой говорится в исправлении среднего столба – это сторона, исходящая от точки свойства милосердия, включающего девять первых ее сфирот. Эта сторона исходит от притяжения Хеседа и является свойством «белый цвет (лаван)», и поэтому она называется «луна (левана)», т.е. по имени света Хесед в ней, и цвет ее – белый (лаван). «И закрыл плотью место ее»[420] – плотью красного цвета, т.е. светом Гвуры, потому что высшей Гвуре Бины свойственен «красный цвет». А Нуква состоит из двух этих

---

[428] Слово «лев (сердце)» состоит из букв «ламэд-бэт» и имеет числовое значение тридцать два.
[429] Пророки, Йехезкель, 36:26.
[430] Тора, Шмот, 36:25.

цветов, белого и красного, т.е. Хеседа и Гвуры. В это время говорится о Малхут: «Левая рука у меня под головой»[431], т.е. «красная плоть», сфира Гвура, «а правая обнимает меня»[431], свет Хесед, белый цвет, называемый «стороной».

282) «И сказал человек: "Эта на сей раз – кость от костей моих и плоть от плоти моей"»[432] – это сказано о Шхине, которая была девушкой, обрученной со средней линией, Зеир Анпином, и сказано о ней: «Эта на сей раз» – знаю я, что она – «кость от костей моих и плоть от плоти моей». Объяснение. Шхина, прежде чем она готова к зивугу с Зеир Анпином, называется «обрученной девушкой», а после того, как становится готовой к зивугу, называется «женой». Поэтому после того, как отстроена посредством Аба ве-Има и становится готовой к зивугу, сказал он: «Эта на сей раз». «Эта наречена будет женой»[432], потому что отстраивается с высшей стороны, со стороны Имы, первой «хэй» имени АВАЯ, «ибо от мужа взята она»[432], со стороны Абы, «йуд» имени АВАЯ.

Это объяснение соответствует исправлению Нуквы с помощью среднего столба до завершения исправления, и это происходит с помощью строения Абы ве-Имы. И также выясняются отрывки по отношению к исправлению Моше, производимому в виде среднего столба свойства душ, находящихся внизу, в БЕА.

283) В это время каждый из Исраэля удостоится жены. Как сказано: «И дам Я вам новое сердце и дух новый»[429], потому что на самом деле Исраэль происходят от Малхут, но поскольку мир не мог существовать, Он совместил с ней свойство милосердия, т.е. Бину. И поэтому получается, что все нуквы душ Исраэля исходят от Бины, свойства милосердия, потому что Малхут свойства суда была скрыта. Таким образом, нет у Исраэля истинной супруги, однако в конце исправления, когда сама Малхут будет исправлена и не будет больше нуждаться во взаимодействии с Биной, будут нуквы душ Исраэля от самой Малхут, т.е. от их истинной супруги.

---

[431] Писания, Песнь песней, 2:6.
[432] Тора, Берешит, 2:23. «Эта на сей раз – кость от костей моих и плоть от плоти моей. Эта наречена будет женой, ибо от мужа взята она».

Сказано: «И будут пророчествовать сыны ваши и дочери ваши»[433] – это новые души, которые в будущем появятся в Исраэле. Как сказано: «Машиах бен Давид не явится до тех пор, пока не отойдут все души, находившиеся в теле (гуф)»[434], т.е. прежние души, и тогда явятся новые души. Потому что все души, имеющиеся в мире, были включены в душу Адама Ришона, как сказано: «Где твоя (душа) в Адаме Ришоне?», «Где была она?»[435]. И после того, как он совершил прегрешение в отношении Древа познания, пострадали все души и всё время перевоплощаются, во всех поколениях, пока не получат своего исправления. И произойдет завершение исправления, и тогда Исраэль привлекут новые души, которые еще не были включены в гуф Адама Ришона. И об этих новых душах сказано: «И будут пророчествовать сыны ваши и дочери ваши»[433].

284) В это время будет искоренен великий сброд из мира. И тогда говорится об Исраэле и о Моше, что у каждого будет супруга: «И были они оба наги, Адам и жена его, и не стыдились»[436], т.е. они не будут нуждаться в облачениях, чтобы прикрыть наготу, потому что будет устранена из мира нагота – великий сброд, вызвавший изгнание в мире.

---

[433] Пророки, Йоэль, 3:1.
[434] Вавилонский Талмуд, трактат Явамот, 63:2.
[435] Мидраш Танхума, глава Ки тиса, раздел 12.
[436] Тора, Берешит, 2:25.

Эвель – Моше

285) О великом сброде сказано: «Змей же был хитрее»[437], потому что змей был хитрым, чтобы причинять вред, больше, чем все существа, т.е. народы мира, идолопоклонники. А великий сброд являются потомками первородного змея, который прельстил Хаву Древом познания. И великий сброд были той скверной, которую привнес змей в Хаву, – т.е. великий сброд, который перемешался с душами, порожденными Хавой, считается скверной по отношению к душам. И от этой скверны, свойства «великий сброд», произошел Каин. И поэтому он убил Эвеля, пасущего стадо, о котором сказано: «Ведь к тому же (бешагáм בשגם) он – плоть»[438]. «Бешагáм (בשגם)» – это Эвель. «Бешагáм (בשגם)», он, конечно же, Моше. И убил его.

То есть, «бешагáм (בשגם)» равен в гематрии Моше (משה), а Моше – это кругооборот души Эвеля. Таким образом, «бешагáм (בשגם)» указывает на Эвеля и Моше. Поэтому Эвель был пастухом, так же, как и Моше. А Каин, который убил его, получается, что убил Моше. И сделал это из-за великого сброда, который был подмешан в душу его, и он был первенцем Адама. Поэтому скверна примешалась к душе Каина, а не к душе Эвеля, так как Каин был первенцем, т.е. вышедшим первым после прегрешения Древа познания, и поэтому проявилась в нем вся скверна змея.

286) Но вместе с тем, поскольку Моше хотел прикрыть наготу отца своего, он взял себе в жены дочь Итро. И сказано о нем: «И сыны Кэйни, тестя Моше»[439]. Итро называется Кэйни, потому что он отделился от Каина. Как сказано: «А Хэвер Кэйни отделился от Каина»[440]. И несмотря на то, что Каин убил Эвеля, т.е. Моше, все же вернулся Моше, чтобы исправить Каина, к которому из-за прегрешения Древа познания прилепился великий

---

[437] Тора, Берешит, 3:1. «Змей же был хитрее всех зверей полевых, которых создал Творец Всесильный; и сказал он жене: "Хотя и сказал Всесильный: не ешьте ни от какого дерева этого сада..."»

[438] Тора, Берешит, 6:3. «И сказал Творец: "Да не будет дух Мой судить человека вечно, ведь к тому же он – плоть; пусть будут дни его сто двадцать лет"».

[439] Пророки, Шофтим, 1:16.

[440] Пророки, Шофтим, 4:11.

сброд, т.е. нагота Адама Ришона. Моше хотел устранить эту скверну, т.е. наготу своего праотца, Адама Ришона. Поэтому он взял в жены дочь Итро, ведь Итро был кругооборотом Каина, и потому назывался Кэйни. И благодаря тому, что взял дочь его, исправил его и устранил от него скверну, т.е. великий сброд.

А после того, как отделил великий сброд от души Каина, он хотел привести их к возвращению, чтобы укрыть наготу отца своего, Адама Ришона. Потому что Творец присоединяет добрую мысль к действию, и Он сказал Моше: «Остерегайся их, этого злого племени. А твою добрую мысль, что хотел ты привести их к возвращению, Я присоединю к действию». Этот великий сброд является силами разделения, которые были в Древе познания, из-за которых предостерег его Творец: «А от Древа познания добра и зла нельзя тебе есть!»[344] И это те же силы разделения, которые были в прегрешениях Моше и Исраэля.

287) Из-за великого сброда Исраэль оказались в изгнании и были изгнаны из своей земли. Как сказано: «И изгнал Он Адама»[118]. Адам указывает на Исраэль. И Моше был изгнан из места своего из-за великого сброда, потому что не остерегся их, как предупреждал его Творец, а хотел приблизить их к святости. И поэтому он не удостоился войти в землю Исраэля и был похоронен вне пределов этой земли. Потому что из-за них он нарушил указание Творца и совершил прегрешение в случае со скалой, ударив по ней. Ведь Творец сказал ему: «И скажите скале»[441], а он ударил по скале. И побудил его к этому великий сброд.

Но, несмотря на это, Творец присоединяет добрую мысль к действию. Ведь Моше не принимал великий сброд с тем, чтобы пометить их знаком союза, а для того, чтобы укрыть наготу отца своего. И поэтому Творец присоединил его добрую мысль к действию. И в награду за это сказал ему Творец: «И сделаю тебя народом более многочисленным и могучим, чем он»[442]. И это воплотилось через Моше, как сказано: «А сыновья Рехавии умножились весьма»[443] – т.е. умножились, и их было больше, чем шестьдесят десятков тысяч (рибо).

---

[441] Тора, Бемидбар, 20:8.
[442] Тора, Бемидбар, 14:12.
[443] Писания, Диврей а-ямим 1, 23:17.

А о великом сброде сказал Творец: «Того, кто согрешил предо Мной, сотру Я из книги Моей»[444], потому что они относятся к семени Амалека, о котором сказано: «Сотри память об Амалеке»[299]. И великий сброд привел также к тому, что Исраэль согрешили, сделав золотого тельца, и были разбиты две первые скрижали свидетельства.

288) Сказанное: «И открылись глаза у обоих, и узнали, что наги они»[445] тоже указывает на Исраэль, потому что в египетском порабощении Исраэль узнали, что наги они – т.е. были там без Торы. И о них также сказано в последнем изгнании: «А ты нага и непокрыта»[446]. Ведь благодаря Торе и заповедям удостаиваются Исраэль облачений для душ своих. А когда они находятся в египетском изгнании, а также в последнем изгнании, без Торы, их души поневоле оказываются нагими, без облачений.

Слово «нагой», дважды сказанное Йовом, относится к двум изгнаниям – «нагим вышел я из чрева матери моей, и нагим возвращусь туда»[447]. Потому что «нагим вышел я» указывает на египетское изгнание, «и нагим возвращусь туда» указывает на последнее изгнание. И имя Моше (משה), которое было у него, превратилось в глазах великого сброда «в устрашение (шама́ שמה) и назидание»[448]. И поэтому сказал Йов: «Возвращусь туда (ша́ма שמה)»[447]. Здесь содержится намек на то, что в будущем, во время последнего изгнания, должно измениться среди «великого сброда» имя Моше (משה) на «Шама́ (שמה устрашение). То есть он идет среди них для устрашения (шама́ שמה). И об этом сказал Йов: «Творец дал»[447] – т.е. дал Тору, «и Творец взял»[447] – т.е. снова забрал ее в последнем изгнании, и она стала скрытой для Исраэля, «да будет имя Творца благословенно»[447].

289) А в час, когда были разбиты две скрижали Торы, и была скрыта устная Тора, сказано об Исраэле: «И сшили листья

---

[444] Тора, Шмот, 32:33.
[445] Тора, Берешит, 3:7.
[446] Пророки, Йехезкель, 16:7.
[447] Писания, Йов, 1:21. «Нагим вышел я из чрева матери моей, и нагим возвращусь туда. Творец дал, Творец взял. Да будет имя Творца благословенно!»
[448] Тора, Дварим, 28:37.

смоковницы»⁴⁴⁵, т.е. прикрылись многочисленными клипот великого сброда, потому что стали нагими без Торы и прикрылись, чтобы не открывалась их нагота, являющаяся местом удержания клипот. А их прикрытием являются края цицит.

О ремнях тфилин сказано: «И сделал Творец Адаму и жене его облачения накожные, и одел их»⁴⁴⁹. Однако о цицит сказано: «И сшили листья смоковницы»⁴⁴⁵. Поскольку сказано о двух видах покрова, чтобы укрыть их наготу, которая проявилась у них из-за Древа познания:

1. Покров, который они сделали сами, и это – «листья смоковницы».
2. Покров, котрый сделал им Творец, и это – «облачения накожные»⁴⁴⁹.

Поэтому, когда эти отрывки указывают на Исраэль после разбиения скрижалей, говорит Зоар, что покров «листьев смоковницы»⁴⁴⁵ указывает на края цицит, относящиеся к предметам заповеди, которые выбрасываются после выполнения заповеди. Потому что в них самих нет никакой святости. Но покров «облачений накожных»⁴⁴⁹ указывает на ремни тфилин, которые относятся к предметам святости и отдаются на хранение, поскольку остается в них определенная святость даже после выполнения связанных с ними заповедей.

«И сделали себе опоясания»⁴⁴⁵, как сказано: «Препояшь бедро мечом своим, храбрец»⁴⁵⁰, и это – провозглашение «Шма». Ибо провозглашение «Шма» – словно меч по отношению к внешним, который препоясывают на бедро. И сказано о провозглашении «Шма»: «Величие Творца произносят уста их, и меч обоюдоострый в руке их»⁴⁵¹ – т.е. воззвание «Шма», произносимое устами, подобно мечу. И поэтому сказано о нем: «И сделали себе опоясания»⁴⁴⁵.

---

[449] Тора, Берешит, 3:21.
[450] Писания, Псалмы, 45:4.
[451] Писания, Псалмы, 149:6.

Плохие смешения

290) «И услышали голос Творца Всесильного, расходящийся по саду»[452]. Это указывает на Исраэль, когда они приблизились к получению Торы на горе Синай. Как сказано: «Слышал народ голос Всесильного, доносящийся из огня, как слышал ты, и остался в живых»[453]. Однако великий сброд не могли слышать голос Всесильного и погибли, а те, которые остались от великого сброда и не умерли, сказали затем Моше: «Пусть не говорит с нами Всесильный, чтобы не умереть нам»[454]. И они привели к забвению Торы тем, что ввели Исраэль в прегрешение золотого тельца. И этот великий сброд представляет собой те народы земли, о которых сказано: «Проклят ложащийся с любым скотом!»[455] – потому что они относятся к стороне змея, о котором сказано: «Проклят ты более всякого скота!»[456]

291) Итак, есть несколько плохих смешений в Исраэле, называемые животные и звери, однако есть смешение со стороны змея, а есть смешение со стороны народов-идолопоклонников, которые подобны зверям и полевым животным. А есть великое смешение (сброд) со стороны вредителей, и это души злодеев, потому что души злодеев – это самые злостные вредители мира. И есть великое смешение (сброд) со стороны демонов, духов и дьяволиц.

Все они смешаны с Исраэлем. И нет среди них более проклятого, чем Амалек, называемый «змей зла» и «чужое божество». Он порождает все кровосмешения в мире, т.е. он корень клипы, несущей кровосмешение миру, он – тот убийца, от которого происходят все убийства в мире. А супруга его – это яд смерти идолопоклонства. И три самых страшных преступления: кровосмешение, кровопролитие и идолопоклонство – происходят от клипы Амалека, называемого змеем и чужим божеством. И все они являются свойствами Сама. У Сама есть множество свойств, и все они различаются. Но тот Сам, который исходит со стороны змея, проклят более всех.

---

[452] Тора, Берешит, 3:8.
[453] Тора, Дварим, 4:33.
[454] Тора, Шмот, 20:16.
[455] Тора, Дварим, 27:21.
[456] Тора, Берешит, 3:14.

292) «И воззвал Творец Всесильный к человеку и сказал ему: "Где ты?"»[457]. В отрывке «и сказал ему: "Где ты (айека איכה)?"» Творец намекнул Адаму Ришону, что Храм будет разрушен, и будут оплакивать его, произнося: «Как же (эйха איכה)», как сказано: «Как же одиноко сидит!»[458] Потому что слово «Эйха (איכה как же)» состоит из букв «алеф-йуд אי» «каф-хэй כה». «Каф-хэй (כה Ко)» – это имя Шхины, которая царила в Храме, «алеф-йуд אי» означает «где (айе איה)», как в сказанном: «Где (эй אי) Эвель, брат твой?»[459] И поэтому после разрушения Храма сказано о Шхине: «Где (эй אי) каф-хэй (כה Ко)?», т.е. – где теперь Шхина, называемая «каф-хэй (כה Ко)»?

А в грядущем будущем Творец должен искоренить все виды зла в мире, как сказано: «Уничтожит Он смерть навеки»[370], потому что смерть является корнем всего зла, и когда исчезнет смерть, исчезнет всё зло. Тогда всё вернется на свое место, как это было до прегрешения Древа познания, от которого исходила смерть и все виды зла. Как сказано: «В этот день будет Творец един и имя Его едино»[75].

---

[457] Тора, Берешит, 3:9.
[458] Писания, Эйха, 1:1.
[459] Тора, Берешит, 4:9.

Исправление нижнего мира производится высшим миром

293) Везде, где упомянуто имя Шломо в «Песни песней», оно означает «царь, несущий мир (шалом)», т.е. Зеир Анпин. А если сказано просто «царь», а не «царь Шломо», то говорится о Нукве Зеир Анпина, Малхут. Нижний царь включен в высшего царя. Дело в том, что нижний наследует высшему, и оба они становятся как одно целое. Отличительной особенностью «царя, несущего мир», по сравнению с Нуквой, просто «царем», является то, что становление Нуквы, нижнего царя, происходит только посредством подъема к высшему царю, Бине, потому что Нуква со своей стороны не может получать мохин[460].

Но благодаря подъему Нуквы в Бину, нижний, Нуква, наследует высшему, Бине. Потому что «мать (има) одалживает свои одежды дочери и венчает ее своими украшениями». Поэтому называются Бина, а также Зеир Анпин, исходящий от Бины, по имени «царь, несущий мир». Ведь всё установление мира в Нукве, ее келим и мохин, исходят от Бины и Зеир Анпина. Поскольку благодаря подъему Нуквы в Бину стали Бина и Нуква как одно целое, и Нуква может получать те же мохин, что и Бина.

И тогда Нуква называется Храмом, ибо благодаря тому, что она наследует мохин свечения Хохмы от Бины, она называется Храмом. Как сказано: «Мудростью устраивается Храм»[16], и это указывает на то, что Нуква называется Храмом только в то время, когда есть у нее Хохма (мудрость). И сказано: «Апирион (паланкин) сделал себе царь Шломо»[461]. Апирион – получение исправления нижнего мира, Нуквы, от высшего мира, Бины. То есть, когда говорится об исправлении Нуквы с помощью Бины, ее называют «Апирион».

294) До создания Творцом мира было имя Его скрыто в Нем, и был Он и имя Его, скрытое внутри Него, едины. «Имя

---

[460] См. выше, п. 3, со слов: «В свойстве суда...»
[461] Писания, Песнь песней, 3:9.

Его» – это Малхут, которая до действия творения была включена в Бесконечность и скрыта в ней без всякого раскрытия и проявления, и был тогда Он и имя Его, скрытое в Нем, едины. И не раскрывалось ничего до тех пор, пока не поднялся Он в желании Своем создать мир. И Он записывал и строил миры, но они не могли существовать и разрушались. То есть те миры, которые вышли из Малхут во время первого сокращения, называемые «мирами пустынности (то́у)», в которых произошло разбиение келим, принесших разрушение этим мирам. Сказали о них мудрецы, что «вначале мир был создан в свойстве суда»[462] – в Малхут первого сокращения, называемой свойством суда, «увидел Он, что мир не может существовать»[462] – т.е. что они пришли к разрушению, «присоединил к нему свойство милосердия»[462]. И тогда облекся Творец, Бина, в одно из облачений света, и создал мир, т.е. поднял в нее Малхут, и вследствие этого свет ее сократился до ВАК, и называется облачающим светом, и тогда соединилось свойство суда, Малхут, со свойством милосердия, Биной, и благодаря этому смог существовать мир.

295) И извлек Он из этого облачающего света высшие огромные кедры, из этого высшего сияния. А затем снова притянул ГАР к упомянутому свету облачения, и установил Свое строение (меркава) на двадцати двух записанных буквах, т.е. ЗОН. Потому что буквы ЭЛЕ Бины, которые опускаются из нее в ЗОН во время катнута, а во время гадлута Бина возвращает их себе, считаются словно «колесница (меркава)», перемещающаяся из одного места в другое. «И установил Свое строение (меркава) на двадцати двух буквах» – на ЗОН в катнуте. А затем, в гадлуте, ЗОН получили свои очертания благодаря десяти речениям, представляющим собой мохин де-ГАР. И тогда они установились – т.е. пришли к желаемому исправлению.

И сказано: «Апирион (паланкин) сделал себе царь Шломо»[460] – из кедров Леванона (Ливана). Сказано: «Кедры Леванона, которые насадил Он»[463]. Потому что Хохма называется «лаван (белый)», а Бина называется «Леванон». И «Апирион», который сделал Шломо, Нуква, он сделал себе из келим Бины,

---

[462] См. Мидраш Раба, Берешит, глава 12, п. 15.
[463] Писания, Псалмы, 104:16.

называемой Леванон, и также сфирот ее называются «кедры Леванона». И из этих кедров строится Нуква.

296) «Сделал себе царь Шломо»⁴⁶¹. Слово «себе» является лишним. И в Зоар объясняется, что «себе» означает – «для себя самого», что царь Шломо, т.е. Зеир Анпин с мохин Бины, сделал этот «Апирион» для себя, для исправления себя. Потому что он исправил себя вначале с помощью «Апириона», «себе» – указывает на высшее его величие, т.е. чтобы передать свои мохин, полученные от высшего величия, Бины, «Апириону», Малхут. «Для себя» – чтобы сообщить, что «Он един и имя Его едино»⁷⁵, т.е. привести к концу исправления, как сказано: «В этот день будет Творец един и имя Его едино»⁷⁵. И об этом времени сказано: «И узнают, что только Твое имя – Творец»⁴⁶⁴.

297) При достижении зивуга де-акаа в свойстве Малхут Бины постигаются чертоги, т.е. мохин. «Капает в ту сторону, что наверху» – капает в правую сторону. «Склоняется к левой» – опускается вниз. Когда он притягивает мохин снизу вверх, это правая сторона, Нецах. А когда склоняется к левой, Ход, опускается свечение мохин сверху вниз. Однако из Нецаха их свечение не опускается вниз. Так он притягивает мохин в четырех направлениях, и всего их двенадцать. Потому что все направления включают три свойства. Малхут Бины простирается вверх, вниз и в четыре стороны, чтобы стать единой высшей рекой.

То есть, Малхут Бины передает все те мохин, которые вышли в Бине, Зеир Анпину, и благодаря им становится Зеир Анпин единой высшей рекой. Как сказано: «И река» – Зеир Анпин, «вытекает из Эдена»³⁴⁸ – Бины. Эти мохин представляют собой двадцать четыре свойства, потому что двенадцать свойств содержатся в четырех сторонах, т.е. в ХУБ ТУМ, со стороны Нецах, т.е. двенадцать свойств снизу вверх. И есть ХУБ ТУМ со стороны Ход, т.е. двенадцать свойств сверху вниз. Всего – двадцать четыре свойства. И все они становятся единой высшей рекой, т.е. мохин для Зеир Анпина, о котором сказано: «Река вытекает из Эдена»³⁴⁸.

---

⁴⁶⁴ Писания, Псалмы, 83:19.

298) Зеир Анпин, относящийся к свойству высшей реки, опускается и передает мохин вниз, в Малхут, и делает ее великим морем. Как сказано: «Все реки стекаются в море»[108]. Потому что Малхут собирает всё, и вбирает их в себя. Потому что эти мохин, являющиеся двадцатью четырьмя свойствами, выходят внутри Бины, называемой «река», как сказано: «Из реки в пути пить будет»[465] – т.е. Зеир Анпин, поэтому «поднимет голову» – ГАР, называемые «рош». И поэтому называются двадцать четыре свойства мохин реками. И эти реки вберет в себя Зеир Анпин и передаст их Малхут, как сказано: «Все реки стекаются в море»[108], потому что Малхут становится великим морем благодаря рекам, получаемым от Зеир Анпина.

Сказано: «Я – нарцисс Шарона»[466]. А Шароном называется только место, которое прилегает к великому морю, и оно вбирает в себя все воды мира. Объяснение. Шарон – от выражения «смотрит (яшор) на людей»[467], т.е. «видение», мохин Хохмы. Поэтому, когда есть у Малхут мохин Хохмы, она называется «нарциссом Шарона». То есть Малхут называется «Шарон» только в то время, когда она прилегает к великому морю, когда есть у нее «реки Бины», т.е. мохин Хохмы, потому что тогда она вбирает в себя все воды Бины, называемой «мир», и это все двадцать четыре потока, которые выводит наружу и вбирает в себя. И они светят друг в друге известными путями.

Объяснение. Здесь говорится о порядке выхода мохин в трех точках: холам, шурук, хирик[468]. «Выводит наружу» – это точка холам, т.е. в это время выводит Арих Анпин Бину за пределы рош. И также Зеир Анпин выводит Малхут за пределы Ацилута, и она становится свойством ВАК без рош, правой линией. «И вбирает в себя» – это точка шурук, и тогда Бина возвращается в рош Арих Анпина, и также Малхут возвращается в Ацилут и получает мохин Хохмы, левую линию. И получение этих мохин называется вбиранием.

«И они светят друг в друге известными путями» – это точка хирик, выход ступени хасадим, облачающей две линии, правую

---

[465] Писания, Псалмы, 110:7.
[466] Писания, Песнь песней, 2:1.
[467] Писания, Йов, 33:27.
[468] См. выше, п. 9.

и левую, друг в друга, т.е. средняя линия, и тогда они светят друг в друге. Правая линия, исходящая из точки холам, получает свойство ГАР от левой линии, исходящей из точки шурук, и также левая линия получает хасадим от правой линии. И есть Хохма и хасадим в правой линии, и также Хохма и хасадим в левой линии, и вследствие этого восполняются мохин.

И тогда сказано о них: «Мудростью устраивается Храм»[16]. На это указывает буква «бэт ב» в слове «берешит (בראשית вначале)». Ибо после того, как Хохма облачилась в хасадим, Бина называется Храмом. И также Малхут называется Храмом, и на них указывает буква «бэт ב» в слове «берешит (בראשית вначале)», потому что «бэт ב» называется Храмом (байт). Высший Храм, Бина, устраивается Хохмой (мудростью). И также нижний Храм, Малхут, устраивается Хохмой (мудростью). Однако большой высший Храм, Бина, является заселением мира, т.е. мохин в ней не для себя самой, а для заселения ЗОН, называемого мир. А нижний Храм – это просто царь, Малхут.

299) «А царь»[469] – т.е. Малхут, «возрадуется Творцу»[469] – высшему, Бине, чтобы удерживаться в нем под Его головой (рош) и приблизить Его в радости, чтобы стали они оба одним целым. Как сказано: «Его левая рука у меня под головой, а правая обнимает меня»[431]. Говорится о мохин Бины, которые Малхут получает с помощью Зеир Анпина. И тем самым выясняется, что отрывок «а царь возрадуется Творцу»[469] означает – Малхут возрадуется Бине, высшему свойству Элоким, чтобы быть связанной с ней под ее рош, т.е. она дает ей мохин, которые становятся для Малхут свойством рош, и также дает ей хасадим, чтобы приблизить ее к себе и соединиться с ней в одно целое. Потому что тогда Малхут поднимается и облачает Бину, и становятся они обе как одно целое.

«А царь возрадуется Творцу» означает – радоваться свету, который Он вывел. Здесь выясняется порядок выхода мохин в трех точках холам, шурук, хирик. И эта радость является радостью от света, который Он вывел наружу в точке холам. И хотя из-за этого выхода она становится только ВАК без рош, все же благодаря этому выходу Бины, Малхут становится способной получить все мохин Бины. И если бы не этот выход, Малхут

---
[469] Писания, Псалмы, 63:12.

была бы недостойна получения мохин. Поэтому здесь говорится именно об этом выходе: «А царь возрадуется Творцу», поскольку радость возникает вследствие того, что он вышел путем одной скрытой и упрятанной тропинки, в которую включил две тропинки – две, являющиеся одной.

Объяснение. Когда Малхут включилась в Бину и подсластилась в ней, она установилась в двух точках – в собственной точке и со стороны точки Бины, которые называются «манула (замок)» и «мифтеха (ключ)». Однако ее собственное свойство, «манула (замок)», у которого нет зивуга, скрылось и вовсе неразличимо в ней. И только точка Бины, «мифтеха (ключ)», на которую выходят все мохин, раскрыта в ней, и поэтому достойна получения мохин. И это означает, что «он вышел путем одной тропинки» – т.е. с помощью свойства «мифтеха (ключ)».

Потому что Он включил в нее две тропинки, тропинку свойства «мифтеха (ключ)» и тропинку свойства «манула (замок)», однако они установились как две, являющиеся одной, потому что можно различить только лишь одну – «мифтеха (ключ)». И поэтому установился мир, Малхут, в совершенных мохин, так как на свойство «мифтеха (ключ)», исходящее из Бины, выходят затем все мохин состояния гадлут. А если бы была различима в ней вторая тропинка, называемая «манула (замок)», то она не могла бы получить никаких мохин. Именно поэтому о выходе путем тропинки свойства «мифтеха (ключ)» сказано: «А царь возрадуется Творцу».

300) «А царь возрадуется Творцу»[469] – т.е. нижний мир возрадуется высшему скрытому миру, тому миру, который дает жизнь всему и называется жизнью царя. Объяснение. Когда Бина возвращается в рош Арих Анпина, где она считается точкой шурук и становится в нем свойством Хохмы, называясь тогда именем Элоким, глубоким и скрытым в имени, этот свет Хохма называется светом «хая́», как сказано: «И мудрость наполнит жизнью обладающих ею»[470]. «А царь возрадуется Творцу»[469] означает, что нижний мир возрадуется высшему скрытому миру – т.е. в то время, когда Бина называется миром глубоким и скрытым, во время ее подъема в рош Арих Анпи-

---
[470] Писания, Коэлет, 7:12.

Исправление нижнего мира производится высшим миром

на, и становится Хохмой в точке шурук, Бина посылает жизнь, т.е. мохин Хохмы, всем ступеням. И эти мохин называются жизнью царя.

И это не означает, что она дает теперь жизнь всему, так как теперь ей недостает хасадим, и нижние не могут от нее ничего получить без облачения хасадим, и поэтому она называется теперь скрытым миром. Но это означает, что затем она облачает этот свет Хохма светом хасадим в виде точки хирик, и тогда она отсюда передает всем ступеням Хохму, называемую жизнь.

Эти мохин точки шурук являются основой Храма, потому что Малхут называется Храмом только благодаря мохин Хохмы, как сказано: «Мудростью (хохма) будет отстроен Храм»[16]. Поэтому мохин точки шурук, свойство Хохмы, являются основой Храма. Однако пока еще эти мохин скрыты из-за отсутствия хасадим. И считается поэтому, что еще нет обитания в Храме, но вместе с тем она – основа Храма, потому что затем отсюда будет притянуто свечение Хохмы, являющееся основой Храма.

Этот Храм строит Храм мира, т.е. ЗОН, и строит мир, т.е. ЗОН. Объяснение. Точка хирик – это ступень хасадим, в которые облачается Хохма с тем, чтобы они могли облачиться в нижних, т.е. в ЗОН, называемые мир. И этот Храм, основа Храма свойства точки шурук, строит Храм мира, облачающийся в хасадим и считающийся строением Храма в месте поселения, для мира, называемого ЗОН. Потому что в любом месте, где упоминается о строении, имеется в виду свет хасадим, которые исходят от ГАР Бины и находятся в свойстве «ибо желает милости (хафец хесед) Он»[471].

И говорится, что основа Храма, свойство Хохма, облачается в хасадим точки хирик, и благодаря этому строит Храм для ЗОН, чтобы обитать в нем, т.е. Хохма облачается свойством хасадим, а затем она передает их ЗОН, когда они облачены друг в друга. И тогда отстраиваются ЗОН, называемые мир, в свойстве «обитание Храма», и мохин восполняются во всей их полноте.

---

[471] Пророки, Миха, 7:18.

И это означает: «Вначале (берешит) создал (бара) Всесильный (Элоким)»⁶. Буквы слова «вначале (берешит בראשית)» составляют слова «Храм начала (бейт решит בית ראשית)». «Начало (решит ראשית)» – это Хохма. То есть, когда Малхут собирает в себе все эти мохин и становится «великим морем», чтобы вобрать все мохин, т.е. в свойстве точки шурук, и тогда называется эта Малхут началом (решит). А когда начало (решит), т.е. Хохма, облачается в хасадим, она называется Храмом начала (бейт решит). Ибо теперь она является Храмом для обитания. И это означает слово «вначале (берешит)» в отрывке «вначале (берешит) создал (бара) Всесильный (Элоким)»⁶.

301) Воды «застывшего моря», т.е. Малхут, вбирают все воды мира и собирают их в себе, и эти воды всё время перемещаются в нем в разных направлениях и втягиваются в него. И это происходит и образуется в Малхут от высшего свойства, т.е. Бины. Как сказано: «Из чрева кого (ми) вышел лед?»⁴⁷² – т.е., из Бины, называемой «ми», вышел лед в Малхут, и она стала «застывшим морем», воды которого застывают в нем с тем, чтобы вобрать другие воды. То есть, для застывших вод характерно образование многочисленных полых отверстий, и поэтому, если выливают на них воду, лед поглащает и принимает ее в себя, и таким образом, благодаря застыванию, становятся воды емкостью для получения других вод.

Объяснение. Зоар выясняет необходимость облачения Хохмы в хасадим. И здесь говорится о «застывшем море», воды которого вбирают все воды мира, собирая их внутри себя. И эти воды всё время перемещаются в нем в разных направлениях и вбираются им. Потому что в то время, когда Малхут получает Хохму в свойстве точки шурук и называется «морем», она становится тогда «застывшим морем». То есть, света застывают и задерживаются в ней и не передаются от нее наружу. И совершается в ней это исправление всё то время, когда Хохма еще без хасадим, и она причиняет вред нижним. И поэтому света застыли в ней и не передаются нижним.

Малхут становится «застывшим морем», когда света ее вбирают все света высшего мира, Бины, и собирают их в ней

---

[472] Писания, Йов, 38:29.

в то время, когда Бина возвращается в рош Арих Анпина и становится Хохмой. «Эти воды всё время перемещаются в нем в разных направлениях и вбираются им» – поскольку они не передаются за пределы ее, эти воды перемещаются всё время в ней в разных направлениях и, благодаря этому, они вбираются ею.

Объяснение. Далее объясняется, что благодаря силе южного ветра, т.е. хасадим, исходящим в силу точки хирик, тает лед в ней, и она снова превращается в воду и наполняет нижних. И вот тогда, после того, как она оказывается во власти южного ветра, Малхут уже больше не может получать Хохму, и тот свет Хохмы, которую она получила раньше, в то время, когда была застывшей, облачается теперь в свет хасадим, который она получает от южной стороны. И поэтому говорится, что свет Хохмы как бы движется в разных направлениях. То есть, сначала он направляется и приходит в Малхут, а затем, благодаря южному ветру, снова выходит из нее и возвращается к своему корню. Однако Малхут тем временем вбирает свет Хохмы, проходящий через нее.

И воды Хохмы перемещаются в разных направлениях. Потому что сначала они приходят в нее и застывают в ней, а затем снова выходят из нее благодаря южному ветру, но тем временем вбираются ею. Потому что вбирается ею свет Хохма, который она принимает в себя, и он остается в ней навсегда с того времени, как она застыла вместе с ним.

Сказано: «И это происходит и образуется в Малхут от высшего свойства» – свойства застывания и льда нисходят к Малхут от высшего свойства, от Бины. И это означает сказанное: «Из чрева кого (ми)» – т.е. из Бины, называемой «ми», «вышел лед?»

302) От этого льда застывшего моря могут течь воды только в час, когда сила южной стороны, т.е. правой, приходит к нему и берет его с собой. Тогда воды, которые застыли из-за северной стороны, т.е. левой, тают и нисходят благодаря южной стороне и передаются нижним. Сила южной стороны – это точка хирик, т.е. ступень хасадим, выходящая на экран первой стадии. И вследствие того, что она согласует хасадим правой линии, т.е. южной стороны, и ставит ее властвовать над левой линией,

северной стороной, поэтому считается силой южной стороны. И тогда сила южной стороны достигает этого льда, исходящего от северной стороны, от левой линии, и берет его с собой, т.е. включает его в себя. И поскольку левая линия включилась в правую, сразу же тает этот лед, и света нисходят к нижним.

От свойства северной стороны, от левой линии, застывают воды, а от свойства южной стороны, правой линии, они тают и начинают течь к нижним для того, чтобы напоить всех зверей полевых, т.е. те ступени, которые находятся вне пределов мира Ацилут, в мирах БЕА. И те, которые находятся в мирах БЕА, называются «горами разлучения»[473], т.е. горами разделения, потому что о мирах БЕА сказано: «И оттуда разделяется»[348]. То есть, все они будут напоены в час, когда южная сторона начинает соединяться с ним. И тогда воды нисходят, и благодаря той высшей силе, которая исходит от южной стороны, все они будут пребывать в великолепии и в радости.

303) Когда мысль поднимается и входит в желание от самого скрытого из всех скрытых, Арих Анпина, то выходит из этой мысли одна река. Бина называется мыслью, Малхут называется желанием. Река, которая берет начало и выходит из мысли – это три буквы ЭЛЕ, которые вышли за пределы мысли, называемой Элоким.

Когда Бина Арих Анпина, называемая «мысль», приняла в себя Малхут Арих Анпина, называемую «желание», и включилась в нее, вышла и отделилась от этой Бины одна река, т.е. три буквы ЭЛЕ (אלה) имени Элоким (אלהים) отделились от Бины и вышли, опустившись в место ЗОН. И в Бине остались только две буквы МИ (מי) от имени Элоким (אלהים) в ней[474].

И когда они сближаются друг с другом, т.е. эта река, буквы ЭЛЕ (אלה), снова сближается с буквами МИ (מי), оставшимися в мысли, то она снова восполняется в имени Элоким (אלהים) с помощью одной тропинки, неизвестной наверху и внизу, и становится здесь началом (решит) всего. Объяснение. Во время гадлута, когда свечение АБ САГ де-АК снова опускает Малхут

---

[473] Писания, Песнь песней, 2:17.
[474] См. «Предисловие книги Зоар», п. 13.

из мысли на свое место, тогда возвращаются буквы ЭЛЕ к мысли, и восполняется в ней имя Элоким, как и прежде[475].

Слово «берешит (בראשית вначале)» состоит из букв «бэт ב» и «решит (ראשית начало)», где «бэт ב» указывает на «просто царя», Малхут, которая установилась и получила совершенство от «начала (решит ראשית)», т.е. от Бины, называемой «мысль», и эти Малхут и Бина подобны друг другу, и поэтому находятся вместе в слове «вначале (берешит בראשית)», где «бэт ב» – это Малхут, а «начало (решит ראשית)» – это Бина.

304) «Создал Всесильный небо»[6] – означает, что извлек из себя голос. Иначе говоря, «Всесильный (Элоким)», Бина, создал и произвел «небо», т.е. Зеир Анпин, называемый «голос». И он называется звуком шофара[476]. Небо, Зеир Анпин, властвует над землей, благодаря силе мохин, называемых «жизнь высшего Царя». Свет Хохма называется жизнью. «Высший Царь» – это Бина, создавшая небо. И поэтому называются эти мохин жизнью высшего Царя. Как сказано: «Пока сын Ишая жив на земле»[477]. Потому что свечение Хохма, называемое жизнью, зависит от сына Ишая, т.е. от Малхут Давида, и благодаря ей он был правителем над всем. А земля, Малхут, получает от неба, как сказано: «Создал Всесильный небо и землю».

Объяснение. У Зеир Анпина есть два свойства Малхут:
1. Малхут от хазе Зеир Анпина и выше, Малхут Давида.
2. Малхут от хазе и ниже, называемая Рахель и называемая «земля».

И эти мохин Хохмы, называемые «жизнь высшего Царя», Зеир Анпин, называемый «небо», передает «земле», т.е. Нукве от хазе и ниже, однако они зависят от Малхут Давида, т.е. от Малхут, находящейся от хазе и выше. Потому что зивуг Зеир Анпина для получения мохин происходит с Малхут Давида, а после того, как они получены в Малхут Давида, он передает их «земле» – нижней Нукве.

---

[475] См. «Предисловие книги Зоар», п. 14.
[476] См. «Предисловие книги Зоар», п. 239, со слов: «Поэтому сказано...»
[477] Пророки, Шмуэль 1, 20:31.

Жизнь зависит от сына Ишая, от Малхут Давида, потому что в ней производится зивуг для получения этих мохин от Бины. А затем он передает их земле, и об этом сказано в отрывке: «Пока сын Ишая жив на земле»[477]. Это указывает, что жизнь, получаемая землей, нижней Нуквой Зеир Анпина, приходит от сына Ишая, т.е. Нуквы от хазе и выше. А «вав ו», добавленная к слову «эт את», как сказано: «И (ве-эт ואת) землю»[6], нужна для того, чтобы править и передавать питание земле, нижней Нукве. Потому что эта «вав ו» в словах «и (ве-эт ואת) землю» является свойством захар в Нукве, и наполнение питания она получает от этого свойства захар.

305) Сказано: «(Эт את) небо»[6]. И это общая сила двадцати двух букв, на которые указывает слово «эт את», т.е. от «алеф א» до «тав ת», которую произвел Всесильный (Элоким), Бина, и передал небу, Зеир Анпину. Объяснение. «Эт את» указывает на Нукву, потому что «эт את» означает совокупность двадцати двух букв от «алеф א» до «тав ת». А буквы – это келим, зависящие только от Нуквы, потому что свойства захара – это свет, а свойства нуквы – это келим.

«(Эт את) небо»[6] – это Нуква, расположенная в гуф Зеир Анпина от его хазе и выше, и Бина создала ее вместе с Зеир Анпином. Как сказано: «В венце (атара), которым украсила его мать (има)»[14]. И эта Нуква называется «венцом (атара)», которым украсила его Има, т.е. Бина. «(Эт את) небо» – это захар и нуква, чтобы включить их друг в друга и соединить их друг с другом, чтобы они существовали вместе в этих мохин, называемых «жизнь царя». А «просто царь», т.е. Нуква, будет получать питание от Зеир Анпина, называемого «небо».

«И (ве-эт ואת) землю»[6] – указывает на соединение захара и нуквы, которые утвердились в записанных буквах, потому что Нуква, расположенная от хазе и выше, на которую указывают слова «(эт את) небо», является только общей силой двадцати двух букв, которые еще не являются действующими буквами, поскольку находятся выше хазе. Однако Нуква, на которую указывают слова «и (ве-эт ואת) землю», это свойство двадцати двух букв, записанных непосредственно в действии, поскольку они находятся от хазе и ниже. Поэтому сказано, что они «утвердились в записанных буквах», т.е. непосредственно в действии.

Исправление нижнего мира производится высшим миром

«Жизнь царя» – это мохин свечения Хохма, исходящие от неба, Зеир Анпина. Однако небо притягивает ее только для того, чтобы дать жизнь земле и всем ее множествам. Иными словами, Зеир Анпин притягивает эти мохин не для себя, поскольку он исправлен мохин де-хасадим со стороны свойства «чистый воздух» высших Аба ве-Има, но он притягивает их только для Нуквы от хазе и ниже и для всех душ, исходящих от нее.

306) Высшее имя Элоким, Бина, создало небо и землю с помощью мохин существования, являющихся жизнью царя, и вывело их с помощью силы, имеющейся наверху, ГАР Бины, т.е. высших Аба ве-Има, называемых «началом всего». Иными словами, ГАР Бины, высшие Аба ве-Има, создали высшие небо и землю – большие ЗОН, т.е. свойство ЗОН от хазе и выше. И таким же образом опустились свойства высшего, т.е. Бины, вниз, к ее ЗАТ, ИШСУТ, когда она создавала нижние небо и землю – малые ЗОН, т.е. свойство ЗОН от хазе и ниже.

307) И всё это заключено в букве «бэт ב» слова «берешит (בראשית вначале)», которая указывает на Бину. И называется «бэт (два)», потому что два мира имеются в Бине – высшие Аба ве-Има, называемые высшим миром, и ИШСУТ, называемые нижним миром. И они создали миры, высший мир Бины создал высший мир де-ЗОН, а нижний мир Бины создал нижний мир. «Один похож на другой». «Один» – Аба ве-Има, «похож на другой» – ИШСУТ. «Один», парцуф Аба ве-Има, создал «небо и землю» – большие ЗОН. И «другой», парцуф ИШСУТ, создал «небо и землю» – малые ЗОН.

Поэтому буква «бэт» указывает на то, что два мира имеются в Бине – Аба ве-Има и ИШСУТ. Один произвел два мира – большие ЗОН, и другой произвел два мира – малые ЗОН. И все они вышли благодаря высшему началу (решит), т.е. благодаря Бине, вернувшейся в рош Арих Анпина и называемой высшим началом (решит).

308) Теперь выясняется различие между зивугом высшего мира Бины и зивугом нижнего мира Бины. И говорится, что высший мир опускается в нижний мир, чтобы создать нижний мир де-ЗОН – малые ЗОН. И он наполняется с помощью зивуга

Исправление нижнего мира производится высшим миром

высшего света, путем одной ступени, которая царит над ним, подобно высшей тропе, скрытой, утаенной и упрятанной.

Объяснение. Две Малхут называются «манула» и «мифтеха». В высших Абе ве-Име используется Малхут свойства «манула (замо́к)», т.е. она закрывает там зивуг свечения Хохмы так, чтобы «йуд י» не выходила из свойства «воздух (авир אויר)» Абы ве-Имы, и поэтому остаются Аба ве-Има в свойстве «чистый воздух», называемом укрытыми хасадим. И поэтому эта «манула» называется «тропой скрытой, утаенной и упрятанной».

А в ИШСУТ используется свойство «мифтеха (ключ)», поскольку она открывает в них мохин свечения Хохма, и тогда «йуд י» выходит из их свойства «воздух (авир אויר)» и становится свойством «свет (ор אור)»[478]. И поэтому называется Малхут парцуфа ИШСУТ путем или дорогой, потому что все мохин свечения Хохмы раскрываются в ней. И сказано: «Он (нижний мир) наполняется с помощью зивуга высшего света, путем одной ступени» – ступени «мифтеха», которая царит над нижним миром, т.е. ИШСУТ. То есть она царит в парцуфе ИШСУТ, «подобно высшей тропе, скрытой, утаенной и упрятанной», находящейся в Абе ве-Име.

Но только одна из этих ступеней является тонкой тропинкой, в парцуфе Аба ве-Има, а другая – путем, в парцуфе ИШСУТ. Та, что внизу, называется путем, как сказано: «Путь праведных – как светило лучезарное, светящее все сильнее, до полного дня»[479]. Ступень, относящаяся к высшим свойствам, к Абе ве-Име, называется тонкой тропинкой, как сказано: «Тропа, неведомая ястребу»[326] – т.е. там не происходит зивуга, называемого «знание». Поэтому сказано: «Тропа, неведомая ястребу» – потому что она неизвестна[480].

Сказано: «Дающий в море путь»[481] – это ИШСУТ, которые установились в Малхут свойства мифтеха (ключ), называе-

---

[478] См. «Предисловие книги Зоар», статью «Манула и мифтеха», п. 41, там эта тема подробно рассматривается (примечание Бааль Сулама).
[479] Писания, Притчи, 4:18.
[480] Прочитай внимательно статью «Манула и мифтеха» (примечание Бааль Сулама).
[481] Пророки, Йешаяу, 43:16.

Исправление нижнего мира производится высшим миром

мой «путь», «и в могучих водах – тропинку»[481] – т.е. парцуф Аба ве-Има, в котором установилась Малхут свойства манула (замо́к), называемая тропинкой или дорожкой. Потому что свойство захар манулы называется тропинкой, а свойство некева – дорожкой. И сказано: «В море путь Твой»[482] – это ИШСУТ, исправление которых производится в Малхут, относящейся к свойству «путь». «И тропа Твоя в водах великих»[482] – это Аба ве-Има, исправление которых производится в Малхут, относящейся к свойству «тонкая тропинка». И в то время, когда высший мир Бины включился в нижний мир и создал нижний мир ЗОН, малые ЗОН, они создаются в свойстве «мифтеха (ключ)», называемом путем или дорогой. И поэтому они тоже получают свечение Хохмы, так же, как и нижний мир Бины.

Когда высший мир Бины, т.е. Аба ве-Има, относящиеся к Малхут свойства манула (замо́к), называемой тропинкой или дорожкой, наполняется от зивуга высшего света, производимого на их Малхут, они беременеют от света так же, как нуква беременеет от захара, и производят и порождают двух детей как одно целое – захара и некеву, т.е. ЗОН. И они называются «небом и землей», подобно высшему миру Бины, парцуфу Аба ве-Има. Потому что и они (ЗОН) тоже установились в свойстве Малхут де-манула, как Аба ве-Има. И поэтому они тоже находятся в свойстве «укрытые хасадим».

Итак, выяснилось различие между высшими небом и землей, произошедшими от высшего мира Бины, и нижними небом и землей, произошедшими от нижнего мира Бины. Высшие (небо и земля) находятся только в свойстве «укрытые хасадим», потому что они установились в Малхут свойства манула (замка́), которая неизвестна, а нижние – в свойстве «открытые хасадим со свечением Хохма», потому что установились в Малхут свойства мифтеха (ключа), которая известна и называется «путь». И о ней сказано: «Путь праведных – как светило лучезарное, светящее все сильнее, до полного дня»[479].

309) От небесных вод питается земля, и эти воды входят в нее. То есть, как питание для существования земли, Нуквы, так и мужские воды для порождения душ, которые входят в нее в

---

[482] Писания, Псалмы, 77:20. «В море путь Твой, и тропа Твоя в водах великих, а следы Твои остались неведомы».

свойстве «семя, выстреливающее как стрела, порождает», и она получает от неба, Зеир Анпина, но только захар – высший, а нуква нижняя. Однако высшие воды, имеющиеся в земле, те, которые она получила от небес, являются свойствами зхарим (мужскими), а нижние воды, находящиеся в ней самой, являются свойствами некевот (женскими).

Нижние воды питаются от вод зхарим (мужских), т.е. высших вод, которые она получила от неба. А нижние воды, находящиеся в земле, взывают к высшим водам в небе, чтобы те наполнили их всем необходимым. Это подобно женщине (некева), открытой для получения от мужчины и устремляющей нижние воды в соответствии высшим водам, мужским (зхарим), для того, чтобы породить души. И нуква получает также питание от захара, потому что у некевы нет ничего своего, и как питание, т.е. наполнение для своего существования, так и порождение душ она получает от захара.

И поэтому сказано: «И (ве-эт ואת) землю»⁶, с дополнительной «вав ו» к слову «эт (את)», что указывает на свойство захар, имеющееся в земле. Есть свойства «захар» и «некева» у неба, считающиеся высшими небом и землей, и также свойства «захар» и «некева» у земли, считающиеся нижними небом и землей.

310) Сказано: «Вознесите ввысь глаза ваши и посмотрите, кто (МИ) создал их (ЭЛЕ)»[483]. Во всем действии начала творения отпечатались буквы, как в действии высшего, Бины, так и в действии нижнего, Малхут. А затем были записаны и завершены эти буквы. Бина называется Элоким (אלהים), и пять букв этого имени – это сфирот КАХАБ ТУМ. А когда Малхут поднимается в Бину Бины, под Хохму в ней, выходят Бина и ТУМ в ней за ее пределы, опускаясь в ЗОН. И остаются в Бине две сфиры, Кетер и Хохма, т.е. две буквы МИ (מי) имени Элоким (אלהים). А три ее сфиры, Бина и ТУМ, которые опустились из нее, это три буквы ЭЛЕ (אלה) имени Элоким (אלהים). И это означают слова: «Кто (МИ) создал их (ЭЛЕ)». Потому что «создал (бара)» означает – вывел наружу. И свойство МИ вывело буквы ЭЛЕ за пределы Бины. И этот вывод наружу считается образованием букв, т.е. келим.

---

[483] Пророки, Йешаяу, 40:26.

Исправление нижнего мира производится высшим миром

А затем Бина опустила Малхут на ее место, как и вначале, и вернула буквы ЭЛЕ (אלה) на свою ступень, и они снова соединились с буквами МИ (מי) в ней, и снова восполнилось святое имя Элоким (אלהים). И возвращение букв ЭЛЕ к имени Элоким считается записью букв, т.е. завершением их формы. Потому что сейчас они стали пригодными для получения всех мохин, поскольку, благодаря подъему Малхут в Бину, опустились буквы ЭЛЕ, выйдя за пределы Бины, что считается образованием букв.

Это образование происходит как в Бине, так и в Малхут. Поскольку так же, как буквы ЭЛЕ опустились из Бины, они опустились со всех ступеней, находящихся ниже Бины[484]. А затем были записаны и завершены эти буквы. А затем, когда вернула Бина буквы ЭЛЕ, и восполнилось имя Элоким, были записаны и завершены эти буквы, т.е. келим. И это называется записью, ибо раскрытие нынешних мохин происходит с помощью их начертания, произошедшего до этого. Поэтому считается, словно форма букв была начертана вначале, а потом произошла запись внутри начертаний этих записей, и они выполнили свое предназначение.

И произошло начертание букв в речении: «Вначале создал (берешит бара)»⁶. То есть в буквах «бэт ב» слова «берешит (בראשית вначале)» и слова «бара (ברא создал)». И эти две буквы «бэт ב» указывают на время катнута и на то, что это начертание произошло в Бине. Буква «алеф א» в начале слова Элоким (אלקים) и слова «эт את» является записью и завершением этих букв.

«Бэ-решит (בראשית)», «бэт ב» слова «берешит (בראשית вначале)» сотворила, конечно же, т.е. вывела наружу. «Бэт ב» вывела буквы ЭЛЕ наружу с помощью высшего мира, Бины, называемой Элоким, оставив в ней буквы МИ, а буквы ЭЛЕ в ней вывела наружу. Буква «бэт ב» – это некева, а буква «алеф א» – захар. Иначе говоря, буква «бэт ב» указывает на катнут, состояние ВАК без рош, считающееся некевой. А буква «алеф א» указывает на гадлут, на постижение ГАР, считающееся свойством захар, потому что захар указывает на совершенство, а некева – на отсутствие совершенства. И буква «бэт

---

[484] См. «Предисловие книги Зоар», п. 13, со слов: «Подъем точки...»

ב» в начале слов «берешит (בראשית вначале)» и «бара (ברא создал)» указывает на начертание букв, а буква «алеф א» в начале слов Элоким (אלקים) и «эт את» указывает на запись и завершение этих букв.

Так же, как буква «бэт ב» слова «берешит (בראשית вначале)» вывела наружу, с помощью высшей ступени, т.е. ступени Бины, которая осталась в состоянии ВАК без рош из-за того, что вывела буквы ЭЛЕ наружу, также и «алеф א» имени Элоким (אלקים) создала буквы «алеф-тав את (эт)», представляющие собой совокупность двадцати двух букв на ступени Бина, потому что в слове «эт את» имеются буквы «алеф-тав», указывающие на двадцать две буквы от «алеф א» до «тав ת». Объяснение. Потому что буква «бэт ב» в начале слов «берешит (בראשית вначале)» и «бара (ברא создал)» указывает на начертание букв, т.е. на опускание букв ЭЛЕ за пределы, и поэтому она осталась только с двумя буквами МИ, и это ВАК. «Алеф א» указывает на завершение букв, на возвращение букв ЭЛЕ на ступень.

И они присоединились к буквам МИ, и восполнилось имя Элоким. И слова: «Элоким эт» означают, что после того, как восполнилось имя Элоким, оно создало совокупность двадцати двух букв, на которые указывает слово «эт את», т.е. буквы от «алеф א» до «тав ת». И они означают келим и мохин де-ГАР, так же, как двадцать две буквы, представляющие собой келим, достаточные для выяснения с помощью них восполнения Хохмы. И говорится, что эти мохин, которые создала завершенная Бина, называемая Элоким, называются совокупностью двадцати двух букв. И они созданы внутри самой Бины, ибо так же, как Брия, т.е. начертание, было в Бине, называемой «решит (начало)», так же и завершение, на которое указывает «алеф א», тоже произошло в Бине.

Слово «небо (а-шамаим השמיים)» с буквой «хэй ה» указывает, что «хэй ה», т.е. Бина, которая завершилась, создала Зеир Анпин, называемый «небо», чтобы наполнить его жизнью и сделать его корнем. «Жизнь» означает мохин свечения Хохмы, потому что свет Хохма называется светом жизни. «И сделать его корнем» означает, что сам Зеир Анпин не нуждается в свечении Хохмы, так как он исправлен свойством «укрытые хасадим», но те мохин, которые укоренены в нем, нужны для передачи их Нукве. Поэтому сказано: «И сделать его корнем» – т.е. сделать его корнем для Нуквы.

311) «И (ве-эт ואת) землю»⁶. «Вав ו» слов «и (ве-эт ואת) землю», парцуф Зеир Анпин, создал землю, т.е. Нукву, чтобы давать ей питание и исправить ее, и дать ей всё необходимое, как и полагается ей. «Питание» означает наполнение для существования ее. «Исправить ее» – это исправление ее парцуфа, чтобы она находилась с ним «паним бе-паним». «И дать ей всё необходимое, как и полагается ей» – т.е. свечение Хохма.

«Вав ו» слов «и (ве-эт ואת) землю» указывает, что буква «вав ו», т.е. Зеир Анпин, взяла слово «эт את», означающее совокупность всех двадцати двух букв, от «алеф א» до «тав ת», и отдала их земле, Нукве. То есть, всю совокупность двадцати двух букв, которую Зеир Анпин получил от Бины, как сказано: «(Эт את) небо»⁶, он передал Нукве, земле. И эта земля, Нуква, включила их в себя, как сказано: «Все потоки стекаются в море»¹⁰⁸. Поэтому сказано: «И (ве-эт ואת) землю», потому что земля собрала всё внутри себя, и земля получила их.

Слово «эт את» указывает на мохин, которые Зеир Анпин, «небо», получил от Бины, и они называются реками. Как сказано: «Из реки в пути пить будет, поэтому поднимет голову»⁴⁶⁵. Это означает, что Зеир Анпин «пьет» от Есода Бины, называемого «река», эти мохин, и поэтому он «поднимает голову», т.е. постигает ГАР. И потому эти мохин называются реками. И сказано, что «все реки»¹⁰⁸, т.е. мохин, на которые указывает слово «эт את», «стекаются в море»¹⁰⁸ – в Нукву. Потому что Зеир Анпин с самого начала получил их лишь для того, чтобы передать Нукве. И сказано, что «"хэй" создала небо, чтобы наполнить его (Зеир Анпин) жизнью и сделать его корнем» – чтобы он стал корнем для Нуквы, но не для себя самого.

Поэтому сказано: «И (ве-эт ואת) землю», потому что можно было сказать: «И землю», без «эт את», и тогда на захара указывала бы буква «вав ו», а на нукву – слово «земля», без слова «эт את». Поэтому сказано, что «земля собрала всё внутри себя, и земля получила их». Потому что слово «эт את» указывает на совокупность всех мохин от «алеф א» до «тав ת». А слова «и (ве-эт ואת) землю» указывают, что земля собрала в себе и приняла в себя все мохин, на которые указывает слово «эт את» – т.е. небо и землю вместе. И также слова «(эт את) небо» указывают на небо и землю вместе.

ЗОН делятся в месте хазе. От хазе и выше – это большие ЗОН, а от хазе и ниже – это малые ЗОН. И также основа Зеир Анпина находится в месте от хазе и выше. Однако место от хазе и ниже считается его Нуквой. Таким образом, ЗОН от хазе и выше оба считаются самим Зеир Анпином, а ЗОН от хазе и ниже оба считаются самой Нуквой. «И (ве-эт ואת) землю» указывает только на Нукву, называемую землей, и в ней самой есть Зеир Анпин и Нуква, называемые «небо и земля», малые ЗОН, расположенные от хазе и ниже. И также слова «(эт את) небо» указывают на Зеир Анпина, свойство «небо», и в нем самом есть Зеир Анпин и Нуква, называемые «небо и земля», большие ЗОН, расположенные от хазе и выше.

312) И земля получила «ве-эт ואת» для того, чтобы получать питание от них, и поэтому у нее обязательно есть захар и нуква, где «вав ו» слова «ве-эт ואת» – это захар, потому что достижение получения происходит посредством соударений захара. Покров дыма находится на земле, Нукве. Когда пылающий огонь[485] нисходит и пробуждается от левой линии, он удерживается в Нукве, и она поднимает дым. Как сказано: «А гора Синай дымилась вся от того, что сошел на нее Творец в огне»[486]. Одно называется огнем, другое – дымом: если опускается сверху, называется огнем, а нижний, получающий его, становится дымом.

Сказано: «И (ве-эт ואת) гору дымящуюся»[487], потому что, когда огонь опускается вниз, дым и огонь удерживаются друг в друге. И тогда всё пребывает под властью левой стороны. Как сказано: «И рука Моя основала землю, а десница Моя распростерла небеса»[488]. «И рука Моя» – это левая рука, свойство «огонь и дым», «основала землю» – Нукву. «А десница Моя распростерла небеса» – а правая рука, хасадим, отмерила и создала «небеса», Зеир Анпин, силой правой линии высшего,

---

[485] Писания, Псалмы, 104:4.
[486] Тора, Шмот, 19:18.
[487] Тора, Шмот, 20:15.
[488] Пророки, Йешаяу, 48:13.

Исправление нижнего мира производится высшим миром

т.е. Бины. Потому что Зеир Анпин, небеса, получает хасадим от Бины. И подобно этому были созданы небеса, свойство захар, Зеир Анпин, от правой линии Бины, а нуква образовалась от левой линии Бины.

Поэтому нуква не может быть без захара, поскольку она является свойством «огонь и дым», относящимся к левой стороне, и нуждается в милосердии (хасадим) захара. И поэтому она считается свойством захар и нуква вместе, на что указывают слова «и (ве-эт ואת) землю»⁶. А в то время, когда нуква без захара, от нее исходят все виды наказаний в мире, поскольку она является свойством «огонь и дым», относящимся к левой стороне. И всё ее исправление заключается в том, чтобы она была соединена как одно целое с захаром, относящимся к свойству правой линии. И тогда нисходит от нее все благо миров.

313) «Вознесите ввысь глаза ваши»⁴⁸³. Бина называется высью, потому что до Бины поднимаются эти слова таким образом, что там нет вопроса. «Вопрос» означает подъем МАН для зивуга, подобно тому, как просят о дождях. И это начинается от Бины, так как она относится к свойству «познаваемый», однако выше нее, в Хохме, свойство «непознаваемый», потому что Хохма получила совершенство от Кетера, называемого «айн (неве́домый)», и поэтому она не устанавливается для вопроса, как он, поскольку он недоступен и глубок, и нет того, кто бы стоял над ним, чтобы постичь его.

Дело в том, что мохин исходят от зивуга на Малхут свойства «мифтеха (ключ)», которая исправлена в Бине, в ее ЗАТ, называемых ИШСУТ. И поэтому оттуда начинается вопрос, т.е. подъем МАН, для зивуга. И тогда выходит «йуд י» из их свойства «авир (אויר воздух)», и остается «ор (אור свет)». Однако выше нее, в Абе ве-Име, называемых Хохма и являющихся так же, как и Кетер, свойством ГАР, нет вопроса, поскольку они установлены в свойстве Малхут де-манула (замо́к), на которую не совершается зивуг⁴⁸⁹, и поэтому они относятся к свойству «непознаваемый» так же, как и Кетер Арих Анпина, называемый «айн (неве́домый)», от которого получают Аба ве-Има. И

---

⁴⁸⁹ См. «Предисловие книги Зоар», статья «Манула и мифтеха (замок и ключ)», пп. 41-44.

это свойство «чистого воздуха», потому что «йуд י» не выходит из их свойства «авир (אויר воздух)»[490].

И Кетер Арих Анпина называется «айн (неве́домый)» потому, что он слит с рош Атика. Ибо есть три рош, находящиеся один выше другого и один внутри другого. «Один выше другого» – это рош Атика. «Один внутри другого» – Хохма стимаа (скрытая Хохма) Арих Анпина, находящаяся внутри его Кетера. Таким образом, они представляют собой три рош, находящиеся один под другим:

первый рош – рош Атика,

второй рош – Кетер Арих Анпина, называемый «айн (неве́домый)», находящийся посередине между рош Атика и Хохма стимаа,

третий рош – Хохма стимаа Арих Анпина, называемая просто Арих Анпин.

После того, как распространился глубокий свет, т.е. Бина, о котором сказано: «Глубоко, глубоко – кто найдет его!»[491] Таким образом, свет ее устанавливается для вопроса, потому что он относится к свойству «познаваемый», хотя она еще остается скрытой более всех нижних, расположенных под ней. И из-за этого вопроса она называется МИ (кто), как сказано: «Кто (МИ) создал (бара) их (ЭЛЕ)?»[483]

314) И сказано: «Из чрева кого (МИ) вышел лёд?»[472] «Из чрева кого (МИ) » – это Бина, которая устанавливается для вопроса. И это выходит и образуется в Малхут от высшего – от Бины. То есть «застывшее море» выходит из высшего. Как сказано: «Из чрева кого (МИ) вышел лёд?» – имеется в виду ЗАТ Бины, ИШСУТ, называемые МИ в то время, когда они передают Хохму без хасадим, когда оно (это имя) в свойстве точки шурук. И из-за отсутствия хасадим застывают и замерзают нижние. Поэтому, хотя буквы ЭЛЕ (אלה) уже поднялись наверх, в Бину, всё же из-за того, что это наполнение замерзло, они не присоединяются для раскрытия имени Элоким (אלהים) в Бине, и она пока еще называется МИ (מי).

---

[490] См. выше, п. 4, со слов: «И так "начало (решит)" создало...», а также п. 2, со слов: «И тогда, вследствие...»

[491] Писания, Коэлет, 7:24.

Исправление нижнего мира производится высшим миром

Однако после того, как выходят хасадим и облачают Хохму, буквы МИ (מי) соединяются с буквами ЭЛЕ (אלה), и восполняется имя Элоким (אלהים). И она больше не называется МИ. И слова «из чрева кого (МИ) вышел лёд?» указывают на то, что только в то время, когда она передает Хохму без хасадим, в свойстве точки шурук, она называется МИ (מי), а не во время совершенства, когда она получает точку хирик, и Хохма облачается в хасадим. Поскольку тогда она называется Элоким (אלהים), а не МИ (מי).

И неверно спрашивать, что находится наверху, а что внизу, но надо спросить о месте, в котором они выходят, чтобы знать (его). Объяснение. Рассматриваются три точки при выходе мохин от Бины – холам, шурук, хирик. В точках холам и хирик нет вопроса, т.е. запрещено в них поднимать МАН, чтобы притягивать Хохму, но только в точке шурук, где находится место выхода Хохмы. «И неверно спрашивать, что находится наверху» – в точке холам, «а что внизу» – в точке хирик. «Но надо спросить о месте, в котором они выходят» – в точке шурук. Ибо тогда Бина находится в рош Арих Анпина и передает Хохму и считается местом выхода Хохмы.

Не имеется в виду привлечение Хохмы в точке шурук, ведь они не могут притянуть ее. Ибо всё застывает, превращаясь в лед. Ведь она при этом устанавливается для вопроса, но не для познания. И тогда, в точке шурук, наступает время поднять МАН и спросить о свечении Хохмы. Однако в это время невозможно ничего получить в силу замерзания. Но затем, в точке хирик, когда Хохма облачается в хасадим точки хирик, наступает время получения свечения Хохма. Таким образом, момент вопроса – в точке шурук, а момент получения – в точке хирик.

315) «Берешит (בראשית вначале)» состоит из «бэт ב»-«решит (ראשית начало)». И спрашивается, в слове «берешит (בראשית вначале)» – считается речением «решит (начало ראשית)» без «бэт ב», или считается речением «берешит (בראשית вначале)» с «бэт ב»? Однако прежде чем Малхут вышла из Бины, и сила ее распространилась, и всё пока еще скрыто в Бине, это состояние «берешит (בראשית вначале)», и оно является речением. Потому что «бэт ב» слова «берешит (בראשית вначале)» – это Малхут, которая поднялась в Бину, и говорилось

также, что «бэт ב» слова «берешит (בראשית вначале)» является свойством точки в Его чертоге.

«Бэт ב» слова «берешит (בראשית вначале)» указывает на подъем Малхут в Бину, при котором «йуд י» входит в «свет (ор אור)» Бины, и он становится «воздухом (авир אויר)». А «решит (начало ראשית)» указывает на Бину. И до выхода «йуд», Малхут, из света Бины, обе они называются «берешит (בראשית вначале)», и обе вместе являются речением. «Берешит (בראשית вначале)» вместе с «бэт ב» – речение, потому что речение означает – ступень, выходящая на зивуг де-акаа, когда губы соударяются. И поскольку зивуг де-акаа (ударное сочетание) совершается на «бэт ב» слова «берешит (בראשית вначале)», на Малхут, нельзя сказать, что только «решит (начало ראשית)», т.е. только Бина, является речением. Ведь зивуг де-акаа не был произведен на экран Бины.

А после того, как вышла «йуд י», Малхут, из свойства «воздух (авир אויר)» Бины, и распространились силы Бины, Бина называется «решит (начало ראשית)». И она сама по себе является речением, без «бэт ב», т.е. Малхут, поскольку та уже вышла из нее. И теперь она называется МИ, установившейся для вопроса, – та, которая создала ЭЛЕ. Говорится о свечении точки шурук, которая еще не называется Элоким, а только МИ. Потому что буквы ЭЛЕ, хотя и поднялись в Бину, всё же остаются скрытыми. И считается, словно они находятся вне Бины. И «создал» означает «скрытие»[492], то есть Бина в то время, когда называется МИ, скрывает буквы ЭЛЕ из-за отсутствия хасадим.

Затем, когда Бина распространяется и достигает совершенства, она становится морем. Иначе говоря, после того, как она облачилась в хасадим точки хирик, в результате чего соединяются буквы ЭЛЕ (אלה) с МИ (מי) и восполняется имя Элоким (אלהים), то буквы МИ (מי), после того, как они входят в имя Элоким (אלהים), становятся там буквами «йуд-мэм ים (ям море)». И тогда Бина созидает внизу, т.е. в Нукве, и делает в ней всё в точности таким же образом, как и наверху.

---

[492] См. «Предисловие книги Зоар», п. 45.

Исправление нижнего мира производится высшим миром

То есть так же, как последовательность выхода мохин наверху была в трех местах, в трех точках холам-шурук-хирик, так же произвела Бина мохин в Нукве согласно порядку этих трех точек, в соответствии друг другу и в подобии друг другу. И на них обеих указывает буква «бэт ב» в слове «берешит (בראשית вначале)». «В соответствии друг другу» – т.е. каждое свойство в Нукве получило от свойства, соответствующего ему в Бине. «В подобии друг другу» – т.е. мохин, на всю ту величину, на которую вышли в Бине, вышли также и в Нукве. И также во время пребывания в катнуте на них обеих указывает буква «бэт ב» слова «берешит (בראשית вначале)», точка в чертоге Его.

316) «Когда царь в окружении своем, мой нард источал аромат»[493]. «В окружении своем» – означает: находиться в нижней Малхут. «Царь», ИШСУТ, «в окружении своем» – в то время, когда облачается в Малхут и передает ей от соединения и наслаждения дружеской любви, имеющейся в высшем Эдене – в высших Абе ве-Име. И они получают от высших Абы ве-Имы с помощью скрытой и упрятанной и неизвестной тропинки, как сказано: «Тропа, неведомая ястребу»[326], и наполняются от них. И наполнение приходит через известные потоки ИШСУТ, называемые «путь» или «дорога».

И тогда «мой нард источал аромат» – т.е. нижняя Малхут. Потому что Он создал мир внизу, т.е. Малхут, подобный высшему миру, миру Бины, т.е. ИШСУТ, во всем, что получили от высшего Эдена, и поднимается высшее приятное благоухание от нижнего мира, чтобы править и действовать. И Малхут обретает силы, правит и светит высшим светом.

317) В двух свойствах создал мир, т.е. ЗОН – в правой и левой линиях шести высших дней, ХАГАТ НЕХИ Имы. Шесть дней, ХАГАТ НЕХИ Имы, были созданы, чтобы светить в ЗОН, в правой их линии, как сказано: «Ибо шесть дней»[494] – ХАГАТ НЕХИ Имы, «создавал Творец небо и землю»[494] – ЗОН. И благодаря этому получили ЗОН правую линию, имеющуюся в них.

---

[493] Писания, Песнь песней, 1:12.
[494] Тора, Шмот, 20:11.

Исправление нижнего мира производится высшим миром

Эти шесть высших дней прорыли пути и создали шестьдесят отверстий в великой бездне, т.е. в Есоде Имы. То есть свойство левой линии шести дней Имы, каждое из которых состоит из десяти, и поэтому они прорыли шестьдесят отверстий, и все они будут включены в Есод Имы. И эти шестьдесят отверстий нужны для того, чтобы ввести воды потоков в бездну, т.е. в Есод Нуквы Зеир Анпина, называемый просто «бездной». И вследствие этого получают ЗОН свойство левой линии от шести дней Имы, называемое водами потоков, как сказано: «Из реки в пути пить будет, поэтому поднимет голову»[465].

Вследствие того, что мир, т.е. ЗОН, пьют из высшего потока, левой линии Имы, через эти шестьдесят отверстий в ее Есоде, называемом великой бездной, «поэтому поднимет голову (рош)», т.е. постигнет ГАР Имы, называемые рош. Потому что левая линия Имы является теми келим, которые постигают ЗОН. И в этих келим они получают света ГАР от Имы. А если бы не было у них келим Имы, мир оставался бы в состоянии ВАК без рош. Поэтому сказано, что «шестьдесят отверстий бездны созданы от шести дней начала творения», от шести высших дней Имы, и они создали мир в мире. То есть, благодаря им они получили мохин де-ГАР от Имы, называемые миром в мире.

А земля была пустынна

318) «А земля была пустынна и хаотична»[29], – потому что горечь и негодное в несозревших на дереве плодах, которые закапывают, выходят из них только при подходящем для них впитывании землей[495]. И так же здесь, горечь и суровость судов Малхут выходят из нее только благодаря впитыванию Биной. И свойство суда в ней впитывается свойством милосердия Бины и подслащается.

Земля была сначала и не могла существовать, но «была пустынна и хаотична». Поэтому сказано «была», и это указывает на то, что она уже была до соединения Малхут с Биной. А затем Малхут, называемая мир, смогла существовать, потому что мир образовался с помощью печати сорока двух (мэм-бэт) букв и смог существовать. И все эти сорок две печати нужны для украшения святого имени, чтобы притягивать в них высшие мохин де-ГАР Имы, называемые «атарот (венцы)». Как сказано: «Выйдите и посмотрите, дочери Циона, на царя Шломо в венце (атара), которым украсила его мать»[14].

Объяснение. Основа сорокадвухбуквенного имени – это ГАР, находящиеся от хазе Арих Анпина и выше, и это:
- четыре буквы простого имени АВАЯ – Кетер,
- десять букв имени АВАЯ с наполнением – Хохма,
- двадцать восемь букв АВАЯ с наполнением наполнения – Бина.

Вместе сорок две (мэм-бэт) буквы, включающие три парцуфа – Атик, Арих Анпин, Аба ве-Има, расположенные от хазе Арих Анпина и выше. Однако от хазе Арих Анпина и ниже нет этого свойства «мэм-бэт (42)», потому что там находятся ВАК, а не ГАР. Однако есть в них сорокадвухбуквенное имя действия начала творения, в число которого входят тридцать два (ламэд-бэт) имени Элоким и десять речений, составляющих в гематрии «мэм-бэт (42)». И оно находится в ЗОН, расположенных от хазе Арих Анпина и ниже, в которых сорокадвухбуквенное имя отпечаталось вследствие взаимодействия Малхут с Биной.

---

[495] Мишна, раздел Зраим (посевы), трактат Маасрот, глава 4, мишна (закон) 1.

И тогда буквы ЭЛЕ опустились из Бины в ЗОН, т.е. стали готовыми благодаря этому получить мохин сорокадвухбуквенного имени от Бины, т.е. от Абы ве-Имы, и эта готовность называется печатью[496].

«Мир образовался с помощью печати сорока двух (мэм-бэт) букв и смог существовать». «Мир» – это Нуква, называемая «земля», которая до взаимодействия со свойством милосердия «была пустынна и хаотична»[29]. А затем было осуществлено взаимодействие со свойством милосердия и Малхут поднялась в Бину, благодаря чему отпечатались сорок две буквы, расположенные от хазе Арих Анпина и выше, в ЗОН, хотя сами они находятся ниже хазе, и тогда мир смог существовать. Потому что также и Малхут уже готова получать свойство ГАР, и все сорок две буквы, которые отпечатались в Малхут в силу этого взаимодействия, уже могут стать венцами (атарот) для святого имени, Малхут. Ибо после того, как буквы ЭЛЕ, упавшие в ЗОН, возвращаются в Бину, они поднимают с собой также и ЗОН в Бину, и ЗОН получают ГАР Бины, что и означает сказанное: «Венец (атара), которым украсила его мать»[14].

319) Когда сорок две буквы, которые отпечатались в Малхут, соединяются, чтобы стать именами, т.е. получают ГАР, тогда эти буквы поднимаются наверх, в имя «мэм-бэт (42)», имеющееся в Бине, и оттуда буквы опускаются вниз, в Нукву, называемую «мир». Когда они украшаются венцами (атарот) в четырех сторонах света, т.е. в сфирот ХУБ ТУМ, имеющихся в Малхут, то Нуква, называемая «мир», может существовать. Иначе говоря, когда она достигает получения от Бины этих венцов (атарот), т.е. ГАР, она с помощью них поддерживает существование жителей мира так, чтобы они стали достойны своего предназначения. И те мохин, которые Малхут получает, существуют в ней благодаря добрым деяниям жителей мира.

Оттиск и форма восприятия тех мохин, которые получила Малхут, словно печать перстня, когда отпечаток получает ту же форму, которая имеется в производящей его печати, и нет недостатка ни в чем. Подобно тому, как зарытые в землю (плоды) становятся пригодны в пищу лишь после впитывания (их горечи) землей. И также земля, т.е. Малхут, выполняет свое

---

[496] См. «Предисловие книги Зоар», обозрение Сулам, п. 4.

назначение, давать пропитание жителям мира, лишь после того, как поднимается в Бину и включается в нее. И включение Малхут в Бину напоминает печать и ее отпечаток, когда отпечаток достигает полного соответствия форме печати.

Здесь необходимо различать три особенности:
1. Образование формы печати, когда она еще не проявилась в материи.
2. Образование формы, когда она проявилась в материи печати.
3. Воск, получающий оттиск печати, когда форма печати передается ему.

И необходимо знать, что есть три вида сорокадвухбуквенного имени:

1. Первый вид сорокадвухбуквенного имени – это Аба ве-Има, расположенные от хазе Арих Анпина и выше и являющиеся основной формой сорокадвухбуквенного имени. И это – три АВАЯ, т.е. Кетер, Хохма, Бина, в которых есть сорок две буквы, но там нет никакой материи, способной оставить печать. И они называются Ацилут де-Ацилут.

2. Второй вид сорокадвухбуквенного имени – это ИШСУТ, расположенные от хазе Арих Анпина и ниже, до его табура, и они представляют собой материю, являющуюся носителем формы. И это Бина, которая вышла за пределы Арих Анпина и сократилась по причине падения ее букв ЭЛЕ в ЗОН. А во время гадлута она возвращает свои буквы ЭЛЕ к себе вместе с ЗОН, а сама снова поднимается в рош Арих Анпина и получает там Хохму, и отпечатывает в ЗОН свои мохин.

Поэтому считаются ИШСУТ, ЗАТ Бины, материей и формой печати, потому что именно они оставляют печать в ЗОН. Но высшие Аба ве-Има, являющиеся первым видом сорокадвухбуквенного имени, не сокращаются из-за выхода Бины из рош Арих Анпина и не становятся больше вследствие возвращения Бины в рош Арих Анпина. И считается, словно они всегда находятся в рош Арих Анпина и облачают пять сфирот Арих Анпина. Поэтому они считаются отвлеченной формой без материи. А затем ИШСУТ принимают отвлеченную форму Абы ве-Имы, облачающуюся в их материю. И они называются Брия де-Ацилут.

3. Третий вид сорокадвухбуквенного имени – это ЗОН, находящиеся ниже табура Арих Анпина, и на них запечатлевается форма печати, т.е. ИШСУТ. И они подобны воску, получающему оттиск печати, и называются Ецира де-Ацилут.

Есть сорокадвухбуквенное имя в виде печати с записью, оставленной на воске. И есть сорокадвухбуквенное имя с образом царя, вырезанным на печати. А есть сорокадвухбуквенное имя, являющееся истинной формой, т.е. в виде отвлеченном, без материи. Сорокадвухбуквенное имя с формой без материи – это четыре буквы простого имени АВАЯ «йуд-хэй» «вав-хэй». И десять букв имени АВАЯ с наполнением: «**йуд**-вав-далет» «**хэй**-алеф» «**вав**-алеф-вав» «**хэй**-алеф». И двадцать восемь букв имени АВАЯ наполнения с наполнением: «**йуд**-вав-далет» «**вав**-алеф-вав» «**далет**-ламэд-тав», «**хэй**-алеф» «**алеф**-ламэд-фэй», «**вав**-алеф-вав» «**алеф**-ламэд-фэй» «**вав**-алеф-вав», «**хэй**-алеф» «**алеф**-ламэд-фэй». Вместе – сорок две буквы. И это – первый вид сорокадвухбуквенного имени, т.е. Аба ве-Има, расположенные от хазе Арих Анпина и выше, свойство Ацилут мира Ацилут.

Сорокадвухбуквенное имя в виде формы, вырезанной на материи печати – «Эке ашер Эке (Я буду таким, как Я буду)»[497], и два имени Эке (אהי) – в гематрии «мэм-бэт (42)». И это второй вид сорокадвухбуквенного имени – ИШСУТ, расположенный от хазе Арих Анпина до его табура, свойство Брия мира Ацилут.

Форма «мэм-бэт», отпечатанная на воске, это семь имен, состоящие из начальных букв молитвы «А́на бе-хо́ах»[498]: «Молим: силой (а́на бе-хо́ах אנא בכח) могучей десницы Своей развяжи путы», и в каждом из имен содержится шесть букв, и это – сорок две буквы, «алеф-бэт-гимель-йуд-тав-цади», «куф-рэйш-айн-шин-тэт-нун» и т.д. Сорокадвухбуквенное имя молитвы «А́на бе-хо́ах» – это сорокадвухбуквенное имя действия начала творения, в которое входят тридцать два (ламэд-бэт) имени Элоким и десять речений. И это третий вид сорокадвухбуквенного имени – большие ЗОН, являющиеся свойством Ецира мира Ацилут.

---

[497] Тора, Шмот, 3:14.
[498] Молитва, относящаяся к порядку ежедневных жертвоприношений.

Вошла и вышла каждая из сорока двух букв, и мир был сотворен. Потому что вначале Бина была целиком в рош Арих Анпина, и была полностью в сорока двух буквах. А когда Малхут вошла в рош Арих Анпина вместо Бины, а Бина вышла из рош Арих Анпина, то ЗАТ Бины, ИШСУТ, расположенные от хазе Арих Анпина до его табура, и их буквы ЭЛЕ, упали в ЗОН, и Бина осталась в состоянии ВАК без рош. И тогда считается, что каждая буква из сорока двух букв, которые были у Бины и являлись свойством ГАР, вышли теперь из нее и отпечатались в ЗОН.

Потому что ЗОН, которые приняли буквы ЭЛЕ Бины, приняли также эти сорок две буквы, и благодаря им Малхут стала способной принять ГАР. И это считается сотворением мира таким образом, чтобы он мог существовать. И хотя у нее еще нет мохин, всё же, поскольку она приняла буквы ЭЛЕ, у нее есть келим для мохин де-ГАР.

Вошли буквы сорокадвухбуквенного имени в печать, т.е. в Бину, и буквы соединились, чтобы стать святыми именами, т.е. получили мохин. И тогда получает их также и Малхут. И тогда Малхут, называемая мир, может существовать. Объяснение. Во время гадлута Бина возвращает свои буквы ЭЛЕ со ступени ЗОН на свою ступень. И также ЗОН, слитые с ними, поднимаются вместе с ними. А сама Бина поднимается в рош Арих Анпина и снова становится печатью сорокадвухбуквенного имени, т.е. сорокадвухбуквенным именем второго вида, в котором имя Эке повторяется дважды, составляя в гематрии «мэм-бэт (42)».

А затем она отмечает этой печатью Малхут, которая поднялась вместе с ней. И тогда Малхут становится сорокадвухбуквенным именем третьего вида, в которое входят тридцать два (ламэд-бэт) имени Элоким и десять речений. И тогда может существовать мир, потому что она постигла мохин де-ГАР, являющиеся питанием мира.

320) Был нанесен удар посохом большого чудовища, и сорок две буквы вошли на тысячу пятьсот локтей под Нукву свойства прах. Потому что вначале, во время первого сокращения, удержание клипот было только в Малхут, но не выше Малхут. Но, когда Малхут поднялась в Бину, и половина ступени, т.е. буквы ЭЛЕ, сфирот Бина и ТУМ, опустились под Малхут, сила

сокращения в Малхут становится властвующей также над Биной и ТУМ, находящимися под ней.

Таким образом, сорок две буквы являются тремя первыми сфирот Кетер-Хохма-Бина, нисходящими от Абы ве-Имы, которые находятся выше хазе. А сфирот Аба ве-Има исчисляются в тысячах, и поэтому эти сорок две буквы имеют числовое значение «три тысячи». Поэтому считается, что во время подъема Малхут в Бину и отделения половины ступени и выхода ее вниз половина ступени «мэм-бэт» опустилась вниз, под Малхут, которая поднялась. И это – пятнадцать сотен (1500). Таким образом, пятнадцать сотен остались наверху, в свойстве букв МИ, а пятнадцать сотен опустились под Малхут, в свойства букв ЭЛЕ.

Посохом большого чудовища был произведен удар по сорока двум буквам, т.е. в силу подъема Малхут в Бину, когда половина ступени вышла под Малхут. И вошли сорок две эти буквы на тысячу пятьсот локтей под Нукву свойства прах, и поэтому удерживается в них клипа большого чудовища, ибо из-за того, что половина ступени «мэм-бэт», т.е. тысяча пятьсот локтей, опустились под Нукву свойства прах, т.е. Малхут, которая поднялась выше них, сила клипы, которая удерживается с самого начала только в Малхут, теперь удерживается в этих тысяче пятистах локтях под Малхут.

А затем в великой бездне начала подниматься тьма, и эта тьма покрыла всё. Сокращение, произошедшее в половине ступени Бины из-за того, что она опустилась под Малхут, называется великой бездной. А во время гадлута, когда Бина возвращается в рош Арих Анпина, и возвращает буквы ЭЛЕ на свою ступень, великая бездна в них поднимается и подслащается в Бине. И уходит из них сила сокращения, однако образуется в них тьма из-за отсутствия хасадим в рош Арих Анпина, который полностью является свойством Хохма. А ЗАТ не могут получить Хохму без облачения хасадим. И поэтому, хотя буквы ЭЛЕ поднялись на ступень Бины, они там остались без света, и тьма покрыла всё.

Иными словами, образовалась тьма как со стороны хасадим, так и со стороны Хохмы. Потому что даже ту Хохму, которая находится в Арих Анпине, они не могут получить, поскольку это Хохма без хасадим. И это свечение называется точкой шурук. Пока не выходит свет, рассекая тьму, и появляется и светит в совершенстве. Как сказано: «Раскрывает скрытое из тьмы»[499]. Объяснение. Происходит зивуг на экран точки хирик, экран первой стадии, уровень которого ВАК. Таким образом, этот зивуг снова разделяет ступень надвое, и поэтому сказано: «Рассекает тьму».

Однако Хохма при этом облачается в хасадим, и выходит свет и светит в совершенстве, но только в свойстве ВАК де-ГАР, потому что ГАР де-ГАР скрылся вследствие этого зивуга экрана точки хирик, так как это первая стадия экрана. Вследствие этого получается, что воды, т.е. мохин, которые были притянуты сейчас, взвешиваются на весах, как величина «тысяча пятьсот», только ВАК де-ГАР, половина ступени, а не полная ступень.

321) Пальцами возлагаются три капли на весы. Половина из них – для существования, а половина – входят вниз. Потому что в руке есть три части. Часть, соединенная с плечом – это НЕХИ, предплечье – ХАГАТ, пальцы – ХАБАД. Две части, называемые «рука (яд)», считаются ВАК, а пальцы – это ГАР. И поскольку речь здесь идет о сорокадвухбуквенном имени, представляющем собой три первые сфиры (ГАР), КАХАБ, и поэтому говорится, что они возлагаются пальцами, поскольку они являются свойством ГАР. И это – три тысячи.

Во время подъема Малхут в Бину, которая разделилась на две половины МИ ЭЛЕ, половина из них, т.е. МИ – для существования, остались на ступени, а половина, ЭЛЕ, перешли вниз, т.е. вышли и опустились на ступень ЗОН. Поэтому считается, словно они возложены на две чаши весов, МИ – на правую чашу, ЭЛЕ – на левую чашу. Одни поднимаются, другие опускаются. Затем, когда буквы ЭЛЕ, возложенные на левую чашу, поднимаются и соединяются с Биной в свойстве точки шурук, буквы МИ опускаются, т.е. исчезает их свет, и наступает тьма.

После того, как буквы ЭЛЕ поднимаются при вознесении руки, весы устанавливаются прямо, когда буквы МИ и буквы ЭЛЕ, и те, и другие находятся наверху и светят в совершенстве.

---

[499] Писания, Йов, 12:22.

Вознесение руки означает – с помощью точки хирик, выходящей на экран первой стадии и притягивающей ступень ВАК, на которую указывают две части руки без пальцев. И тогда облачается Хохма в хасадим, и оба они светят в равной мере, и больше не противостоят друг другу.

И больше не отклоняется ни вправо, ни влево, потому что в точке холам отклонялся вправо, к хасадим без Хохмы, а в точке шурук отклонялся влево, к Хохме без хасадим. Однако теперь, в точке хирик, правая и левая линии облачаются друг в друга, и считается, что она больше не отклоняется только к правой или к левой линии, как раньше, потому что они состоят друг из друга.

Как сказано: «Кто (МИ) отмерил воды горстью своей?»[84] МИ – это Бина, «отмерил» – с помощью зивуга, который произвела Бина на экран точки хирик, она отмерила ВАК де-ГАР, и скрыла ГАР де-ГАР. И это указывает на воды, мохин, которые были притянуты сейчас и взвешены на весах, в мере «тысяча пятьсот», являющейся половиной ступени.

322) Всё было скрыто в земле, и не раскрывалось в ней ничего. И сила ее и мощь, и света, называемые «воды», были застывшими в ней и не изливались и не распространялись.

Объяснение. До сих пор разъяснялся выход мохин в Бине, а сейчас они выясняются в Малхут, в то время, когда она получила печать Бины. И говорится, что при выходе мохин в точке шурук, прежде чем они облачились в хасадим, были скрыты все света в земле, Малхут, и застыли в ней, т.е. не могли распространиться в ней и светить.

Пока не протянулся к ней свет из точки хирик, сверху, из Бины. И свет произвел удар по восприятию, и раскрылись силы ее. Восприятие – это мохин де-шурук, которые она получает от Бины, и из-за них она закрылась и застыла. И когда нисходит к ней свет точки хирик, он производит удар по этим мохин, т.е. отменяет власть их, чтобы они не властвовали в одиночку, но только посредством облачения в хасадим.

И тогда раскрываются силы, заключенные в Малхут, выходя из застывания своего. Как сказано: «И сказал Всесильный:

"Да будет свет!" И появился свет»¹⁰. «Да будет» указывает на то, что благодаря свету точки хирик снова начал светить в ней первый свет, который был в ней до этого, то есть до застывания и скрытия. Потому что свет Хохма снова стал светить в ней, и теперь он не замораживает ее, поскольку облачается в хасадим.

323) И отсюда, от света точки хирик, выходят и раскрываются все силы и могущество (гвурот) в Малхут. И земля, Малхут, получает подслащение, и проявляет затем, в третий день, свои силы. После того, как свет начал светить в Малхут, и, опустившись, стал светить в мире, распространился свет Его от края мира до края. Когда посмотрел Творец на грешников мира, что им предстоит согрешить под воздействием этого света, спрятал Он этот свет, и свет скрылся и светит только путем скрытых тропинок, которые не раскрываются.

Три буквы слова «тов (хорошо)»

324) «И увидел Всесильный (Элоким) свет, что он хорош»[45]. Любой сон, который должен разрешиться в виде «что он хорош», указывает, что «мир ему наверху и внизу». То есть, в высшем мире, в котором нет никого, обвиняющего его, и в нижнем мире. Каждый видит знаки во сне своем в соответствии путям и деяниям своим. Если он видел «тэт ט» во сне своем, то хорошо ему, и хорошо сну его, потому что в Торе начинается написание буквы «тэт ט» со слов «что он хорош (ки тов כי טוב)»[45], а до этого нет в Торе буквы «тэт ט». И это указывает на свет, который светил от края мира и до края его, поэтому «тэт ט» относится к свойству «хороший (тов טוב)», а «он хорош» означает – свечение, светящее во всем совершенстве.

325) Буква «тэт ט» является девятой по отношению ко всему, т.е. Есодом, девятым в десяти сфирот, и это буква, светящая благодаря высшему, называемому «начало (решит)». И она включилась в него – в Арих Анпин, называемый «решит», поскольку он является первым парцуфом, несущим в себе точку свойства «мифтеха (ключ)», и над этой точкой раскрываются все мохин. И после того, как «тэт» получает от Арих Анпина, называемого началом (решит), она сама светит в точке свойства «мифтеха», и также все мохин, раскрывающиеся благодаря ей.

И в силу скрытия, имеющегося в свойстве «мифтеха», происходит вхождение буквы «йуд י» в «свет (ор אור)», и образуется свойство «воздух (авир אויר)», и это – одна точка. То есть «йуд י», которая входит в «свет (ор אור)» ИШСУТ, и они становятся свойством «воздух (авир אויר)», образовалась из точки «мифтеха (ключ)». А вторая точка, «манула (замок)», не раскрыта в ней. Поэтому во время гадлута выходит «йуд י» из свойства «воздух (авир אויר)», и ИШСУТ снова становятся «светом (ор אור)». Однако, если бы и вторая точка, «манула (замок)», была соединена с «йуд י», то «йуд י» не смогла бы выйти из «воздуха (авир אויר)», как это происходит в Аба ве-Има. И это – одна точка, потому что не соединилась с ней вторая точка, «манула».

«Вав ו», Зеир Анпин, вышел благодаря «тэт ט». Пока завершается Зеир Анпин, называемый «небо», он создается в свойстве одной точки, «манула (замок)», и она скрыта внутри него. А затем начала светить в нем вторая точка, исходящая от «тэт ט» – «мифтеха». Объяснение. Зеир Анпин, называемый «вав ו» имени АВАЯ (הויה) и называемый «небо», вышел благодаря «тэт ט», т.е. из точки свойства «мифтеха (ключ)». Однако вначале Зеир Анпин установился в одной точке, называемой «манула (замок)». А после того, как завершился, т.е. в точке хазе Зеир Анпина, где завершается парцуф большой Зеир Анпин, благодаря «тэт ט», скрывается там эта точка свойства «манула (замок)», и он нисходит от хазе Зеир Анпина и ниже в свечении второй точки – точки «мифтеха», таким образом, что окончание парцуфа Зеир Анпина от хазе и выше находится в точке «манула (замок)», а окончание парцуфа Зеир Анпина от хазе и ниже, малого Зеир Анпина, находится в точке «мифтеха (ключ)».

От Зеир Анпина происходят две Нуквы, высшая, над хазе, и нижняя, под хазе. Высшая скрылась, поскольку она исходит от точки «манула (замок)», имеющейся в Зеир Анпине, а нижняя открылась в двух точках – «манула» и «мифтеха», однако она устанавливается только в силу высшей точки, т.е. свойства «мифтеха (ключ)», а точка свойства «манула (замок)» скрыта в ней и не видна, и поэтому раскрываются в ней мохин.

326) И это означает «тов (хорошо טוב)» – т.е. три буквы «тэт ט» «вав ו» «бэт ב». «Тэт ט» – это Есод ИШСУТа, «вав ו» – Зеир Анпин, «бэт ב» – две Нуквы, высшая и нижняя. Эти три буквы слова «тов (хорошо טוב)» включились затем в «праведника – основу (есод) мира»[500], который включает всё, как наверху, так и внизу, т.е. Есод Зеир Анпина, включающий три эти свойства. Как сказано: «Прославляйте праведника, ибо совершает добро (тов)»[501]. Потому что праведник, Есод, называется так потому, что три свойства высшего света, на которые указывают буквы «тэт ט» «вав ו» «бэт ב», включены в него.

---

[500] Писания, Притчи, 10:25.
[501] Пророки, Йешаяу, 3:10.

Сказано: «Добр Творец ко всем»[502]. Слова «ко всем (ле-коль)», не объясняющие, к кому Он добр, используются, чтобы указать на единый день, светящий всем, и это – Есод, день шестой, поскольку он включает все пять дней, и поэтому Есод называется всем (коль), и сказано: «Добр Творец ко всем (ле-коль)», потому что Добрый светит в Есоде.

---

[502] Писания, Псалмы, 145:9.

Исправление ЗОН «паним бе-паним»

327) «Вначале (берешит) создал (бара) Всесильный (Элоким)»[6]. «Вначале (берешит)», как сказано: «От начатков (решит) теста вашего»[503], и это высшая Хохма, называемая «решит (начало)». Так же, как «решит» в сказанном: «От начатков (решит) теста вашего» является высшей Хохмой, так же и «решит» в сказанном здесь является высшей Хохмой, и это – Бина, которая снова стала Хохмой.

«Бэт ב» слова «берешит (בראשית вначале)» указывает на обитель мира, Нукву Зеир Анпина, которая во время получения мохин Хохмы становится обителью для поселения мира[504]. «Для орошения ее» – т.е. она получает мохин от той реки, которая входит в нее. Как сказано: «Река вытекает из Эдена, чтобы орошать сад»[348]. «Река» – собрание всего из глубин высшего, воды которого никогда не прекращаются, «чтобы орошать сад».

«Река» – это ИШСУТ, «вытекает из Эдена» – т.е. Арих Анпин, называемый Эден, выводит ее за пределы своего рош, и делает это для того, «чтобы орошать сад» – чтобы ИШСУТ орошал этот сад, т.е. Нукву Зеир Анпина. Поскольку без выхода ИШСУТ у Нуквы не было бы никаких мохин, и ИШСУТ не получают мохин непосредственно от Арих Анпина, а только через высшие Аба ве-Има, называемые «глубинами высшего», и зивуг их никогда не прекращается.

328) «Глубины высшего» – это первый Храм, Аба ве-Има, и буквы, т.е. келим, заканчиваются одной тонкой тропинкой, скрытой в них. Объяснение. Это два экрана – «манула (замок)» и «мифтеха (ключ)». Аба ве-Има оканчиваются экраном свойства «манула», и этот экран относится к свойству «непознаваемый». И поэтому Аба ве-Има называются «глубиной высшего». Однако ИШСУТ, ЗАТ Бины, оканчивается экраном свойства «мифтеха», и поэтому относится к свойству «познаваемый».

---

[503] Тора, Бемидбар, 15:20. «От начатков теста вашего возносите халу – так же как возношение с гумна, возносите ее».
[504] См. п. 7, со слова: «Объяснение».

Из этих глубин выходят две силы – большие ЗОН и малые ЗОН. «(Эт) небо» – это большие ЗОН, оканчивающиеся свойством «манула». «И (ве-эт) землю» – это малые ЗОН, оканчивающиеся свойством «мифтеха». Сказано не просто «небо (шамаим שמים)», а «небо (а-шамаим השמים)» с «хэй ה», и эта «хэй ה» указывает, что «небо (а-шамаим השמים)» выходит из этих глубин, скрытых от всего, из свойства «тонкой тропинки» в Аба ве-Има, называемого «манула». Слова «и (ве-эт) землю» указывают, что эта река, ИШСУТ, произвела землю, малые ЗОН, потому что Аба ве-Има произвели «небо» – большие ЗОН, а ИШСУТ произвели «землю» – малые ЗОН.

329) Однако вначале земля была включена в небо. «И вышли небо и земля, как одно целое» – слитые друг с другом свойствами «ахораим», «когда засияло начало всего» – когда Нуква получила мохин Хохмы, называемые «начало всего», «тогда небо» – Зеир Анпин, «взяло Нукву и вернуло ее на свое место».

Объяснение. В начале выхода Нуквы она была слита с Зеир Анпином, и они оба светили одним светом хасадим. И поскольку они совпадали по форме, без отличия друг от друга, считаются слитыми друг с другом. Потому что слияние духовных объектов – это совпадение по форме. И место этого слияния находилось в свойстве «ахор (обратная сторона)» Зеир Анпина, от хазе Зеир Анпина и ниже, где находятся его келим де-ахораим (обратной стороны). Потому что свойства от хазе каждого парцуфа и выше считаются келим де-паним (лицевой стороны), а свойства от хазе и ниже каждого парцуфа считаются келим де-ахораим (обратной стороны)[505].

А затем, когда засияло «начало всего», т.е. когда Нуква получила мохин Хохмы, называемые «начало всего», считается тогда, что Нуква отделена от Зеир Анпина, т.е. они отделились друг от друга, потому что сейчас есть различие по форме между Зеир Анпином и Нуквой, так как Зеир Анпин светит светом хасадим, а Нуква светит светом Хохма. Потому что разделением духовных объектов является не что иное, как отличие по форме.

---

[505] См. «Введение в науку Каббала», п. 76.

Исправление ЗОН «паним бе-паним»

И тогда небо, Зеир Анпин, взяло Нукву и вернуло ее на свое место, так как она отделилась от него, и дал ей Зеир Анпин свое собственное место. Как сказано: «И (ве-эт) землю». «Ве-эт ואת» указывает на все двадцать две буквы от «алеф א» до «тав ת», составляющих слово «эт את». Это указывает на то, что она отделилась от Зеир Анпина и сама достигла отдельных своих келим. Потому что все двадцать две буквы являются келим парцуфа, и вся Хохма выясняется согласно двадцати двум этим буквам, и не требуется более.

330) Когда земля вернулась к пребыванию на своем месте и отделилась от свойства ахораим Зеир Анпина, называемого «небо», «земля была пустынна и хаотична»[29], чтобы вернуться к слиянию с небом в единое целое, как и прежде. Потому что земля видела, что небо светится, а она померкла. Объяснение. Когда она отделилась от Зеир Анпина из-за света Хохма, полученного от ИШСУТ вследствие того, что ИШСУТ поднялся в рош Арих Анпина и стал Хохмой, и передал ее Нукве, Хохма у нее была без хасадим, потому что Арих Анпин полностью является Хохмой, и ЗАТ не могут получить Хохму без хасадим. И потому померкла Нуква и желала снова слиться с Зеир Анпином в его свойстве ахораим, чтобы, несмотря ни на что, светить в свойстве хасадим, как и Зеир Анпин.

И тьма в Нукве продолжалась до тех пор, пока не появился высший свет и не протянулся к ней, озарив ее. И тогда она вернулась к созерцанию неба, Зеир Анпина, «паним бе-паним (досл. лицом к лицу)». И тогда исправляется земля, Нуква, и получает подслащение от судов, которые были в ней, т.е. снова поднимается в ибур (зарождение) к Аба ве-Има, и постигает от них мохин де-паним[506].

331) Теперь выясняется, как Нуква получает высший свет, о котором упоминалось. И говорит, что свет выходит в правой стороне, потому что он принимается Зеир Анпином, являющимся правой стороной. А тьма остается в левой стороне, в Нукве. И Зеир Анпин отделяет затем тьму от света, чтобы они включились друг в друга. И тогда, в результате этого отделения, Нуква получает свет от Зеир Анпина, как сказано: «И отделил Всесильный свет от тьмы»[45]. То есть, благодаря этому

---

[506] См. п. 113, со слов: «В состоянии "два великих светила"...»

отделению, «день» и «ночь» произвели зивуг и стали единым днем, как сказано: «И назвал Всесильный свет днем, а тьму назвал ночью, и был вечер, и было утро – день один»[46].

Сказанное: «И отделил Всесильный свет от тьмы»[45] не является настоящим отделением, т.е. разделением между светом и тьмой, но это означает, что день исходит со стороны света, т.е. с правой, а ночь исходит со стороны тьмы, с левой. И когда они вышли и правили как одно целое, разделил Он их, и это отделение было со стороны Зеир Анпина, для того, чтобы прийти к созерцанию «паним бе-паним (лицом к лицу)», и слиться друг с другом, чтобы прийти к окончательному единству. И это разделение в способе свечения является пробуждением разных сторон любви и благосклонности и становлением мира, потому что способствует совершению зивуга для становления мира[507].

332) Зеир Анпин называется днем, и поэтому сказано, что назвал Он свет днем. А Нукву назвал Он ночью, как сказано: «И назвал Всесильный свет днем, а тьму назвал ночью»[46]. Что означает тьма в словах: «А тьму назвал ночью»[46]? И говорится, что это тьма, которая удерживается в ночи, у которой вообще нет собственного света. То есть ночь, Нуква, не имеет ничего своего, и даже тьма, удерживающаяся в ней, не является ее собственной, а тьмой, исходящей к ней от Имы, т.е. от ее левой стороны, называемой точкой шурук парцуфа ИШСУТ. И хотя эта тьма исходит от стороны огня, являющегося тьмой, все же она не принадлежит самой Нукве, потому что нет у нее ничего своего.

Однако тьма продолжается до тех пор, пока не начнет светить со стороны наполнения дня, т.е. пока не получит хасадим от Зеир Анпина, называемого «день», и тогда свет Хохмы облачается в свет хасадим. Таким образом день, Зеир Анпин, светит ночи, Нукве, но ночь не начинает светить сама с помощью наполнения дня до момента окончательного исправления, о котором сказано: «И ночь будет светить как день»[508].

---

[507] См. выше, п. 53.
[508] Писания, Псалмы, 139:12.

Голос Творца – над водами

333) Рабби Эльазар поторопился вначале и объяснил сказанное: «Голос Творца – над водами»[36], что «голос Творца»[36] – это высший голос, назначенный править над водами. Объяснение. Зеир Анпин называется «голос», и когда он поднимается в Бину и с помощью экрана точки хирик согласует там точку холам, правую линию, и точку шурук, левую, то называется Зеир Анпин высшим голосом. И он является повелителем над водами, мохин, потому что благодаря этому согласованию, которое он производит между правой и левой линиями Бины, восполняя там имя Элоким, удостаивается также и он мохин этих трех точек. И они передаются оттуда в его ХАГАТ, от ХАГАТ – в НЕХИ, а от НЕХИ – в Нукву. Поэтому высший голос, имеющийся в Бине, называется поставленным над всеми мохин – ведь он является их корнем.

Эти воды, являющиеся мохин, нисходят от ступени к ступени: от ступени Бины – к ступени Зеир Анпина, от ступени ХАГАТ Зеир Анпина – к ступени его НЕХИ, пока эти мохин не собираются в одно место, его Есод, в едином соединении. Потому что Есод включает в себя все эти ступени, и поэтому называется «всё (коль)». Этот высший голос посылает эти воды своим путем – к каждой сфире согласно ее пути, подобно садовнику, ответственному за колодец с водой, чтобы посылать ее в каждое место соответственно ему. Так же «голос Творца»[36] правит «над водами»[36] – мохин.

334) Сказано: «Творец (Эль) величия прогремел»[36]. Ведь Эль – это имя милосердия (хесед), а «прогремел» – это деяние могущества (гвура). Как такое может быть? Сказано: «Гром могущества Его кто постигнет?»[509] – это свойство, раскрывающееся вследствие постижения грома могущества и являющееся следствием его, т.е. «Творец (Эль) величия»[36] – это милосердие (хесед), раскрывающееся благодаря могуществу (гвура), «как преимущество света, раскрывающегося из тьмы»[510]. И поэтому сказано: «Творец величия прогремел»[36]. Потому что Он раскрылся вследствие того, что прогремел могуществом (гвура).

---

[509] Писания, Йов, 26:14.
[510] Писания, Коэлет, 2:13.

Другое объяснение. «Творец (Эль) величия прогремел»[36] – это правая линия, Хесед, из которой образуется Гвура. Потому что сфирот выходят и образуются одна из другой. И тогда «Творец (Эль) величия»[36] – это Хесед, «прогремел»[36] – образовал свойство Гвура (могущество), которое символизируется громом.

«Творец – над водами великими»[36]. «Творец» – это раскрытие высшей Хохмы, называемой «йуд», т.е. мохин высших Абы ве-Имы. «Над водами великими»[36] – означает, что Он раскрывается над той скрытой глубиной, которая исходит от Него, как сказано: «Тропа Твоя – в водах великих»[482], и это свойство экрана точки «манула (замок)».

Пояснение сказанного. Есть два вида включения правой и левой линии друг в друга:
1. После того, как средняя линия согласовывает их на ступени хасадим, выходящей на экран точки хирик, и они включаются друг в друга, Хохма левой линии в хасадим правой, и также хасадим в Хохму, усиливается правая линия, и остаются мохин хасадим правой линии.
2. После того, как линии включились друг в друга, остается свечение их обеих, и тогда есть хасадим и Хохма в правой линии, и также хасадим и Хохма в левой.

И знай, что включение первого вида – это мохин де-нешама, а включение второго вида – мохин де-хая.

И объяснение рабби Эльазара относится к включению первого вида. И сказанное: «Творец (Эль) величия прогремел»[36] – это свойство, раскрывающееся вследствие постижения грома могущества и являющееся следствием его. Ибо после того, как они включились друг в друга с помощью высшего голоса, усиливается правая линия. И поэтому заканчивает (свое объяснение) так: «Над водами великими» – означает, что Он раскрывается над той скрытой глубиной, которая исходит от Него, как сказано: «Тропа Твоя – в водах великих»[482].

Потому что ступень хасадим, исходящая от экрана точки хирик, который согласует линии и включает их друг в друга, выходит на экран «тонкой тропинки» в Зеир Анпине, нисходящей к нему из высшей Хохмы, т.е. высших Абы ве-Имы. Поэтому есть сила у его света хасадим преодолеть левую линию и остаться парцуфом, в котором преобладают только хасадим. Таким образом, это объяснение указывает на первый вид включения.

Поэтому сказано: «Рабби Эльазар поторопился вначале и объяснил». «Вначале» – прежде чем удостоился мохин де-хая, являющихся включением второго вида. «Поторопился и объяснил» – истолковал эти отрывки только с точки зрения первого вида включения, представляющего собой мохин де-нешама. А дальше приводится объяснение рабби Шимона, уже с точки зрения второго вида включения, представляющего собой мохин де-хая.

Против обрамления

335) Рабби Шимон выяснил включение двух линий, правой и левой, которые находились в разногласии, как сказано: «Против обрамления должны быть кольца»[511]. Обрамление – это закрытое место, раскрывающееся только лишь с помощью одной тонкой тропинки, которая познается в нем скрыто, и благодаря ее силе наполняется светом. И указал сроки зажигания свечей. И поскольку это место тайное и скрытое, оно называется обрамлением, и это – будущий мир, потому что будущий мир называется обрамлением.

Высшие Аба ве-Има называются грядущим будущим, а ИШСУТ называются будущим миром. А в отношении мохин точки шурук, являющихся свечением Хохма, ИШСУТ называются обрамлением, потому что тогда скрываются света и не светят в нем. И это означают слова «закрытое место», т.е. во время свечения точки шурук, которая не может светить в свете Хохма из-за отсутствия хасадим, «раскрывающееся только лишь с помощью одной тонкой тропинки» – и света ее раскрываются только лишь с выходом ступени хасадим вследствие зивуга на экран точки хирик, т.е. экран свойства «манула (замо́к)», называемый тонкой тропинкой.

Эта ступень хасадим является согласующей линией, которая объединяет две линии друг с другом, и тогда Хохма облачается в хасадим. Но поскольку ступень хасадим выходит на этот экран по тоненькой тропинке, это приводит к тому, что свечение Хохма познается в них скрыто, т.е. снизу вверх, в свойстве ВАК де-ГАР, а не сверху вниз, в свойстве ГАР де-ГАР. Поэтому ИШСУТ и после включения Хохмы в хасадим называются обрамлением, потому что света его не светят так, как могли бы светить.

336) «Должны быть кольца»[511]. Это высшие кольца, ХАГАТ, расположенные выше хазе Зеир Анпина, включенные друг в друга, свойства вода, огонь и воздух, и это – сфирот Хесед, Гвура и Тиферет Зеир Анпина. И когда они получают мохин, то включают в себя друг друга. Вода, Хесед, включает в себя

---

[511] Тора, Шмот, 25:27.

Против обрамления

воздух, Тиферет. Воздух – огонь, Гвуру. И огонь – воду. И все они соединяются друг с другом и выходят друг из друга, подобно кольцам.

Объяснение. Мохин высших Абы ве-Имы называются чистым кольцом. И ХАГАТ Зеир Анпина, поскольку они соединены и выходят друг из друга, подобны кольцам, свойству мохин Аба ве-Има. То есть они не раскрываются посредством включения друг в друга, но после включения их друг в друга усиливается власть Хеседа над ними, и они подобны кольцам, т.е. мохин Абы ве-Имы, представляющим собой укрытые хасадим. Поэтому называются также и ХАГАТ Зеир Анпина кольцами. И слова «должны быть кольца» указывают на ХАГАТ Зеир Анпина.

И все эти кольца обращены к этому обрамлению, т.е. ИШСУТ, и там постигается высшая по отношению к ним река, чтобы орошать их, – «река вытекает из Эдена»[348], т.е. ИШСУТ. И они включаются в нее. Объяснение. Когда эти кольца, ХАГАТ Зеир Анпина, сами по себе, они обращены к высшим Абе ве-Име и получают от них укрытые хасадим, и поэтому они называются кольцами. Но в то время, когда эти кольца хотят передать свечение Хохмы свойствам НЕХИ, находящимся ниже хазе, они обращены к обрамлению, т.е. к ИШСУТ, включающим свойство «река вытекает из Эдена», передающая свечение Хохмы, и в них «йуд י» выходит из свойства «воздух (אויר)», и остается «свет (ор אור)». И эта река орошает их свечением Хохма, а они передают НЕХИ.

337) Сказано: «Против обрамления должны быть кольца вместилищем для шестов, на которых носят стол»[511]. Потому что те высшие кольца, которые находятся выше хазе Зеир Анпина, становятся теперь вместилищем и местом для шестов, т.е. для НЕХИ, расположенных ниже хазе Зеир Анпина. То есть НЕХИ получают от них мохин свечения Хохма, называемые вместилище (байт), как сказано: «Мудростью устраивается Храм (байт)»[16]. И считается, что кольца стали вместилищем для шестов, т.е. для НЕХИ, расположенных ниже хазе, но не для самих себя, ибо, когда они сами по себе, то не являются свойством вместилище, а кольцами. То есть, они находятся только в свойстве мохин укрытых хасадим, называемых кольцами.

И сказано: «Против обрамления должны быть кольца вместилищем для шестов» – т.е. в то время, когда кольца хотят стать «вместилищем для шестов», чтобы передавать им Хохму, «должны быть кольца» «против обрамления», чтобы получать от ИШСУТ, называемых «обрамление», в которых содержится свечение Хохмы. И тогда кольца преобразятся во вместилища для шестов, НЕХИ.

Шесты – это нижнее строение (меркава), поскольку они исходят от высшего строения, ХАГАТ, называемых вода, огонь, воздух. Левая линия шестов, Ход, исходит со стороны огня высшего строения – сфиры Гвура. Правая линия шестов, Нецах, исходит со стороны воды высшего строения – сфиры Хесед. Средняя линия шестов, Есод, исходит со стороны воздуха высшего строения – сфиры Тиферет. И всё, что есть в высшем строении, нисходит к нижнему строению для того, чтобы шесты стали строением для ковчега свидетельства, в котором обитает Шхина.

И поэтому всякий, кто приблизится к этим шестам, т.е. НЕХИ, расположенным от хазе и ниже, а не к тому, что находится перед ними, – т.е. чтобы не приближались к притяжению мохин от ХАГАТ, находящихся выше хазе Зеир Анпина. «Ты должен идти, – говорят назиру (давшему обет), – обходя кругом виноградник, и не приближаться к нему»[512]. Кроме тех, кто достоин выполнять служение внутри, чья душа расположена от хазе и выше Зеир Анпина. Им дано право войти для выполнения служения и приближаться. И поэтому сказано: «Посторонний же, который приблизится, предан будет смерти»[513].

Выяснился второй вид включения двух линий друг в друга, когда остается свечение их обеих, т.е. только в месте НЕХИ, называемых шестами, получающими от ИШСУТ через кольца. Так рабби Шимон выясняет это разногласие, потому что, когда устанавливается свечение их обеих, считается, что он уладил разногласие и установил мир между ними. Однако рабби Эльазар, установивший только свечение правой, считается, что еще не уладил это разногласие как подобает.

---

[512] Вавилонский Талмуд, трактат Шаббат, лист 13:1.
[513] Тора, Бемидбар, 1:51.

Бэт решит

338) Букву «бэт ב» слова «берешит (בראשית вначале)» принято писать большой. Но что такое шесть дней начала творения? Сказано: «Кедры Леванона, которые насадил Он»⁴⁶³. Так же, как эти кедры выходят из Леванона, так же шесть дней начала творения выходят из «берешит (בראשית вначале)». «Берешит (בראשית вначале)» – это Хохма. А шесть дней «берешит (начала творения)» – это ХАГАТ НЕХИ Зеир Анпина, выходящие из Хохмы, называемой «решит (ראשית начало)».

339) Эти шесть высших дней начала творения разъясняет Писание: «Тебе, Творец, величие»⁵¹⁴ – т.е. Хесед, «и могущество (Гвура), и великолепие (Тиферет), и вечность (Нецах), и красота (Ход), ибо всё – на небе и на земле»⁵¹⁴. «Всё» – это праведник, т.е. Есод. Ясно, что Писание разъясняет шесть сфирот ХАГАТ НЕХИ. «На небе» – это Тиферет, «и на земле» – это Кнессет Исраэль, Малхут. Таким образом, слова «на небе и на земле» означают, что основа (есод) мира, Есод Зеир Анпина, называемый «всё», находится в свойстве Тиферет, «небо», и в свойстве «земля», называемом Кнессет Исраэль, Малхут.

340) Поэтому сказано о Хохме «берешит בראשית», что это буквы «бэт-решит ב׳ ראשית». «Бэт ב» – потому, что Хохма является второй из десяти сфирот и называется «решит (ראשית начало)». На самом деле, высший скрытый Кетер является первой из десяти сфирот, но поскольку Кетер не принимается в расчет этих сфирот, поэтому вторая сфира, Хохма, считается «началом (решит)». И в расчет сфирот Кетер не принимается потому, что в Атике, являющемся Кетером, еще властвует первое сокращение, а десять сфирот относятся ко второму сокращению. И несмотря на то, что он находится как в свойстве «разделенный», так и «не разделенный», т.е. установился также и во втором сокращении, но это было ради Арих Анпина, Хохмы, и поэтому Атик считается как АК и не соединяется со сфирот мира исправления, полностью относящимися ко второму сокращению. И сфирот начинаются с Хохмы, Арих Анпина, или с Бины, которая становится Хохмой.

---

⁵¹⁴ Писания, Диврей а-ямим 1, 29:11.

Ибо после того, как Хохма Арих Анпина скрылась и не передается Ацилуту, используется Бина вместо нее. Поэтому сказано о ней «бэт-решит בְּ׳ רֵאשִׁית». «Бэт ב» – потому, что она вторая в создании десяти сфирот. И «решит (רֵאשִׁית начало)» – потому, что она начало расчета после того, как Кетер не входит в расчет.

И кроме того, так же как высшая Хохма является началом (решит רֵאשִׁית), так же и нижняя Хохма считается началом (решит רֵאשִׁית). Потому что от высшей Хохмы до Малхут, являющейся нижней Хохмой, нет во всех сфирот того, кто бы взял себе свечение Хохма, и поэтому не надо отделять «бэт ב» от «решит רֵאשִׁית». Эта «бэт ב» указывает на Малхут, нижнюю Хохму, и поскольку нет никакой сфиры между ними, получающей Хохму, должны Малхут и «решит רֵאשִׁית» находиться вместе, и это – «берешит בְּרֵאשִׁית».

341) «Берешит (בְּרֵאשִׁית вначале)» считается одним из десяти речений. Шесть дней исходят от речения «берешит (בְּרֵאשִׁית вначале)» и включаются в него. «Речение» означает – совершенная ступень в свойстве ГАР. Как же «берешит (вначале)» считается речением, если буквы его «бара шит ברא שית (досл. создал шесть)» указывают на то, что это ВАК, без ГАР? И ответ на это: на самом деле оно является полным речением, а указывает оно на ВАК потому, что шесть дней ХАГАТ НЕХИ Зеир Анпина вышли из него и поэтому включены в него. И те, которые включены в него, называются шестью, и на них указывают буквы в нем «бара шит ברא שית (создал шесть)», так же, как и те шесть Зеир Анпина, которые вышли из него. И на шесть (сфирот) Зеир Анпина, произведенных им в свойстве «ашер אשר»[515], вышедшем из «берешит (בְּרֵאשִׁית вначале)», указывают содержащиеся в нем буквы «бара шит ברא שית (создал шесть)», однако сам он является полным речением.

342) «Создал (бара) Всесильный (Элоким)»[6] так же, как и сказанное: «Река вытекает из Эдена, чтобы орошать сад»[348]. Потому что «сотворил (бара)» соответствует выражению «вывел наружу», и поэтому сказано: «Река вытекает из Эдена». Потому что «сотворил (бара)» означает, что Он вывел Бину за пределы рош Арих Анпина, называемого «решит (начало)», и на

---

[515] См. выше, п.6.

этот выход указывают слова «река вытекает из Эдена», так как «река» – это Бина, а «Эден» – это Хохма. И вследствие подъема Малхут в рош Арих Анпина вышла эта «река» за пределы Хохмы, «чтобы орошать сад», Малхут, и поддерживать ее существование, и смотреть за ней, обеспечивая ее всем необходимым.

«Орошать» означает наполнять мохин свечения Хохма, называемыми «питье», как сказано: «Ешьте, родные! Пейте до упоения, возлюбленные!»[516]. «Поддерживать существование» означает – облачение Хохмы в хасадим, благодаря чему мохин могут существовать. «Смотреть за ней, обеспечивая ее всем необходимым» – т.е. привести ее к окончательному исправлению. Поскольку без выхода реки за пределы Эдена Малхут не смогла бы получить никаких мохин, и уж тем более, не пришла бы к своему окончательному исправлению. Потому что благодаря получаемым ею мохин она постепенно приходит к концу исправления.

«Вначале (берешит) создал (бара) Всесильный (Элоким)»[6]. Элоким – это Бина, называемая «Создатель жизни (Элоким хаим)», когда она возвращается в Хохму. Потому что «вначале (берешит) создал (бара) Всесильный (Элоким)» имеет значение – лишь с помощью этой реки, где «создал (бара)» означает выход этой реки из Эдена. Элоким означает – возвращение реки в Эден. Потому что при выходе реки из Эдена упали буквы ЭЛЕ вниз. А теперь, после того, как она возвращает ее буквы ЭЛЕ к себе, она возвращается в рош Арих Анпина и становится Хохмой. А затем она облачает Хохму в хасадим, и тогда присоединяются буквы ЭЛЕ (אלה) к буквам МИ (מי), и восполняется в Бине имя Элоким (אלהים). И называется «Элоким хаим (Создатель жизни)», поскольку она находится в свойстве Хохма, называемом светом хая, чтобы произвести и создать всё и оросить всё, наполняя всё мохин Хохма, называемыми питьем.

343) «(Эт) небо» указывает на соединение захара и нуквы. «Эт» – нуква, «небо» – захар. И это – большие ЗОН. Затем, благодаря соединению больших ЗОН, создается мир внизу, называемый «малые ЗОН», от хазе Зеир Анпина и ниже. И ему, нижнему миру, Он дал совершенство всего – мохин свечения

---

[516] Писания, Песнь песней, 5:1.

Хохмы, передаваемого только малым ЗОН, находящимся ниже хазе.

«(Эт) небо» – означает, что «небо», Зеир Анпин, создал свою Нукву, называемую «эт», благодаря силе, полученной им от Создателя жизни (Элоким хаим), т.е. Бины, после того, как «начало (решит)», Арих Анпин, создал Бину в имени «Элоким хаим».

344) После того, как «Элоким хаим» создал всё, все парцуфы мира Ацилут, и всё устанавливается и соединяется как одно целое, последняя буква становится первой, т.е. последний парцуф мира Ацилут, Нуква, становится первой, получившей мохин де-Хохма, называемые «решит (начало)». Однако парцуфы, предшествовавшие ей, получают не для себя эти мохин, а только, чтобы передать Нукве. И благодаря этому началу (решит), Нукве, создал Он высшие света, т.е. свечение Хохма, и она начала светить свечением Хохма, и воды, свойство хасадим, начинают от нее простираться вниз для получения нижними, потому что они могут получать только от Нуквы.

По всем этим причинам, Нуква тоже называется началом (решит). И поэтому с помощью этого начала (решит), Хохмы, конечно, сотворил (бара) Всесильный (Элоким) всё. Потому что с помощью нее Он сотворил нижний мир, Нукву Зеир Анпина, называемую началом (решит) так же, как и она. Благодаря ей, Нукве Зеир Анпина, Он извлек и раскрыл света Хохмы, благодаря ей Он дал силы всем ступеням, потому что свет Хохма является жизнью всех ступеней.

345) Поэтому сказано: «Будет ли хвалиться топор перед рубящим им?»[517] Кому хвала, как не мастеру, умеющему рубить?! Так же и с помощью «начала (решит)» создал высший Элоким, Бина, «небо». Кому принадлежит хвала? Хвала принадлежит Всесильному (Элоким), т.е. Бине. Все восславление, вышедшее в действии начала творения в ЗОН мира Ацилут и в нижних мирах БЕА, относится к одной лишь Бине. Потому что с помощью букв ЭЛЕ, которые она опустила из себя вниз во время состояния катнут и вернула в состоянии гадлут, были произведены небо и земля, т.е. ЗОН с мирами БЕА и всем их

---

[517] Пророки, Йешаяу, 10:15.

наполняющим. А если бы она не опустила свои буквы ЭЛЕ, не существовало бы всей этой действительности.

346) Сказано: «Ибо кто такой народ великий, к которому Всесильный (Элоким) были бы так близки?»[518] Почему сказано «близки» во множественном числе, ведь следовало сказать «близок» – в единственном? Но есть высший Элоким – Бина, Элоким страха Ицхака – Гвура Зеир Анпина, тоже называемая Элоким, и последний Элоким – Нуква Зеир Анпина, тоже называемая Элоким. Потому что имя Элоким Бины распространяется и светит над Гвурой и над Малхут, и поэтому сказано «близки», во множественном числе.

И много видов Гвуры называются именем Элоким, представляя собой сто двадцать сочетаний Элоким, исходящих от одного имени Элоким – Бины. И все эти имена Элоким являются одним, т.е. все они являются распространением высшего имени Элоким, Бины.

347) Слова «вначале (берешит) создал (бара)» указывают на Кетер и Хохму, «Всесильный (Элоким)» – на Бину, «эт» – на величие и Гвуру, «небо» – это Тиферет, «и (ве-эт)» – указывает на НЕХИ, «землю» – на Малхут. Все десять сфирот косвенно указаны в первом изречении Торы.

---

[518] Тора, Дварим, 4:7.

Скрытый свет

348) «И сказал Всесильный: "Да будет свет!"»[10] Это свет, который Творец создал вначале – свет глаз, свет, который Творец показал Адаму Ришону, и благодаря ему тот видел от края мира и до края, свет, который показал Творец Давиду, и тот восхвалил его, говоря: «Как велико благо Твое, которое хранишь ты для боящихся Тебя»[519]. И это свет, который Творец показал Моше, и благодаря ему он видел от Гилада до Дана – всю землю Исраэля.

349) И в час, когда увидел Творец, что встанет три поколения грешников, – поколение Эноша, поколение потопа, поколение раздора, – Он спрятал свет, чтобы эти грешники не могли воспользоваться им. И дал Творец этот свет Моше, и тот пользовался им те три месяца, которые остались у него от дней его зарождения, потому что родился он в шесть месяцев и один день. И у него осталось три месяца, до полных девяти месяцев зарождения, в которые он не находился в зарождении. Поэтому сказано: «И скрывала она его три месяца»[520].

Мы видим из сказанного мудрецами[521]: египтяне думали, что она родит как обычно – по истечении девяти месяцев. Поэтому они не искали Моше до наступления девяти месяцев, и она могла скрывать его. Потому что у каждого человека во время его зарождения «зажжена свеча над головой его, он смотрит и видит от края мира и до края»[522]. Но Моше отличало то, что даже после того, как он родился на свет, Творец дал ему этот свет – т.е. только то время, которое должен был находиться в стадии зарождения. И это «три месяца»[520] – от шести месяцев и одного дня до завершения девяти месяцев. Однако по окончании девяти месяцев, Творец забрал у него этот свет.

350) А по истечении этих трех месяцев, когда у него ничего уже не осталось от дней зарождения его, он предстал пред лицом фараона. То есть дочь фараона нашла его «у берега

---

[519] Писания, Псалмы, 31:20.
[520] Тора, Шмот, 2:2.
[521] Вавилонский Талмуд, трактат Сота, лист 12:2.
[522] Вавилонский Талмуд, трактат Нида, лист 30:2.

реки»[523], и принесла его фараону. Тогда Творец забрал у него этот свет до тех пор, пока он не предстал на горе Синай для получения Торы, и там Творец вернул ему этот свет. И он пользовался этим светом все свои дни, и сыновья Исраэля не могли приблизиться к нему, пока он не прикрывал лицо свое, как сказано: «И боялись приближаться к нему»[524]. И он окутывался светом, словно талитом, о чем говорится в псалме: «Окутался светом, как мантией»[9].

351) «"Да будет свет!" И появился свет»[10]. Все, о чем сказано: «И появился», имеет место как в этом мире, так и в будущем мире. Два мира – это Бина и Малхут. Бина называется будущим миром, а Малхут – этим миром. И всё, предшествующее по свойству, считается также предшествующим по времени. И будущий мир поэтому считается предшествующим свойством, т.е. прошедшим временем, поскольку Бина предшествует Малхут. А этот мир считается последующим свойством, т.е. будущим временем, поскольку Малхут следует после Бины.

У слов «и появился (ва-ейи ויהי)» есть два значения. Потому что «будет (ейи יהי)» означает будущее время, а «вав ו» в начале слова превращает его время в прошедшее. И поэтому есть в нем оба, прошедшее и будущее, и это – будущий мир и этот мир. И поэтому говорится: «Все, о чем сказано: "И появился", имеет место как в этом мире, так и в будущем мире» – потому что оба они подразумеваются в словах «и появился (ва-ейи ויהי)».

Свет, который создал Творец в действии начала творения, светил от края мира и до края. И он был скрыт.

352) Какова причина того, что свет был скрыт? Для того, чтобы грешники мира не наслаждались им. И миры тоже не наслаждаются светом из-за этих грешников. И он скрыт, чтобы дать его праведникам, как сказано: «Свет посеян для праведника»[525]. И тогда миры получат подслащение благодаря раскрытию этого света, и станут все они одним целым. А до того

---

[523] Тора, Шмот, 2:3.
[524] Тора, Шмот, 34:30.
[525] Писания, Псалмы, 97:11.

дня, как раскроется Бина, называемая будущим миром, этот свет скрыт и упрятан.

353) Этот свет, раскрывающийся от будущего мира, выходит из тьмы, т.е. устанавливается в печатях самого скрытого из всего – в печатях, содержащихся в Бине, называемой будущим миром, в свойстве точки «шурук», содержащейся в ней. Потому что в то время, когда Бина поднимается и объединяется с рош Арих Анпина, в котором Хохма находится без хасадим, устанавливается тьма в ЗАТ Бины. Потому что ЗАТ Бины, являющиеся включением ЗОН в Бину, так как основа их происходит от хасадим, не могут получить свет Хохмы без облачения хасадим, и тогда устанавливается в них тьма. До тех пор, пока не образуется в них одна скрытая тропинка, идущая от укрытого света к тьме, установившейся внизу, называемая экраном точки хирик, и тогда воцаряется в нем свет, т.е. раскрывается в мирах свет, который был укрыт.

Объяснение. В Бине выходит ступень хасадим на экран первой стадии, имеющийся в ЗОН, поднявшихся в Бину. И тогда облачается Хохма в хасадим и может светить, и этот экран, имеющийся в ЗОН, находится в Нукве, потому что она несет в себе экран Зеир Анпина. Таким образом, благодаря экрану Нуквы, мохин начали светить в Бине, поскольку без ступени хасадим, которая вышла на ее экран, Бина оставалась бы во тьме из-за действия точки шурук.

Поэтому считается здесь, что экран Нуквы отпечатался, и образовалась тропинка, выходящая от скрытого в Бине света, к тьме, имеющейся в самой Нукве. И благодаря этой тропинке, протягивается свет от Бины к Нукве, потому что нижний, вызвавший совершенство у высшего, удостаивается той же меры совершенства, которую вызвал у высшего.

Этот свет, раскрывающийся от будущего мира, устанавливается в печатях самого скрытого из всего, пока из скрытого света, светящего в Бине, он, отпечатавшись, нисходит по одной скрытой тропинке. То есть этот свет нисходит, проходя по тропинке, которая устанавливается с помощью экрана точки хирик Нуквы, к тьме, находящейся внизу – т.е. к тьме самой Нуквы. А от Нуквы этот свет раскрывается во всех мирах. И

Скрытый свет

тьма, находящаяся внизу, – это тьма, называемая ночью, Нуква Зеир Анпина.

354) И на основании этого объяснили значение сказанного: «Раскрывает скрытое из тьмы»[499]. Если это означает, что от скрывающей тьмы, от тьмы Бины, раскрывается скрытое, ведь мы видим, что все высшие кетеры, находящиеся в Бине, скрыты. И поэтому Писание называет их «скрытое». В таком случае, что означает: «Раскрывает скрытое»? Ведь они вовсе не раскрываются? Однако, все высшие скрытые свойства раскрываются только из этой тьмы, ночи, Нуквы. Все те высшие скрытые свойства, которые выходят из мысли, Бины, а голос, Зеир Анпин, берет их, не раскрываются, пока слово не раскрывает их. Слово – это речь, т.е. Малхут. Потому что Зеир Анпин с мохин состояния гадлут называется «голос», а Малхут с мохин состояния гадлут называется «речь».

Пояснение сказанного. Скрытыми называются ГАР Бины, исчезающие с подъемом Малхут к ней, а также высшие скрытые кетеры. И о них сказано: «Раскрывает скрытое из тьмы»[499], потому что из тьмы, содержащейся в свойстве точки шурук, от которой нисходит Хохма, снова раскрываются эти ГАР. И в этом отрывке не имеется в виду скрытая тьма Бины, т.е. точка шурук в ней, потому что раскрытие происходит только посредством свечения Хохмы. А Бина, хотя и получает Хохму, получает ее не для себя, а для Малхут. Но сама она всегда остается в свойстве укрытых хасадим, как сказано: «Ибо желает милости (хафец хесед) Он»[470]. И в таком случае, как сказано о ней: «Раскрывает скрытое из тьмы», ведь тьма там вовсе не раскрывается?

Однако имеется в виду ночная тьма, т.е. тьма Нуквы, называемой ночью, которая получает тьму от точки шурук Бины. О ней сказано: «Раскрывает скрытое из тьмы»[499]. Ведь после того, как она получает от Зеир Анпина хасадим, Хохма, которая была погружена в ее тьму в левой стороне, в точке шурук, из-за отсутствия облачения хасадим, раскрывается теперь и выходит из тьмы, облачаясь в достигнутые ею хасадим.

И это называется единством мысли, голоса и речи, в котором:
1. Мысль – это мохин состояния гадлут Бины.
2. Голос – Зеир Анпин в состоянии гадлут.
3. Речь – Нуква в состоянии гадлут.

Иными словами, когда ЗОН получают эту мысль, т.е. мохин состояния гадлут, между ними происходит зивуг (соединение), с помощью голоса и речи. И так же как у земного человека мысль не познается, не облачившись прежде в голос и речь, и даже не в голос, а только в речь, так же и здесь свечение Хохмы не раскрывается ни в мысли, Бине, ни в голосе, Зеир Анпине, но только в речи, Нукве Зеир Анпина. Таким образом, основа создания мохин во всех деталях выходит в мысли, Бине, и эта мысль со всем в ней имеющимся облачается в голос, Зеир Анпин, а от голоса они все передаются речи. И все, что было в мысли, раскрывается сейчас в речи.

355) И эта речь, представляющая собой единство мысли, голоса и речи, называется субботой. Потому что суббота (шаббат שבת) – это Нуква с мохин состояния гадлут, буквы «шин ש» «бат (בת дочь)». «Шин ש» указывает на ГАР, «бат (בת дочь)» – на Нукву. И поскольку суббота называется речью, запрещены в субботу обыденные речи, которые нарушают большой зивуг (соединение) голоса и речи, поскольку эта субботняя речь должна царить в мире, а не иная речь, относящаяся к будням, поскольку они являются малым состоянием (катнут) Нуквы.

И эта речь, Нуква с мохин состояния гадлут, которая исходит со стороны тьмы, из точки шурук, «раскрывает скрытое» в ней. Это значит, что о ней сказано: «Раскрывает скрытое из тьмы»[499]. Потому что ГАР Хохмы раскрываются в ней. И это означает сказанное: «Из тьмы» – т.е. приходящее со стороны тьмы. Сущностью тьмы является Бина. И тьма в Нукве передается от тьмы Бины. И поскольку сказано: «Раскрывает скрытое из тьмы», а не «раскрывает скрытое во тьме», это означает, что говорится о Нукве, исходящей со стороны тьмы Бины. Поэтому сказано «из тьмы», а не в самой тьме, т.е. Бине.

356) Но если достоинство тьмы настолько велико, почему сказано: «И отделил Всесильный (Элоким) свет от тьмы»[45]? И это означает, что разделил между важностью света и ничтожностью тьмы. Однако свет вначале создал свойство дня, а тьма – свойство ночи. И тогда сказано: «И отделил Всесильный (Элоким) свет от тьмы» – т.е. отделил величие важности дня от ничтожности ночи. А затем Он соединил день и ночь, т.е. ЗОН, вместе и они стали одним целым, как сказано: «И был вечер, и было утро – день один»[46].

Скрытый свет

Тогда сказано: «Раскрывает скрытое из тьмы»[499], и очень возросло достоинство тьмы. А сказанное «и отделил» относится ко времени изгнания, когда они отделены друг от друга. Именно тогда сказано: «И отделил»[45], «как преимущество света, раскрывающегося из тьмы»[510]. И это – до зивуга.

357) До зивуга захар был светом, а нуква – тьмой. А затем ЗОН соединяются как одно целое, чтобы стать едиными. Парцуф захара выстраивается из правой линии, хасадим, а парцуф нуквы выстраивается из левой линии, Хохмы без хасадим. И это тьма, поскольку Хохма не светит без облачения хасадим. И чем они отделяются друг от друга, ведь говорится о них: «И отделил свет от тьмы»[45]? Для того, чтобы отличать свет от тьмы, эти ступени сначала отделяются друг от друга. И тогда выявляются достоинства и недостатки света самого по себе, и достоинства и недостатки тьмы самой по себе.

Несмотря на то, что у света есть огромное преимущество перед тьмой, ему недостает свечения Хохмы. И также у тьмы, хотя и есть преимущество в том, что есть в ней свечение Хохмы, однако Хохма в ней не светит из-за отсутствия облачения хасадим. И поэтому является тьмой как в отношении света хасадим, так и в отношении света Хохма.

А после того как должным образом выясняются достоинства и недостатки каждого отдельно, они производят зивуг (соединение), и оба становятся словно одно целое. Ибо соединились они потому, что нуждаются друг в друге. Ведь свет Зеир Анпина является полным только после того, как включается во тьму Нуквы. Поскольку свет тогда восполняется также и свечением Хохмы. И тьма Нуквы тоже восполняется только после того, как включается в свет. Ведь тогда она достигает хасадим, исходящих от него, и Хохма облачается в хасадим и начинает светить, и тогда она может светить. И хотя они произвели зивуг, и стали одним, все же они еще различны по своим свойствам, ведь один – хасадим, а другая – Хохма. И несмотря на то, что различие между ними настолько большое, они стали одним и включились друг в друга как одно целое, ведь речение: «И был вечер, и было утро – день один»[46] означает, что они стали одним целым.

Если бы не Мой союз днем и ночью

358) Сказал рабби Шимон: «На этом союзе был сотворен мир», – т.е. Нуква в состоянии катнут, «и существует». «Творение» – состояние катнут. «Существование» – состояние гадлут, мохин де-ГАР, существование Нуквы. Как сказано: «Если бы не Мой союз днем и ночью, законов неба и земли не установил бы Я»[526]. «Союз» – это «праведник, основа (есод) мира»[500]. Свойство «помни»[527].

Рабби Йоси объясняет речение: «И был вечер, и было утро – день один»[46] как единство, которое раскрывается в виде: «Раскрывает скрытое из тьмы»[499], и это тьма Малхут, называемой ночью. Ведь в силу того, что Малхут является носителем экрана точки хирик, то так же, как мохин раскрываются лишь с помощью точки хирик, так же мохин раскрываются лишь с помощью ее тьмы. Получается, что в состоянии, когда день и ночь становятся одним целым, оба они в равной степени стали причиной выхода мохин, как видно из речения: «И был вечер, и было утро – день один».

А рабби Ицхак объяснят речение: «И был вечер, и было утро – день один» как включение друг в друга двух линий, правой и левой. День является правой линией, а ночь – левой линией, включенными друг в друга. Это смысл сказанного: «И был вечер, и было утро – день один».

Однако рабби Шимон истолковывает это единством экрана точки хирик, как и рабби Йоси, только вышедшим не на Малхут, а на Есод. Потому что экран точки хирик является общим между Есодом и Малхут. И исправление экрана считается сфирой Малхут, действием обрезания (мила), свойством «храни»[528], т.е. исправлением келим. Но мохин, выходящие на этот экран, считаются Есодом, свойством «помни»[527], действием подворачивания (прия), т.е. раскрытием мохин де-ГАР.

---

[526] Пророки, Йермияу, 33:25.
[527] Тора, Шмот, 20:8. «Помни день субботний…»
[528] Тора, Дварим, 5:12. «Храни день субботний…»

Поэтому рабби Шимон говорит, что мир, Нуква, держится на союзе, соединяющем день с ночью, называемые ЗОН, как одно целое. Как сказано: «Если бы не Мой союз днем и ночью, законов неба и земли не установил бы Я»[526]. «Законов неба» означает – мохин, которые исходят от высшего Эдена и выходят из него. «Если бы не Мой союз днем и ночью» – если бы не Есод, соединяющий как одно целое день и ночь, ЗОН, т.е. благодаря раскрытию мохин посредством экрана точки хирик, «законов неба и земли» – мохин де-ГАР, исходящие из Эдена, т.е. Бины, становящейся Хохмой, «не установил бы Я» – поскольку без этого не было бы никаких мохин в ЗОН, называемых «небо и земля».

359) Сказано: «От голоса разделяющих меж водочерпиев, там воспоют праведные деяния Творца, праведные деяния с безоружными городами в Исраэле; тогда сошел ко вратам (городов) народ Творца»[529]. «От голоса разделяющих» – это голос Яакова[530], потому что «разделяющие» означает то же, что «воин-поединщик»[531].

Объяснение. Все мохин зависят от Есода, поскольку он является свойством экрана точки хирик. Поэтому сказано: "От голоса разделяющих" – это голос Яакова», потому что Яаков является свойством Тиферет, согласующим между двумя линиями, правой и левой, которые называются здесь «разделяющими», так как они являются двумя половинами ступени. Потому что правая и левая линия чего-либо являются двумя его половинами. И поскольку Тиферет притягивает ступень хасадим на экран точки хирик, благодаря которому согласует между двумя половинами, то нисходят ГАР.

«Меж водочерпиев»[529] означает, что Тиферет находится между высшими «водочерпиями». Потому что Тиферет, свойство Яакова, т.е. Зеир Анпин, поднимается в Бину, и там с помощью своего экрана точки хирик производит согласование между двумя линиями в Бине, т.е. между двумя точками холам и шурук, имеющимися в Бине. Холам – свойство хасадим и правая линия, шурук – свойство Хохма и левая линия. А голос Яакова

---

[529] Пророки, Шофтим, 5:11.
[530] Тора, Берешит, 27:22.
[531] Пророки, Шмуэль 1, 17:4. «И вышел из станов плиштим воин-поединщик, по имени Голиаф, из Гата, рост его – шесть локтей с пядью».

согласовывает и соединяет их друг с другом, и они восполняются друг от друга.

И эти две точки, холам и шурук, имеющиеся в Бине, называются высшими «водочерпиями», потому что они включают все мохин, имеющиеся в Бине, и Зеир Анпин перемещается в двух этих сторонах, холам и шурук, и включает их в себя, поскольку он согласует между правой и левой линиями и включает их друг в друга. И благодаря этому раскрывается совершенство их обеих, потому что сейчас имеются Хохма и хасадим как в правой линии, так и в левой. Поэтому и сам Зеир Анпин удостаивается этих мохин двух сторон Бины. Поскольку таково правило: всего, в чем нижний вызывает добавление в высшем, удостаивается также и нижний – всей меры дополнений в высшем, ибо удостаивается их и включает их в себя. Поэтому Зеир Анпин тоже удостаивается этих трех линий, называемых ХАГАТ.

360) «Там воспоют праведные деяния Творца»[529] – там место для Госпожи (Матрониты), Нуквы, расположенной выше хазе, чтобы слиться в нем. Объяснение. В трех линиях, которые Зеир Анпин удостоился получить от Бины, т.е. в его ХАБАД ХАГАТ от хазе и выше, происходит зивуг в ЗОН, расположенных выше хазе. И кроме того, слова «там воспоют праведные деяния Творца» указывают на то, что оттуда питаются и черпают «праведные деяния Творца». То есть от зивуга ЗОН, происходящего выше хазе, питаются и черпают Нецах и Ход Зеир Анпина, называемые «праведные деяния Творца». «Питаются» – получают мохин де-ВАК, «черпают» – получают мохин свечения Хохмы. Таким образом, слова «там воспоют праведные деяния Творца» имеют два значения:
1. Они указывают на зивуг ЗОН выше хазе.
2. Указывают на то, что сфирот Нецах и Ход Зеир Анпина получают мохин от зивуга ЗОН.

Слова «праведные деяния с безоружными городами в Исраэле»[529] – указывают на праведника мира, Есод Зеир Анпина, являющийся союзом и святым, и он черпает и приобретает всё. «Святой» указывает на притяжение хасадим, свойство «чистый воздух (авира дахья)» парцуфа высшие Аба ве-Има, правую линию. «Черпает» – указывает на притяжение свечения Хохма от левой линии. «И приобретает всё» – благодаря его согласованию между правой и левой линиями, он приобретает свечение их обеих, ибо так же как Тиферет согласует между Хеседом и Гвурой выше хазе и включает их оба, так же и Есод согласует между Нецахом и Ходом ниже хазе и включает их оба.

И распространяет по великому морю, Нукве, эти высшие воды, его мохин, исходящие от Имы, называемой «высшие воды». «В Исраэле» – т.е. Исраэль наследуют этот союз, и дал им его Творец в наследие вечное.

361) После того как Исраэль оставили союз, так как совершали обрезание, но не делали подворачивания, сказано о них: «Тогда сошел ко вратам (городов) народ Творца»[529]. «Сошел ко вратам» – сошли ко вратам праведности, т.е. сидели во вратах, но не входили внутрь.

Нуква – чертог Царя. В то время, когда Исраэль соблюдали союз, удостаивались находиться внутри чертога Царя, т.е. получали мохин от внутренней сути Нуквы Зеир Анпина. Но после того, как оставили союз, они отдалялись от чертога Царя и опускались ко вратам чертога, называемым вратами праведности, и не входили больше во внутреннюю часть чертога.

И об этот времени сказано: «И оставили сыны Исраэля Творца»[532], пока не явилась Двора, и не пожертвовала для них тем, что притянула и раскрыла для них высшие мохин, как сказано: «Когда проявилась распущенность в Исраэле»[533]. «Распущенность» – раскрытия, как сказано: «И распустит волосы на голове женщины»[534]. И это – раскрытие мохин, которые были возвращены Исраэлю благодаря Дворе.

362) Поэтому сказано об Исраэле в то время, когда они оставили союз: «Не стало безоружных городов в Исраэле»[535]. «Не стало безоружных городов» – это Его безоружные города, ведь сказано ясно: «Праведные деяния с безоружными Его городами в Исраэле»[529], и это наполнение мохин состояния гадлут от Есода великому морю. Но поскольку оставили они союз, прекратились у Исраэля эти мохин, прекратились мохин союза

---

[532] Пророки, Шофтим, 10:6.
[533] Пророки, Шофтим, 5:2.
[534] Тора, Бемидбар, 5:18.
[535] Пророки, Шофтим, 5:7.

святости, называемые «безоружные города», потому что они совершали обрезание, но не делали подворачивания.

«Не стало безоружных городов в Исраэле, не стало их, пока не встала я, Двора, пока не встала я, мать в Исраэле»[535]. Почему она назвала себя матерью? Однако, этим дала им понять, что она опустила высшие воды сверху, мохин де-ГАР, которые нисходят от Имы, для того, чтобы могли существовать миры. Поэтому она назвала себя матерью, так как раскрыла мохин от Имы (досл. матери). «В Исраэле» – поскольку стала матерью как Исраэлю наверху, т.е. Зеир Анпину, так и Исраэлю внизу, сыновьям Исраэля. Потому что она протянула мохин также и Зеир Анпину, как и Исраэлю, чтобы показать, что мир не может существовать иначе, как с помощью этого союза. И всё это заключено в сказанном: «Праведник – основа (есод) мира»[500], потому что он является той основой, на которой стоит мир.

363) Трое выходят благодаря одному, один находится в трех, входит между двумя, двое питают одного, и один питает многие стороны.

Объяснение. Для того, чтобы выяснить единство «вечер и утро – день один»[46], говорится в Зоар, что трое выходят и раскрываются из одного, как выяснилось в сказанном: «От голоса разделяющих меж водочерпиев»[529]. Две линии в Бине, правая и левая, от точки холам и шурук, называются водочерпиями. А «голос разделяющих» – Зеир Анпин, называемый Яаков, поднимается к ним и согласует между ними посредством экрана точки хирик, и благодаря этому включают правая и левая линии друг друга, и выходят в Бине три мохин ХАБАД.

Таким образом, три мохин ХАБАД выходят благодаря одному – Зеир Анпину, который поднялся в Бину. И поскольку Зеир Анпин вызвал раскрытие трех этих мохин ХАБАД в Бине, он тоже удостаивается их. Ибо всей меры свечения, которую вызвал нижний в высшем, удостаивается также и нижний. Поэтому «один», т.е. Зеир Анпин, «находится в трех» – т.е. он тоже удостаивается трех этих мохин ХАБАД в рош, и ХАГАТ до хазе в гуф. Как сказано выше, благодаря тому, что он продвигается, согласовывая между двумя линиями Имы, правой и левой, он включает их в себя, и сам удостаивается трех этих линий ХАГАТ.

И от зивуга Зеир Анпина и Матрониты, совершаемого выше хазе, питаются и получают Нецах и Ход, называемые «праведные деяния Творца». И Зеир Анпин после того, как сам включает три мохин Имы, входит и передает их между двумя, расположенными от хазе и ниже, т.е. своим Нецах и Ход, «праведным деяниям Творца»[529]. «И двое питают одного» – эти двое, Нецах и Ход, питают одного, т.е. Есод, который согласует между ними, и этот Есод получает от них мохин. И благодаря этому, он включает в себя все ступени. И тогда этот один питает многие стороны, т.е. Есод наполняет Нукву – все свойства Нуквы, и он черпает и приобретает всё, и распространяет по великому морю, Нукве.

И теперь завершает свою речь рабби Шимон, говоря: «И тогда все они становятся одним целым» – тогда, после того, как Есод наполнил всем Нукву, стали все ступени Зеир Анпина одним целым со ступенями Нуквы. И это означает сказанное: «И был вечер, и было утро – день один»[46] – т.е. вечер и утро соединены как одно целое. И это означает сказанное: «Если бы не Мой союз днем и ночью»[290] – потому что благодаря ему, т.е. Есоду, стали Зеир Анпин и Нуква одним целым, и они называются «день» и «ночь». Таким образом, союз, Есод, делает день и ночь одним целым.

364) Сказано: «Сделал обрезание и не совершил подворачивание – словно не совершал обрезания»[536]. Потому что обрезание и подворачивание – это две ступени. Обрезание – «помни», подворачивание – «храни». Обрезание – праведник, подворачивание – праведность. Обрезание – захар, подворачивание – нуква. Обрезание – знак союза, Йосеф, Есод, подворачивание – союз, Рахель, Нуква Зеир Анпина. И необходимо соединить их – Есод с Нуквой. Когда он делает обрезание и совершает подворачивание обрезанного, его деяния поднимаются в МАН, и он вызывает зивуг Зеир Анпина с Нуквой. А тот, кто сделал обрезание и не совершил подворачивания – словно создал разделение между Зеир Анпином и Нуквой.

---

[536] Мишна, трактат Шаббат, глава 19, мишна (закон) 6.

Небосвод разделяющий и соединяющий

365) «И сказал Всесильный (Элоким): "Да будет свод посреди вод, и будет он отделять воды от вод"»[8]. Семь небосводов находятся наверху, и это парса, находящаяся в месте пэ Арих Анпина, выводящая Бину за пределы его рош, и все они находятся в высшей святости рош Арих Анпина. И святое имя Элоким приобретает в них совершенство, т.е. она (Бина) возвращает буквы ЭЛЕ (אלה) к МИ (מי), и восполняется имя Элоким (אלהים). И небосвод, о котором говорится здесь, находится посреди вод, в хазе Арих Анпина, и пролегает между ХАГАТ Арих Анпина, расположенными выше хазе, и НЕХИ Арих Анпина, расположенными ниже хазе.

Пояснение сказанного. Небосвод символизирует парсу, окончание второго сокращения, которая выводит Бину и ЗОН каждой ступени за ее пределы. А во время состояния гадлут она возвращается к окончанию первого сокращения и возвращает Бину и ЗОН на свою ступень.

В Ацилуте есть два общих небосвода:
1. Высший небосвод, расположенный в пэ Арих Анпина, выводящий парцуф Аба ве-Има из рош в свойство ХАГАТ до хазе.
2. Средний небосвод, стоящий в хазе Зеир Анпина и выводящий ИШСУТ из рош в место от хазе Арих Анпина до табура.

И есть также нижний небосвод, оканчивающий мир Ацилут, о нем здесь не говорится.

И поскольку высший небосвод, расположенный в пэ Арих Анпина над семью сфирот (ЗАТ) Арих Анпина, ХАГАТ НЕХИМ, включает их, поэтому считается семью небосводами – ХАГАТ НЕХИМ.

Семь небосводов есть наверху – это высший небосвод, расположенный в пэ Арих Анпина и выводящий Абу ве-Иму за пределы его рош, который включает семь небосводов, и все они находятся в высшей святости, так как этот небосвод, хотя

Небосвод разделяющий и соединяющий

и выводит Абу ве-Иму за пределы рош, всё-таки не уменьшает их до состояния ВАК без рош, но считается, что они все еще находятся в высшей святости рош Арих Анпина[537], и святое имя получает совершенство в них, потому что этот небосвод возвращает буквы ЭЛЕ Бины в рош Арих Анпина и восполняет святое имя Элоким.

Небосвод, о котором сказано в речении: «Да будет свод посреди вод»[8], находится посреди вод. Этот небосвод является не высшим небосводом, а средним, стоящим посреди ЗАТ Арих Анпина, в месте его хазе. И он выводит ИШСУТ из рош Арих Анпина в место от хазе Арих Анпина до его табура.

366) Этот небосвод, т.е. высший небосвод, расположенный в пэ де-рош Арих Анпина, покоится на других созданиях и отделяет высшие воды от нижних. Объяснение. Есть два вида созданий:
1. ХАГАТ – большие создания.
2. НЕХИ – малые создания.

Высший небосвод покоится на больших созданиях, потому что расположен в пэ Арих Анпина, находящемся выше ХАГАТ. Однако средний небосвод, о котором говорится в этом отрывке, покоится на малых созданиях, называемых НЕХИ. Таким образом, он находится в хазе, т.е. ниже ХАГАТ и выше НЕХИ.

Нижние воды призывают высшие воды, чтобы те подняли их к себе, и от этого небосвода они пьют воду, т.е. он поднимает их к высшим водам, и они получают оттуда мохин свечения Хохма, называемые «питьем». Этот небосвод является также разделяющим между ними. Иными словами, есть у этого небосвода два действия: разделение и соединение. В состоянии катнут он разделяет между высшими водами и нижними, а в состоянии гадлут снова соединяет нижние воды с высшими.

Поскольку все воды, т.е. все эти ступени, включены в этот высший небосвод. Объяснение. Есть три небосвода, т.е. новых окончания, вследствие второго сокращения, называемые парсой. Высший находится в пэ Арих Анпина, средний – в месте хазе Арих Анпина, нижний – в окончании мира Ацилут. И во

---
[537] См. «Предисловие книги Зоар», обозрение Сулам, п. 3.

время гадлута, когда свечение АБ САГ де-АК временно отменяет окончания второго сокращения и возвращает окончания первого сокращения, отменяя тем самым границу окончания мира Ацилут, тогда нижний небосвод снова опускается из окончания мира Ацилут в место точки этого мира и поднимает три мира БЕА разделения в мир Ацилут, в место от хазе Арих Анпина и ниже, где находятся ИШСУТ и ЗОН. И они облачаются на них.

Затем опускается средний небосвод из места хазе Арих Анпина в место окончания мира Ацилут и поднимает ИШСУТ и ЗОН, на которые облачены три мира БЕА, в место Аба ве-Има мира Ацилут, потому что граница, проходившая в хазе, уже отменилась, и все они облачаются на парцуф Аба ве-Има.

И последним опускается высший небосвод, расположенный в пэ Арих Анпина, к месту хазе, и отменяется граница между рош Арих Анпина и его ХАГАТ, где находятся Аба ве-Има, на которые облачены ИШСУТ и ЗОН, а на них – три мира БЕА. Получается, что все они поднимаются в рош Арих Анпина и получают там свет Хохма. Таким образом, высший небосвод включает все ступени АБЕА, т.е. парцуфы Аба ве-Има, ИШСУТ и ЗОН мира Ацилут, и три мира БЕА, и в тот момент, когда он спускается из пэ Арих Анпина в место хазе, он поднимает все эти ступени в рош Арих Анпина. Поэтому сказано, что все ступени АБЕА включены в него.

После того, как он дает мохин высшим созданиям, ХАГАТ, он опускает их к созданиям от хазе и ниже, называемым малыми созданиями. И они черпают оттуда мохин свечения Хохмы. «Черпание» означает – получение мохин свечения Хохмы.

367) Сказано: «Запертый сад – сестра моя, невеста, источник запертый, родник запечатанный»[278]. «Запертый сад» – это Нуква в то время, когда все света скрыты в ней и все света включены в нее. Запертым источником она называется в то время, когда «река вытекает из Эдена»[348] – простирается и выходит из Эдена и входит в Нукву, чтобы орошать ее от Эдена. «Река вытекает из Эдена» – это Бина, вышедшая за пределы рош Арих Анпина, называемого Эден, «чтобы орошать сад»[348].

В то время, когда высший небосвод опускается из своего места к месту хазе и поднимает все эти ступени в рош Арих

Анпина, Нуква получает мохин питья. И он включает в себя все эти мохин, но не выводит их свечение, потому что воды, т.е. мохин, застывают и стоят в нем.

Застывают они потому, что северный ветер веет на эти воды, и поэтому они застывают и не выходят наружу, пока не превратятся в лед. Северный ветер – это левая линия, исходящая из точки шурук Бины в то время, когда она поднялась в рош Арих Анпина, и есть у нее Хохма без хасадим, и поэтому застывают света в ней, так как Хохма не может светить без хасадим. И тогда застывают в ней света, и не исходят от нее, чтобы светить снаружи, и вследствие этого она превращается в лед и стужу.

И если бы не южная сторона, правая линия, пробивающая силу этого льда, никогда бы не вышли из нее воды. Объяснение. Если бы не зивуг, производимый на экран точки хирик и притягивающий ступень хасадим с южной стороны, от правой линии, в которую облачается Хохма и светит ей, не могли бы эти света светить там никогда, так как даже Хохма в ней не могла бы светить без хасадим.

368) Вид высшего небосвода подобен виду застывшего льда, вбирающего в себя все те воды, которые изливаются на него. Точно так же высший небосвод вбирает в себя все эти воды и разделяет между высшими водами и нижними. Как сказано: «А над головами этих живых существ – образ небосвода наподобие страшного льда»[27]. Это высший небосвод, который, опускаясь из пэ Арих Анпина и поднимая все света АБЕА в рош Арих Анпина, становится словно «страшный лед»[27], и не может светить из-за отсутствия хасадим в рош Арих Анпина. И тем самым он разделяет там между высшими водами и нижними, так как ГАР, высшие воды, могут получать Хохму без хасадим, но ЗАТ, нижние воды, не могут светить без хасадим и застывают, превращаясь в лед.

И этот небосвод вбирает в себя все ступени, – Аба ве-Има, ИШСУТ и ЗОН мира Ацилут, – и поднимает их в рош Арих Анпина. И тогда застывают все свойства ЗАТ – т.е. не могут получить Хохму без хасадим. «И разделяет между высшими водами и нижними» – т.е. разделяет между ГАР, высшими водами, которые могут светить светом Хохма без хасадим, и между ЗАТ, нижними водами, которые не могут светить без хасадим.

Речение: «Да будет свод посреди вод»[8] указывает на небосвод, пролегающий посреди вод, средний небосвод, расположенный в месте хазе Арих Анпина. И отсюда вроде бы следует, что первым небосводом является этот средний небосвод. Но говорится, что это не так. Но «да будет» сказано до небосвода, о котором говорится здесь, поскольку сказано: «Да будет свод»[8], и это указывает на то, что небосвод, который образовался от первого небосвода, находится посреди вод, однако первый небосвод находится над головами созданий – над ХАГАТ Арих Анпина, а не посреди вод – между ХАГАТ и НЕХИ.

Слова «да будет», изрекаемые в действии начала творения, всегда указывают на «йуд י», которая входит в свет (ор אור) свойства «йуд-хэй», т.е. Абы ве-Имы, и становится воздухом (авир אויר), так как образовалось окончание под Кетером и Хохмой парцуфа Аба ве-Има, и это окончание называется средним небосводом, стоящим в месте хазе Арих Анпина, а их Бина и ЗОН упали под этот небосвод. Таким образом, средний небосвод является порождением, исходящим от первого небосвода, расположенного в пэ Арих Анпина, т.е. выше Абы ве-Имы, на которых указывают слова «да будет». И на самом деле основное разделение между высшими и нижними водами, т.е. выведение нижних вод за пределы ГАР, являющихся высшими водами, произошло в высшем небосводе, расположенном в пэ Арих Анпина. Таким образом, он вывел Бину и ЗОН из рош Арих Анпина, и Арих Анпин остался только с Кетером и Хохмой, свойством высшие воды. А Бина и ЗОН де-рош стали нижними водами и свойством его гуф.

Однако до хазе, где находятся высшие Аба ве-Има, не заметно никакое сокращение, и Аба ве-Има считаются словно не вышедшими из рош Арих Анпина, и они являются ступенью ГАР. И вся сила сокращения от выхода Бины из рош Арих Анпина, которая считается гуф без рош, начинается только ниже Абы ве-Имы, в среднем небосводе, расположенном в месте хазе Арих Анпина. Таким образом, сила сокращения высшего небосвода раскрывается только в среднем небосводе.

И посреди вод находится небосвод, который образовался от первого небосвода. Потому что сила сокращения, имеющаяся в среднем небосводе, которая вывела нижние воды на ступень ВАК без рош, берет начало и образуется от высшего небосвода, и она не может проявиться в нем самом, поскольку он находится выше Абы ве-Имы. И поэтому она проявилась в среднем небосводе. Таким образом, выяснились здесь два основных принципа:

1. Что сила, разделяющая между одними и другими водами в небосводе, образовавшаяся в момент катнута ступени, создается только с помощью среднего небосвода, расположенного в месте хазе.

2. Сила, соединяющая нижние воды с верхними, притягивающая ГАР ко всем ступеням, образуется только с помощью высшего небосвода, расположенного в пэ Арих Анпина, который поднимает их в рош Арих Анпина.

369-а) Есть одна перегородка посреди внутренних органов человека, которая проходит между ними снизу вверх и разделяет пищеварительные органы и органы, дающие жизненные силы – сердце, легкие, называемые внешним пространством (досл. двором) печени. И перегородка начинается на уровне пупка (табур) человека и простирается снизу вверх по диагонали до груди, и получает жизнь от органов, дающих жизненные силы, расположенных выше хазе, передавая ее пищеварительным органам, расположенным ниже грудной полости (хазе). Также небосвод, подобно этой перегородке, расположен посреди гуф (тела) Арих Анпина, и он простирается от табура Арих Анпина до его хазе, и находится над созданиями, находящимися внизу, т.е. над сфирот НЕХИМ, называемыми «нижние создания», и разделяет между высшими водами, его ХАГАТ, и нижними водами, его НЕХИ.

Воды зачали и породили мглу

369-б) Эти воды зачали и породили мглу. Об этом сказано: «И будет завеса отделять вам святилище от святая святых»[538]. Объяснение. После того, как высший небосвод, расположенный в пэ Арих Анпина, опускается и поднимает все ступени в рош Арих Анпина, где Хохма находится без хасадим, наступает тьма и стужа во всех свойствах нижних вод, т.е. ЗАТ, которые поднялись туда, поскольку они не могут получить Хохму без хасадим. И считается, что высшие воды, т.е. ГАР Арих Анпина, зачали, потому что нижние воды, которые поднялись и включились в ГАР Арих Анпина, считаются словно зародыш в чреве матери, так как являются там посторонним телом (гуф). Подобно тому, как зародыш, являющийся посторонним телом, включен в тело матери.

Однако они «породили мглу». Иными словами, после того как высшие воды передали мохин Хохмы нижним водам, они родились и оказались во тьме и стуже. Потому что нижние воды не могут получить большой свет рош Арих Анпина без хасадим. И это означает сказанное: «И будет завеса отделять вам святилище от святая святых». Потому что завеса – это высший небосвод, расположенный в пэ Арих Анпина, который отделяет ГАР Арих Анпина, называемые «святая святых», т.е. высшие воды, от ЗАТ Арих Анпина, т.е. нижних вод, называемых святилищем. Поскольку высшие воды, ГАР, называемые «святая святых», могут получать Хохму без хасадим, однако нижние воды, ЗАТ, называемые святилищем, не могут получить Хохму без хасадим, и становятся тьмой. И завеса, таким образом, отделяет святилище от святая святых.

370) Сказано: «Укрывает водами верхние чертоги Свои, тучи делает колесницей Своей, несущейся на крыльях ветра»[539]. «Водами» – означает воды, которые выше, чем всё, т.е. Аба ве-Има, являющиеся свойством ГАР Бины, в которых утверждается дом, Нуква Зеир Анпина, как сказано: «Мудростью (хохма) устраивается Храм и разумом (твуна) утверждается»[540].

---

[538] Тора, Шмот, 26:33.
[539] Писания, Псалмы, 104:3.
[540] Писания, Притчи, 24:3.

Объяснение. Зоар выясняет здесь сказанное: «Укрывает водами верхние чертоги Свои, тучи делает колесницей Своей, несущейся на крыльях ветра» в последовательности выхода мохин в трех точках холам-шурук-хирик. Выражение «укрывает водами верхние чертоги Свои»[539] указывает на точку холам, т.е. буквы МИ, оставшиеся на ступени, и она получает наполнение от ГАР Бины. И на это указывают слова: «Мудростью (хохма) устраивается Храм»[16], поскольку Хохма не светит в Храме, в Нукве, иначе как с помощью притяжения хасадим от ГАР Бины, парцуфа Аба ве-Има, свойства МИ, называемого точкой холам.

И также выясняет, что слова «тучи делает колесницей Своей»[539] указывают на точку шурук, а слова «несущейся на крыльях ветра»[539] – на точку хирик.

371) «Тучи делает колесницей Своей»[539]. Слово «עבים (ави́м тучи)» делится надвое: «עב (ав туча)» и «ים (ям море)». «עב (ав туча)», тьма левой линии, стоит над этим «ים (ям морем)». Слова «тучи делает колесницей Своей» указывают на мохин точки шурук, светящие в левой линии, во тьме и стуже. И поэтому они обозначаются словом «עב (ав туча)» слова «עבים (ави́м тучи)». Известно, что эти мохин могут быть получены только Нуквой Зеир Анпина, называемой тогда «ים (ям море)». И поэтому эти мохин стоят во фразе рядом со словом «ים (ям море)», являющимся именем Нуквы во время получения этих мохин от левой линии.

«Несущейся на крыльях ветра (руах)»[539] – это руах (дух) высшего Храма. И это смысл слов: «Два золотых херувима (крувим)»[541]. Сказанное: «Несущейся на крыльях ветра (руах)» – указывает на ступень хасадим, выходящую на экран точки хирик, объединяющий две точки, холам и шурук, друг с другом. Потому что «крылья» – это экран, «ветер (руах)» – это величина света, выходящая на этот экран, т.е. ступень хасадим, нисходящая от высшего Храма, т.е. высших Аба ве-Има. И слова «два золотых херувима» означают ЗОН (Зеир Анпин и Нуква). Поскольку «несущейся на крыльях ветра (руах)»[539] указывает на херувима-захара, Зеир Анпин, и его свечение – укрытые хасадим. А слова «тучи делает колесницей Своей»[539]

---

[541] Тора, Шмот, 25:18.

указывают на херувима-некеву, Нукву Зеир Анпина, которая светит свечением Хохмы.

«И воссел на херувима, и полетел, возносясь на крыльях ветра»[542]. Вначале «и воссел на херувима» – одного, т.е. херувима-нукву, и это значение «עב (ав туча)» «ים (ям море)». А затем раскрывается «на крыльях ветра», и это херувим-захар, т.е. ступень хасадим, раскрывшаяся на экран точки хирик. И пока не пробудится этот, он не может раскрыться в другом. Объяснение. До того, как пробудится свечение хасадим херувима-захара, о котором сказано: «Возносясь на крыльях ветра», не раскроется строение (меркава) в херувиме-некева, о котором сказано: «И воссел на херувима, и полетел». Потому что свечение Хохмы некевы, называемое точкой шурук, не сможет светить прежде, чем она облачится в одеяния свечения хасадим от точки хирик.

372) Сказанное: «И отмерил воды по мере»[543] указывает, что именно по этой мере Он установил их, когда воды достигли этой меры. «По мере» означает ограничение, которое образуется вместе с зивугом на экран де-хирик, экран первой стадии. Вода означает мохин. И прежде чем мохин свойства холам и шурук достигли меры и ограничения, образованных силой экрана точки хирик, они не могли светить. И поэтому сказано в отрывке: «И отмерил воды по мере», – т.е. вместе с достижением этими водами меры они установились и смогли светить, и они являются исправлением мира, когда достигают этой меры со стороны Гвуры.

Объяснение. Зивуг, совершаемый на экран первой стадии, притягивает только ВАК без рош. И это является большим сокращением. Но здесь, после того, как мохин уже пришли с левой стороны, т.е. Гвуры, и уже получили оттуда Хохму с помощью точки шурук, где они не могут светить без хасадим, тогда они получают свое исправление при достижении меры точки хирик, поскольку облачаются в ступень хасадим, имеющуюся в этой мере, и становятся исправленными для того, чтобы светить в мире, т.е. в Нукве Зеир Анпина.

---

[542] Писания, Псалмы, 18:11.
[543] Писания, Йов, 28:25.

И они являются исправлением мира, когда достигают этой меры со стороны Гвуры. Однако прежде чем они получили мохин с левой стороны, нет в этой мере ничего от исправления мира, Нуквы, ибо в это время мера эта дает лишь ВАК без рош. И доказательство этому, что так говорили мудрецы. Когда они достигали этого места, т.е. свойства вышеуказанной меры, исправляющей воды, губы мудрецов начинали шевелиться, но они ничего не произносили под страхом обвинения. Таким образом, в самой мере как таковой нет никакого исправления мира, а только в то время, когда мохин приходят со стороны Гвуры, и уже есть у них мохин Хохмы от точки шурук, имеющейся там, эта мера исправляет мохин, так как облачает их в свои хасадим.

373) Первая из всех букв воспарила над чистой связью и увенчалась снизу и сверху. Объяснение. Буквы – это келим ЗОН, которые получают свои света благодаря подъему в Абу ве-Иму. Экран, имеющийся в Абе ве-Име, называется чистой связью. И когда ЗОН поднимаются в Абу ве-Иму, они включаются в зивуг, который производится там на этот экран.

«Первая из всех букв воспарила над чистой связью» – когда поднялась и включилась в экран, имеющийся в Абе ве-Име. «И увенчалась» – т.е. получила там мохин, называемые венцами (атарот), «снизу» – от мохин точки шурук, светящих внизу, т.е. когда они притягиваются сверху вниз, «и сверху» – мохин точки холам, светящие сверху. Это две линии, правая и левая, которые получают буквы вначале в Абе ве-Име, и тогда возникает между ними разделение. И это означает: «Поднимается и опускается» – иногда поднимается и светит свечением холам, а иногда опускается и светит внизу свечением шурук. Иными словами, иногда усиливается правая линия, а иногда левая.

«Воды» – мохин, отмечаемые своими печатями, т.е. получающие печати экрана точки хирик. И тогда мохин приходят на свое место и включаются две линии, холам и шурук, одна в другую, ибо это средняя линия, исходящая от ступени хасадим, выходящей на экран точки хирик, согласующий и объединяющий две линии друг с другом.

И также все буквы поднялись в Абу ве-Иму и получили сначала мохин от двух линий, правой и левой, исходящие от точек холам и шурук в Абе ве-Име, а затем – свечение от точки хирик. И тогда они включаются друг в друга и облачаются друг в друга, пока не будет возведено с помощью них строение парцуфа ЗОН и его Есода.

374) И когда выстраиваются все буквы, и венчаются мохин де-ГАР, благодаря включению в Абу ве-Иму, высшие воды перемешиваются с нижними и создают Дом мира. Аба ве-Има называются высшими водами, ЗОН называются нижними водами, и в то время, когда они получают мохин точек холам-шурук-хирик от Абы ве-Имы, келим Зеир Анпина смешиваются с келим Абы ве-Имы так, что нет никакого различия между ними. И посредством этого они передают мохин де-Хохма Нукве, и тогда Нуква называется «Дом мира».

Объяснение. Сначала получили исправление буквы Зеир Анпина, включившись в высшие воды и приняв мохин двух линий, от двух точек, холам и шурук, имеющихся в Абе ве-Име. А затем получили среднюю линию от точки хирик и восполнились. А затем получила исправление также и Нуква, тем же путем – т.е. вначале она получила две линии, правую и левую, и тогда она называется Домом мира, потому что Дом указывает в основном на свет Хохмы, получаемый с помощью экрана точки шурук, но еще нет состояния обитания в Доме. Ибо состояние обитания может быть только при свечении точки хирик.

И поэтому кажется, что сначала в Доме, Нукве, воды поднимаются и опускаются. Объяснение. Вначале Дом получил две линии, от холама и шурука, и тогда происходит разделение между ними. «И иногда они поднимаются» – т.е. усиливается правая линия, исходящая от точки холам и светящая сверху, «а иногда опускаются» – т.е. усиливается в ней левая линия, исходящая от точки шурук и светящая сверху вниз. То есть так же, как и у букв Зеир Анпина, пока не образуется небосвод, разделяющий между ними.

Свойство средней линии, исходящее от экрана точки хирик, называется небосводом. И когда образуется этот небосвод, он притягивает среднюю линию в Нукву и устраняет разделение двух линий в Нукве, так как облачает их и включает их друг в друга.

Воды зачали и породили мглу

И это разделение двух линий, правой и левой, было во второй день начала творения, в который была сотворена преисподняя, из-за разделения этих линий, и это сжигающий огонь, как сказано: «Пожирающий огонь Он»[544], и в будущем он будет находиться над головой грешников.

375) Отсюда мы изучаем, что любое разделение, которое во имя небес, в конце своем воплотится. И здесь ведь было разделение во имя небес, т.е. во имя Зеир Анпина. И небеса воплощаются затем в третий день, по причине этого разделения, как сказано: «И назвал Творец свод небесами»[545]. «И назвал» означает – назвал и призвал. А затем, в третий день, стал этот свод свойством небеса, Зеир Анпином.

Объяснение. Зеир Анпин получает мохин состояния гадлут от Абы ве-Имы потому, что было разделение двух линий, исходящих от двух точек, холам и шурук, в Абе ве-Име, и они не могли светить в них до тех пор, пока не происходит зивуг на экран точки хирик, согласовывающий между ними. И этот экран Аба ве-Има получают от Зеир Анпина, поднявшегося к ним. Таким образом, Зеир Анпин является причиной того, что установились мохин в Абе ве-Име. И поэтому он тоже удостаивается этих мохин. Ибо той же величины свечения, которую нижний вызвал в высшем, удостаивается и нижний.

Таким образом, все мохин Зеир Анпина происходят лишь по причине разделения правой и левой линий, которое было в Име, и он удостоился их благодаря этому согласованию. И если бы не было этого разделения в Абе ве-Име, то у ЗОН не было бы мохин. И поэтому любое разделение во имя небес в конце своем приводит к становлению. Потому что «небеса» – это Зеир Анпин, а разделение, которое происходило в Абе ве-Име, было ради мохин для небес, поскольку без этого не было бы мохин у небес. Однако это произошло не во второй день, во время появления небосвода, а в третий день, ибо тогда произошло согласование линий. И небеса воплотились после этого, в третий день. Как сказано: «И назвал Творец свод небесами»[545] – что является воззванием третьего дня, в который довершилось согласование, и Зеир Анпин получил мохин по его причине.

---

[544] Тора, Дварим, 4:24.
[545] Тора, Берешит, 1:8.

Здание дома и верхний покой стоят и существуют благодаря перекрытиям, находящимся между ними. Потому что эти перекрытия, которые находятся между ними, служат полом для верхнего покоя и потолком для дома. Получается, что только благодаря им могут существовать дом и верхний покой, поскольку прежде чем были положены перекрытия посреди здания, не могли существовать эти дом и верхний покой, и они также поддерживаются ими. Потому что, если убрать эти перекрытия, то не будет ни дома, ни верхнего покоя. Как сказано: «И будет завеса отделять вам святилище от святая святых»[537] – т.е. сами святилище и святая святых образованы завесой и существуют благодаря ей, ведь завеса – это свод, разделяющий внутри посередине, между высшими водами и нижними.

Аба ве-Има – это высшие воды, ЗОН – нижние воды. И если бы не свод, Зеир Анпин, который согласовал между двумя линиями Абы ве-Имы, не было бы мохин у нижних вод, ЗОН. Потому что все мохин Зеир Анпина нисходят к нему только благодаря его согласованию в Абе ве-Име. Таким образом, существование мохин нижних вод зависит от небовода. И также существование высших вод зависит от небосвода. Поскольку до тех пор, пока этот небосвод не согласовал между двумя линиями, имеющимися в них, правой и левой, света поднимались и опускались бы, но не светили.

Таким образом, и высшие, и нижние воды не могут существовать иначе, как с помощью этого небосвода. И это напоминает перекрытия, имеющиеся между домом и верхним покоем, когда сами дом и верхний покой возводятся благодаря этим перекрытиям. Разделение во имя небес – это разделение между линиями Абы ве-Имы, и благодаря ему небеса существуют, так как без этого разделения Зеир Анпин, называемый небеса, остался бы без мохин и не смог бы существовать. И поскольку небосвод, Зеир Анпин, установил мохин в Абе ве-Име, установились мохин также и в нем.

376) Сказано затем: «Да соберутся воды под небесами в единое место»[546]. Именно «под небесами». Объяснение. «Небеса» – это Зеир Анпин, «под небесами» – Нуква Зеир Анпина,

---

[546] Тора, Берешит, 1:9. «И сказал Всесильный: "Да соберутся воды под небесами в одно место, и покажется суша"».

находящаяся под ступенью Зеир Анпина, «воды» – мохин. Этот отрывок означает, что мохин соберутся в Нукве. В любом месте, где говорится «под», это указывает на место «от хазе и ниже» этой ступени, поскольку основа каждой ступени находится от ее хазе и выше. Однако это речение не указывает на место ниже хазе Зеир Анпина, называемого «небеса», а именно «под», т.е. под всей ступенью Зеир Анпина – и это Нуква. «В единое место» – т.е. в место, которое называется единым. И это нижнее море, Нуква, ведь Нуква восполняет имя Единый (эхад אחד), и без Нуквы Зеир Анпин не называется Единым (эхад אחד).

Объяснение. Зеир Анпин называется «алеф-хэт אח», а Нуква называется «далет ד», и когда есть единство Зеир Анпина и Нуквы, «алеф-хэт אח» с «далет ד», раскрывается в них имя Единый (эхад אחד). Таким образом, Нуква, «далет ד», восполняет «алеф-хэт אח». Поэтому называется Нуква «единым местом». И отсюда видно, что речение «да соберутся воды» указывает, что в Нукву собираются все воды, как сказано: «Все потоки стекаются в море»[108], т.е. в Нукву.

377) «В единое место», о котором сказано: «И завет мира Моего не поколеблется»[547] – т.е. Есод Зеир Анпина, называемый заветом мира. Потому что Есод принимает все света, как сказано: «Да соберутся воды»[546], и наполняет ими море, Нукву, в то время, когда есть у нее мохин Хохмы. И благодаря ему исправляется земля, Нуква, в то время, когда есть у нее все мохин, как Хохмы, так и хасадим, поскольку сказано: «И покажется суша»[546], т.е. земля. Как сказано: «И назвал Творец сушу землею»[548]. И таким образом, сказанное: «Да соберутся воды»[546], т.е. мохин, означает – к Есоду Зеир Анпина, называемому единым местом. И он передает их Нукве, что и означает: «И покажется суша», т.е. Нуква.

378) Почему Нуква называется сушей? Написано о ней: «Хлеб бедности (лехем óни לחם עני)»[549] – без буквы «вав ו», что указывает на Нукву, когда есть у нее Хохма без хасадим, и тогда она называется хлебом бедности, поскольку не может све-

---

[547] Пророки, Йешаяу, 54:10. «Ибо горы сдвинутся и холмы зашатаются, а милость Моя не отступит от тебя, и завет мира Моего не поколеблется...»

[548] Тора, Берешит, 1:10. «И назвал Творец сушу землею, а скопление вод назвал морями. И увидел Всесильный, и вот – хорошо».

[549] Тора, Дварим, 16:3.

тить. Поэтому она называется также сушей, что означает – без воды, т.е. мохин. Потому что Хохма в ней не может светить без облачения хасадим.

И поэтому Нуква вбирает в себя тогда все воды мира, т.е. свет Хохмы, включающей все мохин де-ГАР, и вместе с тем, остается сушей, словно у нее вовсе нет мохин, из-за отсутствия облачения хасадим, без которых Хохма не светит. Вплоть до тех пор, пока это место, Есод, созданное как единое место, не наполнит ее светом хасадим. И тогда нисходят воды через эти самые источники изобилия Есода, т.е. через облачение Хохмы в свет хасадим.

379) «А скопление вод назвал морями»[548] – это место стечения вод наверху, т.е. в Бине, ибо туда стекаются все воды, и оттуда они исходят и выходят. Объяснение. Мохин исходят из своего корня в Бине – в парцуфе ИШСУТ. И отрывок: «Да соберутся воды»[546] означает, что они исходят от ИШСУТа к единому месту, т.е. Есоду, а от Есода – к Нукве. И поэтому выражение заканчивается словами: «А скопление вод»[548] – т.е. корень и начало этих мохин, «назвал морями»[548].

«Скопление вод» означает – праведник, т.е. Есод Зеир Анпина. Потому что в тот момент, когда Есод достигает «скопления вод», сказано: «И увидел Всесильный (Элоким), и вот – хорошо»[548]. И сказано также: «Говорите о праведнике хорошее»[550]. Объяснение. В этом отрывке говорится о мохин Хохмы, исходящих от левой линии, от точки шурук. И до наступления третьего дня, являющегося свойством Тиферет и Есод, т.е. согласующей линией, эти мохин не могли светить. Поэтому о втором дне не сказано: «И вот – хорошо». Поэтому выражение «скопление вод» не истолковывается как указывающее на левую линию Бины, так как сказано о нем: «И вот – хорошо», ведь в таком случае она уже согласована с помощью Есода, облачающего Хохму в хасадим, поскольку до этого Хохма не светит. В таком случае, как же говорится об этом: «И увидел Всесильный (Элоким), и вот – хорошо»? Поэтому объясняется, что благодаря Есоду, праведнику, мохин становятся свойством «и вот – хорошо», как сказано: «Говорите о праведнике хорошее»[550], поскольку он согласовал между ними.

---

[550] Пророки, Йешаяу, 3:11.

А Исраэль, Зеир Анпин, называется скоплением вод, так как сказано: «Место омовения Исраэля – Творец»[551]. Поскольку третья линия, которая согласовывает и облачает две линии, правую и левую, друг в друга, и тогда говорится о ней: «И вот – хорошо», включает в себя Тиферет и Есод, в виде «завет и тело считаются у него единым целым». А третий день является по сути своей свойством Тиферет, и поэтому объясняется, что слова «скопление вод» указывают не на Есод, а на Тиферет, т.е. Исраэль. Потому что третий день – это Тиферет, и он согласует между линиями, и благодаря ему мохин левой линии становятся свойством «и вот – хорошо», как сказано: «И увидел Всесильный (Элоким), и вот – хорошо»[548]. И поэтому эти слова не указывают на Есод.

380) Говорится, что «скопление вод»[548] – это праведник, Есод Зеир Анпина. Потому что сказано: «А скопление вод назвал морями»[548] – и это название мохин Хохмы. Поскольку потоки, родники и реки, т.е. все виды мохин Хохмы, – все их получает Есод. И так как он является источником всех их, благодаря согласованию его, он получает все их, и поэтому называется морями. Поэтому сказано: «И увидел Всесильный (Элоким), и вот – хорошо»[548], поскольку Есод исправляет эти мохин Хохмы, и об этом сказано: «И вот – хорошо».

Однако, если истолковывать, что слова «скопление вод»[548] указывают на Исраэль, Тиферет, светящую не свойством мохин Хохмы, называемыми морями, а свойством укрытых хасадим, то почему в таком случае называются они морями – ведь это мохин Хохмы? И почему написано: «И вот – хорошо» – ведь это указывает на облачение Хохмы в хасадим? И всё это не раскрывается от хазе Зеир Анина и выше, где средней линией является Тиферет, а от его хазе и ниже, где средней линией является Есод.

381) И поскольку он включает в себя все мохин, как Хохмы, так и хасадим, поэтому отмечено, что не говорится «и вот – хорошо» о мохин, действующих между первым и третьим днем, т.е. о мохин второго дня. Иными словами, по сравнению с многочисленными светами, вышедшими в третий день благодаря Есоду, предыдущие мохин, вышедшие во второй день,

---

[551] Пророки, Йермияу, 17:13.

кажутся настолько незначительными, что нельзя сказать о них: «И вот – хорошо».

Но если бы не такое большое преимущество Есода, мохин второго дня не казались бы незначительными. Ведь в третий день земля произвела плоды. То есть Нуква, благодаря силе праведника, Есода, как сказано: «И сказал Всесильный (Элоким): "Да произрастит земля зелень, траву семяносную, плодовое дерево, производящее плод по виду его, в нем семя его на земле"»[86]. «Плодовое дерево» – это Дерево познания добра и зла, Нуква Зеир Анпина. «Производящее плод» – это «праведник, основа (есод) мира»[500], Есод Зеир Анпина, который производит все плоды и передает их Нукве. И из-за этого преимущества Есода, второй день кажется настолько незначительным, что даже не говорится о нем: «И вот – хорошо».

382) «Плодовое дерево, производящее плод по виду его»[86] – означает, что в каждом человеке, у которого есть дух святости, т.е. плод этого дерева, Нуквы Зеир Анпина, производит Есод запись согласно виду его. И это – Есод Зеир Анпина, «союз святости», «союз мира». И также сторонники веры, те, которые удостоились получить дух святости от Нуквы, подобны виду его. Иными словами, они тоже удостаиваются ступеней «союз святости» и «союз мира», и входят в вид его, – т.е. прилепляются к нему и больше не отделяются от него.

«Производящее плод по виду его» – это праведник, Есод, производящий плоды – дух (рухот) и души (нешамот) людей. «Дерево», т.е. Нуква Зеир Анпина, беременеет этими плодами, которые получает от Есода, т.е. духом (рухот) и душами (нешамот), и производит этот плод по виду своему, т.е. согласно виду производящего плод, Есода, чтобы получающий плод был как он. И поэтому сказано: «Плодовое дерево, производящее плод по виду его»[86], потому что свойства духа (рухот) исходят от Есода, который производит их и передает их плодовому дереву, Нукве. А Нуква передает их людям, и они подобны производящему плод, Есоду, и поэтому сказано: «Производящее плод по виду его»[86]. И насчет того, подобны они Есоду или Нукве, нам предстоит выяснить далее.

383) Счастлива участь того, кто похож на своих отца и мать, т.е. ЗОН (Зеир Анпин и Нукву). И поэтому запечатление

святости, т.е. отрезание крайней плоти на восьмой день, необходимо для того, чтобы он уподобился качествам матери своей – Нуквы Зеир Анпина. И тогда совершается подворачивание и проявляется запечатление святости, необходимое, чтобы он уподобился своему отцу – Зеир Анпину. Потому что вследствие заповеди обрезания (мила́) он удостаивается получения мохин Нуквы, а вследствие подворачивания (прия́) получает мохин Зеир Анпина. И поэтому «деревом плодоносным»[86] называется мать, Нуква Зеир Анпина, «производящим плод»[86] – союз святости, Есод Зеир Анпина, отец его. «По виду его»[86] – означает стать подобным своему отцу и быть отмеченным им, т.е. приобрести все его достоинства.

384) «В нем семя его (заро́ זרעו) на земле»[86]. Ведь «семя его» следовало написать без «вав זרע» – «и (зе́ра)»? Однако содержится в нем семя «вав» – семя Зеир Анпина, называемого «вав», в нем. Сказано: «На земле»[86] – потому что Зеир Анпин передает это семя земле, Нукве.

Счастлива участь Исраэля, которые святы и подобны святым, – т.е. получают мохин от ЗОН и подобны им. Поэтому сказано: «Народ Твой – все праведники»[342]. Конечно же, они праведники, так как их души происходят от праведников – Есодов ЗОН (Зеир Анпина и Нуквы), и поэтому они похожи на них. Счастливы они в этом мире и в мире будущем.

385) Сказано: «Создал землю силою Своею»[552]. «Создал землю» – это Творец, пребывающий наверху. Иными словами, Творец создал Нукву, землю, с помощью зивуга (соединения) ЗОН от хазе и выше, откуда передаются укрытые хасадим. «Силою Своею» – это праведник, Есод Зеир Анпина, передающего через свой Есод свойство хасадим Нукве.

«Основал вселенную мудростью Своею»[552]. «Вселенная» – это нижняя земля. Иначе говоря, в зивуге (соединении) ЗОН в месте от хазе и ниже, в котором раскрывается свечение Хохмы, Нуква называется вселенной. И Творец основал ее «мудростью Своею», т.е. праведностью, как сказано: «И Он судить будет

---

[552] См. Пророки, Йермияу, 10:12. «Он создал землю силою Своею, основал вселенную мудростью Своею и разумом Своим Он распростер небеса».

вселенную праведностью»⁵⁵³. То есть, в зивуге для притяжения свечения Хохмы, Нуква называется праведностью, а Зеир Анпин судом. «Мудростью Своею»⁵⁵² – это праведность. Это означает – основать Нукву, чтобы она получила свойство праведность, с помощью зивуга (соединения) праведности и суда, как сказано: «И Он судить будет вселенную праведностью»⁵⁵³.

Приведенные отрывки выясняются посредством зивугов (соединений) праведника и праведности. Фраза «создал землю силою Своею»⁵⁵² выясняется как зивуг праведника, потому что «силою Своею» указывает на праведника, и это зивуг для передачи хасадим. А фраза «основал вселенную мудростью Своею»⁵⁵² выясняется как зивуг праведности, потому что «мудростью Своею» указывает на праведность, но этот зивуг праведности служит лишь приготовлением – т.е. это Хохма без хасадим, а Нуква не может получить Хохму без хасадим. Поэтому она еще должна восполниться посредством зивуга праведника для получения хасадим. И поэтому сказано: «Основал вселенную мудростью Своею»⁵⁵² – так как это является лишь подготовкой.

«Создал землю»⁵⁵² – это Творец, который исправил землю и исправил пути ее, и исправил Он ее «силою Своею». Объяснение. Отрывок «создал землю» разъяснялся выше в отношении создающего, т.е. Творца, пребывающего наверху, создавшего землю посредством зивуга от хазе и выше. А здесь «создал землю» выясняется в отношении действия, и поэтому говорится, что Творец исправил землю и исправил пути ее, поскольку это действие является исправлением, чтобы она могла светить полученной ею Хохмой благодаря наполнению хасадим от зивуга (соединения) в месте от хазе и выше.

386) Есть такие связи, с помощью которых все двадцать две буквы связываются в одно целое. Это две буквы, каждая из которых связывает все двадцать две буквы в одно целое. Одна поднимается, другая опускается, и та, что поднялась,

---

⁵⁵³ Писания, Псалмы, 9:9.

опускается, а та, что опустилась, поднимается, как сказано: «Только в тебе Творец (ах бах эль אַךְ בָּךְ אֵל)»[554].

Здесь продолжается выяснение двух зивугов, праведника и праведности, в выражении: «Создал землю силою Своею»[552]. И поскольку они являются двумя Есодами, так как Есод захара – это праведник, а Есод нуквы – праведность, он называет их двумя буквами. Потому что Есод называется буквой. А двадцать две буквы – это десять сфирот строения парцуфа, которые тоже делятся на двадцать две буквы[555]. Поэтому двадцать две буквы составляют каждый полный парцуф. И сфира Есод парцуфа включает весь парцуф, связывая все элементы парцуфа в единую связь. Поэтому сказано, что есть связи, с помощью которых все двадцать две буквы связываются в одно целое, и это Есоды каждого парцуфа, и каждый из них связывает все элементы парцуфа, т.е. двадцать две буквы, делая их единым целым в зивуге.

«Это две буквы» – два Есода, праведник и праведность. «Одна из них поднимается, другая опускается» – потому что зивуг в Есоде захара, называемый праведником и служащий для притяжения хасадим, является только свойством ВАК[556], определяемыми как свечение снизу вверх. Потому что только свечение ГАР светит сверху вниз. Таким образом, свечение зивуга де-хасадим в свойстве «праведник» поднимается, т.е. светит только снизу вверх. И поэтому сказано: «Одна поднимается». А свечение зивуга Хохмы, нисходящее в Есод нуквы, называемый праведностью, поскольку она является свойством ГАР, светит сверху вниз. И свечение его считается нисходящим ко всем нижним, поэтому сказано: «А другая опускается».

И известно, что после того, как раскрылась ступень хасадим в зивуге праведника, производится зивуг, в котором праведник и праведность становятся как одно целое и включают в себя друг друга. Праведник включает в себя свечение Хохмы, имеющееся у праведности, и тогда есть у него ГАР. А праведность

---

[554] Пророки, Йешаяу, 45:14. «Так сказал Творец: "Труд египтян, торговля кушиян, и севаяне, люди рослые, к тебе перейдут и твоими будут, за тобой пойдут они, в оковах пройдут и тебе кланяться будут, умолять будут тебя: только у тебя Творец, и нет более, нет бога иного"».
[555] См. выше, п. 34.
[556] См. п. 372.

включает в себя хасадим, имеющиеся у праведника, и ее Хохма облачается в хасадим. Таким образом, благодаря этому зивугу светят сейчас хасадим праведника сверху вниз, потому что есть у них теперь ГАР в силу включения в праведность. А Хохма праведности, для того чтобы она могла облачиться в хасадим, светит только снизу вверх.

«И та, что поднялась, опускается, а та, что опустилась, поднимается». Потому что свечение хасадим от праведника, которое раньше поднималось снизу вверх, теперь, после включения в праведность, опускается свечение его сверху вниз – к нижним. А свечение Хохмы, которое раньше опускалось сверху вниз, теперь, после включения в праведника, поднимается свечение ее снизу вверх, и не распространяется вниз, к нижним.

Как сказано: «Только в тебе Творец (ах бах эль אַךְ בְּךָ אֵל)»[554]. «Творец (эль אֵל)» – это имя милосердия (хесед), свечение которого опускается вниз, к нижним. Поэтому «в тебе Творец (бах эль בְּךָ אֵל)» – т.е. в Исраэле. Потому что свет хасадим опускается к нижним. Но слово «только» указывает на сокращение – т.е. исключая свечение Хохмы. И сказанное означает – только имя Эль в тебе, а не свет Хохмы. Таким образом выясняется, что сказанное: «Создал землю силою Своею»[552] – это праведник. И Нуква, благодаря праведнику, получает совершенное действие. «Основал землю мудростью Своею»[552] – это праведность, т.е. зивуг праведности является только приготовлением. Но в завершение происходит зивуг (соединение) праведника с праведностью его, и тогда исправление Нуквы становится совершенным.

387) Язычок весов установлен посередине, как сказано: «Не совершайте несправедливости в суде, в измерении, в весе и в мере»[557]. «В весе» – означает, что язычок весов установлен посередине, поскольку тогда это правдивый вес. И сказано: «По шекелю священному»[558], благодаря которому весы устанавливаются так, что язычок находится посередине. И тогда взвешиваются мохин, и поэтому называются священным шекелем. То есть весы, на которых взвешиваются мохин, «весы верные»[559],

---

[557] Тора, Ваикра, 19:35.
[558] Тора, Шмот, 30:13.
[559] Тора, Ваикра, 19:36.

на которых взвешивается праведность, и все мохин устанавливаются на весах «по шекелю священному».

Пояснение сказанного. Все мохин выходят и раскрываются на весах и в весе. И это – три точки холам-шурук-хирик: буквы МИ – это холам, правая чаша, хасадим; буквы ЭЛЕ – шурук, левая чаша, свечение Хохма; и прежде чем раскроется ступень хасадим в точке хирик, две чаши весов несогласованы. Один раз усиливается правая, и чаша хасадим поднимается, а чаша Хохмы опускается. В другой раз усиливается левая, и чаша Хохмы поднимается, а чаша хасадим опускается.

И это продолжается до тех пор, пока не раскроется средняя линия, хасадим, с помощью экрана точки хирик, и тогда происходит согласование, при котором Хохма облачается в хасадим, а хасадим в Хохму, и оба свойства светят вместе. Поэтому считается эта ступень точки хирик устанавливающимся посередине язычком весов, поскольку в то время, когда этот язычок весов устанавливается посередине, образуется правильный вес, и две чаши весов устанавливаются одна против другой в равной мере. И таким образом выходят все мохин, как сказано выше, ведь нет семени, засеянного для получения мохин, кроме трех посевов холам-шурук-хирик.

И это противоречит сказанному: «Та, что поднималась, опускается, а та, что опускалась, поднимается». Когда с помощью средней линии, согласовывающей между ними, распространяется вниз свечение хасадим, а не свечение Хохма. А в отношении священного шекеля, указывающего на мохин, две чаши весов светят в равной мере так, что язычок весов останавливается посередине, и правая чаша не усиливается больше, чем левая.

Если бы не Мой союз днем и ночью[290]

388) «Речением Творца были созданы небеса, и дуновением уст Его – все воинства их»[560]. Это нижние небеса, расположенные от хазе Зеир Анпина и ниже, которые были созданы речением высших небес, расположенных от хазе Зеир Анпина и выше, которые были созданы духом (руах), извлекающим голос, пока он не достигнет той реки, которая исходит и вытекает, и воды ее не прекращаются никогда.

Пояснение сказанного. Небеса – это Зеир Анпин. В месте от хазе и выше он называется высшими небесами, а от хазе и ниже – нижними небесами. И известно, что от хазе и ниже нет у него исправления на своем месте, но он должен подняться и включиться в зивуг выше хазе, называемый «высшие небеса»[561]. Нижние небеса, расположенные от хазе и ниже Зеир Анпина, были созданы речением высших небес. И когда Зеир Анпин в состоянии катнут, называется «дух (руах)», а в состоянии гадлут называется «голос (коль)». И сказано, что они были созданы духом (руах), извлекающим голос (коль). При этом руах Зеир Анпина достиг мохин состояния гадлут, и это – первое состояние гадлут. А затем он достигает второго состояния гадлут от Аба ве-Има. И поэтому сказано: «Пока не достигнет той реки, которая исходит и вытекает», т.е. Абы ве-Имы, зивуг которых не прекращается никогда.

«И дуновением уст Его – все воинства их»[560] – указывает на всех нижних, находящихся ниже ЗОН мира Ацилут, которые устанавливаются только в свете руах, еще не достигшем голоса (коль) свойства захар, т.е. они получают укрытые хасадим от свойства захар, потому что укрытые хасадим относятся к захару, а Хохма относится к некеве. И поскольку все нижние нуждаются в Хохме, то считаются для них укрытые хасадим свойством ВАК без ГАР.

Иными словами, в самих ЗОН мохин находятся в свойстве «священного шекеля»[558], когда Хохма и хасадим светят в равной мере, и это только от хазе Зеир Анпина и ниже, но во всех

---

[560] Писания, Псалмы, 33:6.
[561] См. выше, п. 119.

воинствах, находящихся ниже ЗОН мира Ацилут, устанавливающихся в БЕА, получают от Хохмы только руах, т.е. свечение снизу вверх, о котором сказано: «И та, что опускалась, поднимается». И только хасадим опускаются к ним, о чем сказано: «А та, что поднималась, опускается».

389) «Орошает горы из верхних чертогов Своих, плодами дел Твоих насытится земля»[562]. Что представляют собой верхние чертоги Его? «Горы» – это ХАГАТ де-ЗОН, расположенные от хазе и выше, и он орошает их «из верхних чертогов своих» – т.е. высших Аба ве-Има, получая от них свойство «чистый воздух (авира дахья)», укрытые хасадим. «Плодами дел Твоих насытится земля» – это та река, которая истекает и выходит ниже хазе Зеир Анпина, передавая туда свечение Хохмы, несущее полное насыщение. И поэтому сказано: «Насытится земля» – Нуква, расположенная ниже хазе Зеир Анпина. И об этом говорится: «В нем семя его (заро́ זרעו)»[86] – т.е. семя (зера זרע) «вав ו» в нем.

---

[562] Писания, Псалмы, 104:13.

Да будут светила

390) «Да будут светила на своде небесном»[563]. Слово «светила (меорот מארת)» написано без «вав ו». Рабби Хизкия сказал: «Это светило, в котором есть сила суда и восприятие суда». Объяснение. Светило – это Малхут, Нуква Зеир Анпина. И поэтому ей недостает «вав ו», что означает «проклятие». Потому что в Малхут есть два вида судов:

1. Сила суда, лежащая на ней в силу первого сокращения, чтобы не получать внутрь себя прямой свет, и эти суды – от ее собственного корня.
2. Тьма, которая в ней, воспринятая ею от Бины[564], и поэтому называется восприятием суда, который не от нее, а от того, что она восприняла от других.

А рабби Йоси говорит: «Слово "светила (меорот מארת)" написано без "вав ו" потому, что это означает проклятие, так как отрывок указывает на то, что будет проклятие внизу, потому что луна, Малхут, является причиной смерти младенцев от дифтерии в нижнем мире, и от нее зависит проклятие».

Рабби Хизкия объясняет, что «светила (меорот מארת)» и «проклятия» находятся наверху, в мире Ацилут – в самой Малхут мира Ацилут, поскольку в ней самой есть сила суда и восприятие суда. Рабби Йоси объясняет, что вниз, в нижний мир, нисходят от Малхут светила и проклятия. И из-за проклятия, происходящего внизу, Малхут называется словом «светила (меорот מארת)» без «вав ו»[565]. Поскольку это самый малый свет из всех светов Ацилута, последний из всех светов, и иногда она погружается во тьму и не получает свет, и поэтому исходит от нее вниз дифтерия и проклятия.

Объяснение. Когда ступени сокращаются из-за подъема Малхут каждой ступени в ее Бину, опускаются Бина и ТУМ каждой ступени на ступень под ней, а Бина и ТУМ ступени

---

[563] Тора, Берешит, 1:14,15. «И сказал Всесильный: "Да будут светила на своде небесном, чтобы отделять день от ночи; и будут они для знамений и времен, и для дней и лет. И будут они светилами на своде небесном, чтобы светить над землей"».
[564] См. выше, п. 332.
[565] См. п. 98, со слов: «До сих пор...»

Да будут светила

Малхут опускаются в миры БЕА разделения, где находятся клипот, так как она является последним и самым малым светом во всем мире Ацилут. И после нее нет никакой ступени святости, чтобы Бина и ТУМ ее упали туда. И из-за этого сокращения исходит от нее дифтерия к младенцам. И поэтому сказано: «Поскольку это самый малый свет из всех светов Ацилута, последний из всех светов, и иногда она погружается во тьму и не получает света» – так как, когда она погружается во тьму, во время сокращения, опускаются ее Бина и ТУМ в миры БЕА разделения и дают силы вредителям и клипот.

391) «На своде небесном» – это небосвод, включающий всё, поскольку берет все света и светит тому свету, который не светит. Объяснение. Небосвод Бины включает все мохин ЗОН, потому что поднимает буквы ЭЛЕ Бины, возвращая их в Бину, и тогда также и ЗОН, слитые с ними, поднимаются вместе с ними в Бину и получают от нее мохин, и это происходит на всех ступенях ЗОН. Поэтому небосвод Бины считается включающим небосводом, и он светит тому свету, который не светит. Иными словами, светит Малхут, вследствие того, что поднимает ее в Бину, как сказано: «Да будут светила на своде небесном».

392) А рабби Ицхак сказал, что Он извлек то светило, которое не светит, и называется оно небесным царством (Малхут), землей Исраэля и землей жизни. Все они являются именами Малхут. Объяснение. Потому что он объясняет сказанное: «Да будут светила на своде небесном», что Создатель извлек с помощью этих слов «светило, которое не светит», Малхут, являющуюся Нуквой Зеир Анпина, и поэтому сказал Создатель: «Да будут "светила (меорот מארת)"» без «вав ו», потому что сказал, чтобы светила были на небосводе, который не сможет светить.

Небеса светят этому небосводу. Зеир Анпин называется небесами и светит Малхут, небосводу, который не светит. Поэтому сказано: «Да будут светила (меорот מארת)» без «вав ו», и это указывает, что нет в ней свечения небес, называемых «вав ו». И когда она без «вав ו», исходит от нее смерть миру. А затем сказано: «На своде небесном, чтобы светить над землей»[563], т.е. небеса – это «вав ו», Зеир Анпин, и он светит Нукве, называемой земля.

393) «Да будут светила (меорот מארת)» написано без буквы «вав ו», потому что всё зависит от нее. «Да будут светила (меорот מארת)» включает также создание Лилит в мире. И поэтому написано без «вав ו», что означает проклятие. Сказано: «Малый и великий там»[566] – т.е. Малхут включает как мохин состояния катнут, так и мохин состояния гадлут. И сказано: «Ибо там с нами Творец великий»[567] – это мохин состояния гадлут, включенные в нее. И об этом говорится в отрывке: «Там будет отдыхать Лилит и найдет там покой»[568] – т.е. тоже о Малхут. Таким образом, всё включено в нее, как катнут, так и гадлут, и даже клипа Лилит. Как сказано: «И царство (малхут) Его над всем властвует»[569]. Поэтому слово "светила (меорот מארת)"» написано без буквы «вав ו».

394) Рабби Эльазар сказал: «"Да будут светила (меорот מארת)" без буквы "вав ו" – это Малхут, называемая зеркалом, которое само не светит, а только с помощью светов, находящихся выше него, светящих ему, словно стенки стеклянного фонаря, собирающие свет свечи, находящейся между ними, и светящие наружу. Так же и Нуква собирает свет ступеней, находящихся выше нее, и светит нижним. Однако в ней самой нет никакого света, как и у стенок стеклянного светильника».

Сказано: «Вот ковчег союза Владыки всей земли»[570]. «Вот ковчег» – это зеркало, которое не светит, Малхут, Нуква Зеир Анпина. «Союз» – это светящее зеркало. «Вот ковчег» – это «светила (меорот מארת)» без «вав ו», т.е. Нуква прежде чем Зеир Анпин, называемый письменной Торой, соединяется с ней. «Ковчег» – это короб, в который помещают письменную Тору, Зеир Анпин. «Союз» – это солнце, Зеир Анпин, светящее Нукве. И она также называется «союз», как и он, потому что соединена с ним. И поэтому называется в отрывке «ковчег союза».

«Ковчег союза Владыки всей земли». Это именно так, потому что «ковчег союза» означает – только во время, когда она в соединении с Зеир Анпином, называемым «союзом», она

---

[566] Писания, Йов, 3:19.
[567] Пророки, Йешаяу, 33:21.
[568] Пророки, Йешаяу, 34:14.
[569] Пророки, Псалмы, 103:19.
[570] Пророки, Йеошуа, 3:11. «Вот ковчег союза Владыки всей земли пойдет пред вами через Ярден».

называется «Владыка всей земли», как и ее муж, Зеир Анпин. «Союз», т.е. Зеир Анпин, называется Владыкой всей земли.

395) И этот «ковчег» означает «Владыка», потому что солнце, которое светит ей и всему миру, называется так, и от него берет Нуква имя «Владыка (Адон)». И благодаря имени Адон называется этот «ковчег» по имени Адни. И так же, как захар называют праведником, а нукву – праведностью, так же Владыка (Адон) – это имя захара, а Адни – это имя нуквы. Поскольку так же, как имя «праведность» нуквы взято от имени захара «праведник», так же и имя Адни нуквы взято от имени захара Адон (Владыка). И поэтому, когда нуква называется полностью именем мужа ее, т.е. именем ковчега союза, она называется в это время именем захара – Адон (Владыка).

396) Звезды и созвездия устанавливаются согласно союзу, т.е. солнцу, Зеир Анпину. И это свод небесный, о котором сказано: «Да будут светила на своде небесном»[563]. «Да будут светила» – это Нуква, «на своде небесном» – Зеир Анпин, светящий ей, звездам и созвездиям, и всему миру. На этом своде запечатлены и начертаны эти звезды и созвездия, и с ним они связаны, «чтобы светить над землей»[563].

Таким образом, рабби Ицхак объясняет, что название «свод» указывает на Нукву. Рабби Йоси объясняет, что название «свод» указывает на Есод Бины. А рабби Эльазар объясняет, что слова «Да будут светила» указывают на Нукву, а «на своде небесном» – на Зеир Анпина.

Старец рабби Иса объясняет, что Создатель сказал: «Да будут светила», чтобы они держались «на своде небесном» – т.е. чтобы все меры свечения ее были связаны со сводом небесным. Иначе говоря, Создатель установил здесь, в речении «да будут светила на своде небесном», что все величины ступеней будут зависеть от свода небесного, т.е. парсы, которая при своем подъеме под Хохму отмеряет уровень руах для ступени, при опускании под Бину отмеряет ступень нешама, при опускании под Тиферет отмеряет ступень хая, а при опускании в Малхут отмеряет ступень ехида.

«Светила» – это луна, которая зависит во всех мерах своей ступени от небосвода, поскольку сказано: «Да будут светила на своде небесном». Но ведь и солнце держится на небосводе. И поскольку сказано: «И будут они для знамений и времен»[563], то все величины ступеней, выходящих в определенные времена, и праздники, и новомесячья, и субботы, зависят от небосвода и образуются им, т.е. он отмеряет величины уровня каждой ступени.

397) Все величины ступеней, которые отмеряет небосвод, образуются действием первого высшего небосвода, в котором соединяется святое имя, и он – всё. Это небосвод, расположенный в пэ Арих Анпина, выведший Бину, Тиферет и Малхут Арих Анпина за пределы рош, называемый первым небосводом, самым высшим во всех мирах. И святое имя Элоким соединяется в нем, потому что при опускании его из пэ в хазе Арих Анпина он поднимает буквы ЭЛЕ в рош Арих Анпина, и они соединяются с буквами МИ, и восполняется имя Элоким. И он – «всё», потому что включает в себя все нижние света, и этот небосвод называется «семь небосводов».

Семь звезд соответствуют семи небосводам, и все они являются правителями мира. А высший мир находится над ними. «Небосвод» означает – новое окончание, которое образовалось в результате второго сокращения, с помощью подъема Малхут в Бину. И здесь имеются «действующий» и «действие», называемое «звезда» и «небосвод». Производящий действие окончания называется звездой. А само действие окончания называется небосводом. Высший небосвод, расположенный в пэ Арих Анпина, называется «семь небосводов», соответствующих ХАГАТ НЕХИ, а сам он является высшим над ними и включающим их в себя[571]. И в таком случае, есть в них семь звезд, потому что действующая сила в каждом из семи небосводов называется звездой.

Однако это говорит только о действующем и о действии второго сокращения, тогда как сила действия первого сокращения не называется звездой. И в соответствии с этим звезды не должны были править в ином месте, кроме Бины, которая сократилась только при втором сокращении. Однако в Малхут, которая сократилась еще при первом сокращении, эти звезды не должны властвовать и управлять ею. Но благодаря

---

[571] См. выше, п. 365.

соединению Малхут с Биной Малхут исправилась всеми исправлениями Бины, и поэтому звезды действуют в Малхут так же, как и в Бине.

«И все эти семь звезд управляют нижним миром» – Малхут, «а высший мир находится над ними» – а высший мир, т.е. Бина, основан над ними, над этими звездами, а не над нижним миром, Малхут, поскольку сила сокращения в ней вообще не находится в свойстве звезды. Но, вместе с тем, нижний мир тоже управляется звездами.

Это два мира: высший мир – Бина, и нижний мир – Малхут. И нижний мир, Малхут, установлен по подобию высшего, Бины, поэтому все исправления высшего мира происходят также и в нижнем, и нижний мир тоже управляется с помощью звезд, как и высший. Как сказано: «От мира и до мира»[572]. Это указывает на то, что всё имеющееся в высшем мире переходит и устанавливается в нижнем мире. Высший мир – это высший Царь, Бина, нижний мир – это нижний Царь, Малхут.

398) Сказано: «Творец – Царь, Творец царствовал, Творец будет царствовать на веки вечные». «Творец – Царь»[573] наверху, «Творец царствовал»[574] – посередине, «Творец будет царствовать»[575] – внизу. И объясняется: «Творец царствовал» – это прошедшее время, высший мир, называемый будущим миром, т.е. Бина. «Творец – Царь» – настоящее время, Тиферет (великолепие) Исраэля, т.е. Зеир Анпин. «Творец будет царствовать» – будущее время, и это ковчег завета, т.е. нижний мир, Малхут.

Объяснение. Бина предшествует сотворению мира, и поэтому она обозначается прошедшим временем – «Творец царствовал (малах מָלַךְ)», с буквой «мэм מָ», огласованной знаком «камац». А в настоящем времени мир управляется Зеир

---

[572] Писания, Псалмы, 106:48. «Благословен Творец, Всесильный Исраэля, от мира и до мира!»

[573] Писания, Псалмы, 10:16. «Творец – Царь навеки и навсегда; исчезли народы с земли Его».

[574] Писания, Псалмы, 93:1. «Творец царствовал, величием облачился Он! Облачился Творец, мощью препоясался. Установилась земля незыблемо».

[575] Тора, Шмот, 15:18. «Творец будет царствовать на веки вечные».

Анпином, где ХАГАТ НЕХИ – это шесть тысяч лет. И поэтому он обозначается настоящим временем: «Творец – Царь (мэлех מֶלֶךְ)» – с буквой «мэм מ», огласованной знаком «сэголь». Однако Нуква, Малхут, еще не раскрылась в мире во всей своей полноте, но она все время исправляется до окончательного исправления, и поэтому царство ее обозначается будущим временем: «Творец будет царствовать». И приводится это здесь как подтверждение сказанному, что высший Царь – это Бина, а нижний Царь – Малхут.

399) Явился Давид в другое время и обратил их снизу вверх и сказал: «Творец – Царь навеки и навсегда»[573]. «Творец – Царь» означает – внизу, в нижнем мире, Малхут. «Навеки» означает – посередине, в Зеир Анпине. «И навсегда (ваэд וָעֶד)» означает – наверху, в Бине, где находится собрание (виуд וִעוּד), т.е. единство, мохин и правление всех ступеней.

«Царствовал» – наверху. Поэтому высший мир, Бина, называется словом «царствовал (малах מָלָךְ)», с буквой «мэм מ», огласованной знаком «камац», и это показывает, что управление уже достигло всего совершенства. Однако «будет царствовать» – внизу. «Будет царствовать» – указывает на то, что будущее получения совершенства этого царства находится внизу, в нижнем мире, Малхут, которая еще не пришла к совершенству.

И нет противоречия с приведенными выше словами Давида, что «Творец – Царь» означает – внизу, ведь она называется «Царь (мэлех מֶלֶךְ)» – с буквой «мэм מ», огласованной знаком «сэголь». Потому что Малхут называется «Царь (мэлех מֶלֶךְ)» – в настоящем времени, в отношении того, что она получает от Зеир Анпина, мужа своего, который называется «Царь (мэлех מֶלֶךְ)» – с «мэм מ», огласованной знаком «сэголь». И в таком случае она называется так только по имени ее мужа, но с ее собственной стороны еще не раскрылось царство ее, и раскроется только в будущем, при завершении исправления. И действие ее в этом свойстве называется «будет царствовать (имлох יִמְלוֹךְ)»[575].

400) Все эти светила соединяются на своде небесном, как сказано: «И поместил их Всесильный (Элоким) на своде

небесном, чтобы светить над землей»[576]. Что представляет собой небосвод, светящий земле? Это река, исходящая и вытекающая из Эдена, как сказано: «И река вытекает из Эдена, чтобы орошать сад»[348]. То есть, Бина вышла из Эдена, Хохмы, для того, чтобы дать мохин Малхут, называемой садом. Таким образом, «свод» – это Бина, которая дает свет земле, т.е. саду. И также все светила, т.е. мохин де-ЗОН, соединяются в ней, т.е. от нее выходят и распространяются.

401) После того, как луна властвует и светит благодаря реке, исходящей и вытекающей из Эдена, Бины, во всех небесах, которые находятся под миром Ацилут, в отделенных мирах БЕА, и воинствах их – во всех них добавляется свет. И звезды, поставленные над миром, чтобы управлять им, – все они властвуют, способствуя росту растений и деревьев. И всё, что имеется в мире, умножается и растет. И даже воды и рыбы в море получают дополнительный рост.

И множество посланников суда летают по миру, поскольку все они радуются с большей силой, иначе говоря, их сила тоже возрастает вследствие власти Малхут, и поэтому они могут нанести больший вред, чем обычно. Когда есть радость в чертоге Царя, то даже охраняющие врата и охраняющие пути, все они пребывают в радости и разбредаются по миру. И поэтому младенцы в мире должны в это время остерегаться вредителей.

402) «И поместил их Всесильный (Элоким) на своде небесном»[576] – когда все они устанавливаются на нем в то время, когда солнце и луна находятся вместе на своде небесном, в Бине, и они тогда пребывают в радости друг с другом, при этом луна уменьшает себя перед солнцем, и с этого времени всё, что солнце, Зеир Анпин, получает, используется для свечения Нукве, а не для себя. И об этом сказано: «Чтобы светить над землей».

Объяснение. Зеир Анпин называется солнцем, а Нуква называется землей, и также луной. Из сказанного: «И поместил их Всесильный (Элоким) на своде небесном» следует, что Нуква находится на одной ступени с Зеир Анпином, т.е. оба они получают от свода небесного. А затем сказано: «Чтобы светить над землей», т.е. Нуква называется землей. И в таком случае, Нуква

---

[576] Тора, Берешит, 1:17.

находится ниже Зеир Анпина и получает только от солнца, Зеир Анпина. Поэтому вначале оба они, Зеир Анпин и Нуква, находились на своде небесном и были на равной ступени и получали вместе от свода небесного, от Бины. А затем уменьшилась Нуква и стала ниже Зеир Анпина, и тогда получает от него. Поэтому затем сказано: «Чтобы светить над землей».

403) Сказано: «И будет свет луны как свет солнца, и свет солнца станет семикратным, как свет семи дней»[206]. «Семь дней» – это семь дней начала творения, т.е. ХАГАТ НЕХИМ Зеир Анпина. И поэтому сказано, что «будет свет луны» – в грядущем будущем, «как свет солнца» грядущего будущего. И тогда станет свет солнца семикратным – как величина семи сфирот, которые установились в дни начала творения. Таким образом, в грядущем будущем солнце и луна станут равными.

Однако «свет семи дней» означает, что во время семи дней уполномочения, т.е. семь сфирот ХАГАТ НЕХИМ Нуквы, после того, как они получат всё свое наполнение в грядущем будущем, и тогда называются ее сфирот днями уполномочения. И поэтому этот отрывок должен означать, что «будет свет луны» в грядущем будущем, «как свет солнца» теперь, «а свет солнца» в грядущем будущем, «станет семикратным» по своей величине в сравнении со светом семи сфирот ХАГАТ НЕХИМ Нуквы в грядущем будущем. Таким образом, также и после конца исправления ступени Зеир Анпина и Нуквы не будут равными, но Зеир Анпин и тогда будет семикратно превышать ступень Нуквы.

404) Сфирот Нуквы называются тогда днями уполномочения, поскольку в это время улучшится мир и вернется к своему совершенству, и Нуква больше не будет уменьшаться в силу порока змея зла, о котором сказано: «Ропщущий отторгает Господина»[246], т.е. расторгает единство ЗОН. Поэтому называются тогда ее сфирот днями уполномочения. И это будет, когда Нуква наполнится и не будет в ней больше никакого сокращения. И это будет в то время, о котором сказано: «Уничтожит Он смерть навеки»[370], т.е. когда навечно устранится ситра ахра и смерть. И тогда сказано: «В этот день будет Творец един и имя Его едино»[75]. Однако и в конце исправления у Нуквы будет два времени: вначале исправится Нуква с Зеир Анпином на равной ступени, а затем – одна ниже другой.

Воскишат воды

405) «Воскишат воды кишением существа живого»[577] – это нижние воды, порождающие существа (нефашот), так же, как высшие воды, Бина. Иначе говоря, так же как высшие воды, Бина, порождают души ЗОН, так и нижние воды, ЗОН, порождают души праведников. Высшие воды порождают высшие души, ЗОН, нижние воды порождают нижние души – души праведников.

Рабби Хия сказал: «Высшие породили "существо живое (нефеш хая)" – душу (нефеш) Адама Ришона, как сказано: "И стал человек (адам) существом живым"[578]». Души (нефашот) людей выходят из ЗОН, называемых нижними водами. Рабби Хия называет ЗОН нижними водами, поскольку они не могут породить души (нешамот) людей, прежде чем они поднимутся и облачат Абу ве-Иму, называемые высшими водами. И нижний, поднимающийся к высшему, становится как и он. Поэтому рабби Хия считает ЗОН в это время высшими водами, как и Абу ве-Иму.

406) «И птица будет летать над землею»[577]. «И птица будет летать» – это высшие посланники, ангелы, являющиеся к людям в виде человека. И это выясняется из слов «будет летать над землею», указывающих на то, что это те (ангелы), которые подобны живущим на земле, потому что есть другие ангелы, которые являются только лишь в виде духа, в соответствии с постижениями разума людей. И поэтому сказано здесь: «Над землею», чтобы показать, что они такими не являются, а постигаются только в образе людей.

Объяснение. Есть ангелы, которые исходят со стороны Малхут, принадлежащей свойству от хазе Зеир Анпина и ниже. И о них сказано: «И птица будет летать над землею», потому что «земля» – это Малхут, и они являются к людям в образе

---

[577] Тора, Берешит, 1:20. «И сказал Всесильный: "Да воскишит вода кишением существа живого и птица будет летать над землею под сводом небесным"».

[578] Тора, Берешит, 2:7. «И создал Творец Всесильный человека из праха земного, и вдохнул в ноздри его дыхание жизни, и стал человек существом живым».

человека. А есть ангелы, которые исходят со стороны Зеир Анпина, от его хазе и выше, которые являются только лишь в виде духа, в соответствии с постижениями разума людей. Потому что тела людей не имеют корня в Зеир Анпине, и ангелы, исходящие с его стороны, не могут облачиться в образ тела.

407) И поскольку они меняют свой образ, чтобы облачиться в тела людей, не сказано о них: «И всякую птицу крылатую по виду ее»[579], как о других ангелах, исходящих от Зеир Анпина. Потому что те, которые исходят от Зеир Анпина, никогда не изменяют своего вида, и не изменяются, чтобы облачиться в тело людей, как другие ангелы, о которых не сказано «по виду ее», а сказано: «И птица будет летать над землею»[577], но не «по виду ее».

И среди самих ангелов есть отличающиеся друг от друга. Это значит, что есть между ними многочисленные ступени, и поэтому сказано: «И оттуда разделяется»[580], потому что это парса, простирающаяся под миром Ацилут, и ниже нее расположены три мира БЕА разделения, в которых находятся эти ангелы. И именно эта парса создает в них многочисленные ступени[581].

---

[579] Тора, Берешит, 1:21. «И сотворил Всесильный чудовищ огромных и всякое существо живое пресмыкающееся, которыми воскишела вода, по роду их, и всякую птицу крылатую по виду ее. И увидел Всесильный, что хорошо».

[580] Тора, Берешит, 2:10. «Река вытекает из Эдена для орошения сада, и оттуда разделяется и образует четыре главных реки».

[581] См. «Введение в науку Каббала», пп. 144-154.

И сотворил Всесильный чудовищ

408) «И сотворил Всесильный чудовищ огромных»[579] – это левиатан и чета его. «Левиатан» – это Есод Зеир Анпина в состоянии гадлу́т. «И всякое существо живое (нефеш ха́я) пресмыкающееся»[579] – это сущность (нефеш) того животного, которое пресмыкается в четырех сторонах света. Пресмыкается (ромесет רומשת) – так же, как и попирает (ромесет רומסת), т.е. оно попирает и разрушает все стороны мира. И животное, которое пресмыкается, – это Лилит.

409) «Которыми воскишела вода, по роду их»[579] – потому что вода способствует их росту. Это относится к левиатану и чете его, которые растут благодаря воде. Поскольку, когда приходит южный ветер, воды выходят из своего замерзания, вызванного северным ветром[582], и растекаются во все стороны. И всё время проплывают морские корабли, как сказано: «Там корабли плывут, и левиатан, которого сотворил Ты, чтобы он резвился в нем (в море)»[583]. Таким образом, левиатан растет благодаря водам.

410) «И всякую птицу крылатую по роду ее»[579] – тех ангелов, о которых сказано: «Ибо птица небесная донесет голос»[584]. Это ангелы, исходящие от Зеир Анпина, называемого голос. Все они шестикрылые и никогда не изменяют себя. Шестикрылые они потому, что исходят от Зеир Анпина и соответствуют его ХАГАТ НЕХИ, и не меняются потому, что не облачаются в тело, так как у тела нет никакого корня в Зеир Анпине. Поэтому сказано: «По роду ее», поскольку подразумевается высший род, т.е. род от хазе Зеир Анпина и выше, где у тела вообще нет корня. И поэтому они не изменяют себя, чтобы облачиться в тело.

---

[582] См. выше, п. 367, со слов: «И если бы не южная сторона...»
[583] Писания, Псалмы, 104:25, 26. «Вот море великое и необъятное, там пресмыкающиеся, которым нет числа, животные малые и большие, там корабли плывут, левиатан, которого сотворил Ты, чтобы он резвился в нем».
[584] Писания, Коэлет, 10:20. «Даже в мыслях своих не кляни царя, и в покоях спальных твоих не кляни богача, ибо птица небесная донесет голос, а крылатый поведает речь».

И они взлетают и облетают мир за шесть перелетов, соответствующих шести сфирот ХАГАТ НЕХИ в них. И они рассматривают дела людей и поднимают их наверх – в высший суд. Поэтому сказано: «Даже в мыслях своих не кляни царя»⁵⁸⁴ – т.е. Царя мира, «ибо птица небесная донесет голос»⁵⁸⁴ – наверх, и говорится об этих ангелах.

411) Написано «пресмыкаются», но ведь нужно было сказать «кишат», как сказано: «Которыми воскишела вода»⁵⁷⁹? Однако так же, как говорится: «Наступает ночь», что означает – «стемнела ночь», как сказано: «Когда бродят все звери лесные»⁵⁸⁵. «Когда (досл. в ней)» – в ночи, т.е. Малхут. И все силы тьмы, называемые «звери лесные», властвуют в ночи. Поэтому «всякое существо живое, пресмыкающееся»⁵⁷⁹ означает Малхут. И все они властвуют в час, когда властвует ночь, т.е. Нуква. Так как Малхут включает всё, что находится ниже нее, и даже клипот.

Эти ангелы возглашают песнь во время трех страж, на которые делится ночь. И воспевают песнь, не прерываясь. И об этих ангелах сказано: «Напоминающие о Творце – не давайте себе покоя!»⁵⁸⁶

---

⁵⁸⁵ Писания, Псалмы, 104:20.
⁵⁸⁶ Пророки, Йешаяу, 62:6. «На стенах твоих, Йерушалаим, Я поставил стражей, весь день и всю ночь, всегда, не будут молчать они; напоминающие о Творце – не давайте себе покоя!»

Создадим человека

412) В час, когда Творец пожелал создать человека, содрогнулись все высшие и нижние. Поскольку все миры зависят от Его деяний, будь это во зло или во благо. Таким образом, создание человека касается всех. Поэтому содрогнулись, поскольку испугались, что может согрешить. В шестой день он восходил по ступеням своим, пока не поднялся к желанию высшего, и тогда светит источник всех светов.

413) И открыл он восточные ворота, поскольку оттуда выходит свет, чтобы светить миру.

Пояснение сказанного. Все действия, которые происходили в обязательном порядке при создании парцуфов ЗОН, должны быть повторены в виде зивуга для порождения души. А порядок создания парцуфов ЗОН приведен в короткой фразе: «Три выходят из одного, один удостаивается трех». Это означает, что Зеир Анпин вначале поднимается в МАН к ИШСУТ и согласовывает там между правой и левой линиями ИШСУТ на ступени хасадим, выходящей там на экран точки хирик, и тогда все три линии включаются друг в друга, и в ИШСУТ выходят три мохин ХАБАД.

И это означает, что «три» – т.е. ХАБАД (Хохма-Бина-Даат) парцуфа ИШСУТ, «выходят из одного» – Зеир Анпина. Потому что, благодаря его согласованию двух имеющихся там линий, начали светить там три этих вида мохин, и поэтому «один» – Зеир Анпин, «удостаивается трех» – тоже устанавливается в этих трех мохин ХАБАД, потому что всей величины свечения, выходящей в высшем благодаря нижнему, удостаивается также и нижний.

И весь этот путь ЗОН должны пройти заново для того, чтобы породить душу Адама Ришона. И в начале Зеир Анпин должен подняться в МАН к ИШСУТ, чтобы согласовать между правой и левой линиями в них, и этот подъем Зеир Анпина в ИШСУТ относится в основном к Есоду Зеир Анпина, потому что он является носителем экрана точки хирик.

Шестой день, Есод Зеир Анпина, поднимается по своим ступеням в МАН к желанию высшего, к парцуфу ИШСУТ, и согласует там между правой и левой линиями ИШСУТ. И благодаря согласованию его раскрываются там три мохин ХАБАД, как сказано: «Три выходят из одного». «И тогда светит источник всех светов» – потому что три вида мохин ХАБАД, которые вышли в ИШСУТ благодаря согласованию Зеир Анпина, являются первыми мохин свечения Хохма, раскрывающимися в мирах. Поскольку Хохма Арих Анпина скрыта и не светит парцуфам мира Ацилут, и всё свечение Хохмы, светящей в Ацилуте, исходит только от Бины, которая снова становится Хохмой и раскрывается в ИШСУТ.

Таким образом, мохин, которые вышли в ИШСУТ и восполнились благодаря согласованию Зеир Анпина, являются первыми мохин во всем мире Ацилут. А затем и Зеир Анпин удостаивается этих трех мохин, как сказано: «Один удостаивается трех». И таким образом, «открыл он восточные врата» – т.е. Зеир Анпин, называемый «восток», открывается, чтобы светить тремя этими мохин, так же, как ИШСУТ, «поскольку оттуда выходит свет, чтобы светить миру» – потому что от парцуфа ИШСУТ выходит этот свет к Зеир Анпину.

Здесь необходимо помнить, что четыре стороны света – это название четырех свойств ХУБ ТУМ (Хохма-Бина-Тиферет-Малхут). А в ЗОН – это ХУГ ТУМ (Хесед-Гвура-Тиферет-Малхут). Юг – это правая сторона, Хесед. Север – левая сторона, Гвура. Восток – это Зеир Анпин и Тиферет, т.е. средняя линия. Запад – Нуква Зеир Анпина и Малхут, получающая от трех линий, юг-север-восток.

Юг – правая линия, Хесед, раскрыл силу своего свечения, которую унаследовал от рош, т.е. от ИШСУТ, и усилился в восточной стороне, Зеир Анпине. Объяснение. После того, как Зеир Анпин получил мохин в виде трех линий от ИШСУТ, он привлек к себе правую линию, хасадим, потому что основой Зеир Анпина являются укрытые хасадим, и он не нуждается в свечении Хохмы, притягиваемом с помощью левой линии, называемой «север». Однако на самом деле он притянул все три линии, представляющие собой юг-север-восток. Однако правая линия, т.е. юг, усилилась в совершенстве своем и скрыла

Создадим человека

другие света, сделав их незаметными. То есть укрепилась во власти своей и отменила других.

Восток, Зеир Анпин, усилился в северной стороне, т.е. снова раскрыл в себе свечение левой линии, которое притянул от ИШСУТ, и это называется точкой шурук. И пробудилась северная сторона, распространившись в Зеир Анпин, и призвала с большой силой запад, т.е. Нукву Зеир Анпина, сблизиться и взаимодействовать с ней. Тогда западная сторона, Нуква, поднялась к северной и установила связь с ней. Объяснение. Основа строения Нуквы исходит от левой линии, т.е. от северной стороны. И поэтому Зеир Анпин пробудил в себе северную сторону, чтобы она распространилась на всю свою величину и облачилась в Нукву. «И призвал с большой силой запад» – потому что свечение северной стороны происходит с большой силой, так как при свечении ее застывают все света Малхут.

Затем юг, т.е. правая сторона и Хесед, является и удерживается в западной стороне, т.е. Нукве. И получается, что окружают ее юг и север, называемые оградой сада. Объяснение. После того, как Нуква устанавливает связь со свечением северной стороны, она замерзает и становится застывшим морем. Пока не возвращается Зеир Анпин и не притягивает к ней южную сторону, свет хасадим, имеющийся в правой линии. И тогда облачается свечение Хохмы северной стороны в свечение хасадим южной, и раскрываются ее света, чтобы светить в мирах. И кроме этого, становятся два этих света, южный и северный, охраняющими Нукву от клипот и судов. Потому что южный ветер устраняет все суды, а северный ветер подчиняет всех внешних и клипот. И считается поэтому, что они охраняют ее так же, как ограда охраняет сад от чужих.

Тогда восточная сторона, Зеир Анпин, совершает зивуг (соединение) с западной стороной, Нуквой. И западная сторона пребывает в радости. И тогда попросила она у всех, сказав: «Создадим человека по образу Нашему и подобию Нашему»[587] – чтобы был он, таким образом, в четырех сторонах, юг-север-восток-запад, а также верх и низ, т.е. в ВАК (в шести окончаниях). И тогда Зеир Анпин сливается с Нуквой и порож-

---

[587] Тора, Берешит, 1:26. «И сказал Всесильный: "Создадим человека по образу Нашему и подобию Нашему"».

дает душу Адама Ришона. И поэтому Адам вышел с места Храма – из Нуквы Зеир Анпина, называемой Храмом.

414) «И сказал Всесильный (Элоким): "Создадим человека"»[587]. Творец сказал, т.е. притянул к нижним, исходящим со стороны высших, имя, в числовом значении Адам, т.е. имя МА (мэм-хэй 45, מה). Объяснение. Высшие – это ИШСУТ, у которых есть только две линии, правая и левая, в свойстве холам шурук, и это МИ и ЭЛЕ. И они закрыты. Нижние – это ЗОН, у которых есть экран точки хирик, экран имени МА, который с помощью ступени хасадим, выходящей на этот экран, согласует между правой и левой линиями ИШСУТ, и ИШСУТ открываются, перестав быть закрытыми, и выходят в них три мохин ХАБАД, что и называется «три выходят из одного».

И благодаря этому также и ЗОН удостаиваются этих мохин. Потому что всей меры, вызванной нижним в высшем, удостаивается также и нижний. Как сказано: «Один удостаивается трех». И это означает, что нижний выходит со стороны высшего, потому что ЗОН сами по себе недостойны получить мохин. Но, поскольку они вызвали выход мохин наверху, в ИШСУТ, то удостоились их также и они. И поэтому считается, что в ЗОН мохин приходят со стороны высших, а не с их собственной стороны.

И так же, как были созданы мохин де-ЗОН от ИШСУТ, так же создается душа Адама Ришона от ЗОН. Ибо после того, как ЗОН получили мохин от ИШСУТ и Абы ве-Имы, и они поднялись к ним и облачили их, то стали совершенно равными ступени Аба ве-Има и ИШСУТ, и тогда создали Адама Ришона точно теми же путями, которыми Аба ве-Има создали их. Потому что сейчас считаются ЗОН высшими (свойствами), а душа Адама Ришона – нижними. Поэтому вначале сократились ЗОН так же, как и ИШСУТ, и опустили буквы ЭЛЕ к душе Адама, а затем снова подняли их на свою ступень. И тогда поднялась вместе с ними душа Адама Ришона.

И так же, как в ИШСУТ, так же образовались сейчас в ЗОН две линии, правая и левая – МИ ЭЛЕ. И света их перекрываются, а у Адама Ришона есть сейчас экран точки хирик, являющийся экраном имени МА, и он согласует между двумя линиями ЗОН, открывая их и устраняя скрытие. В мере мохин, вызванных в ЗОН душой Адама Ришона, удостаивается их также и он сам. Таким образом, выход мохин от души Адама Ришона был таким же, как и в случае нижних, выходящих со стороны высших.

И сказанное Творцом: «Создадим человека» означает, что он притянул эти мохин к нижним, выходящим со стороны высших, т.е. это нижние, являющиеся носителями экрана точки хирик, способные согласовать между двумя линиями, имеющимися в высших по сравнению с ними, и они становятся причиной выхода мохин в высших, а также удостаиваются их сами. И потому это имя составляет в гематрии МА (45 מה), так же, как и числовое значение слова Адам (45 אדם). То есть это свойство средней линии, являющейся носителем экрана точки хирик имени МА, производящего согласование в высших, и притягивающего от них также к себе, и таким образом вышла и обрела всё свое совершенство душа Адама Ришона.

Адам происходит от свойства высшего скрытия, т.е. содержит в себе две линии от высших, от ИШСУТ, правую и левую, которые до согласования третьей линией были перекрыты. И Адам также является свойством букв, так как содержит в себе среднюю линию, являющуюся свойством всех нижних, называемых «отиёт (буквы)». Так как высшие считаются «таамим (тонами)» и «некудот (огласовками)», а нижние – «отиёт (буквами)». Таким образом, человек содержит в себе всё, что наверху, и всё, что внизу.

Три буквы в имени Адам (אדם). «Алеф א» имени Адам указывает наверх, на высшие Абу ве-Иму, от которых исходит правая линия, МИ. Закрытая «мэм ם» имени Адам – это «мэм ם» в отрывке: «Для укрепления (ле-марбе לםרבה) власти»[588]. И эта «мэм», хотя и находится в середине слова, всё же принято ее обозначать закрытой «мэм ם», как и в конце слова. И она указывает на ИШСУТ, от которых исходит левая линия ЭЛЕ.

«Далет ד» – нижняя буква в имени Адам, которая закрыта с западной стороны, т.е. эта «далет ד» включена в Нукву от хазе Зеир Анпина и ниже, называемую западной стороной, указывает на экран точки хирик, носителем которого является Нуква, называемая западной стороной. И благодаря ему выходит

---
[588] Пророки, Йешаяу, 9:6.

ступень хасадим, и он становится средней линией, согласующей между правой, т.е. буквой «алеф א» имени Адам, и левой, буквой «мэм ם» имени Адам.

И это является совокупностью мохин, имеющихся наверху и внизу. Потому что по трем этим путям выходят мохин в ИШСУТе и ЗОН, а также в душе Адама Ришона – после того, как устанавливаются наверху, в ЗОН, благодаря согласованию экрана Адама, устанавливаются также внизу, в самом Адаме. Потому что всей величины свечения, раскрываемого нижним наверху, удостаивается также и он сам.

415) Когда эти буквы – «алеф א» «далет ד» «мэм ם», являющиеся раскрытием в ЗОН новых мохин ХАБАД, опустились вниз, в душу Адама Ришона, все как одна в совершенстве своем, т.е. согласованные средней линией и включенные друг в друга, Адам находится в свойстве захар (мужском) и некева (женском). Хасадим этой души считаются свойством «захар (мужским)», а гвурот – свойством «некева (женским)». И «некева» находилась в слиянии с его стороной, пока Творец не навел на него сон и он не заснул. И он был сброшен в место нижнего Храма.

416) И разделил его Творец, т.е. отделил нукву от захара. И подготовил ее, как готовят невесту, и ввел ее к нему. Об этом написано: «И взял Он одну из его сторон». «Взял Он одну» – потому что было у него две стороны, но Он взял одну из них. А та сторона, которую не взял – это первая Лилит, которая была первой женой Адама Ришона, и была удалена от него.

417) Лилит не была «поддержкой против него», как сказано: «А для человека не нашел поддержки против него»[412], потому что она была скверной клипой, и он не полагался на нее. И она была с ним до того времени, когда сказано: «Нехорошо человеку быть одному, сделаю ему поддержку против него»[404], ибо тогда она была отделена от него. Адам (человек) был последним из всех творений, и потому он должен был явиться в мир человеком совершенным. Поэтому была удалена от него Лилит, и дана Хава вместо нее.

Ибо дождя не посылал

418) «Никакого же кустарника полевого еще не было на земле, и никакая трава полевая еще не росла, ибо дождя не посылал Творец Всесильный на землю»[589]. «Никакого же кустарника полевого» – это большие деревья, когда они уже посажены, но еще малы. «Никакого же кустарника полевого еще не было» – не означает, что их не было вовсе, но они были еще малыми.

419) Адам и Хава были созданы один на стороне другого. Почему же они не были созданы в состоянии «паним бе-паним»? Потому что сказано: «Ибо дождя не посылал Творец Всесильный на землю», и зивуг (соединение) ЗОН еще не был полным. И когда были исправлены Адам и Хава внизу, и возвращены к состоянию «паним бе-паним», тогда и наверху установились в состоянии «паним бе-паним».

Объяснение. Вначале Адам и Хава были двойным парцуфом. Потому что Хава была свойством «левая линия Адама», а не самостоятельным парцуфом. Поскольку зивуг ЗОН еще не достиг совершенства, чтобы породить их. И об этом сказано: «Ибо дождя не посылал Творец Всесильный на землю» – т.е. еще не было зивуга ЗОН во всей его полноте, так как «Творец» – это Зеир Анпин, «земля» – это Нуква Его, и ЗОН не установились в состоянии «паним бе-паним» прежде чем установились Адам и Хава в состоянии «паним бе-паним».

Дело в том, что есть два ибура (зарождения) для каждой ступени, когда в первом ибуре он достигает состояния ВАК без рош, а во втором ибуре он достигает состояния гадлут. И в первом ибуре каждый высший поднимает своего нижнего к себе и исправляет его, однако во втором ибуре нижний сам поднимается к своему высшему, вознося МАН. Потому что первый ибур происходит в то время, когда высший постигает первое состояние гадлута, не находясь еще в состоянии «паним бе-паним», а только в мохин свойства ахораим, т.е. возвращает к себе

---

[589] Тора, Берешит, 2:5. «Никакого же кустарника полевого еще не было на земле, и никакая трава полевая еще не росла, ибо дождя не посылал Творец Всесильный на землю, и не было человека, чтобы возделывать землю».

буквы ЭЛЕ, которые упали от него и оказались у его нижнего, и тогда поднимается вместе с ними также и нижний, поскольку он слит с буквами ЭЛЕ. Таким образом, в первом ибуре высший поднимает нижнего, но после того, как нижний получает там свойство катнут и желает получить мохин, он поднимается тогда к высшему сам. И вследствие этого высший производит зивуг и притягивает второе состояние гадлут. И тогда устанавливается высший в зивуге «паним бе-паним» и передает мохин нижнему. Таким образом, всё то время, пока нижний не поднял МАН, чтобы получить там мохин состояния «паним бе-паним», так же и высший находится в мохин де-ахораим. И поскольку нижний является фактором и причиной выхода мохин «паним бе-паним» в высшем, считается, что нижний предшествует высшему. Потому что понятия «предыдущий» и «последующий» означают в духовном – «причина» и «следствие».

420) Откуда нам это известно? Мы видим это на примере Скинии. Сказано о ней: «И возведена была Скиния»[590], и это указывает, что другая Скиния была возведена вместе с ней, т.е. высшая Скиния, Нуква. И пока не была возведена Скиния внизу, не была возведена Скиния наверху. Так же и здесь: когда установилось это внизу, т.е. в то время, когда достигли Адам и Хава состояния «паним бе-паним», установилось и наверху – достигли также и высшие ЗОН состояния «паним бе-паним». И поэтому, пока не установилось оно наверху, т.е. ЗОН еще не установились в состоянии «паним бе-паним», Адам и Хава тоже не были созданы в состоянии «паним бе-паним».

И это подтверждает, что ЗОН еще не были в состоянии «паним бе-паним», поскольку сказано: «Ибо дождя не посылал Творец Всесильный на землю»[589], т.е. еще не было у них зивуга «паним бе-паним», так как «Творец Всесильный» – это Зеир Анпин, а «земля» – это Нуква. И поэтому заканчивается отрывок словами: «И не было человека»[589]. Иными словами, не было в исправлении его «паним бе-паним», а только двойной парцуф.

421) И когда восполнилась Хава, т.е. была отделена и установилась с ним в состоянии «паним бе-паним», восполнился и Адам. А до этого Адам не восполнился, так как Хава считается

---
[590] Тора, Шмот, 40:17.

Ибо дождя не посылал

нижней по отношению к Адаму, и буква «самэх ס» еще не пишется в этой главе, потому что «сэмэх (поддержка)» указывает на Нукву, а она еще была включена в Адама в состоянии двойного парцуфа.

И говорится, что не написана до сих пор буква «самэх ס» в этой главе, но не говорится, что в Торе, потому что в предыдущей главе есть буква «самэх ס», как сказано: «Он огибает (совэв סובב) всю землю»[591]. И только в этой главе о создании Адама не встречается «самэх ס» до слов: «И закрыл (ве-исгор ויסגור) плотью место ее»[414].

И хотя была Нуква у Адама Ришона прежде, чем установилась Хава, и называлась она первой Лилит, и получается, что была у него «самэх ס» прежде, чем была создана Хава. Однако «самэх ס» означает «поддержка», т.е. поддержка ЗОН наверху, после того, как они были возвращены в состояние «паним бе-паним», и тогда состояние «паним бе-паним» определяется как то, что захар и нуква были поддержкой, один соответственно другому, т.е. они поддерживают один другого, ибо так же, как Нуква усиливается от Зеир Анпина благодаря свету хасадим, так же и Зеир Анпин усиливается от Нуквы благодаря свечению Хохмы.

Как сказано: «Утверждены они во веки веков, сотворены они в истине и в прямоте»[592]. «Утверждены» – т.е. захар и нуква утверждены вместе в состоянии «паним бе-паним». И таким образом, выяснилось, что Лилит не называется «самэх ס», ибо не привела к поддержке наверху, т.е. мохин «паним бе-паним».

422) «Ибо дождя не посылал Творец Всесильный на землю»[589] – т.е. ЗОН еще не находились в состоянии «паним бе-паним», так как одно поддерживает другое, поскольку ЗОН в состоянии «паним бе-паним» поддерживают Адама и Хаву, чтобы и они находились в состоянии «паним бе паним». И также Адам и Хава в состоянии «паним бе-паним» поддерживают ЗОН, чтобы они находились в состоянии «паним бе-паним». Нижний мир, т.е. Адам и Хава, являющиеся порождением этого мира,

---

[591] Тора, Берешит, 2:13. «Название второго потока Гихон, он огибает всю землю Куш».
[592] Писания, Псалмы, 111:8.

когда он установился, и Адам и Хава были снова приведены к состоянию «паним бе-паним» и исправились, тогда «самех ס» присутствует наверху, т.е. ЗОН тоже возвращаются к состоянию «паним бе-паним». А до этого, прежде чем ЗОН возвращаются к состоянию «паним бе-паним», действие внизу не является полным. Иными словами, действие и строение парцуфа Адама и Хавы в состоянии «паним бе-паним» еще не могло выйти, потому что «дождя не посылал Творец Всесильный на землю» – т.е. ЗОН еще не находились в состоянии «паним бе-паним».

Таким образом, одно зависит от другого. ЗОН зависят от состояния «паним бе-паним» Адама и Хавы. И наоборот, Адам и Хава зависят от ЗОН. А состояние «паним бе-паним» ЗОН зависит только от подъема МАН Адама, а состояние «паним бе-паним» Адама зависит от мохин «паним бе-паним» ЗОН. И мохин «паним бе-паним» ЗОН обязаны предшествовать состоянию «паним бе-паним» Адама и Хавы. И лишь потому, что МАН Адама являются причиной выхода мохин «паним бе-паним» парцуфа ЗОН, они считаются предшествующими. Потому что понятия «предыдущий» и «последующий» означают в духовном, где нет времени, – «причина» и «следствие».

423) «И пар поднимался с земли»[593] – это нижнее исправление человека. И оно предшествует состоянию «паним бе-паним» ЗОН. Но затем «и орошал всю поверхность земли»[593] – то есть вышло состояние «паним бе-паним» ЗОН, и Зеир Анпин «оросил» Малхут, называемую землей. Потому что «и пар поднимался с земли» – т.е. стремление нуквы поднялось к захару, так как подъем МАН нижнего к высшему определяется как стремление нуквы к захару (арам. дхура).

Любой нижний и высший являются «захаром (мужским свойством)» и «нуквой (женским свойством)», и нижний считается нуквой по отношению к своему высшему. А подъем МАН определяется как стремление ее (нуквы), потому что поднимается она наверх только благодаря силе стремления. «И пар поднимался с земли» означает, что МАН поднимается от нуквы, от нижнего Адама, считающегося нуквой по отношению к ЗОН – его

---

[593] Тора, Берешит, 2:6. «И пар поднимался с земли и орошал всю поверхность земли».

высшему парцуфу. И тогда выходит состояние «паним бе-паним» ЗОН «и орошает всю поверхность земли».

А что означает «дождя не посылал»[589]? Это значит, что ЗОН не находились в состоянии «паним бе-паним», так как еще не прозошло исправление, о котором сказано: «И пар поднимался с земли». То есть Адам еще не поднял МАН в ЗОН, а без МАН Адама не выходят мохин «паним бе-паним» ЗОН. И поэтому кажется, что от нижней земли, т.е. от Адама и Хавы, пробудилось действие «паним бе-паним» наверху, в ЗОН.

424) Дым поднимается вначале с земли. И зарождается облако. А затем всё соединяется друг с другом. И этот подъем МАН подобен тому, как в этом мире выпадают дожди. Вначале поднимаются пары и дым с земли, снизу вверх, от которых зарождаются наверху облака, и от них эти дожди опускаются сверху вниз.

И так же дым от жертвы, сжигаемой на жертвеннике, появляется и возносится в подъеме МАН снизу вверх в ЗОН, и создает совершенство наверху, т.е. благодаря им выходят мохин «паним бе-паним», являющиеся совершенством ЗОН. И всё соединяется друг с другом, т.е. выходят мохин «паним бе-паним», и производится зивуг (соединение) в состоянии «паним бе-паним» как наверху, так и внизу.

И так же наверху, у высших самих, пробуждение начинается всегда в направлении от нижнего к высшему, а затем всё восполняется. Иными словами, и наверху каждая нижняя ступень поднимает МАН к высшей, ближайшей по отношению к ней, и так же ступень, расположенная над высшей, все поднимают МАН вначале в высшую по отношению ко всем. И тогда наполнение передается от Бесконечности, сверху вниз, и тогда они опускаются от ступени к ступени, от каждого высшего к его нижнему, пока не приходят вниз.

Таким образом, что в отношении МАН каждый нижний предшествует своему высшему, а в отношении МАД (арам. мэй дхурин, воды захаров), т.е. мохин, которые передаются сверху, каждый высший предшествует своему нижнему, и если бы Кнессет Исраэль, Нуква, не начала пробуждения, не пробудился бы в соответствие ей наверху Зеир Анпин. И благодаря стремлению внизу проявляется совершенство наверху.

И отсюда проясняется смысл необходимости подъема МАН для мохин. Это становится ясным на примере Нуквы Зеир Анпина, где Зеир Анпин представляет собой укрытые хасадим и никогда не пробуждается для получения Хохмы, как и Бина. Однако Нуква нуждается в свечении Хохмы. И получается, что все время, пока Нуква не поднимает МАН к Зеир Анпину, у Зеир Анпина нет необходимости в притяжении мохин от Арих Анпина. Однако после подъема МАН Нуквы он притягивает мохин свечения Хохмы от Арих Анпина для нее, и они постигают мохин «паним бе-паним». Этого объяснения достаточно для всех ступеней мира Ацилут, потому что все они находятся в свойстве хасадим, и только одна Нуква нуждается в свечении Хохмы. А затем, для рождения ЗОН, поднимаются ЗОН к ступени Аба ве-Има, и Нуква становится как Има, т.е. в свойстве укрытые хасадим, и получается сейчас, что только нижняя Хава нуждается в свечении Хохмы вместо Нуквы Зеир Анпина, нуждавшейся в свечении Хохмы. И поэтому мохин Адама зависят теперь от Хавы, пробуждающей своего высшего, т.е. Адама, чтобы он поднял МАН к ЗОН для притяжения свечения Хохмы. И так же ЗОН – к высшим по отношению к ним, и так далее, до притяжения наполнения от Бесконечности.

425) Почему сказано: «И Древо жизни – посреди сада, и Древо познания добра и зла»[594] – ведь Древо познания не находится посреди сада? Продолжительность Древа жизни – пятьсот лет, и все дни начала творения разделяются под ним. Продолжительность пятьсот лет – потому, что Древо жизни находится в самом центре сада, т.е. оно является свойством средней линии, и поэтому то, что включает в себя от пяти сфирот Бины, каждая из которых имеет числовое значение «сто», оно передает саду, Малхут, называемому также «год». И поэтому Древо жизни имеет продолжительность пятьсот лет, так как продолжает и передает пять сфирот КАХАБ ТУМ Бины году, т.е. свойству Малхут и «сад». И оно берет все дни начала творения, т.е. все мохин, имеющиеся у Бины, которая вернулась в Хохму и называется «берешит», и они разделяются под ним.

---

[594] Тора, Берешит, 2:9. «И произрастит Творец Всесильный из земли всякое дерево, прелестное на вид и приятное на вкус, и Древо жизни посреди сада, и Древо познания добра и зла».

426) Почему разделяются под Древом жизни все воды начала творения? Дело в том, что река, которая «берет начало и вытекает из Эдена»[348], т.е. Бина, находится над садом и входит в него. Иначе говоря, мохин Древа жизни, светящие в саду, исходят от этой реки, т.е. Бины, и от свойства Бины разделяются воды в нескольких направлениях, потому что мохин светят в Бине лишь в свойстве трех точек холам-шурук-хирик, представляющих собой разделение мохин в трех сторонах, правой-левой-средней. И сад берет все три стороны, имеющиеся в мохин, а затем они выходят из него и передаются нижним, и делятся на несколько потоков внизу.

Так же, как сад получил мохин вследствие разделения на три стороны, правую-левую-среднюю, так же, когда он передает нижним, они тоже получают их разделенными на три стороны, как сказано: «Поят всех зверей полевых»[595], т.е. каждый из нижних получает от свойства, соответствующего ему в мохин Нуквы.

Так же, как мохин выходят из высшего мира, Бины, где они выходят в трех сторонах, и Бина насыщает этими мохин высшие горы чистого Афарсемона, т.е. ХАГАТ Бины, а затем, когда приходят оттуда, от ХАГАТ Бины, к Древу жизни, Зеир Анпину, также и эти мохин разделяются в каждой стороне, соответственно ей, на правую-левую-среднюю. И поэтому они разделяются также и в саду, получающем от Древа жизни, и также в БЕА, получающих от сада.

427) Древо познания добра и зла находится посередине между добром, правой стороной, и злом, левой стороной. Почему оно называется так, ведь это дерево находится не посередине, а склоняется в левую сторону больше, чем в правую? Потому что оно питается от этих двух сторон, правой и левой, и постигает их, т.е. прилепляется к ним, подобно тому, кто впитывает в себя как от сладкого, так и от горького. И так как питается от двух этих сторон, оно постигает их и прилепляется к ним, и пребывает в них, и называется поэтому по имени добра и зла.

---

[595] Писания, Псалмы, 104:11.

Объяснение. Нуква называется Древом познания добра и зла потому, что в этой Нукве есть две точки: одна – подслащенная Биной, называемая добром, а другая – ее собственная, неподслащенная, называемая злом. И она питается от этих двух точек вместе, и поэтому называется Древом познания добра и зла.

428) И все насаждения, т.е. сфирот Малхут, находятся над двумя точками добра и зла, так как эти точки являются Есодом Нуквы, расположенной под всеми сфирот, и в нем содержатся другие высшие насаждения, т.е. ХАГАТ НЕХИ Зеир Анпина, из которых строится Нуква во время гадлута, и они называются кедрами Леванона. Эти кедры Леванона являются шестью высшими днями, т.е. шестью днями начала творения[596], о которых сказано: «Кедры Леванона, которые насадил Он»[463]. И они являются именно насаждениями, так как смогли существовать после того, как их извлекли вместе с корнем из их места и посадили в другом месте.

429) Отсюда и далее написана буква «самэх ס» в этой главе, и это буква «самэх ס» в сказанном: «И закрыл (ве-исгор ויסגור) плотью место ее»[597]. Иными словами, с этого времени и далее Хава стала поддержкой (сэмэх). А вначале Хава была слита с его стороной, и они были слиты друг с другом. И отделил их, конечно же, Творец, как сказано: «И взял Он одну из его сторон», и насадил в другом месте, в Абе ве-Име. Как сказано: «И отстроил Творец Всесильный ту сторону»[597]. «Творец Всесильный (АВАЯ Элоким)» – это Аба ве-Има, точнее, ЗОН, которые облачили Абу ве-Иму и стали как они. И они подняли к себе Хаву и отстроили ее как отдельный парцуф в состоянии «паним бе-паним». И тогда снова стали Адам и Хава двумя парцуфами в состоянии «паним бе-паним», и благодаря этому установились в совершенстве.

И прежде чем буква «самэх ס» появилась в словах: «И закрыл (ве-исгор ויסגור) плотью место ее»[597], Хава не являлась поддержкой (сэмэх) Адаму, что означает два парцуфа в состоянии «паним бе-паним», а только двойным парцуфом, один в

---

[596] См. выше, п. 338.
[597] Тора, Берешит, 2:21-22. «И навел Творец Всесильный дрему на Адама, и он уснул. И взял Он одну из его сторон, и закрыл плотью место ее. И отстроил Творец Всесильный ту сторону, которую взял у Адама, чтобы быть ему женой, и привел ее к Адаму».

стороне другого. Однако после того, как взял Творец Хаву, как сказано: «И взял Он одну из его сторон»[597], с этого времени и далее Хава становится поддержкой, так как вернулись они в состояние «паним бе-паним». Поэтому буква «самэх ס» написана сразу после ее отделения, как сказано: «И закрыл (ве-исгор ויסגר) плотью место ее»[597]. Таким же образом, стали поддержкой и высшие миры, ЗОН, которые вначале были двойным парцуфом, а затем отделил их Творец – т.е. высшие Аба ве-Има. И они подняли к себе Нукву и отстроили ее, и ЗОН установились в совершенстве, т.е. в состоянии «паним бе-паним».

430) Адам и Хава называются насаждениями, как сказано: «Ветвь насаждений Моих, дело рук Моих для прославления»[598]. «Дело рук Моих» – имеются в виду Адам и Хава, которыми не занимались другие создания, а только Творец. И называет их Писание: «Ветвь насаждений Моих». Таким образом, Адам и Хава называются насаждениями, как сказано: «В день насаждения Ты растил их, но погибнет урожай в день болезни, и боль будет мучительной»[599] – т.е. в день насаждения своего в мире они прегрешили. Говорится об Адаме Ришоне, и называются они насаждением, как сказано: «В день насаждения».

431) Эти насаждения, т.е. ЗОН, были малыми, как усы саранчи. И свет их был слабым, и они не светили. После того, как они были насаждены в другом месте, т.е. поднялись в Аба ве-Има и исправились, выросли их света, и называются они кедрами Леванона. И также Адам и Хава, прежде чем они были насаждены в другом месте, в ЗОН, не выросли в свете и не возносили благоуханий, и, конечно, были отделены от места их и посажены наверху, в ЗОН, и исправились, как подобает.

---

[598] Пророки, Йешаяу, 60:21. «И народ твой, все праведники, ветвь насаждения Моего, дело рук Моих для прославления, навеки унаследуют землю».
[599] Пророки, Йешаяу, 17:11.

И повелел Творец Всесильный человеку

432) «И повелел Творец Всесильный человеку, сказав: "От всякого дерева сада можешь есть"»[600]. «Повеление касается только идолопоклонства»[601]. «Творец (АВАЯ)» – это благословение имени. «Всесильный (Элоким)» – это судьи. «Человеку» – это кровопролитие. «Сказав» – это кровосмешение. «Повеление касается только идолопоклонства» – т.е. любое место, где говорится о повелении, указывает на запрет идолопоклонства. И здесь тоже, слово «и повелел» указывает на то, что запретил ему идолопоклонство.

Семь повелений были даны здесь Адаму Ришону. «И повелел» – запрет идолопоклонства. «Творец (АВАЯ)» – запрет благословения имени. «Всесильный (Элоким)» – чтобы судьи судили по справедливости. «Человеку» – запрет кровопролития. «Сказав» – запрет кровосмешения. «От всякого дерева сада» – не укради. «Можешь есть» – но не орган живого существа.

«От всякого дерева сада можешь есть» – указывает, что Он запретил ему всё, даже Древо познания, и лишь в единстве он мог есть от них, т.е., чтобы Древо познания было в единстве с остальными деревьями сада.

433) Мы видим, что Авраам ел от Древа познания, Ицхак, Яаков и все пророки ели от Древа познания, и вместе с тем, остались живы. Но дело в том, что это дерево, Древо познания, является древом смерти. И всякий, кто брал его только для себя, умирал, поскольку принимал яд смерти. Объяснение. Древо познания – это Нуква Зеир Анпина, и ее всегда необходимо объединять с остальными деревьями сада, т.е. сфирот Зеир Анпина. И тогда можно есть и получать от него наполнение, поскольку оно – Древо познания.

---

[600] Тора, Берешит, 2:16-17. «И повелел Творец Всесильный человеку, сказав: "От всякого дерева сада можешь есть, но от Древа познания добра и зла – не ешь, ибо в день, в который ты вкусишь от него, смертию умрешь"».

[601] Вавилонский Талмуд, трактат Санэдрин, лист 56:2.

И таким образом ели от него Авраам, Ицхак, Яаков и все пророки. Однако для того, кто не объединяет Нукву с Зеир Анпином, мужем ее, а притягивает наполнение лишь от нее самой, она становится ядом смерти, как сказано: «В тот день, когда ты вкусишь от него, смертию умрешь»[600]. То есть, лишь от нее самой, поскольку он разделяет и укорачивает эти насаждения, т.е. разъединяет Творца и Шхину Его, и поэтому суд карает его смертью.

434) Адам Ришон притягивал крайнюю плоть, т.е. отделял союз святости, Есод Зеир Анпина, от места и удела его, от Шхины. И поэтому, конечно же, он притягивал крайнюю плоть, т.е. оставил союз святости, единство Творца и Шхины Его, и привязался к крайней плоти, к клипе, разделяющей между Творцом и Шхиной Его, и она была соблазнена речами змея.

435) «Только от плодов дерева... не ешьте от него... а то умрете»[602]. «От плодов дерева» – это жена, Нуква Зеир Анпина. «Не ешьте от него», поскольку сказано: «Ноги ее нисходят к смерти»[603] – потому что ноги Нуквы нисходят в клипот, где находится смерть. Иными словами, если притягивает наполнение лишь от нее, когда она не находится в зивуге (соединении) с мужем ее.

На Древо познания нельзя сказать, что это ситра ахра, и оно не является Нуквой святости, потому что у Нуквы Зеир Анпина есть плоды, и о ней можно сказать: «От плодов дерева»[602]. Однако в ситра ахра нет плодов, потому что «чужой бог оскоплен и не принесет плодов». Как же говорится о нем в отрывке: «От плодов дерева»? Однако сказано: «Ибо в день, когда вкусишь от него, смертию умрешь»[600]. Поэтому это дерево называется Древом смерти, хотя и является Нуквой святости, как сказано: «И ноги ее нисходят к смерти»[603], хотя сама она является жизнью и святостью.

436) Это дерево, Древо познания, орошалось свыше, и росло, и испытывало радость, как сказано: «Река вытекает из Эдена,

---

[602] Тора, Берешит, 3:3. «Только от плодов дерева, которое в середине сада, сказал Всесильный, не ешьте от него и не прикасайтесь к нему, а то умрете».
[603] Писания, Притчи, 5:5.

чтобы орошать сад»⁶⁰⁴. «Сад» означает – Нуква Зеир Анпина. И эта «река», т.е. Бина, входит в Нукву и орошает ее, т.е. дает ей мохин состояния гадлут, и всё становится одним целым, т.е. с помощью этих мохин становятся Зеир Анпин и Нуква одним целым. Так как оттуда и ниже, т.е. ниже Нуквы Зеир Анпина, уже существует разделение, и они не могут получать эти мохин. Как сказано: «И оттуда разделяется»⁶⁰⁴, потому что ниже сада она разделяется и не является свойством высшего. Поскольку нефеш-руах миров БЕА, находящихся под Нуквой, не относятся к свойству высшего.

---

[604] Тора, Берешит, 2:10. «Река вытекает из Эдена, чтобы орошать сад, и оттуда разделяется и образует четыре главных реки».

Змей же был хитрее

437) «Змей же был хитрее»⁶⁰⁵. «Змей» – это злое начало, совращающее к греху. Но в действительности это был сам змей. Однако всё, конечно же, является одним целым, потому что это был Сам, и он являлся восседающим на змее, а образ змея – это Сатан, злое начало, совращающий людей к греху, а затем поднимающийся наверх и обвиняющий. Таким образом, всё является одним целым, и можно сказать, что змей – это злое начало, а можно сказать, что это на самом деле змей.

438) В этот час опустился ангел Сам с небес, восседая на этом змее, и все создания, видя его образ, убегали от него. И явились Сам и змей с речениями к жене, и навлекли смерть на мир. Конечно, с мудростью навел Сам проклятье на мир, ибо с хитростью совратил их к греху, и нанес вред первому созданному в мире Творцом дереву, т.е. Адаму Ришону.

439) И это дело было возложено на Сама, который забирает мохин и благословения у Адама Ришона благодаря своей хитрости, т.е. введя его в грех с нарушением запрета Древа познания. Пока не явилось другое святое дерево, Яаков, и снова не забрал у Сама эти благословения, чтобы не получал благословения свыше ангел Сам, повелитель Эсава, и не благословлял Эсава внизу. Потому что, благодаря крушению Адама Ришона, воздвигаются Сам и Эсав, но благодаря крушению Сама и Эсава, снова возводится святость. И поэтому после того, как Сам хитростью своею захватывает благословение у святости, Яаков повторно забирает эти благословения от Сама и Эсава хитростью.

Именно Яаков получил силы для того, чтобы вернуть похищенное Самом у Адама Ришона, потому что Яаков был похож на Адама Ришона. Так как красота Яакова была как красота Адама Ришона. И поэтому так же, как Сам отобрал благословения от первого дерева, т.е. Адама Ришона, так же и Яаков, являющийся деревом, подобным Адаму Ришону, отобрал благословения как у Сама наверху, так и у Эсава внизу. И всё, что

---

⁶⁰⁵ Тора, Берешит, 3:1. «Змей же был хитрее всех зверей полевых, которых создал Творец Всесильный; и сказал он жене: "Хотя и сказал Всесильный: не ешьте ни от какого дерева этого сада…"»

взял Яаков, взял всё свое, то, что Сам похитил у Адама Ришона. И поэтому сказано: «И боролся человек с ним»¹⁷⁴, и это – Сам.

440) «Змей же был хитрее»⁶⁰⁵. «Змей» – это злое начало. И это ангел смерти. И поскольку змей – это ангел смерти, он принес смерть всему миру тем, что соблазнил Хаву согрешить, нарушив запрет Древа познания. И об этом сказано: «Конец всякой плоти настал предо Мною»⁶⁰⁶, что означает – ангел смерти, который несет конец всякой плоти, забирая души от всякой плоти. Именно поэтому он так и называется – «конец всякой плоти».

441) Змей начал свою речь словом «хотя», сказав: «Хотя (аф אף) и сказал Всесильный»⁶⁰⁵, и навлек тем самым гнев (аф אף) и ярость на мир. Сказал он женщине: «С помощью этого дерева Творец создал мир, ведь мир сотворен с помощью Нуквы, и поэтому, конечно же, ешьте от него, "и вы станете, подобно Всесильному, знающими добро и зло"⁶⁰⁷, и вы тоже сможете создать миры с помощью Нуквы». Потому что Зеир Анпин – Всесильный (Элоким), а имя Его, т.е. Нуква – это Древо познания добра и зла. И поэтому, если вы отведаете от Древа познания, от имени Его, т.е. прилепитесь к Нукве и наполнению ее, то станете подобны Всесильному, подобны Зеир Анпину, и сможете создавать миры, как и Он.

442) Однако змей не говорил этого, ведь если бы сказал, что этим деревом Творец создал мир, было бы хорошо, потому что это дерево – как топор в руках рубящего им. Объяснение. Древо познания – это Нуква Зеир Анпина. И если бы он сказал, что Зеир Анпин создал мир с помощью Нуквы, то рассказал бы правду. Потому что он пользуется Нуквой, как рубящий пользуется топором, который держит в руках своих. Так как в самой Нукве нет ничего, но лишь то, что дает ей Зеир Анпин. И таким образом, действующий – Зеир Анпин, и это – безусловная истина.

---

⁶⁰⁶ Тора, Берешит, 6:13. «И сказал Всесильный Ноаху: "Конец всякой плоти настал предо мною, ибо вся земля наполнилась насилием от них, и вот Я истреблю их с землею».

⁶⁰⁷ Тора, Берешит, 3:5. «Но знает Всесильный, что в день, когда вы отведаете от него, откроются глаза ваши и вы станете, подобно Всесильному, знающими добро и зло"».

Однако змей не говорил так, а сказал: «От этого дерева вкушал Творец», т.е., что Зеир Анпин получил наполнение от Нуквы и тогда сотворил Зеир Анпин мир. И любой мастер ненавидит соперника. «Вкусите от Древа познания, и вы тоже сможете создавать миры». Но это было полной ложью, ведь Нуква получает всё от Зеир Анпина. И поэтому сказал он: «Но знает Всесильный, что в день, когда отведаете вы от него, откроются глаза ваши, и будете вы, подобно Всесильному, знающими добро и зло»[607] – т.е., поскольку знал Он, что будете вы подобны Всесильному, и будете создавать миры, как Он, поэтому повелел вам не есть от него.

443) Все его речи были ложью. И даже начало его речи было ложью. Ведь написано: «Хотя и сказал Всесильный: "Не ешьте ни от какого дерева этого сада"»[605], но это было не так, поскольку сказано: «От всякого дерева в саду можете есть»[608], а он приуменьшил, сказав «ни от какого».

444) Сказал рабби Йоси: «Творец повелел ему об идолопоклонстве, благословении Творца, о судьях, кровопролитии, кровосмешении». Но ведь в мире было много людей, которых Творец должен был предостеречь от всего этого? Все эти семь повелений касались лишь Древа познания, потому что с ним связаны все эти заповеди.

445) Потому что всякий, кто берет Нукву, называемую Древом познания, одну, без мужа ее, Зеир Анпина, создает разделение между Зеир Анпином и Нуквой. Получается, что он берет ее для наполнения всего множества находящихся внизу, в мирах БЕА разделения, в которых пребывают клипот, содержащиеся в Древе познания, и тем самым он принимает на себя нарушение запретов идолопоклонства, кровопролития и кровосмешения:

1. Он нарушает запрет идолопоклонства тем, что притягивает к назначенным правителям наполнение от Древа познания, и получается, что он работает на этих правителей, а это – идолопоклонство.

2. Он нарушает запрет кровопролития, так как с этим деревом связаны силы кровопролития, поскольку оно принадлежит

---

[608] Тора, Берешит, 2:16, 17. «И повелел Творец Всесильный человеку, сказав: "От всякого дерева сада можешь есть, но от дерева познания добра и зла – не ешь"».

левой стороне, Гвуре. И Сам, повелитель Эсава, назначен над этим всем.

3. Запрет кровосмешения он нарушает потому, что Древо познания женского пола, и называется женщиной, т.е. это – Нуква Зеир Анпина. И запрещено приглашать женщину одну, но только вместе с ее мужем, чтобы не быть заподозренным в кровосмешении. А грех Древа познания заключается в том, что он взял Нукву одну, без мужа ее[609].

И поэтому во всех семи повелениях говорится о запрете этого Древа познания. И поскольку он вкусил от него, то нарушил все их, так как все они содержатся в нем.

446) Рабби Йегуда сказал: «Конечно, именно в этом заключается запрет Древа познания. Потому что запрещено оставаться наедине с женщиной, но только, когда муж ее находится вместе с ней. Что же сделал этот злодей Сам? Сказал: "Я ведь прикоснулся к этому дереву и не умер. И ты тоже приблизься и дотронься до него своею рукой, и не умрешь". И это он уже добавил от себя, ведь не было запрета на прикасание, а только на вкушение».

447) Сразу же после того, как она коснулась Древа познания, написано: «И увидела жена, что дерево это хорошо для еды»[610]. Рабби Йегуда сказал: «Это дерево издавало запахи, как сказано: "Словно запах поля, которое благословил Творец"[611]. И из-за исходившего от него запаха, возжелала его, чтобы отведать от него». Рабби Йоси утверждает, что увиденное привело ее к вожделению вкусить от Древа познания, а не запах, ведь написано: «И увидела жена»[610]. Ответил ему рабби Йегуда: «Но ведь после прегрешения написано: "И открылись глаза их обоих"[612]. Таким образом, она достигла видения только после вкушения, но до вкушения она познала лишь запах».

---

[609] См. выше, п. 433.
[610] Тора, Берешит, 3:6. «И увидела жена, что дерево это хорошо для еды, и желанно дерево для постижения. И взяла от его плодов и ела, и дала она также мужу своему при ней, и он ел».
[611] Тора, Берешит, 27:27.
[612] Тора, Берешит, 3:7. «И открылись глаза у обоих, и узнали, что наги они. И сшили они листья смоковницы и сделали себе опоясания».

Сказал ему рабби Йоси: «То видение, которое предшествовало вкушению, было в мере этого дерева, света некевы, и это видение привело ее к вожделению. Однако видение, которого она достигла после вкушения, было большим по величине, чем от свойства дерева, и о нем говорится в отрывке: "И открылись глаза их обоих". Но ведь уже говорилось: "И увидела жена"[610]. И слово "жена" здесь в точности указывает, что видение было в свете свойства некевы».

448) «И увидела жена, что дерево это хорошо для еды... и взяла от плодов его»[610] – она видела и не видела, «что дерево это хорошо». Видела, «что дерево это хорошо», и не могла решить, ведь написано: «И взяла от плодов его», но не написано: «И взяла от него», т.е. от дерева, потому что не была убеждена, «что дерево это хорошо».

Из-за того, что взяла от плодов его, а не от дерева, она прилепилась к месту смерти, и вызвала смерть во всем мире, и отделила жизнь от смерти. Потому что Есод, слитый с Нуквой, называется деревом, приносящим плод, а Нуква называется плодом. Но когда Нуква сама по себе, без Есода, она является смертью. И поскольку взяла от плодов, а не от дерева, оказалась прилепившейся к месту смерти, и отделила Есод, т.е. жизнь, от Нуквы, являющейся смертью, в то время, когда она отделяется от Есода.

И этим грехом он привел к разделению, отделив Нукву от мужа ее, Зеир Анпина. Ведь «голос», Зеир Анпин, и «речь», Нуква, не разделяются никогда. И тот, кто отделяет голос от речи, Зеир Анпин от Нуквы, становится безмолвным и не может говорить. И после того, как отнимается у него дар речи, он предается праху. Поэтому сказано: «И в прах возвратишься»[121].

449) «Онемела я, притихла, отстранили меня от добра»[613]. Это сказала Кнессет Исраэль, Нуква Зеир Анпина, во время изгнания. Потому что голос, Зеир Анпин, управляет речью, Нуквой. И поскольку она пребывает в изгнании, голос отделен от нее, и речь, т.е. Нуква, не слышна. Поэтому сказала Нуква: «Онемела я, притихла», потому что «отстранили меня от

---

[613] Писания, Псалмы, 39:3.

добра». Зеир Анпин называется добром, и это – голос. И тогда голос не идет вместе с ней.

И Исраэль говорят тогда: «Молчание – хвала Тебе»[614]. Что означает «молчание»? Что хвала (псалом) для Давида, являющаяся Нуквой, называемой «хвала» в состоянии гадлут, становится молчанием в изгнании и безмолвствует, потеряв голос. «Тебе» – Исраэль говорят это Зеир Анпину: «Ради Тебя она в молчании и в безмолвии», потому что голос, Зеир Анпин, пропал у нее.

450) «И взяла от плодов его»[610] – т.е. Хава выжала виноград и дала его Адаму, и своим вкушением от него они вызвали смерть во всем мире. Потому что в Древе познания пребывает смерть. И это дерево, властвующее в ночи, т.е. Нуква, о которой сказано: «А малое светило – для правления ночью»[129]. И о ней сказано: «И встает она еще ночью»[68]. И когда она властвует ночью, все живущие в мире ощущают вкус смерти, потому что сон является шестидесятой долей смерти.

И те, кто придерживается веры, первыми вручают ей свои души в залог, говоря перед сном: «Вручаем Тебе дух свой»[107], и поскольку их души находятся в залоге у Нуквы во время преобладания вкуса смерти, им не причиняется ущерб, и эти души возвращаются утром на свое место, в тела. И об этом сказано: «Пребывать в вере Твоей ночью»[615], потому что вера, Нуква, правит ночью.

451) «И открылись глаза их обоих»[612] – открылись, чтобы знать о бедствиях в мире, которых не знали до сих пор. Когда узнали, «и открылись глаза их»[612] для осознания зла, сказано: «И узнали, что наги они», потому что потеряли высшее свечение, окутывавшее их, и оно ушло от них, и они остались нагими без него.

452) «И сшили они листья смоковницы»[612] – т.е. стали держаться скрытия в тени дерева, от которого отведали. Потому что листья дерева создают тень под ним. Ведь есть тень

---

[614] Писания, Псалмы, 65:2.
[615] Писания, Псалмы, 92:3.

святости, о которой сказано: «Я наслаждалась, сидя в тени его»[616]. А есть также тень клипот, о которой сказано: «Одно против другого создал Творец»[303]. И после того, как согрешили, отведав от Древа познания, оно навело на них тень Древа смерти, называемую смертной тьмой. И вместо высшего сияния, которое было у них вначале и окутывало их, они находятся теперь в тени клипы, называемой «листья смоковницы».

«И сделали себе опоясания»[612] – когда узнали об этом мире и прилепились к нему, узнали они, что этот мир управляем с помощью листьев этого дерева, и сделали для себя поддержкой, чтобы укрепиться с помощью них в этом мире. Потому что до грехопадения мир управлялся одной только святостью, а вследствие греха Древа познания они сбросили мохин со ступеней святости, и клипот наполнились разрушением святости, и управление было отдано в руки ситра ахра, как сказано: «Земля отдана в руки нечестивого»[617].

Таким образом, вместе с грехом Древа познания была отдана сила и власть листьям смоковницы, являющимся тенью ситра ахра, чтобы властвовать в этом мире. И тогда познали они все виды колдовства в мире, и желали опоясаться оружием, получаемым от силы этих листьев смоковницы, для того, чтобы защитить себя.

453) Трое попали под суд и были осуждены – змей, Адам и Хава. И нижний мир был проклят и не вернулся в свое состояние из-за скверны змея до тех пор, пока не встали Исраэль у горы Синай, и тогда прекратилась скверна.

454) После грехопадения облачил их Творец в одеяния, чтобы кожа наслаждалась от них, а не душа (нефеш). Как сказано: «Одеяния кожаные»[445]. Вначале были у них одеяния света, и высшие пользовались ими наверху, так как высшие ангелы являлись к Адаму Ришону, чтобы наслаждаться этим светом, как сказано: «Ведь немногим умалил ты его перед ангелами, славой и великолепием увенчал его»[618]. А теперь, когда

---
[616] Писания, Песнь песней, 2:3.
[617] Писания, Йов, 9:24.
[618] Писания, Псалмы, 8:6.

они прегрешили, были даны им кожаные одеяния, от которых наслаждается кожа, т.е. тело, а не душа.

455) После этого они породили первого сына, и он был порождением скверны этого змея. Двое вошли к Хаве – Адам и змей. И она забеременела от них, и породила двоих – Каина и Эвеля. Один вышел по виду породившего его, и второй вышел по виду породившего его. И дух их разделился – один в сторону святости, другой в сторону нечистоты. Один уподобляется своей стороне, и другой уподобляется своей – той стороне, из которой они вышли.

Вследствие того, что она послушалась совета змея, он привнес в нее свою скверну. И примешалась скверна змея к телу Хавы. А затем вошел к ней Адам, и считается, что она забеременела от обоих, от скверны змея и от святости Адама Ришона. И вначале вышел из нее Каин, который был с примесью скверны змея, а затем, когда уже вышла скверна из Хавы вместе с рождением Каина, вышел из нее Эвель в святости Адама Ришона.

456) Со стороны Каина исходят подразделения всех видов отребья, духи, дьяволы и ведьмы. Со стороны Эвеля исходит в мир большей частью милосердие. Однако не в совершенстве, подобно доброму вину, перемешанному с плохим вином. И мир не устанавливается с помощью него, пока не рождается Шет, и к нему относятся все поколения праведников, последовавших после него в мире. И им был основан мир. А от Каина происходят все наглецы, грешники и злодеи мира.

457) В час, когда Каин согрешил, он испытывал страх, так как видел перед собой различные вооруженные станы, пришедшие покончить с ним. И когда он раскаялся, то сказал: «Вот, Ты сгоняешь меня сегодня с лица земли, и от лица Твоего я буду скрыт... и каждый встречный сможет убить меня»[619] – т.е. он испугался станов, пришедших убить его.

---

[619] Тора, Берешит, 4:13-14. «И сказал Каин Творцу: "Велика вина моя, непростительна. Вот, Ты сгоняешь меня теперь с лица земли, и от лица Твоего я буду скрыт, и вечным скитальцем буду на земле, и вот, каждый встречный сможет убить меня"».

«От лица Твоего я буду скрыт» – ибо сказал: «Я буду скрыт и разрушен в строении своем», потому что Каин был человеком земли. И поскольку Он согнал его с лица земли, то разрушилось всё его строение. И ничего не осталось у него в мире. «От лица Твоего я буду скрыт» означает еще, как сказано: «И не скрыл лица Своего от него»[620]. И также сказано: «И закрыл Моше лицо свое»[621]. И об этом сказал Каин: «От лица Твоего я буду скрыт», – т.е. сказал: «Я буду скрыт от лица Твоего, чтобы не наблюдали за мной». И поэтому «каждый встречный сможет убить меня».

---

[620] Писания, Псалмы, 22:25. «Ибо не презрел Он и не отверг мольбу бедняка, и не скрыл лица Своего от него, и когда он воззвал к Нему – услышал».
[621] Тора, Шмот, 3:6. «И сказал еще: "Я - Всесильный Творец отца твоего, Всесильный Творец Авраама, Всесильный Творец Ицхака и Всесильный Творец Яакова". И закрыл Моше лицо свое, ибо боялся посмотреть на Всесильного».

И отметил Творец Каина знаком

458) «И отметил Творец Каина знаком»[622] – одной из двадцати двух букв Торы. Отметил его буквой «вав ו», для того, чтобы защитить его. Потому что буква «вав ו» – это знак союза, которого он удостоился после раскаяния, и принял на себя сохранение союза.

Сказал рабби Йегуда: «И когда они были в поле, восстал Каин на Эвеля, брата своего, и убил его»[623]. «В поле» – указывает на женское свойство. И поэтому, по причине этого женского свойства, он восстал и убил Эвеля. Потому что от женской стороны, от левой, он унаследовал силу убийства, и это – сторона Сама, вызвавшего смерть во всем мире тем, что совратил Адама и Хаву нарушить запрет Древа познания. И Каин завидовал Эвелю из-за Нуквы, дополнительной Нуквы, которая была у Эвеля.

О душах Каина и Эвеля сказано, что Эвель – это свойство МИ, а Каин – ЭЛЕ[624]. И известно, что МИ исходят от высших Абы ве-Имы, а ЭЛЕ – от ИШСУТ. И в Абе ве-Име это две Нуквы, в свойстве «манула» и «мифтеха». Однако ИШСУТ создан только в свойстве «мифтеха», т.е. в свойстве одной Нуквы. Таким образом, Каин, который находится в свойстве ЭЛЕ, имел лишь одну Нукву, в свойстве «мифтеха (ключ)». Однако у Эвеля было две Нуквы, в свойстве «манула (замок)» и «мифтеха (ключ)». Поэтому Каин завидовал Эвелю из-за дополнительной Нуквы, которая была у него, из-за Нуквы свойства «манула (замок)».

Рабби Хия сказал: «Но ведь причина убийства Эвеля становится очевидной из сказанного: "А на Каина и на дар его не обратил внимания. И очень досадно стало Каину"[625] – т.е. потому, что не была принята его жертва, а не из-за Нуквы, как утверждает рабби Йегуда. Сказал рабби Йегуда: «Это правильно, что стало досадно Каину за то, что не была принята жертва

---

[622] Тора, Берешит, 4:15.
[623] Тора, Берешит, 4:8.
[624] См. «Предисловие книги Зоар», п. 153.
[625] Тора, Берешит, 4:5.

его, но здесь всё сыграло свою роль, в тот момент, когда убивал Эвеля, т.е. и то, что ревновал из-за дополнительной Нуквы».

459) «И сказал Творец Каину: "Отчего досадно тебе, и отчего поникло лицо твое? Ведь если станешь лучше, то будешь достоин. А если не станешь лучше, то у входа грех лежит"»[626] – т.е. сказал ему Творец, что если улучшишь свои деяния, «то будешь достоин». «Будешь достоин» – как сказано о Реувене, первенце Яакова: «Реувен, первенец ты мой, крепость моя и начаток силы моей, избыток достоинства»[627]. Потому что у достоинства всегда есть преимущество и превосходство во всем, и оно зависит от деяний его. И поэтому сказал ему Творец: «Если станешь лучше, то будешь достоин. А если не станешь лучше, то у входа грех лежит»[626].

---

[626] Тора, Берешит, 4:6,7. «И сказал Творец Каину: "Отчего досадно тебе, и отчего поникло лицо твое? Ведь если станешь лучше, то будешь достоин. А если не станешь лучше, то у входа грех лежит"».

[627] Тора, Берешит, 49:3.

У входа грех лежит

460) «У входа грех лежит»[626]. «У входа» – это высший вход, из которого выходят решения суда о дурных поступках живущих в мире. Вход означает, как сказано: «Откройте мне врата праведности»[628] – т.е. врата Малхут, называемой праведностью. И у этого входа Малхут «грех лежит», и это ангел смерти, который в будущем взыщет с тебя.

461) В начале года родился Адам, в высшем и нижнем свойстве – в свойстве ЗОН, называемом «высший Адам», и в свойстве «нижний Адам». И есть начало года наверху, т.е. ЗОН, когда они находятся в состоянии суда. И есть начало года внизу, т.е. начало года, наступившее в шестой день сотворения мира, когда был создан нижний Адам. Отсюда становится ясным, что Адам был создан в свойстве суда, так как он был создан в начале года внизу, исходящего от свойства, соответствующего ему наверху, высшего начала года, т.е. от ЗОН в состоянии суда.

В начале года упоминаются бесплодные. Откуда известно, что это происходит в начале года? Поскольку сказано: «И Творец (ве-АВАЯ) вспомнил Сару»[629]. «И Творец (ве-АВАЯ)» – указывает на то, что упоминание произошло в начале года. Потому что в любом месте, где сказано: «И Творец (ве-АВАЯ)» – это Зеир Анпин и место его суда, что указывает на высшее начало года. И поскольку Адам родился в начале года, он родился в свойстве суда. И мир тогда находится в суде. Именно поэтому «у входа грех лежит»[626], т.е. ангел смерти, – для того, чтобы взыскать с тебя. Как сказано: «К тебе влечение его»[626], т.е. ангела смерти, чтобы покарать тебя вплоть до полного уничтожения.

462) «У входа грех лежит, и к тебе влечение его, и ты будешь господствовать над ним»[626]. Как сказано: «И Ты даешь им всем жизнь»[19] – т.е. Малхут, называемая «Ты», дает жизнь всему, и даже клипот. И поэтому говорится, что Творец не властвует, т.е. не проявляется Его власть, но только в час, когда будут уничтожены грешники мира. Поэтому после того, как ангел

---

[628] Писания, Псалмы, 118:19. «Откройте мне врата праведности, и я войду в них и возблагодарю Творца».
[629] Тора, Берешит, 21:1. «И Творец вспомнил Сару, как и сказал, и сделал Творец Саре то, что обещал».

смерти уничтожит их, будет властвовать над ним Творец и не позволит ему причинять зло миру, поскольку сказано «и ты» – т.е. Малхут, «будешь господствовать над ним».

Иными словами, Малхут будет господствовать над ангелом смерти после того, как он совершит суд над грешниками, и больше не позволит ему причинять зло жителям мира. Слово «и ты» в отрывке «и ты будешь господствовать над ним» – это имя Малхут.

463) И это господство держится на связи противоположных сторон для того, чтобы рассудить их и произвести суд. «И ты будешь господствовать над ним» – т.е. Малхут являет свое господство через ангела смерти, т.к. он карает грешников. Еще одно значение отрывка «и ты будешь господствовать над ним» – посредством возвращения. Если он совершит возвращение, то будет властвовать над злым началом и ангелом смерти.

Аза и Азаэль

464) Когда порожденные Каином разошлись по миру, они ровняли и делили землю, и они были подобны высшим ангелам и людям внизу. И это потому, что Каин произошел как от скверны Сама, который вошел к Хаве, а он был ангелом, так и от семени Адама. Благодаря своей огромной силе, сыновья Каина, проходя по горам и ущельям земли, превращали их в равнину. Когда Аза и Азаэль упали из места высшей святости, они увидели дочерей человеческих и грешили с ними, порождая сыновей. Это те, о которых сказано: «Исполины были на земле в те времена, и даже после того, когда сыны божественных стали входить к дочерям человеческим, и они рожали им»[630].

465) Сыновья Каина были «сынами божественных». Потому что когда Сам вошел к Хаве и привнес в нее скверну, она забеременела и родила Каина. Поэтому видом своим он не был похож на других сыновей Адама, так как был потомком ангела. И все те, которые исходят от стороны Каина, не назывались иначе как «сыны божественных», потому что видом своим были похожи на ангелов, называемых божественными.

466) И даже исполины, т.е. сыновья Азы, Азаэля и Наамы, называются тоже «сынами божественных». Как сказано: «Это богатыри»[630], что указывает на уменьшение, что это только богатыри, а не первые исполины, которые были на земле, и это потому, что их было шестьдесят, согласно высшему счету, т.е. в соответствии ВАК – ХАГАТ НЕХИ Зеир Анпина. Здесь сказано: «Это богатыри, люди именитые в мире»[630]. А о царе Шломо, т.е. Зеир Анпине, написано: «Вот ложе Шломо, шестьдесят богатырей вокруг него»[631]. И здесь, и там их шестьдесят, однако первые происходят от высших ВАК.

Еще одно значение отрывка: «Это богатыри, люди именитые в мире» – именно в мире, чтобы отличить их от первых исполинов, Азы и Азаэля, которые находились над миром. Мир – это Нуква Зеир Анпина. То есть, эти исполины установились в строении (меркава) ЗОН и стали частью Нуквы, называемой мир.

467) Именно в мире, поскольку они установились как строение (меркава) для Нуквы, и из нижнего мира их взял Творец. После

---

[630] Тора, Берешит, 6:4. «Исполины были на земле в те времена, и даже после того, когда сыны божественных стали входить к дочерям человеческим, и они рожали им. Это богатыри, люди именитые в мире».

[631] Писания, Песнь песней, 3:7.

того, как они упали в нижний мир, производились среди них выяснения, и эти выяснения были присоединены к строению Нуквы. Однако первые исполины вовсе ничего не имели от нижнего мира, так как ангелы пребывали на небесах. Сказано: «Творец, помни о милосердии Твоем и о милости Твоей, ибо от мира они»[632] – т.е. от нижнего мира взял Творец милосердие и милость, чтобы они стали святым строением наверху. И это первые праотцы.

Потому что «милосердие Твое» – это праотец Яаков, «милость Твоя» – это Авраам, и они поднялись из нижнего мира и удостоились стать строением для ЗОН наверху, как сказано: «Праотцы являются строением». И так же здесь: «Это богатыри, люди именитые в мире»[630] – т.е. они тоже поднялись из нижнего мира и присоединились наверху к строению ЗОН. «В мире» – это «ложе Шломо», Нуква, но только в свойстве Гвуры, и сказано о ней: «Вот ложе Шломо, шестьдесят богатырей вокруг него»[631]. Все они, все шестьдесят богатырей вокруг ложа Шломо, называются «сыны божественных».

468) В час создания Творцом Адама, Он создал его в Эденском саду и дал ему семь указаний[633]. Тот прегрешил, отведав от Древа познания, и был изгнан из Эденского сада. Два небесных ангела, Аза и Азаэль, обратились к Творцу: «Если бы мы были на земле, как и Адам, то были бы праведниками». Ответил им Творец: «Разве можете вы преодолеть злое начало, властвующее на земле?» Сказали Ему: «Можем». Сразу же поверг их Творец с небес, и в тот момент, когда опустились они на землю, вошло в них злое начало, как сказано: «И брали себе жен из всех, что выбирали»[634], грешили и лишились своей святости.

469) Все насаждения, т.е. сфирот ЗОН, были скрытыми и тонкими решимот в одном месте, т.е. в месте Малхут. А затем Творец взял их оттуда и отправил в другое место – в Бину. И тогда они смогли существовать и достигли своих мохин.

---

[632] Писания, Псалмы, 25:6.
[633] См. выше, статья «И поместил его в Эденском саду», п. 259.
[634] Тора, Берешит, 6:2. «И увидели ангелы Всесильного дочерей человеческих, что хороши они, и брали себе жен из всех, что выбирали».

Вот книга порождений Адама

470) «Вот книга порождений Адама»[635]. Три книги открыты в начале года, т.е. в Нукве. Одна из них – книга завершенных праведников. Другая – законченных грешников. Третья – средних[636]. Но здесь рассматривается лишь книга завершенных праведников.

Высшая книга есть в Нукве, называемой Бина, из которой выходит всё. И также понятие «письмо» исходит от нее.

Средняя книга есть в этой Нукве, включающая высшее и нижнее, т.е. Зеир Анпин, включающий Бину и Малхут вместе и называемый письменной Торой. И это – Адам Ришон, от четырех стадий Адама, имеющихся в АБЕА, т.е. Адам мира Ацилут.

Третья книга есть в этой Нукве, называемая «порождения Адама» – т.е. порождение Зеир Анпина, называемого Адам. И это книга завершенных праведников, как сказано: «Вот книга порождений Адама»[635], и этот праведник, безусловно, Есод Зеир Анпина, производящий порождения.

Три книги – это три мохин, рош-тох-соф, которые Зеир Анпин передает Нукве:
1. Мохин от Бины – высшая книга.
2. Собственные мохин – средняя книга.
3. Мохин его Есода, третья книга, книга порождений, потому что порождения исходят от Есода, а не от другой сферы. И она также называется книгой праведников, потому что Есод называется «праведник».

И сказано: «Когда Всесильный сотворил Адама, по подобию Всесильного Он создал его»[635]. Тогда, после того, как раскрылась книга порождений Адама, исправилось всё наверху и внизу, и оба этих мира стали существовать в едином порядке, как сказано, что порядок становления, т.е. выхода мохин нижнего мира, Адама и Хавы, полностью соответствут порядку становления высшего мира, ЗОН.

---

[635] Тора, Берешит, 5:1.
[636] Вавилонский Талмуд, трактат Рош а-шана, лист 16:2.

Вот книга порождений Адама

«Мужского и женского пола (захар ве-некева) сотворил Он их»[12] – непонятно. Следовало сказать: «Мужчиной и женщиной сотворил Он их». Но дело в том, что один был включен в другого, т.е. некева была включена в захара во время создания его, потому что они были двойным парцуфом, но затем разделил Он их.

471) Сказано: «Могучая башня – имя Творца, в ней укроется праведник и укрепится»[637]. «Праведник», о котором здесь говорится, – это «книга порождений Адама»[635], которая устремляется в эту башню. И это «башня Давида»[638], т.е. Малхут, а также «могучая башня – имя Творца». И всё является одним целым, поскольку башней (мигдаль) называется Малхут в состоянии гадлут, потому что «мигдаль (башня)» означает «гадлут». Здесь скрыта тайна, известная обладающим верой, т.е. тайна сочетания имен, исходящих из сказанного: «Могучая башня...» И это, конечно, книга порождений, т.е. Есод праведника, который с помощью этой башни производит порождения.

מבש	עוי	מיץ
גרג	ווה	יצד
דצב	זדו	היי
לקה	שוה	ונק

«Мэм-бэт-шин מבש», «айн-вав-йуд עוי», «мэм-йуд-цади מיץ» и т.д. – это сочетания, содержащие тридцать шесть букв в двенадцати словах, в каждом слове три буквы. И они выходят из сказанного: «Могучая башня – имя Творца (АВАЯ), в нее убежит праведник и укрепится», АВАЯ праведник.

В первом столбце «**мэм**-бэт-шин מבש», «**гимель**-рейш-гимель גרג», «**далет**-цади-бэт דצב», «**ламэд**-куф-хэй לקה» находятся в начальных буквах четыре буквы слова «мигдаль (מגדל башня)». Во втором столбце «**айн**-вав-йуд עוי», «**вав**-вав-хэй», «**зайн**-далет-вав זדו», «**шин**-вав-хэй שוה» находятся четыре буквы – буквы слова «оз (עוז могучая)» и буква «шин ש» от

---

[637] Писания, Притчи, 18:10. "מגדל עז שם יהוה בו ירוץ צדיק ונשגב"
[638] Писания, Песнь песней, 4:4.

слова «шем (שם имя)». В третьем столбце «**мэм**-йуд-цади מיץ», «**йуд**-цади-далет יצד», «**хэй**-йуд-йуд היי», «**вав**-нун-куф ונק» находятся в начальных буквах четыре буквы, буква «мэм ם» от слова «шем (שם имя)», и буквы «йуд-хэй-вав יהו» от имени АВАЯ (הויה), а нижняя «хэй ה» имени АВАЯ находится в последней букве имени «ламэд-куф-**хэй** לקה».

Слова «в нее убежит праведник» находятся в средних буквах слов, расположенных в ряд. В первом ряду «мэм-**бэт**-шин מבש», «айн-**вав**-йуд עוי», «мэм-**йуд**-цади מיץ» находятся две буквы слова «бо (בו в нее)», и буква «йуд י» от слова «яруц (ירוץ убежит)». Во втором ряду «гимель-**рейш**-гимель גרג», «вав-**вав**-хэй ווה», «йуд-**цади**-далет יצד» находятся буквы «рейш-вав-цади רוצ» от слова «яруц (ירוץ убежит)». В третьем ряду «далет-**цади**-бэт דצב», «зайн-**далет**-вав זדו», «хэй-**йуд**-йуд היי» находятся буквы «цади-далет-йуд צדי» от слова «цадик (צדיק праведник)», а буква «куф » слова «цадик (צדיק праведник)» находится в имени «ламэд-**куф**-хэй לקה», находящемся в последнем ряду – «ламэд-куф-хэй לקה», «шин-вав-хэй שוה», «вав-нун-куф ונק», а в имени «шин-**вав**-хэй שוה» есть буква «вав ו» слова «ве-нисгав (ונשגב и укрепляется)». В имени «вав-**нун**-куф ונק», в последнем ряду, есть буква «нун נ» слова «ве-нисгав (ונשגב и укрепляется)». А в конце имен первого столбца находятся буквы «шин-гимель-бэт שגב» слова «ве-нисгав (ונשגב и укрепляется)». А имена Творец (АВАЯ הויה) и «праведник (цадик צדיק)» находятся в конечных буквах второго и третьего столбцов.

472) Конечно же, опустили книгу Адаму Ришону, и с помощью нее он узнавал и постигал высшую мудрость. И о ней сказано: «Вот книга порождений Адама»[635]. И эта книга приходит к «сынам божественных» – к мудрецам этого поколения. И каждый, кто удостоился изучать ее, узнаёт с помощью нее высшую мудрость. И они изучают ее и постигают ее. И эту книгу ангел Разиэль, ведающий тайнами, опустил Адаму Ришону в Эденском саду. И приставлены к ней три ангела, охраняющие эту книгу, чтобы не захватили ее внешние.

473) В час, когда Адам вышел из Эденского сада, он еще держал эту книгу, а когда вышел наружу, книга выпорхнула у него. Умолял он и плакал перед Господином своим, и Он вернул ему

книгу, как и вначале, чтобы не была забыта мудрость людьми, и они занимались постижением Господина своего.

474) У Ханоха также была книга, и книга эта была с места книги порождений Адама. И эта книга является скрытой мудростью, потому что она взята с земли и стала ангелом небесным. Как сказано: «И не стало его, потому что взял его Всесильный»[639], и он – «юноша», т.е. называется он в любом месте «юноша». Как сказано в отрывке: «Воспитывай (ханох) юношу по пути его»[640], указывающем, что Ханох – юноша, так как он стал юношей, служащим Шхине.

475) И все высшие тайны были вручены ему, и он передает и вручает их всем, кто достоин их, выполняя задание Творца. Тысяча ключей доверены ему, и сто благословений получает он каждый день. И он производит соединения для Господина своего. Объяснение. Сфирот Хохмы исчисляются в тысячах, сфирот Бины – в сотнях. «Ключи» означают – пути притяжения. «Вручены ему» – ключи Хохмы, и «сто благословений» – Бины. И из мира взял его Творец, чтобы служил он Ему в высях.

476) С этого момента вручена ему книга, называемая книгой Ханоха, потому что в час, когда взял его Творец, Он явил ему высшие откровения и тайну растущего в саду Древа жизни, а также его листьев и ветвей. И все эти тайны мы встречаем в его книге, всё, что показал ему Всесильный в то время, когда вознес его наверх. Счастливы те высшие приверженцы, которым раскрылась высшая мудрость, и никогда не забывалась ими, как сказано: «Тайна Творца для боящихся Его, и союз Свой Он объявляет им»[641].

---

[639] Тора, Берешит, 5:24.
[640] Писания, Притчи, 22:6.
[641] Писания, Псалмы, 25:14.

Не будет дух Мой судить человека

477) «И сказал Творец: "Не будет дух Мой судить человека вечно, ведь к тому же он – плоть"»[642]. В этот момент перед потопом, река, исходящая и вытекающая из Эдена, Бина, произвела высший дух от Древа жизни, Зеир Анпина, и наполнила им дерево, т.е. Нукву. И протянулся от них дух жизни к людям, и поэтому жили они долгие годы.

Объяснение. Сфирот Бины исчисляются в сотнях. И поскольку дух жизни исходил от Бины, люди жили тогда сотни лет. И дни их жизни достигали семисот лет, в соответствии семи нижним сфирот Бины, «а если пребывает в силах»[643] – то восьмисот лет и даже девятисот лет. И поэтому жили долгие годы, пока зло их не вознеслось ввысь, и не предстали они у входа, о котором сказано: «У входа грех лежит»[644]. Тогда от этого дерева, Нуквы, отошел высший дух Бины, в час, когда души воспаряют к людям.

Иными словами, высший дух Бины отошел от нее, и остался в ней только дух Зеир Анпина. И эти души воспаряют только со стороны Зеир Анпина и Нуквы его. И это означает сказанное: «Не будет судить Мой дух»[438], от Бины, «человека». «В мире» – т.е. дать дух Мой в мире, в час, когда души от ЗОН воспаряют к людям. И поэтому теперь души только от Зеир Анпина, сфирот которого измеряются десятками, и поэтому «дней нашей жизни»[643] всего лишь «семьдесят лет»[643], что соответствует нижним сфирот Зеир Анпина, «а если пребывает в силах – то восемьдесят лет»[643] – т.е. когда присутствует ГАР. «До ста лет» – когда человек словно ушел и исчез из мира.

478) «Ведь к тому же (бешагам בשגם) он – плоть»[642]. «Бешагам (בשגם)» – это Моше, так как в гематрии это слово составляет «шин-мэм-хэй (345 שמה)», так же, как и Моше, который светит луне. И благодаря этой силе люди живут в мире долгие годы. Внутренний Даат Зеир Анпина называется Моше. И он

---

[642] Тора, Берешит, 6:3. «И сказал Творец: "Да не будет дух Мой судить человека вечно, ведь к тому же он – плоть; пусть будут дни его сто двадцать лет"».
[643] Писания, Псалмы, 90:10.
[644] Тора, Берешит, 4:7.

притягивает к Нукве свет Бины, сфирот которой исчисляются в сотнях. И поэтому люди жили долгие годы.

Сказано: «Пусть будут дни его – сто двадцать лет»[642]. Это намек на Моше, который жил сто двадцать лет, и через него была дарована Тора, а в момент дарования Торы он передал жизнь людям от Древа жизни, которое выходит из Эдена облаченным в него, т.е. это Бина. И если бы не прегрешили Исраэль, то были бы всегда получающими жизнь от Древа жизни и не умирали бы. И об этом сказано в отрывке: «Высечено (харут) на скрижалях»[369], указывающем, что была свобода (херут) от ангела смерти, потому что Древо жизни протягивалось вниз, и от него исходила вечная жизнь.

479) И поэтому сказано: «Ведь к тому же (бешагам בשגם) он – плоть»[642]. Потому что от «бешагама (בשגם)», являющегося плотью, т.е. от Моше, облаченного в плоть тела, зависит наполнение духом вечной жизни. Так как свойство «бешагам (בשגם)», т.е. Моше, относится как к высшему, так и к нижнему. Иными словами, Зеир Анпин наверху называется тоже Моше, и поэтому уточняется в отрывке: «Ведь к тому же (бешагам בשגם) он – плоть», чтобы указать, что имеется в виду Моше внизу, облаченный в плоть.

Благодаря дарованию Торы будет свобода от ангела смерти. И поэтому Моше не умер, но был взят из мира в высший мир, Зеир Анпин. И он светит там луне, Нукве, потому что солнце, хотя и уходит из мира, не умирает, т.е. оно не исчезает, а начинает светить луне. И так же – Моше, когда он уходит из нижнего мира и светит луне в высшем мире.

480) Еще одно значение отрывка: «Ведь к тому же он – плоть»[642]. Ибо вследствие притяжения духа жизни среди людей в течение длительного времени дух снова стал плотью, как и тело, для того, чтобы тянуться за наслаждениями тела, и заниматься приобретениями этого мира. И сказанное: «Не будет дух Мой судить человека вечно, ведь к тому же он – плоть» означает, что не будет простирать дух жизни человеку долгие годы. Потому что, если проходит слишком много времени, дух снова становится плотью.

481) Все поколения, которые совершенствовались и произошли от Шета, все были праведниками и сторонниками веры. Затем они рассеялись по миру и породили сыновей, и научились у мира ремеслу уничтожения копьями и мечами. То есть, жили благодаря мечу, пока не пришел Ноах и не произвел для них исправление мира, чтобы обрабатывать и исправлять землю. Вначале не сеяли и не пахали, так как жили благодаря мечу, но затем вознуждались в этом, как сказано: «Впредь во все дни земли – сеяние и жатва не прекратятся»[645]. Таким образом, были приняты тогда в мире сеяние и жатва.

482) Творец в будущем исправит мир и исправит дух жизни в людях таким образом, что продлятся их годы в мире, как сказано: «Ибо, как дни дерева, будут дни народа»[646]. И сказано: «Уничтожит Он смерть навеки, и отрет Творец Всесильный слезы со всех лиц, и позор народа своего устранит на всей земле, ибо так сказал Творец»[647].

---

[645] Тора, Берешит, 8:22.
[646] Пророки, Йешаяу, 65:22. «Не будут одни строить, а другие – жить, не будут одни сажать, а другие – есть, ибо как дни дерева, будут дни народа Моего, и дело рук своих переживут избранники Мои».
[647] Пророки, Йешаяу, 25:8.

Выражаем огромную благодарность группе энтузиастов из разных стран мира, выступивших с инициативой сбора средств для реализации этого проекта.

Спонсоры и инициаторы:

Сергей Лунёв, Вадим Плинер - *Канада*

Максим Голдобин, Константин Фарбирович - *Россия*

Николай Полудённый, Александр Зайцев,

Александр Каунов, Сергей Каунов, Евгений Сачли,

Андрей Нищук, Михаил Плющенко - *Украина*

Идея:

Максим Маркин - *Украина*

Сайт спонсоров проекта:

http://zoar-sulam-rus.org/

Под редакцией президента института
ARI проф. М. Лайтмана

Руководители проекта: Г. Каплан, П. Ярославский

Перевод: Г. Каплан, М. Палатник, О. Ицексон

Редактор: А. Ицексон

Технический директор: М. Бруштейн

Дизайн и вёрстка: А. Мухин

Корректор: П. Календарев

Благодарность

Э. Винер, Н. Винокур, И. Каплан, Р. Каплан, Л. Гойман,
И. Лупашко, Р. Марголин, Э. Агапов, А. Каган, З. Куцина
за помощь в работе над книгой.

Видеопортал Zoar.tv

Видеопортал Зоар.ТВ располагает уникальным контентом в виде бесплатных видео материалов, видеоклипов, ТВ онлайн, добрых фильмов онлайн, музыки.

http://www.zoar.tv/

Курсы обучения

Миллионы учеников во всем мире изучают науку Каббала.

Выберите удобный для вас способ обучения на сайте:

http://www.kabacademy.com/

Книжный магазин

РОССИЯ, СТРАНЫ СНГ И БАЛТИИ

http://kbooks.ru

АМЕРИКА, АВСТРАЛИЯ, АЗИЯ

http://www.kabbalahbooks.info

ЕВРОПА, АФРИКА, БЛИЖНИЙ ВОСТОК

http://www.kab.co.il/books/rus

www.ingramcontent.com/pod-product-compliance
Lightning Source LLC
Chambersburg PA
CBHW080631170426
43209CB00008B/1549